Inhalt

Vorwort

Seelische Störungen heute – gibt es das? Ja und nein. Völlig neue Krankheitsbilder gibt es nicht und wird es wohl auch in Zukunft kaum geben. Aber seelische Störungen mit zeit- und gesellschaftstypischen Schwerpunkten hinsichtlich Beschwerdebild, Ursache und Verlauf, das ist gerade jetzt mehr denn je zu beobachten. Hinzu kommt die beunruhigende Erkenntnis, daß seelische Störungen fast weltweit zunehmen. Man geht davon aus, daß etwa jeder vierte betroffen ist. Bezieht man grenzwertige Befunde mit ein, soll es sogar jeder dritte sein – so jedenfalls die Weltgesundheitsorganisation (WHO).

Das sind allein im deutschsprachigen Raum viele Millionen Menschen, die meist gar nicht wissen, daß sie zum Kreis der Betroffenen gehören. Dabei befinden sie sich in unserem engsten Umfeld: in der Familie, im Freundeskreis, in der Nachbarschaft, am Arbeitsplatz. Zwar fühlen sie sich elend, unglücklich, von vielerlei und dazu schwer faßbaren Beschwerden beeinträchtigt, von der reduzierten Lebensqualität oder Leistungsfähigkeit ganz zu schweigen. Doch ist ihnen noch nicht klar, worunter sie nun eigentlich leiden – selbst heute, in einer Zeit vielfältigster Informationsmöglichkeiten.

Diese Situation ist das entscheidende Motiv gewesen, dieses Buch zu schreiben. Es soll wenigstens einige der häufigsten seelischen Störungen vorstellen. Da der verfügbare Platz begrenzt war, hatten wir die Wahl zwischen der kursorischen Schilderung vieler Leiden oder der detaillierten Darstellung einiger weniger. Wir haben uns für letzteres entschieden. Dabei sind auch Beschwerdebilder mit aufgenommen worden, die „lehrbuchmäßig umstritten sind", was jedoch nicht heißt, daß es sie nicht gibt. Auf einige andere aktuelle Krankheitsbilder (z.B. Suchtkrankheiten, sexuelle und Schlafstörungen, neurotische Entwicklungen, psychosomatische Leiden, Persönlichkeitsstörungen u.a.) mußten wir notgedrungen verzichten, doch blieb mir aus den oben genannten Gründen keine andere Wahl. Wir betonen dies hier deshalb ausdrücklich, um nicht den Eindruck zu erwecken, „seelische Störungen heute" seien nur auf die in diesem Buch aufgeführten wenigen Krankheitsbilder beschränkt. Die heutige Leidenspalette ist breiter als zu jeder früheren Zeit.

So haben wir neun Störungen etwas ausführlicher dargestellt, um ihr rechtzeitiges Erkennen und damit Verstehen zu erleichtern. Die Diagnose bleibt zwar Aufgabe des Arztes, aber zuerst spürt der ratlose Betroffene und bald auch seine irritierte Umgebung, daß sich sein Verhalten und seine Empfindungen verändert haben. Alle sind beunruhigt, doch niemand traut sich den naheliegenden Vorschlag umzusetzen, das Problem doch einmal fachlich klären zu lassen. Es ist kaum zu glauben, wie oft Wochen, meist aber Monate und manchmal sogar Jahre vergehen, bis eine seelische Störung diagnostiziert und endlich gezielt behandelt werden kann. Dies bedeutet eine unnötige, leid-, ja qualvolle Zeit mit an sich häufig vermeidbaren Konsequenzen für Partnerschaft und Familie, für Freunde und Nachbarn und nicht zuletzt für den Beruf.

Hier ein wenig weiterzuhelfen ist das Anliegen dieses Buches. Möge es seinen Zweck erfüllen.

Ravensburg-Weissenau, im Frühjahr 1999   *Volker Faust*

Angststörungen

Es gibt die lebenserhaltende Angst als Warn- oder Alarmsignal, und es gibt die krankhafte Angst. Letztere nimmt zu und bedrängt, belastet oder lähmt immer mehr Betroffene. Dabei kennt man inzwischen eine Reihe von seelischen und körperlichen Krankheiten, die nicht nur eine nachvollziehbare Furcht vor deren Konsequenzen auslösen (Schmerz, Schwermut u. a.), sondern bei denen die Angst zum Beschwerdebild gehört, manchmal sogar als scheinbar einziges oder sogar vorherrschendes Symptom. Und es gibt sogenannte primäre Angststörungen wie das *Generalisierte Angstsyndrom*, die *Agoraphobie*, die *Sozialphobie*, die *spezifischen Phobien*, das *Paniksyndrom* und – im erweiterten Sinne – die *posttraumatischen Belastungsreaktionen* nach Extrembelastung. Sie alle gilt es rechtzeitig zu erkennen und gezielt zu behandeln, je früher, desto erfolgreicher. Das ist aber nur möglich, wenn der notwendige Wissensstand gegeben ist (Aufklärung, fachkundiges Informationsangebot, Beratung) und wenn der Betroffene sein Leiden dann auch akzeptiert und fachliche Hilfe sucht. Was muß man dabei wissen, und vor allem: Was kann man selbst dafür tun?

Wir leben im *Zeitalter der Angst,* heißt es. Jedenfalls scheint die Angst neben den Depressionen und der vorzeitigen Geistesschwäche, z. B. der Alzheimerschen Demenz, jene seelische Störung zu sein, die die Menschen am meisten bewegt.

Oder wird Angst bewußt verbreitet? Handelt es sich um einen Modetrend? Die griffigen Schlagworte stehen jedenfalls schon bereit: Arbeitslosigkeit, erschreckende Aggressivität, Demonstrationen, Gewalt, Krawalle, wachsende Kriminalität, schockierende Selbstmordraten, Rauschdrogen, bedrohte Altersversorgung durch die unsichere Rentenfinanzierung, Hunger, Armut, Folter, Terror, Krieg, Umweltzerstörung, Rohstoffschwund, Wettrüsten, die nukleare Bedrohung, wenn nicht mehr durch Krieg, dann durch unsichere Atomreaktoren, ferner Wetter- und Klimaveränderungen u. a.

In der Tat: Wir leben offenbar im „Zeitalter der Angst". Das 20. Jahrhundert scheint alles gepachtet zu haben: die größten Fortschritte, aber auch die verheerendsten Kriege und jetzt einen drohenden Niedergang von Natur, Wirtschaft und Kultur.

Oder sind wir nur das Opfer eines bisher noch nie dagewesenen Informationsstroms geworden? Werden wir so mit schlechten Nachrichten aus aller Welt eingedeckt, daß uns gar keine andere Wahl mehr bleibt, als uns vor dieser Entwicklung zu fürchten? Oder sind wir nur einfältig, vor allem aber undankbar? Kann es tatsächlich sein, daß die zahllosen Generationen vor uns weniger Angst auszustehen hatten als wir heute? Sind Gewalt, Hunger, Armut, Krieg eine Bedrohung, die es noch nie gab?

Diese Fragen wären es einmal wert, gründlich überdacht zu werden. Aber das soll nicht das Thema dieser Ausführungen sein. Es ist nämlich etwas anderes aufgefallen, das tatsächlich nachdenklich stimmt: Zwar geht es uns kaum schlechter als in den Jahrhunderten zuvor, eher besser, wenn man sich einmal um eine objektive Sichtweise bemüht. Und trotzdem wächst die Angst, nimmt so dramatisch zu, daß ein immer größerer Teil der Bevölkerung davon betroffen, ja seelisch, zwischenmenschlich, beruflich und sogar körperlich ernsthaft beeinträchtigt ist. Wie ist das möglich?

Angst ist nicht gleich Angst

Als erstes gilt es zu erkennen: Angst ist nicht grundsätzlich negativ. Angst ist ein Teil unseres Gefühlslebens und deshalb durchaus sinnvoll. Als Warn- und Alarmsignal hilft die Angst – ähnlich wie der Schmerz –, auf Bedrohungen von außen und Störungen von innen aufmerksam zu machen. Nur wenn man die Gefahr kennt, kann man sie auch bewältigen. Damit ist die Angst ein lebensnotwendiger Anpassungs- und Lernvorgang. Im Grunde ist das erste, was die Natur zum Überleben verlangt, sich fürchten zu lernen. Das ist die Grundlage des Selbsterhaltungstriebes. So ist Angst erst einmal etwas Positives.

Zum zweiten muß man unterscheiden lernen: Angst ist nicht gleich Angst. Das fällt schon rein äußerlich auf, wenn man sich einmal umhört. So ist unsere Sprache ungewöhnlich reich an Ausdrücken, die Angst oder ähnliche Gefühle beschreiben: Befürchtung, Beklemmung, Schrecken, Sorge, Unbehagen, böse Ahnung, Bangigkeit, Besorgnis, Beunruhigung, Argwohn, Entmutigung, Bestürzung, Entsetzen, Erregung, Kummer, Trübsal, Schrecken, Bedrücktheit, Furcht, Grauen, Schauder, Pein, Qual, Seelenangst und sogar Scham.

Am häufigsten aber fällt der Begriff *Angst*. Er geht auf eine uralte Sprachwurzel zurück, die schon vor Tausenden von Jahren das Einengende, Einschnürende umschrieb. Angst selbst ist ein Lehnwort und stammt aus dem Lateinischen: angustia = Enge, Beengung, Bedrängnis. Ähnliches findet sich auch für andere alte (Griechisch, Hebräisch) und moderne Sprachen (Englisch, Französisch u. a.). Damit dokumentiert die Wortgeschichte von Angst weltweit die sprachliche und seelisch-körperliche Verwandtschaft mit Gefahr, Bedrohung und psychosomatischen Folgen, die sich zumeist auf Brustraum und Hals konzentrieren: Würgen, Drosseln, Drücken, Enge. Neben dem Begriff Angst finden sich am häufigsten noch *Ängstlichkeit* und *Furcht*.

Ängstlichkeit leitet sich von Angst ab. Ängstlichkeit ist ein Persönlichkeitsmerkmal, ein Wesenszug, eine Charaktereigenschaft, die die jeweilige Person und damit ihre Erlebens- und Verhaltensweisen prägt und sich in der Regel kaum verändert. Das ist der Unterschied zur Furcht (s. unten) und Angst. Allerdings scheinen ängstliche Menschen öfter, intensiver und auch länger unter Angstzuständen und Befürchtungen zu leiden als solche, die diese Wesensart nicht besitzen.

Die Wortgeschichte der *Furcht* ist nicht so einfach ableitbar: Furcht ist zwar das ältere Wort, Angst wird jedoch als körpernäher verstanden und damit als stärkerer, kräftigerer Ausdruck gebraucht. Im Alltag, in den Medien, in Wort und Schrift wird jedoch zwischen „sich ängstigen" und „sich fürchten" kaum unterschieden. Und doch gibt es einen ganz wesentlichen Unterschied zwischen „Angst" und „Furcht", der auch etwas über die derzeitigen Häufigkeitsunterschiede von „Angst" und „Furcht" aussagt:

- *Angst* ist unbestimmt, gegenstandslos, anonym, unmotiviert, in der Regel längerfristig, die Lebensqualität meist erheblich beeinträchtigend – und vor allem ohne ausreichende Möglichkeit der Erklärung, der Linderung oder gar der Bewältigung.

- *Furcht* dagegen ist bestimmt, auf einen bedrohlichen Gegenstand oder eine gefährliche Situation gerichtet, deutlich erkennbar. Damit ist sie auch benennbar, vor allem durch entsprechende Reaktionen zu mildern oder abzuwenden, nämlich durch Ausweichen, Vermeiden, Flucht, aber auch durch Widerstand leisten, um so das Problem zu bewältigen.

Kurz: Gegen die *Furcht vor etwas Bestimmtem* kann man etwas tun, z. B. flüchten oder standhalten. Gegen die *Angst* vor „*ich weiß nicht was*" aber scheint schwerlich etwas auszurichten zu sein. Das macht die Angst so bedrohlich.

Und das ist auch das Sonderbare an unserer Zeit, die sich eigentlich halbwegs stabiler äußerer Verhältnisse erfreuen kann, jedenfalls im Verhältnis zu anderen Jahrhunderten zuvor, in denen ein Krieg oder wirtschaftlicher Niedergang den anderen nach sich zog. Die Furcht vor konkreten Bedrohungen, die es natürlich zu jeder Zeit gibt, scheint eher gleichgeblieben zu sein. Die Angst aber vor „ich weiß nicht was" nimmt zu.

Die krankhafte Angst

Will man wissen, was die *krankhafte Angst* ausmacht, muß man erst einmal den „normalen" Angstzustand definieren. Was also ist Angst?

Angst ist ein unangenehmer Gemütszustand mit zumeist körperlichen Begleiterscheinungen, hervorgegangen aus einem Gefühl der Bedrohung, das entweder konkret oder nicht nachweisbar ist.

So gesehen kann kein Mensch behaupten, noch nie Angst gehabt zu haben. Aber so wenig wie jede Stimmungsschwankung gleich eine krankhafte Depression ist, so wenig ist jede Befürchtung gleich eine krankhafte Angst. Leider wird beides oft gleichgesetzt. Das aber ist verhängnisvoll. Denn dann gewöhnt man sich leicht daran, die quälenden Gemütskrankheiten Angst und Depression mit alltäglichen Gefühlsreaktionen gleichzusetzen. Die wirklich ernsthafte Erkrankung wird dann nicht rechtzeitig erkannt. Dabei ist die krankhafte Angst nicht nur lästig oder unangenehm, sondern beeinträchtigend, behindernd, demütigend, peinigend, ja gefährlich, wenn sie den Betroffenen in dunkle Selbsttötungsgedanken treibt.

Es ist also wichtig, normale Alltagsängste von *krankhaften Ängsten* zu unterscheiden. Eine solche krankhafte Angst wird in der Medizin als *Angststörung* bezeichnet. Eine Angststörung ist vor allem gekennzeichnet durch:

- Unangemessene Angstzustände, also Angst ohne reale Bedrohung, d. h., die äußeren, zumindest erkennbaren Bedingungen stellen keine hinreichende Erklärung für diese Gemütsbelastung dar (Partnerschaft, Familie, Nachbarschaft, Beruf).
- Ungewöhnliche Ausprägung, längere Dauer und immer häufigeres Auftreten entsprechender Angstzustände.
- Unfähigkeit, die Angstzustände durch eigene Bewältigungsstrategien zu lösen oder auch nur zu mildern.
- Mehr oder weniger charakteristisches Beschwerdemuster (siehe später) oder plötzliches Auftreten (z. B. Panikzustände) mit vor allem körperlichen Krankheitszeichen.

Ein bereits fortgeschrittenes Stadium krankhafter Angst kündigt sich durch folgende Symptome an:

- Ausgeprägte Erwartungsangst: „Angst vor der Angst", die schon zuvor und immer früher den Betreffenden immer stärker beeinträchtigt oder gar lähmt.
- Zunehmendes Vermeidungs- und Rückzugsverhalten: Wenn eine Situation oder ein Ort Angst machen, versucht man dieser Situation auszuweichen oder den Ort zu meiden. Das ist normal. Wenn es sich aber um etwas Alltägliches handelt, das den Angstkranken in seinem verhängnisvollen Griff hält, dann neigt der Betroffene in seiner Verlegenheit dazu, sich unter konstruierten oder zumindest objektiv nicht haltbaren Vorwänden ganz aus dem Alltag zurückzuziehen. Dadurch löst er scheinbar dieses Angstproblem, verliert aber auch immer mehr an zwischenmenschlichem Kontakt, gerät langsam in Vergessenheit und damit in die Isolation.
- Selbstbehandlungsversuche mit Genußmitteln (Alkohol, Nikotin, Koffein), Medikamenten (Beruhigungs-, Schlaf- und Schmerzmittel), ggf. Rauschdrogen (Haschisch/Marihuana, Kokain, Opiate, Designerdrogen usw.). Dabei ist nicht nur die drohende Suchtgefahr zu beachten, sondern auch die schlei-

chende Entwicklung einer sogenannten „psychologischen Krücke". D.h., der Betroffene bewältigt den Alltag nur noch mit „chemischer Hilfe" und erlahmt immer mehr bei dem Versuch, die Probleme durch eigene Willenskraft zu lösen.

• Sogenannte Überdekompensationsversuche im zwischenmenschlichen, beruflichen und sogar sportlichen Bereich: Partner, Familie, Freundeskreis, Nachbarschaft, Arbeitsplatz bis hin zum bewußten Gefahrentourismus oder -sport.

Hier nochmals kurz die wichtigsten Symptome:

Angst wird zur Krankheit,
• wenn sie unangemessen stark oder anhaltend ist
• wenn sie ohne ausreichenden Grund, d.h. ohne wirkliche Bedrohung auftritt
• wenn sie nicht mehr kontrolliert oder ausgehalten werden kann
• wenn sie Leid verursacht und/oder das Leben einschränkt.

Wie häufig sind Angststörungen?

„Normale" Angst, treffender als situationsangepaßte und adäquate *Furcht* vor konkreten Situationen oder Personen bezeichnet, kennt jeder. Wie häufig aber sind *krankhafte Ängste?*

In einer repräsentativen Stichprobe in Ost und West der Bundesrepublik fanden sich folgende Erkenntnisse: In ganz Deutschland leiden fast 9 % der Bürger an *schwerwiegenden Angststörungen.* Die Betonung liegt auf schwerwiegend. Diese 9 % sind übrigens ein Wert, der auch von anderen westlichen Nationen in etwa erreicht wird, wobei es natürlich entsprechende Schwankungen gibt (ländliche Bevölkerung/Großstadt, Alter, Geschlecht usw.).

Bemerkenswert für Deutschland ist der Umstand, daß die neuen Bundesländer häufiger betroffen sind. Dort leiden mit 16 % mehr als doppelt so viele wie im Westen (7 %) unter Angststörungen. Da unmittelbar vor und nach der politischen Wende keine derartigen Spitzenwerte aufgedeckt wurden, muß es sich wohl um eine neuere Entwicklung handeln.

Zwei Drittel aller Betroffenen sind *Frauen*. Auch geht die Angst nicht nur unter den älteren, sondern auch jungen Menschen und sogar in den sogenannten „besten Jahren" um. Was den *Zivilstand* anbelangt, so sind Verheiratete am besten, Verwitwete und Geschiedene sowie getrennt Lebende am schlechtesten gestellt.

Auch scheint es einen Zusammenhang zu geben zwischen *wirtschaftlichem Status* und Angst, der aber anders ausfällt als erwartet: In den alten Bundesländern haben jene, die „ganz unten" auf der beruflichen Stufenleiter stehen, besonders häufig Angstprobleme, nämlich fast jeder zehnte. Bei den Befragten an der Spitze der beruflichen Erfolgsskala ist es nur die Hälfte. Ganz anders im Osten: Dort scheinen mit gut 17 % die Bessergestellten besonders betroffen, im Gegensatz zu ihren Mitbürgern in niedrigerer beruflicher Position mit 12 %. Die Vermutung, daß *Ausländer* wegen ihrer oftmals schwierigeren Lage gehäuft Ängsten ausgesetzt sind, ließ sich in dieser Studie nicht bestätigen, im Gegenteil.

Nachdenklich muß zudem machen: Eine gezielte Behandlung bekommen – selbst bei weitester Auslegung dieses Begriffes – nur vier von zehn Betroffenen. Die überwiegende Mehrzahl wird mehr „allgemein" und dann fast ausschließlich durch bestimmte Medikamente behandelt, nämlich vor allem Beruhigungs- und Schlafmittel. Stützende Gespräche und Entspannungsverfahren sind selten. Die konkrete Behandlung mit seelischen Mitteln, also die Psychotherapie wird bisher kaum genutzt.

Welche Krankheitszeichen können auf eine Angststörung hinweisen?

Die meisten Krankheitszeichen seelischer Leiden sind natürlich auch seelischer Natur. Einige aber äußern sich körperlich, ohne daß der Arzt eine organische Ursache feststellen kann. Das nennt man dann eine psychosomatische oder auch funktionelle Störung, weil die Organe, Gelenke usw. nicht mehr richtig zu funktionieren scheinen, obwohl sie nicht krankhaft verändert sind.

Die weiter unten aufgeführten Symptome *können* mit einem Angstzustand zusammenhängen. Es kann sich bei ihnen aber auch um andere Beschwerde- bzw. Krankheitsbilder handeln. Die Diagnose ergibt sich aus einer mehr oder weniger charakteristischen

Zusammenstellung der Krankheitszeichen und ist Aufgabe des Arztes. Für den Betroffenen und seine Angehörigen dient diese Aufstellung aber dazu, den belastenden gesundheitlichen Zustand rechtzeitig als Störung zu erkennen und dem Arzt gezielt zu schildern.

Was *kann* also auf eine Angststörung hinweisen, sofern andere Ursachen ausgeschlossen werden konnten?

Seelische, psychosomatische und psychosoziale Symptome und ihre Folgen

Angststörungen sind ein seelisches Leiden. Also müßten die Angstsymptome auch überwiegend psychischer Natur sein. Das sind sie auch, aber nicht überwiegend und vor allem für die meisten Betroffenen nicht leicht zu erkennen. Tatsächlich sind das belastendste an einer Angststörung vor allem die körperlichen Symptome, weil sie am stärksten verunsichern, beeinträchtigen, bedrängen, beschämen oder quälen. Deshalb sind es auch meist die organischen Krankheitszeichen, die zum Arzt führen und bei ihm nicht selten Irritationen auslösen, weil sie so diffus, vage, ungenau oder gar wandernd sind und deshalb zu den mitunter endlosen Kontroll- und Nachuntersuchungen zwingen.

Die psychischen Symptome dagegen tragen zwar zum Leidensbild erheblich bei, sind den Betroffenen aber oftmals gar nicht so gegenwärtig, zumindest aber nicht so überwältigend wie die körperlichen. Deshalb muß man sie meist gezielt erfragen (wie bei der Depression übrigens auch).

Welche seelischen Symptome spielen nun bei der Angststörung eine Rolle? Zum Beispiel das Empfinden, etwas unbestimmbar Drohendem hilflos ausgeliefert zu sein. Oft sind die Betroffenen auch nervös, ruhelos, rastlos, innerlich unruhig, fahrig, gespannt oder gar getrieben, bisweilen auch mißgestimmt, reizbar, schließlich aggressiv („reizbare Schwäche"). Ferner sind sie leicht durcheinanderzubringen und schreckhaft, unter Umständen interesselos, mit zunehmenden Merk- und Konzentrationsstörungen („wie absorbiert") oder gar ausgeprägter Vergeßlichkeit. Dazu sind sie resigniert, freudlos, gedrückt, ggf. verzweifelt und belastet durch eine wachsende Gemütslabilität bis hin zur Rührseligkeit.

Auf lange Sicht besonders problematisch ist die Unfähigkeit, sich zu entspannen und zu regenerieren. Deshalb sind Angstkranke auch leicht ermüdbar, „eigentlich nie richtig ausgeruht", „nie erholt" (Fachausdruck: regenerations*un*fähig) und dadurch immer rascher erschöpfbar, schließlich matt und kraftlos.

Im fortgeschrittenen Stadium droht ein zunehmendes Vermeidungs- und damit Rückzugsverhalten, schließlich fast ein gemütsmäßiges Erkalten im zwischenmenschlichen Bereich und zuletzt eine wachsende Sorgenbereitschaft mit Neigung zum furchtsamen Vorausahnen zukünftigen Unglücks. Besonders irritierend ist für die Betroffenen das Gefühl der Unwirklichkeit, des Weit-entfernt-Seins und der Beengung und schließlich Ohnmachtsnähe. Sie empfinden alles um sich herum so eigentümlich, sonderbar, abgerückt. Am Ende befürchten sie ständig, daß ihnen etwas Peinliches passiert, daß sie die Kontrolle über sich verlieren, ihrem Zustand hilflos ausgeliefert sind, daß sie „verrückt" werden oder gar sterben könnten.

Körperliche Symptome und ihre Folgen

Die körperlichen Symptome und ihre Folgen stehen – wie erwähnt – meist im Vordergrund des Beschwerdebildes. Sie machen in vielen Fällen sogar das eigentlich Quälende aus. Tatsächlich wäre eine Angststörung ohne organische Beeinträchtigung mehr eine reine Befürchtung als die Angst im krankhaften Sinne. Einige dieser Symptome gehören gleichsam zum Grundmuster einer Angststörung (z.B. Schwindel, Zittern, Benommenheit, allgemeines Schwächegefühl usw. – s. unten). Andere beeinträchtigen nicht weniger stark, müssen aber in der Regel auch erst gezielt erfragt werden, und zwar nicht, weil sie nicht vorhanden (oder nur in den Betroffenen hineingefragt) sind, sondern weil sie so in dem Gesamt-Beschwerdebild aufgehen, daß man zwar darunter leidet, sich über Details aber lange nicht sicher ist. Was gehört dazu?

Dumpfer Kopfdruck. Verminderte Speichelsekretion bis zur lästigen Mundtrockenheit. Hautblässe, insbesondere im Gesicht. Aber auch Neigung zum ständigen Erröten. Pupillenerweiterung und ggf. angstvoll aufgerissene Augen. Zähneknirschen, besonders im Schlaf. Nicht selten Druck auf beiden Ohren, Ohrensausen oder sonstige Ohrgeräusche. Sehstörungen (z.B. Flimmern vor den Augen sowie „wie Unscharf-Sehen"). Gepreßte oder zitternde Stimme. Klopfen (Pulsschlag) in den Gefäßen von Schläfe und Hals. Schwindel, aber weniger als Drehen, Kreiseln, Schwanken, mehr ein Gefühl wie „als-ob-Schwindel", im Extremfall bis zur völligen Unsicherheit (manchmal auch, als ob sich der Weg wölbt, schlängelt usw.).

Dazu ggf. Herzbeschwerden jeglicher Art: Enge- oder Beklemmungsgefühle bzw. Schmerzen auf der Brust, Herzdruck, Herzklopfen, Herzjagen, Herzstolpern, Herzstechen usw. Atembeschwerden: Atemenge, Atemnot, „Atemsperre", Lufthunger, Atemkorsett, Gefühl, keine Luft zu bekommen oder gar zu ersticken, hechelnde Atmung. Würgegefühle im Hals („Kloß") mit Schluckbeschwerden. Gänsehaut, Kälteschauer, ständige Schweißneigung oder gelegentliche (unmotivierte) Schweißausbrüche, auch örtlich begrenzt (Handflächen, Rücken, Achseln, Gesicht), feuchte und kalte Hände.

Nicht selten auch Appetitlosigkeit mit Gewichtsverlust (allerdings nicht so ausgeprägt wie bei einer Depression) oder das Gegenteil: Anfälle von Heißhunger (Süßigkeiten, Teigwaren). Dazu Magen-Darm-Störungen: Übelkeit, Sodbrennen, Völlegefühl, Blähungen, diffuser Magendruck, Gefühl, als senke sich der Magen, als hätte man „Schmetterlinge im Bauch", Druck und Schmerzen vor bzw. nach den Mahlzeiten, Magen- und Darmkrämpfe, Verstopfung, noch häufiger aber Durchfall.

Zum Problem kann auch das Nachlassen von sexuellem Verlangen und Potenz werden. Ferner Störungen der Monatsblutung. Ständiger Harndrang mit vermehrtem und häufigem Wasserlassen. Ein- und Durchschlafstörungen, seltener frühes Erwachen, bisweilen Schreckträume. Dazu Zittern der Hände, ggf. allgemeine Zitteranfälle. Vermehrte, meist unregelmäßig verteilte Muskelspannung, ggf. Muskelschmerzen, Muskelsteife (z.B. Nacken- und Schulterbereich), dazu Muskelzuckungen (Lider, Mund, sonstige Gesichtsmuskeln, Finger, Beinmuskulatur). Bisweilen auch verminderte Muskelspannungen bis zum Tonusverlust („weiche Knie", „wie auf Watte"), damit Kollapsneigung („Ohnmachtsnähe"). Und schließlich diffuse Mißempfindungen (Kribbeln, Brennen, Reißen, Stechen) an Körperstamm, Armen/Beinen und im Gesicht.

Sonstige Funktionsstörungen

Zuletzt drohen sogar psychosomatisch interpretierbare Störungen wichtiger Körperfunktionen (z.B. Blutdruck, Puls, Blutzucker, Fettstoffwechsel u.a.), d.h., die Angst kann sogar an sich autonome Abläufe des Organismus durcheinanderbringen.

Die Angstdiagnose auf einen Blick

Die Vielzahl möglicher Krankheitszeichen, die auf Angstzustände im allgemeinen und auf eine Angststörung im speziellen hinweisen können, verwirrt natürlich. Deshalb hat man herauszufinden versucht, welche Beschwerden besonders charakteristisch sind.

Besonders typisch sind die Symptome:

- weiche Knie oder Beine
- schwindelig oder wie benommen
- wackelig oder schwankend
- zittrig
- allgemeines Schwächegefühl.

Die wichtigsten Angstformen und ihre Ursachen

Angst ist nicht gleich Angst, das wurde schon anfangs betont. Denn gerade weil man so oft jede normale Furcht mit einer Angststörung verwechselt, wird die krankhafte Form so selten rechtzeitig erkannt, äußert sie sich doch weniger in einem „schockierenden Erlebnis" als vielmehr in der erwähnten Vielzahl von Beschwerden ohne wesentlichen Auslöser. Und diese sind – ähnlich wie bei der Depression – nicht einmal überwiegend seelischer, sondern oft körperlicher oder besser psychosomatischer Natur. Ist aber schließlich die Verdachtsdiagnose erhärtet, dann gilt es nach Art der Angststörung zu unterteilen. Nachfolgend eine stichwortartige Übersicht, was alles mit Angstzuständen in Verbindung gebracht werden kann:

Angemessene, „normale" Angst

„Normale" Angst kann von der reinen Befürchtung oder Besorgnis über zusätzliche seelische und körperliche Angst-Symptome bis hin zu durchaus belastenden Angstzuständen reichen. Auch nachvollziehbare Angst bzw. Furcht kann selbstverständlich quälende Ausmaße annehmen – ggf. mehr als so manche krankhafte Angstform. Aber:

> „Normale" Angst ist im allgemeinen durch eigene Initiative und entsprechende Bewältigungsmethoden zu lösen. Dazu gehören vor allem Aussprache und körperliche Aktivität. Beides führt die Angst regelrecht ab. Vor allem aber ist eines tröstlich: Fällt die Ursache weg, geht auch die Angst zurück.

Angststörungen auf körperlicher Grundlage

Sie sind viel zu wenig bekannt. Dabei handelt es sich nicht um eine reaktive Furcht vor Krankheit, Leid, Gebrechen, Behinderung und sonstigen Folgen. Angststörungen aufgrund körperlicher Leiden oder äußerer Einflüsse (Genußmittel-Mißbrauch, Medikamente, Rauschdrogen, Giftstoffe) sind häufiger als allgemein angenommen. Manchmal steht diese Angst sogar so im Vordergrund, daß die begleitende bzw. ursächliche körperliche Krankheit lange nicht als störend empfunden oder überhaupt bemerkt wird.

Am häufigsten sind internistische, neurologische u.a. Erkrankungen wie Überfunktion der Schilddrüse, Unterzuckerung bei Diabetes mellitus, die Herzangst nach schweren Herzkrankheiten oder Verengung der Herzkranzgefäße bei Herzinfarkt und -rhythmusstörungen und natürlich vor und nach entsprechenden Herz-Operationen sowie bei Lungenembolie, Phäochromozytom usw. Außerdem drohen Angstzustände bei Migräne, Multipler Sklerose, vor, während und nach epileptischen Krampfanfällen, bei der Chorea Huntington („Veitstanz") sowie nach sonstigen Beeinträchtigungen des Zentralen Nervensystems wie Schädel-Hirn-Trauma, Hirntumor, Hirnhautentzündung, Hirndrucksteigerung usw. Zu den sogenannten substanzabhängigen Angststörungen zählen Vergiftungen durch Weckmittel, Designerdrogen, Kokain,

Halluzinogene (Sinnestäuschungen auslösende Rauschmittel wie LSD, STP u.a.), aber auch Alkohol, Nikotin, Koffein usw. Dasselbe droht beim Entzug von Alkohol, Opiaten (als Rauschgift, aber auch in Schmerzmitteln) sowie beim zu raschen Absetzen von angstlindernden Beruhigungsmitteln.

Die *Therapie*, das sei schon hier mit wenigen Sätzen vorweggenommen, besteht in der Behandlung der zugrundeliegenden Krankheit oder Vergiftung. Dazu kommen Beratung, psychotherapeutische Stützung, Korrekturen in der Lebensführung, ggf. angstlösende Medikamente (z.B. Tranquilizer), aber stets ärztlich kontrolliert und zeitlich begrenzt.

Angstzustände auf seelischer Grundlage

Auch psychische Krankheiten können neben ihren spezifischen Krankheitszeichen wie Wahn, Sinnestäuschungen, Schwermut usw. mit Angstzuständen einhergehen.

Dazu gehören die schizophrene Psychose, die schizoaffektive Psychose (hier treten Schizophrenie, Depression oder Manie zusammen oder kurz hintereinander auf), sonstige Wahnkrankheiten, ferner Depressionen, neurotische Entwicklungen, vor allem Zwangsstörungen, aber auch Persönlichkeits- und Anpaßungsstörungen u.a. Und nicht zuletzt die schon erwähnten Suchtkrankheiten Alkoholismus, Medikamentenabhängigkeit und Rauschdrogenkonsum, aber auch ggf. ein krankhaft überzogener Konsum von Koffein und Nikotin. Suchtkrankheiten führen fast immer zu Angststörungen, und zwar sowohl während des Mißbrauchs als auch im Entzug – und oft noch lange danach. Nicht zu vergessen ist das sogenannte hirnorganische Psychosyndrom, d.h. eine Störung des Zentralen Nervensystems durch Vergiftung, Gehirngefäßverkalkung, Stoffwechselstörungen, Unfälle usw.

Die *Therapie* besteht auch hier in der Behandlung der zugrundeliegenden Krankheit. Auf medikamentöser Ebene sind das z.B. die antipsychotisch wirkenden Neuroleptika, die stimmungsaufhellenden Antidepressiva, ggf. Beruhigungsmittel sowie Medikamente zur Anregung des Hirnstoffwechsels u.a. Dazu psychotherapeutische Maßnahmen, Korrekturen und Stützung im zwischenmenschlichen Bereich (Familie und Beruf).

Sogenannte primäre Angststörungen

Hier ist die Angst nicht nur ein besonders quälendes Krankheitszeichen, sondern das eigentliche Krankheitsbild selbst. Früher kannte man vor allem die Angstneurose, eine mehr diffuse, allgemeine Angststörung, sowie die Phobien, also zwanghafte Angststörungen. Heute spricht man von Generalisiertem Angstsyndrom, Sozialphobie, Agoraphobie, spezifischen Phobien, vom Paniksyndrom sowie – im erweiterten Sinne – vom Zwangssyndrom und von der posttraumatischen Belastungsreaktion bzw. -störung. Im einzelnen:

Generalisierte Angststörung

Allgemeine Angstzustände (Fachbegriffe: Generalisierte Angststörung, Generalisiertes Angstsyndrom) sind gekennzeichnet durch eine Art „Dauerangst": anhaltende und ausgeprägte Befürchtungen oder Sorgen von mehreren Monaten Dauer, die sich um einen oder verschiedene Lebensbereiche drehen, z.B. Partnerschaft, Familie, Arbeit, Finanzen usw. Manchmal findet sich eine einzelne, alles überschattende Befürchtung, vor allem dann, wenn der Patient generell zum „chronischen Problem-Grübeln" oder zu „ständiger Sorgenbereitschaft" neigt. Gelegentlich läßt sich auch keine benennbare Ursache erkennen. Wichtig ist, daß es die Betroffenen schwierig finden, diese Befürchtungen, Sorgen und Grübeleien wirkungsvoll zu kontrollieren. (Ständiges Grübeln oder Gedankenkreisen um teils nachvollziehbare, meist aber unnötige bis unsinnige Kümmernisse und Sorgen sind auch ein Charakteristikum der Depression. Bei einer Schwermut pflegen dann aber noch andere Symptome zu beeinträchtigen, wie auf Seite 150 ausführlich dargestellt.) Außerdem quälen zusätzliche seelische und körperliche Beschwerden und – im Laufe der Zeit – auch entsprechende Folgen. Worauf ist zu achten?

- Ständige Ängstlichkeit, Sorgenbereitschaft, Befürchtungen jeglicher Art ohne ausreichenden Grund, vor allem über Dinge, die eigentlich gar nicht so schwerwiegend sind bzw. mit großer Wahrscheinlichkeit gar nicht eintreten werden
- Merk- und Konzentrationsstörungen

- wie benommen, zumindest wie „absorbiert"
- nervös, aufgeregt, fahrig, „ständig auf dem Sprung", ungeduldig, reizbar, bisweilen überwach („überdreht"), rast- und ruhelos, schreckhaft
- rasch ablenkbar, unfähig sich zu entspannen, schnell aufgeregt, sprunghaft
- innerlich unruhig, zitternd, bebend, angespannt
- leicht ermüdbar, rasch erschöpfbar, ggf. kraftlos
- überwiegend körperliche Symptome: Schweißneigung, kalte und feuchte Hände oder diffuses Schwitzen, Mundtrockenheit, Kloß im Hals (Würgegefühl), ggf. mit Schluckbeschwerden, rasches Erröten oder ständige Blässe, Lidzucken, Hitzewallungen und Kälteschauer, Unbehagen in der Magengrube, empfindlicher Magen, Übelkeit, Durchfallneigung, Zittern, Verspannungen, Muskelschmerzen, schneller Ruhepuls, Herzklopfen, Herzrasen, vermehrte und verstärkte Atemzüge (Hecheln), ggf. Atemnot bis zum Gefühl des Erstickens, häufiges Wasserlassen, Ein- oder Durchschlafstörungen, unklare Mißempfindungen am ganzen Körper u. a.
- Gefühl, als drohe man die Kontrolle über sich selbst zu verlieren, als sei alles unwirklich um einen herum bis hin zur „Ohnmachtsnähe".

Der *Verlauf* einer solchen Angststörung ist langwierig und wechselnd. Bei ständiger Rückfallgefahr bzw. unbehandelt droht schließlich eine Langzeiterkrankung (Chronifizierung).

Verwechslungsmöglichkeiten gibt es vor allem mit anderen Gemütsstörungen, besonders depressiven Zuständen, Panikattakken, Sozialphobien und Zwängen (siehe unten).

Die *Therapie* einer Generalisierten Angststörung basiert auf Psychotherapie, soziotherapeutischen Korrekturen in Partnerschaft, Familie und Nachbarschaft, am Arbeitsplatz usw., viel körperlicher Aktivität (führt Angst ab), ggf. Entspannungsverfahren (z.B. Autogenes Training, Yoga) und unter Umständen auf einer meist zeitlich begrenzten medikamentösen Linderung (Beruhigungsmittel, Antidepressiva, Neuroleptika, ggf. Pflanzenmittel wie Kava-Kava).

Panikzustände

Panikzustände nehmen zu. Sie gehören zum Quälendsten, was man sich vorstellen kann. Und nicht nur das: Sie demütigen und beschämen ihr Opfer, weil sie keinen nachvollziehbaren Grund für ihre Attacken angeben können, weil sie sich „offenbar alles einbilden". Jeder, der so etwas nicht nachempfinden kann und bestenfalls normale Furchtreaktionen kennt, kann mit solchen Patienten nichts anfangen. Ihm bleiben solche Panikattacken und damit auch die Betroffenen letztlich rätselhaft und befremdlich. Das erschwert deren Situation noch mehr. Deshalb sollte man sich vor allem mit dieser Form von Angststörung vertraut machen, denn Panik-Patienten „leiden vor allem innerlich" unendlich, obwohl man sich unter einer Panik ja etwas ganz anderes vorstellt. Und sie neigen aufgrund der Besonderheit ihrer Erkrankung dazu, sich immer mehr zurückzuziehen – um damit langsam zu vereinsamen.

Im allgemeinen versteht man unter *Panik* ein Massenphänomen mit realen Ursachen, z.B. Terroranschlag, Brandkatastrophe usw., das sich rasch in einer Gruppe von Menschen ausbreitet und häufig in „panischer" Flucht endet. Eine solche Reaktion mag im einzelnen überzogen, unvernünftig und folgenschwer sein, ist aber nicht krankhaft. Weil sie aber in Form und Ausmaß einer zwar nicht neuen, aber zunehmenden Art von Angststörungen ähnelt, verwendet man diesen einprägsamen Begriff auch für „innere Angstattacken". Als *Panikzustände* (Fachbegriffe: Panikstörung, Panikattacken, Paniksyndrom usw.) bezeichnet man also plötzliche, schwere Angstanfälle ohne äußerlichen Anlaß oder körperliche Ursache – sie sind deshalb auch nicht vorhersehbar. Das macht sie so verunsichernd bis zermürbend und erklärt auch so manche dramatische Verhaltensweise.

Deshalb nochmals: Den meisten Panikkranken sieht man auf den ersten Blick gar nichts an, sie leiden „innerlich" und bleiben damit weitgehend unauffällig; so können sie nicht einmal ihre Ängste adäquat abführen, was doppelt peinigt.

Den einzelnen, plötzlich einsetzenden, fast überfallartigen Angstanfall nennt man eine *Panikattacke,* wiederholte Angstanfälle eine *Panikstörung* (bzw. nach offizieller Definition eine Panikerkrankung, bei der mindestens vier Angstattacken pro Monat zu erdulden sind).

Panikattacken können unerwartet oder an bestimmte Situationen gebunden auftreten, allerdings – und das macht die Demütigung oder Beschämung noch größer – meist ohne nachvollziehbare Belastung: z. B. enge Räume wie ein Lift, aber auch weite Plätze, öffentliche Verkehrsmittel, Menschenansammlungen in Warteschlangen, im Supermarkt, Kino, Theater usw.

Das *Beschwerdebild* einer Panikattacke ist zermürbend. Die meisten Menschen, die so etwas überhaupt nicht oder bestenfalls eine normale, jedermann einleuchtende Furcht kennen, können mit solchen Zuständen nichts anfangen. Ihnen bleiben solche Panikattacken und damit auch die Betroffenen letztlich rätselhaft und befremdlich. Das erschwert deren Situation noch mehr. Doch es gibt ein Beispiel aus dem Alltag, das (fast) jeder kennt und das einem hilft, die Betroffenen und ihre Not doch etwas besser zu verstehen. Das sind die sogenannten *Beinahe-Katastrophen*, die uns unser Leben lang begleiten, wenngleich es bisher vielleicht nie zum Ernstfall gekommen ist. Das häufigste sind glücklich überstandene Unfälle zu Hause, im Garten, am Arbeitsplatz oder auf der Straße, manchmal auch ein abgewendeter Gewaltakt. Was passiert nach einem Beinahe-Zusammenstoß, einem Beinahe-Absturz usw.?

Zuerst bleibt einem fast das Herz stehen; der kalte Schweiß bricht aus; danach zittern die Knie, man ist wie vor den Kopf geschlagen, wie weggetreten, benommen. Es braucht seine Zeit, bis man sich wieder erholt hat. Manchmal kann so eine „Schreckminute" noch lange nachwirken. Jetzt wird man in vergleichbaren Situationen übervorsichtig, bisweilen sogar furchtsam bis schreckhaft – zumindest eine gewisse Zeitlang. Doch alles bleibt noch im Rahmen des Tragbaren, vergeht schließlich wieder. Man hat noch einmal Glück gehabt und die Lehre des Schicksals verstanden.

Genauso drohen krankhafte Angstzustände im allgemeinen und der geballte Angstzustand einer Panikstörung im speziellen, nur mit einem Unterschied: Es gibt keine nachvollziehbare Ursache. Man kann das dramatische Geschehen, vom Mißgeschick bis zur Beinahe-Katastrophe, jedermann erzählen und vor allem mit Anteilnahme, vielleicht sogar Erschrecken und einer ähnlichen Geschichte des anderen rechnen. Man ist und bleibt eingebunden in die Gemeinschaft. Schließlich kann so etwas jedem geschehen. Da darf man sich des Mitgefühls sicher sein. Doch wie ist es beim Panik-Kranken? Er kann zwar das Krankheitsbild schildern, doch das läßt er lieber sein, denn wenn man ihn fragt, weshalb, dann steht er mit leeren Händen da: „Ohne Grund, einfach so …? Na so was!"

Panikzustände können also das ganze Leben ruinieren und niemand begreift es – mit Ausnahme derer, die sich eine eigene Beinahe-Katastrophe vorstellen können, real oder in der Phantasie, und damit wenigstens das Beschwerdebild in etwa nachempfinden, wenngleich ihnen der eigentliche Grund nach wie vor verborgen bleibt.

Das Beschwerdebild

Wie äußert sich nun ein solches Panik-Syndrom? Mit wechselndem, meist individuellem Schwerpunkt quälen dabei:

- exzessive Angstattacken ohne erkennbare Ursachen, gleichsam „aus heiterem Himmel" oder an bestimmte Situationen gebunden
- Gefühl der Unsicherheit und Ohnmacht, einer existentiellen, ja tödlichen Bedrohung hilflos ausgeliefert zu sein
- Benommenheit, ggf. Bewußtseinsveränderung (alles so unwirklich, fremd, sonderbar)
- Schwindelzustände oder zumindest das Gefühl „wie bei Schwindel"
- Enge oder Beklemmung, ja Atemnot oder Erstickungsgefühle
- Druck und Schmerzen oder zumindest ein undefinierbares Unwohlsein auf oder in der Brust
- inneres Zittern und Beben
- Schweißausbrüche, Hitzewallungen, Kälteschauer
- Taubheits- oder Kribbelgefühle, Mißempfindungen, Muskelverspannungen oder Muskelschwäche
- allgemeine Übelkeit, Brechreiz
- trockener Mund
- weiche Knie oder Beine
- allgemeines Schwächegefühl
- Herzrasen und Herzstolpern.

Die nicht minder folgenschweren seelischen und vor allem zwischenmenschlichen bzw. psychosozialen Konsequenzen sind:

- Erwartungsangst: „Angst vor der Angst"; manche Betroffene empfinden schon allein bei dem Gedanken Panik, in der Öffentlichkeit zusammenzubrechen, hilflos liegenzubleiben und fremden Menschen ausgeliefert zu sein
- Selbstbehandlungsversuche mit Alkohol, Beruhigungs-, Schmerz- und Schlafmitteln, ggf. sogar Rauschdrogen
- Vermeiden bestimmter Situationen oder Orte, an denen schon einmal Panikattacken ausbrachen; damit Neigung zu Rückzug und Isolationsgefahr

- partnerschaftliche, familiäre, berufliche und andere Konflikte bzw. Einbußen
- depressive Verstimmungen, Resignation und Hoffnungslosigkeit, ggf. Selbsttötungsgefahr.

Am Schluß sind die Panikattacken so stark, daß die Betroffenen glauben, verrückt zu werden oder sterben zu müssen. Deshalb kommt es auch nicht selten zu Notfallaufnahmen in der nächsten Klinik, meist unter dem Verdacht eines Herzinfarktes. Das läßt sich zwar schnell klären, aber der Patient ist ratlos: einerseits erleichtert, andererseits fassungslos, wie man sich dieses dramatische Geschehen ohne organischen Hintergrund erklären soll. Dieses Problem betrifft aber nicht nur den Patienten. Obgleich Panikattacken zunehmen, kann der Arzt nicht einfach ohne jegliche Absicherung von einer seelischen Störung ausgehen. Zumindest beim ersten Mal ist also eine möglichst umfassende Untersuchung unerläßlich. Umgekehrt warnen vor allem Kardiologen mit Recht davor, nun „jede Herzrhythmusstörung einfach als Panikattacke abzutun". Besonders sogenannte paroxysmale supraventrikuläre Tachykardien (anfallsweises Herzrasen), die häufig von Kurzatmigkeit, Benommenheit, Brustschmerzen, Schweißausbrüchen und Todesangst begleitet sind, können leicht mit einer Panik- oder sonstigen Angststörung oder einfach „Streß" verwechselt werden, weil sich die Diagnose oft nicht schon bei einer ersten EKG-Untersuchung, manchmal sogar nicht einmal nach einem 24-Stunden-EKG stellen läßt.

Wen und wie treffen Panikattacken?

Panikattacken oder gar Panikerkrankungen (also gehäufte Angstanfälle) sind nicht so selten, wie man früher glaubte. Gegeben hat sie es schon immer, doch dürften sie früher kaum als Angststörungen erkannt und vor allem entsprechend behandelt worden sein. Inzwischen nehmen sie so zu, daß man von etwa 1 bis 2 % (in den USA doppelt bis dreimal soviel) Panikstörungen in der Allgemeinbevölkerung spricht. Diagnostistiziert wird offenbar nicht einmal die Hälfte, entsprechend behandelt kaum ein Drittel davon (wie übrigens die Mehrzahl aller seelischen Störungen). Panikzustände beginnen meist im jüngeren Erwachsenenalter und betreffen vor allem das weibliche Geschlecht (nach einigen Untersuchungen auch bevorzugt Geschiedene, Arbeitslose usw.). Panikstörungen können zu Beginn (und dann meist in jungen Jahren) erst einmal isoliert auftreten, neigen dann aber offenbar dazu, auch andere seelische Störungen nach sich zu ziehen, insbesondere Depressionen und die Agoraphobie (siehe Seite 33). Man spricht sogar davon, daß Panikattacken ein Vorläufer späterer Depressionen seien. Und daß das gemeinsame Auftreten von Panikattacken und Depressionen den Betroffenen aus verständlichen Gründen am stärksten zermürbt, und zwar bis hin zu gehäuften Suizidversuchen.

Panikattacken dauern meist nur wenige Minuten bis eine halbe Stunde, brechen relativ plötzlich aus und klingen allmählich wieder ab. Sie neigen zur Wiederholung und damit zu einem chronischen Verlauf, vor allem wenn sie nicht rechtzeitig erkannt und gezielt behandelt werden. Im höheren Alter können sie zwar zurückgehen, haben dann aber schon viel Schaden angerichtet: seelisch, körperlich, partnerschaftlich, familiär und beruflich (Panikattacken wird inzwischen auch ein hoher volkswirtschaftlicher Schaden zugerechnet, nicht zuletzt durch die gehäufte Zahl der Fehltage, die mehr als bei den meisten körperlichen Erkrankungen ausmachen sollen).

Worauf zu achten ist

Wie bereits mehrfach erwähnt, werden Panikstörungen häufig wegen des vorwiegend körperlichen Beschwerdebildes lange Zeit nicht als Angststörungen erkannt, sondern erst einmal organisch abgeklärt. Das ist sinnvoll. Wenn sich aber die körperlichen Untersuchungen nur wiederholen, ohne daß man auf die richtige Diagnose und damit Therapie kommt, ist das für alle Beteiligten äußert frustrierend und für den Betroffenen dazu noch gefährlich.

Patienten mit einer Panikstörung, vor allem wenn sie noch durch eine Depression beschwert ist, liegen an der Spitze der selbsttötungsanfälligen Leiden. Hat sich der Arzt dazu entschieden, schließlich die zutreffende Diagnose zu stellen und vor allem dem Betroffenen zu erläutern, kommt es in nicht wenigen Fällen immer noch zu dem lauen Kompromiß mit der eher kränkenden Formulierung: „Machen Sie sich nichts daraus, das ist nur seelisch …“

Damit weiß der Patient zwar, daß er keine organische Krankheit hat, was zumindest teilweise beruhigt. Aber die Diagnose: „Das ist nur seelisch" vermittelt ihm keinerlei faßbare Anhaltspunkte, mit denen er das unheimliche Geschehen irgendwie bewältigen könnte, von dem dabei mitschwingenden diskriminierenden Unterton ganz zu schweigen.

Deshalb ist es unerläßlich, die Panikstörung endlich als ernste und durchaus bedrohliche seelische Erkrankung zu akzeptieren und an die Möglichkeit einer Panikstörung öfter zu denken, auch wenn das körperliche Beschwerdebild dominiert und damit lange auf die falsche Fährte führt, und schließlich das Richtige zu tun, nämlich eine gezielte Therapie einzuleiten.

Therapie: Wie bei den meisten seelischen Störungen stehen mehrere Therapiesäulen zur Verfügung: Psychotherapie (in der Regel verhaltenstherapeutisch orientierte), soziotherapeutische Hilfen und Korrekturen, viel körperliche Aktivität (führt Angst ab) und die Pharmakotherapie. Letztere mag zwar manchem unangebracht erscheinen, ist es aber gerade bei der Panikstörung nicht. Panikerkrankungen sind offensichtlich überwiegend biologisch determinierte Leiden, die deshalb auch einer entsprechenden Therapie bedürfen. In der Akutbehandlung leuchtet dies noch am ehesten ein. Hier führt kein Weg an Beruhigungsmitteln vom Typ der Benzodiazepine vorbei, vor allem mit kurzer bis mittellanger Wirkdauer und am besten in rasch wirkender Tropfenform. Zur mittel- bis längerfristigen Behandlung bieten sich dagegen wieder Antidepressiva an, und zwar einerseits die ältere Generation (sogenannte trizyklische Antidepressiva), vor allem aber die entsprechenden Neuentwicklungen (z.B. sogenannte Serotonin-Wiederaufnahme-Hemmer sowie die MAO-A-Hemmer). Dabei darf die Behandlung mit diesen Antidepressiva nicht zu kurz ausfallen und keinesfalls abrupt abgesetzt werden.

Phobische Ängste – eine Übersicht

Eine *Phobie* ist eine zwanghafte Befürchtung. Sie drängt sich dem Betroffenen angesichts bestimmter Situationen, Personen, Objekte, Tiere usw. regelrecht auf. Und das, obgleich diese für andere meist unauffällig, harmlos, jedenfalls nicht zum fürchten sind. Das aber macht es dem Patienten so unangenehm: einerseits eine quälende Zwangsbefürchtung, die ihn völlig in seinen Bann schlägt, andererseits die Erkenntnis, daß es sich letztlich um ein harmloses, alltägliches oder zumindest nicht ungewöhnliches Phänomen handelt, das diese Angst in keiner Weise rechtfertigt: Man weiß es, kann aber nichts dagegen tun.

Die meisten Angstzustände haben „innerseelische" Ursachen, phobische Ängste dagegen äußere Auslösebedingungen: Gegenstände, Lebewesen, Ereignisse usw. Phobische Alltagsbefürchtungen sind weit verbreitet, krankhafte und behindernde Zwangsbefürchtungen dagegen selten. Das kann aber auch daran liegen, daß man sich bisher wenig um diese – nach außen ja nicht unbedingt auffälligen – Störungen gekümmert hat. Jetzt jedenfalls nehmen sie zu, und zwar in erstaunlichem Ausmaß – oder werden einfach öfter als solche erkannt. Außerdem neigen sie dazu, sich auszubreiten und schließen dann auch andere Ängste und Gemütsstörungen mit ein (z. B. Depressionen).

Obgleich manche dieser mit krankhafter Angst belegten Ursachen durchaus ein gewisses Gefährdungspotential aufweisen können (z. B. Tiere wie Schlangen, Naturereignisse wie Feuer oder Gewitter, Krankheiten usw.), steht diese Angst doch in keinem vernünftigen Verhältnis zur augenblicklichen Bedrohlichkeit. Die Betroffenen sind sich dieser Diskrepanz auch bewußt. Dennoch können sie ihre unangemessene Angst nicht kontrollieren. Sie können die Ursache nur meiden – und der Teufelskreis beginnt.

Was gab und gibt es für Zwangsbefürchtungen? Das wechselt. So sonderbar es sich anhört, es hängt auch mit den jeweiligen kulturellen, politischen, vor allem aber gesellschaftlichen Bedingungen zusammen. Es gibt Zwangsbefürchtungen – man kennt aus früheren Aufzählungen zwischen 100 und mehr als 200 mögliche Phobien –, die sich über alle Generationen feststellen lassen: Angst vor weiten Plätzen oder geschlossenen Räumen, Angst vor Tieren (vor allem Hunde, Mäuse, Pferde, Würmer, Schlangen und Spinnen), Angst vor natürlichen Erscheinungen (Gewitter mit Blitzschlag, Dunkelheit, Feuer, Wasser, der Höhenschwindel).

Dann gibt es wieder Zwangsbefürchtungen, die uns heute ein Lächeln entlocken: vor Eisenbahnen (früherer Fachausdruck: Dromosiderophobia), ferner die Angst, eine Sünde zu begehen (Peccatophobia) oder durch Scheintod lebendig begraben zu werden (Taphophobia) usw. Verstärkt äußern sich dafür heute

Zwangsbefürchtungen vor Krebs, AIDS, Flugreisen (die wahrscheinlich die alte Eisenbahnfurcht abgelöst haben), vor zwischenmenschlichen Kontakten, vom persönlichen Treffen bis zur Menschenmenge, vor dem Versagen im Beruf oder im sexuellen Bereich, vor dem Stillstand lebenswichtiger Organe, insbesondere des Herzens (Herzneurose, Herzphobie, Herzstillstands-Angst usw.).

Welches sind nun die derzeit wichtigsten zwanghaften Befürchtungen?

Agoraphobie

Die *Agoraphobie* war – wie der griechische Begriff wörtlich ausdrückt – früher allein die Angst vor öffentlichen Plätzen („Platzangst") oder weiten Straßen, genauer gesagt: vor Menschenansammlungen, vor der Öffentlichkeit. Das führt jedoch im Laufe der Zeit durch das entsprechende Vermeidungsverhalten zu Rückzug und damit Isolationsgefahr mit zahlreichen weiteren seelischen Folgestörungen. Deshalb versteht man heute unter Agoraphobie, einer der schwerwiegendsten und beeinträchtigendsten zwanghaften Befürchtungen, folgendes:

• Nach wie vor die Angst vor weiten Plätzen, aber auch kleineren Märkten, ferner Alleen, Straßen, leeren und vollen Sälen (z. B. Kino, Theater, Konzertsaal) und Kirchenräumen sowie vor Brükken, jedoch nur noch selten als alleiniges Krankheitszeichen.

• Angst vor und damit Vermeidung von Situationen, in denen es besonders unangenehm oder gefährlich sein könnte, einen Angstanfall zu bekommen: das „schützende" Haus zu verlassen und (allein!) zum Einkaufen, zur Arbeit, zur Freizeitbeschäftigung, zu Freunden, Bekannten usw. zu gehen. Im speziellen Angst vor dem Autofahren, vor Kaufhäusern, Supermärkten (vor allem Warteschlange bzw. Gedränge am Wühltisch), Menschenmengen jeglicher Art, ferner vor Fahrstühlen, Flugzeugen, vor der Benutzung öffentlicher Verkehrsmittel wie Bus, Straßenbahn, S- oder U-Bahn, Zug, vor Rolltreppen, Sportplatz, Friseur usw. Quälendste Zwangsvorstellung: In einer solchen Situation – allein und ohne rasche Hilfemöglichkeit – von einer Angstattacke überfallen und ihren Folgen hilflos ausgeliefert zu sein.

- Schwer nachvollziehbare, auf den Uninformierten z.T. lächerlich wirkende Hilfsmittel zur Milderung solcher Ängste sind beispielsweise: Begleitpersonen, symbolische Schutz-Objekte wie der Spazierstock oder andere vertraute Gegenstände, Kinder- oder Einkaufswagen, Haustier, Häuserwand, Mauer, Hecke, „fluchtgesicherte" Eckplätze in Türnähe im Kino, Theater und Restaurant, Sonnenbrille usw.

- Versucht der Betroffene sich solchen Situationen zu stellen, dann drohen unangenehme Folgen, vor allem vegetativer Art: trockener Mund, Schweißausbrüche, Zittern, Beben, Herzklopfen oder -rasen, Atemenge bis zu Erstickungsgefühlen, Gefühl der Benommenheit und Ohnmachtsnähe, Furcht, die Kontrolle über sich oder gar den „Verstand" zu verlieren, Angst, es könne etwas Peinliches, ja Schreckliches passieren usw. Vor allem Angst vor dem schon erwähnten Hilflos-ausgeliefert-Sein.

Menschen mit einer solchen Zwangsbefürchtung werden gelegentlich (nicht immer) als ängstliche, scheue, unsichere, unschlüssige, passive bis abhängige, durch ihre Fügsamkeit aber auch als angenehm empfundene Mitbürger mit Neigung zu Ordnungssinn und guter Arbeitsleistung beschrieben. Als Partner sind sie meist liebenswert, anhänglich und treu (Familie als Zufluchtsort). Andererseits gelten sie oft als initiativelos, ohne Risikobereitschaft, Aktivität und jede Konkurrenzsituation meidend.

Die Zwangsbefürchtungen beginnen meist im frühen Erwachsenenalter im Rahmen von wachsender Selbständigkeit und Verantwortung. Frauen sind häufiger betroffen. Manchmal können die gefürchteten Situationen und daraus resultierenden Ängste unter extremer seelisch-körperlicher Belastung (s. o.) ertragen werden. In der Regel werden diese Patienten im Laufe der Zeit aber immer unselbständiger, resignierter, depressiver, vor allem von ihrer Umgebung immer abhängiger, was sie einerseits nicht mehr losläßt, andererseits unglücklich macht. Bisweilen kommen noch Panikattacken hinzu. Damit gilt die Agoraphobie als die beeinträchtigendste Zwangsbefürchtung überhaupt.

Therapeutisch braucht die Agoraphobie umgehend, konsequent und langfristig eine psychotherapeutische Behandlung. Dazu kommen auch hier körperliche Aktivität, ggf. Entspannungsübungen und unter Umständen bestimmte Medikamente wie Antidepressiva (z.B. sogenannte Serotonin-Wiederaufnahme- sowie MAO-A-Hemmer), Beta-Rezeptoren-Blocker, Beruhigungsmittel usw.

Soziale Phobie

Die *soziale Phobie* ist eine dauerhafte und unangemessene Furcht vor anderen Menschen, vor allem die Angst, sich lächerlich zu machen, zu versagen oder durch ungeschicktes Verhalten gedemütigt zu werden. Dies kann sich auf konkrete, durchaus nachvollziehbare Situationen beziehen (Furcht vor öffentlichem Sprechen oder Auftreten, Examensangst), kann aber auch als „Angst vor anderen Menschen" alle normalen zwischenmenschlichen Aktivitäten einschließen (Betreten eines Ladens, Essen, Schreiben, Telefonieren vor/mit anderen usw.). Entscheidend ist der Umstand, daß sich die alltäglichen Handlungen vor den Augen von anderen Personen abspielen, die das Verhalten nicht nur beobachten, sondern möglicherweise auch kritisieren könnten.

> Die soziale Phobie ist also eine Menschen- bzw. Situationsangst, deren Teufelskreis das daraus folgende Vermeidungs- und Rückzugsverhalten ist, das den Betroffenen in eine gefährliche Isolation treiben kann.

Außerdem drohen im Rahmen einer solchen „Kontaktfurcht" weitere Krankheitszeichen, meist vegetativer Art. Diese werden häufig als das eigentliche Problem bezeichnet und gar nicht als Begleiterscheinung der sozialen Zwangsbefürchtung erkannt. Gerade bei der sozialen Phobie muß man deshalb genau zwischen Ursache und Wirkung unterscheiden. Solche seelischen, psychosozialen und vegetativen Symptome sind beispielsweise:

- Rasches Erröten, leise Stimme, verlangsamte Sprechweise, ggf. mimische Starrheit sowie bisweilen die Neigung, den anderen schon rein räumlich nicht zu nahe an sich herankommen zu lassen.
- Ferner Händezittern, Schweißausbrüche, Übelkeit, Durchfallneigung, Drang zum häufigen Wasserlassen, Herzrasen und -klopfen, Atemnot, Schwindel, trockener Mund, Muskelverspannungen u.a.

- Manchmal besteht sogar die sonderbare Zwangsbefürchtung, sich (in der Öffentlichkeit, vor Freunden usw.) erbrechen zu müssen.

Die Folgen pflegen eine Beeinträchtigung von Vitalität, geistigem und körperlichem Wohlbefinden, Lebensqualität und Zukunftschancen sein. Beispiele: Vermeiden entsprechender Kontakt-Situationen mit partnerschaftlichen, familiären, nachbarschaftlichen, beruflichen und schließlich finanziellen Einbußen, d. h., nicht neue Verantwortungsbereiche zu übernehmen, eine neue Stelle anzutreten, oder auch „nur" zu einer Feier oder sonstigen gesellschaftlichen Veranstaltung oder zu einem schlichten Freundestreffen zu gehen. Damit drohen noch schneller als bei der Agoraphobie Kontaktarmut, Rückzugs- und Isolationsgefahr. Manchmal kommt es zusätzlich zu Panikattacken (s. S. 26).

Beginn – Verlauf – Folgen
Die soziale Phobie beginnt zumeist in den ersten zwei bis drei Jahrzehnten und damit in einem äußerst sensiblen Lebensabschnitt. Fast alle Neuerkrankungen treten vor dem 20. Lebensjahr auf, ein nicht geringer Teil bereits vor dem 12. oder gar 10. Daraus resultieren dann ernste Entwicklungsstörungen. Geschlechtsspezifisch scheinen Frauen häufiger betroffen zu sein.

Risikofaktoren sind eine frühe Trennung von den Eltern, sonstige Trennungserlebnisse, eine familiäre Belastung, seelische Störungen der Eltern, insbesondere der Mutter, sowie später drohende Einsamkeit bzw. Vereinsamung: unverheiratet, geschieden, getrennt oder generell allein lebend.

Von der Persönlichkeitsstruktur her handelt es sich bei den Betroffenen oft um ängstliche, selbstunsichere Menschen mit Minderwertigkeitsgefühlen, nach innen gerichtet, gefühlsbetont, wenig durchsetzungsfähig, dafür empfindlich gegenüber Kritik und sogar manchmal unfähig, Hilfe von anderen anzunehmen. Dabei nicht selten vegetativ labil (siehe das Beschwerdebild der funktionellen oder Befindlichkeitsstörungen auf Seite 211).

Der *Verlauf* droht in mehr als der Hälfte der Fälle chronisch zu werden, wenn die Therapie nicht rechtzeitig einsetzt. Häufig schleppen sich die Betroffenen auch mit „wellenförmig" auftretenden Beeinträchtigungen dahin, mal besser, mal schlechter, aber eigentlich nie beschwerdefrei. In günstigen Fällen gibt es aber auch spontane Besserungen, vor allem durch Reifung der Persönlichkeit unter dem Alltagstraining der täglichen Lebensanforderungen. Bisweilen entwickelt sich aber nicht nur ein chronisches, sondern auch mehrschichtiges Leiden, weil die soziale Phobie ein Krankheitsbild mit hohem Risiko für sogenannte Folge- und Begleiterkrankungen ist.

Diese *Folge- und Begleiterkrankungen* (Fachausdruck: Co-Morbidität) sind ein großes, in unglücklichen Einzelfällen sogar das größere Problem. Nach einigen Untersuchungen sollen Menschen mit einer sozialen Phobie öfter am Arbeitsplatz fehlen als Gesunde und auch zuletzt dreimal häufiger arbeitslos sein als der Durchschnitt. Gesundheitlich drohen vor allem Alkoholmißbrauch oder gar Alkoholabhängigkeit, was wohl zumeist mit einem entgleisten Selbstbehandlungsversuch zusammenhängt („ein Gläschen macht frei"). Auf der gleichen Schiene laufen Medikamentenmißbrauch (besonders die angstlösenden und beruhigenden Tranquilizer) und Rauschdrogenkonsum (vor allem die als „soft drugs" eingeschätzten „Problemlöser" Haschisch und Marihuana). Nicht selten finden sich auch Depressionen und Zwangskrankheiten sowie andere Angststörungen, am häufigsten Agoraphobie, aber auch Panikattacken und allgemeine Angstzustände. Kein Wunder, daß die Selbsttötungsgefahr bei sozialen Phobien um ein Mehrfaches höher liegt als in der Allgemeinbevölkerung.

Therapie: Patienten mit einer sozialen Phobie brauchen so früh wie möglich gezielte Hilfe, vielleicht nicht sofort ärztliche, wohl aber psychagogische (eine Kombination aus pädagogisch und psychologisch) bzw. rein psychologische, auf jeden Fall eine sie psychisch stützende Behandlung. Später gilt es alle psychotherapeutischen und soziotherapeutischen Maßnahmen zu nutzen, die diese Menschen- bzw. Situationsangst einzudämmen vermag. Dazu zählen körperlicher Aktivität, Entspannungsübungen und ggf. bestimmte Arzneimittel (z.B. Antidepressiva wie die sogenannten Serotonin-Wiederaufnahme- sowie MAO-A-Hemmer, ggf. zeitlich begrenzt auch Beruhigungsmittel). Die Behandlung, und zwar sowohl psychotherapeutisch als auch medikamentös mit Antidepressiva, muß langfristig konzipiert sein, sonst ist der Erfolg enttäuschend, und Rückfälle sind programmiert.

Spezifische Phobien

Unter einer *spezifischen Phobie* versteht man eine dauerhafte, unangemessene und exzessive Furcht und damit Vermeidung *spezieller* Situationen, Lebewesen, Ereignisse, Gegenstände oder sonstiger Objekte, wie sie im Alltag nicht ungewöhnlich sind, zum Beispiel:

- Tiere wie Spinnen, Schlangen, Hunde, Ratten, Pferde („Tierphobien") usw.
- Türme, Wehrgänge, hohe Häuser, Flugreisen usw. („Höhenangst")
- Höhlen, enge Räume wie Dusch- oder Umkleidekabinen, Aufzüge u. a. (früher als Claustrophobie bezeichnet)
- Naturereignisse wie Stürme, Donner, Blitze, aber auch einfach Dunkelheit u. a.
- Essen bestimmter Speisen, Wasserlassen, vor allem in öffentlichen Toiletten, ferner Wasser (Swimmingpool, See, Meer) usw.
- Arzt- und Zahnarztbesuch, Anblick von Blut, Verletzungen, Spritzen
- Zwangsbefürchtungen vor bestimmten Krankheiten, z.B. Geschlechts- oder Strahlenkrankheit, AIDS, ferner Unfallphobie usw.

Dazu zählen im weiteren Sinne auch mehrschichtige Zwangsbefürchtungen, die sich mit den anderen Phobien überschneiden, am häufigsten mit der Agoraphobie, aber auch mit Sexualängsten, Prüfungs-, Schul-, Arbeits- und speziellen Berufsängsten, ja mit einer Erfolgsphobie usw. Und es gehört die gar nicht so seltene Angst vor eigenen Aggressionsregungen und -handlungen dazu, bis hin zu dem unfaßbaren Bedürfnis, mit einem Messer oder einer Pistole Unheil anzurichten. Solche spezifischen Phobien entstehen meist in der Kindheit oder im frühen Erwachsenenalter und können – unbehandelt – jahrzehntelang fortbestehen. Manchmal sind sie unter extremer Angst ertragbar, oft beeinträchtigen sie die alltägliche Lebensführung, zuletzt spitzt sich alles zu dem schon mehrfach erwähnten Vermeidungsverhalten mit Rückzug und Isolationsgefahr zu.

Patienten mit einer spezifischen Phobie befürchten vor allem die Folgen bzw. Gefahren, die von ihrer Befürchtung ausgehen, also Hundbiß, Verletzung durch Absturz usw. Im Gegensatz dazu befürchten Agoraphobiker (siehe Seite 33) vor allem Angstanfälle und ihre Konsequenzen, Sozialphobiker (siehe Seite 35) die negative Bewertung durch andere.

Therapie: Natürlich soll man nicht jede Befürchtung zu einer krankhaften Phobie hochspielen. Wenn es aber viel Aufwand kostet, sie zu ertragen, vor allem aber wenn ernstere zwischenmenschliche und berufliche Einbußen drohen, kurz: wenn die Lebensqualität leidet, von ständigen Vermeidungsstrategien mit Vereinsamungsgefahr ganz zu schweigen, dann sollte umgehend ein Arzt hinzugezogen werden, bevor es zur seelischen und psychosozialen Behinderung kommt. Spezifische Phobien werden – wie die anderen Zwangsbefürchtungen auch – durch Psychotherapie und soziotherapeutische Stützung behandelt, ergänzt durch körperliche Aktivität und eventuell mit Entspannungsübungen. Auch bestimmte Arzneimittel können unter Umständen hilfreich sein (z. B. Beta-Rezeptoren-Blocker, zeitweise Beruhigungsmittel).

Trennungsangst oder Schulphobie

Die Massenmedien berichten: *Angststörung im Kindesalter* nehmen zu. Tatsächlich bestätigen das entsprechende kinderpsychiatrische Untersuchungen. Deshalb soll hier wenigstens die häufigste Angstform im Schulalter kurz dargestellt werden, nämlich die *Schulphobie* oder *Trennungsangst.* Eine Schulverweigerung als Folge von Angst vor der Schule kann drei Gründe haben: erstens Furcht vor Leistungsversagen in der Schule, zweitens Angst vor der Trennung von zu Hause sowie drittens beide Ursachen.

In der psychiatrischen Fachsprache wird die Angst vor der Schule als „Schulangst" und die Angst vor Trennung von zu Hause als „Schulphobie" bezeichnet. Was muß man nun über die *Trennungsangst von zu Hause* wissen?

Psychologisch gesehen sind Ängste im Kindesalter stets auf das jeweilige Entwicklungsalter zu beziehen. Was ängstigt, sind vor allem die Aufgaben, die in dieser Zeit bewältigt werden müssen. Dazu gehören auf der einen Seite die Fähigkeit, Bindungen einzugehen und zu erhalten, auf der anderen die notwendige Selbständigkeit (Autonomie) zu entwickeln und zu verwirklichen. Werden die Bindungen zu eng, ist die Autonomie in Gefahr. Andererseits macht die Forderung nach Selbständigkeit Angst, denn damit könnte auch die gewohnte Beziehung bedroht sein. Die früheste Form der kindlichen Angst ist die bekannte 8-Monats-Angst des Säuglings, das sogenannte „Fremdeln". Die Trennungsangst oder Schulphobie ist ein Wiederaufleben dieser frühen Angst. Was charakterisiert nun Kinder mit einer Trennungsangst?

Trennungsängste sind mit zwei Dritteln aller Fälle die häufigste Angstform im Schulalter. Sie sollen in letzter Zeit deutlich zugenommen haben. Früher glaubte man, beide Geschlechter seien gleich oft betroffen, heute trifft es Jungen immer häufiger.

Das *Beschwerdebild* äußert sich bei jüngeren Kindern in lautem Schreien, während Schulkinder eher über Schwindel, Übelkeit, Bauch- und Kopfschmerzen usw. klagen.

Als *Auslöser* finden sich nicht selten Verlusterlebnisse, also beispielsweise der Verlust einer geliebten Person durch Trennung oder Tod, ja sogar Verlust eines Haustieres. Doch die eigentlichen Gründe liegen tiefer.

Die wichtigsten Ursachen sind offensichtlich Beziehungsstörungen zwischen Eltern und Kind. Dies betrifft vor allem das Mutter-Sohn-Verhältnis, etwas seltener auch die Vater-Tochter-Beziehung. Natürlich können auch Mutter-Tochter- bzw. Vater-Sohn-Beziehung problematisch sein, wenngleich seltener. Entscheidend ist der Umstand, daß diese Mütter und Väter selbst unter starken Ängsten litten oder noch leiden. Solche Eltern entwickeln gerne einen nachgiebigen bis verwöhnenden, ja überfürsorglichen Erziehungsstil, der letztlich aber nur einengt und lebensuntüchtig macht. So hat man gelegentlich den Eindruck, daß der jeweilige Elternteil die Nähe des Kindes nur dazu benutzt, um die eigenen Ängste zu kontrollieren. Schließlich verlagern beide Seiten ihre Trennungsängste auf die Schule. Die Folge sind immer häufigere Fehlzeiten des Kindes. Damit kann man zwar kurzfristig die beidseitige Angst mildern, doch bald wächst natürlich der Druck von außen. Jetzt kommt es zum Gegenteil: Das Daheimbleiben verstärkt noch die alten Ängste.

Wenn man solche Familien näher untersucht, findet man immer wieder bestimmte Bedingungen, die solche Trennungsängste zu fördern scheinen. So haben viele Mütter von Kindern mit Schulphobie bei dessen Geburt ihr 35. Lebensjahr überschritten. Besonders bei Jungen handelt es sich oft um Einzelkinder, die darüber hinaus noch an Kontaktstörungen leiden. Manchmal sind es auch Einzelkinder von alleinerziehenden Müttern. Ist ein Vater vorhanden, wird er als häufig abwesend geschildert. Bisweilen ist auch ein Elternteil psychisch gestört oder leidet unter einer chronischen Krankheit körperlicher Ursache.

Psychologisch gesehen sichern sich offensichtlich viele Eltern, deren Kinder an einer Schulphobie leiden, ihre innere Bestätigung durch diese überenge Beziehung. Auch wird bei elterlichen Auseinandersetzungen das Kind nicht selten in die Rolle des Rivalen zum anderen Ehepartner gedrängt. Bei alleinerziehenden Müttern wird oft – bewußt oder unbewußt – dem Kind die Rolle des Partners zugeteilt. In schweren Fällen ist die Bindung so eng, daß sie eine schon fast sexuelle Färbung anzunehmen droht und in die gefährliche Nähe eines Inzestes gerät, was nach einigen Untersuchungen jedenfalls häufiger zu sein scheint, als man bisher annahm. Bisweilen schläft das Kind bis zum Erreichen des Schulalters im elterlichen/mütterlichen Bett.

Dieser überengen Beziehungssuche liegen meist belastende Erfahrungen des jeweiligen Elternteils zugrunde. Dazu gehören Ablösungsprobleme von den eigenen Eltern, später dann Ehekonflikte oder belastende Erlebnisse, z.B. die schwere Geburt des betroffenen Kindes, das dann in eine überbehütende Erziehung geraten kann.

Therapeutisch ist das erste und möglichst rasche Ziel die Rückkehr in die Schule. Gelingt es nicht, die überenge Eltern-Kind-Beziehung zu lösen, wird der weitere Krankheitsverlauf immer ungünstiger. Manchmal müssen beide Teile zuerst parallel und schließlich gemeinsam behandelt werden. Auf jeden Fall darf man bei einer Schulphobie nicht zu lange warten. Im Extremfall muß das Kind vorübergehend aus der Familie herausgenommen werden. Zeichnet sich kein Behandlungserfolg ab, droht die psychische Entwicklung anhaltend gestört zu bleiben, was sich nur durch eine längerfristige psychotherapeutische Betreuung mildern läßt.

Therapie

Über die *therapeutischen Möglichkeiten* der verschiedenen Angstformen wurde bereits im Anschluß an die entsprechenden Kapitel kurz berichtet. Nachfolgend noch einige allgemeine Aspekte, vor allem unter dem Gesichtspunkt: Was können die Betroffenen für sich selbst tun? Zum Beispiel: Welches sind die drei wichtigsten Schritte für eine erfolgreiche Bewältigung der Angststörung? Auf diese Frage würde man viele kluge Antworten bekommen, nur nicht die naheliegendsten. Das wichtigste ist:

1. zu erkennen, daß man unter einer Angststörung leidet
2. anzuerkennen, d. h. zuzugeben, zu akzeptieren, daß man eine Angststörung hat
3. sich an seinen Arzt zu wenden.

Leider geschieht dies viel zu selten. Es ist zwar richtig, daß Angststörungen noch immer nicht in jedem Fall hinreichend behandelt werden, nicht psychotherapeutisch, nicht medikamentös. Es ist aber viel häufiger, daß die Betroffenen (und ihre Angehörigen) lieber die Augen vor der Realität verschließen, als sich der Krankheit und ihren Konsequenzen zu stellen. Doch je hartnäckiger die Angst verdrängt und verleugnet wird, desto mehr zehrt sie an der Lebenskraft. Und je länger man abwartet, desto schwieriger wird eine erfolgreiche Therapie, ja sogar die richtige Diagnose. Denn die meisten Angststörungen ziehen andere Krankheitsbilder nach sich, seelische und körperliche, die es schließlich immer mühsamer und zuletzt unwahrscheinlicher machen, die richtige, die eigentliche Ursache zu erkennen.

Warum die Angst nicht als Störung akzeptiert wird

Bestimmte Ausdrucksformen der Angst als krankhaft zu erkennen ist nicht einfach. Doch ist dies durchaus möglich, man muß sich nur informieren. Viel schwieriger ist es, die Angst als Störung anzuerkennen. Warum?

Ein häufiges Argument lautet: Man könne eine krankhafte Angst nicht erkennen, weil man so etwas noch nie gehabt habe, nicht einmal andeutungsweise. Woher also das Wissen darüber nehmen?

Das ist ein Irrtum. Es gibt kaum einen Menschen, der nicht schon einmal einen kurzdauernden, aber extremen Angstzustand durchmachen mußte. So etwas ergibt sich z. B. aus den erwähnten

Beinahe-Katastrophen, die uns unser ganzes Leben lang begleiten, wenngleich es vielleicht bisher nie zum Ernstfall kam (z. B. Beinahe-Verkehrsunfall, Sturz von Treppe oder Leiter usw.). Wir wissen also durchaus, wie sich ein Angstzustand äußern kann, denn nach einem solchen Ereignis zittern auch uns die Knie, der Schweiß bricht aus, der Boden gibt nach, es hämmert in den Schläfen usw.

Genau dasselbe hat der Angstpatient zu ertragen, nur ohne nachvollziehbaren Grund. Wenn man nun solche krankhaften Ängste immer wieder hinnehmen muß, warum gesteht man sich das nicht ein? Weil man sich schämt. Warum schämt man sich? Weil man nicht psychisch gestört, nicht geisteskrank sein will, schon gar nicht in unserer Zeit, in der man nicht nur erfolgsorientiert, sondern auch gesund zu sein hat.

Angststörungen sind aber keine Geisteskrankheit, keine Psychose. Sie werden vielmehr als *Neurose* bezeichnet. Eine Neurose oder Psychoneurose ist eine seelische Störung ohne organischen Krankheitsbefund, die meist auf ein unverarbeitetes Erlebnis zurückgeht, das sich später in psychischen Beschwerden und körperlichen Funktionsstörungen niederschlägt, auch wenn der Arzt organisch nichts Krankhaftes finden kann.

Aber selbst wenn man um diesen Unterschied weiß, scheuen sich viele Menschen trotzdem, eine Angststörung zu akzeptieren. Warum? Angst haben heißt Schwäche eingestehen. Und schwach sein paßt nicht in diese Zeit und Gesellschaft. Der moderne Mensch ist aktiv, dynamisch, pragmatisch, ja kühl, gelegentlich sogar – wenn es denn sein muß – aggressiv. Der moderne Mensch stellt sich der täglichen, beinharten Konkurrenz, bewältigt seine Aufgaben erfolgreich und hat abends noch Zeit und Kraft für (Leistungs-)Sport und gesellschaftliche Kontakte (bis zum Morgengrauen). Der moderne Mensch ist stets gut gelaunt und hat mit den täglichen Anforderungen „keinerlei Probleme", er hat „alles im Griff".

In dieser Gesellschaft des „lächelnden Ellenbogens" gilt derjenige, der offen Kummer, Sorgen oder gar Angst zeigt als schwach, labil, nicht ernstzunehmen. Er wird schlimmstenfalls gnadenlos fertiggemacht. Das ist die Moral einer entseelten Rivalitätskultur, in der Macht und Sieg alles gelten. Der Verlust der Menschlichkeit wird zwar allseits beklagt, aber letztlich achselzuckend hingenommen. Die modernen Industrienationen brüten eine Atmo-

sphäre von Größenphantasien, Stärkekult, Machtgier, von Egoismus und gnadenlosem Konkurrenzdruck aus. Der Rest der Welt
beginnt es ihnen nachzumachen – mit allen Folgen. Für so etwas
aber ist der Mensch psychisch nicht ausgestattet. Die Konsequenzen sind vielfältige seelische Störungen mit organischen und psychosozialen Einbußen. Naturvölker kannten die lebenserhaltende
Furcht, aber nur selten Angststörungen und Depressionen, jedenfalls nicht in unserem Ausmaß. Das kann man noch heute in jenen
Regionen beobachten, die sich halbwegs ihren ursprünglichen
Lebensstil bewahren konnten. Und man kann das Umgekehrte in
jenen Nationen feststellen, die gleichsam im Schnellverfahren von
„besinnlichen" Agrarkulturen zu hochindustrialisierten Gesell-
schaften gepeitscht wurden – und dies mit einer extremen Zunahme von Angststörungen und Depressionen bezahlen müssen.

Auch wird unsere Zeit von belastenden Widersprüchen ver-
formt: Obwohl das technische Niveau der Kommunikation so
hoch ist wie noch nie (Telefon, Fax, Internet, Fernsehen, PC,
Auto, Flugzeug usw.), herrschen soziale Vereinzelung, ja Vereinsamung, Rückzugsgefahr und Isolation. Der zwischenmenschliche Austausch ist elektronisch perfektioniert und menschlich am
Ende. Überall drohen wachsende Unsicherheit oder dumpfer
Zweifel an sich selbst. Dabei leben schon die meisten Menschen
auf einem erhöhtem Streß-Niveau, gleichsam in Dauerspannung.
Niemand merkt es oder will es merken, jedenfalls lange, viel zu
lange nicht. Und braucht man schließlich eine Behandlung, geht
man nicht an die Wurzeln des Übels, sondern verläßt sich auf äußere Korrekturen, vielleicht sogar auf medikamentöse oder psychotherapeutische „Wunderheilmittel", die raffiniert angepriesen
und unkritisch bis einfältig übernommen werden. Es bleiben
kaum Raum und Zeit, sich auf sich selbst zu besinnen. Die Folge
ist eine Vielzahl von seelischen Störungen, zu denen die Angst inzwischen als eine der häufigsten Geiseln unserer Zeit gehört.

Deshalb gilt es das Steuer herumzureißen, ehe alles in die Brü-
che geht. Wenn man schon nicht die Gesellschaft ändern kann,
dann soll man sich wenigstens selbst retten. Das wichtigste sind
erst einmal ein echtes Informationsbedürfnis und damit konkretes
Wissen um die Hintergründe. Dann gilt es die Realität zu akzeptieren. Dadurch ist man frei geworden, Hilfe zu suchen. Das ist
weder eine Schande, noch ist es erfolglos. Denn nur wer Hilfe

sucht, kann auch Hilfe finden und dadurch wieder gesund werden. Und das beginnt mit dem Willen zu Aufklärung, zu gezielter Information und Beratung.

Aufklärung und Beratung von Angstpatienten

Angstpatienten sind informationswillig. Es interessiert sie, was in Körper, Seele und Geist abläuft. Das ist günstig für die sogenannte *kognitive Umstrukturierung* (vom lateinischen: cognoscere = erkennen). Auf dieser Basis können dann die negativen Gedanken und quälenden Erwartungen positiv beeinflußt, gleichsam „entkatastrophiert" werden. Die Betroffenen können gewissermaßen von sich selbst und ihren Ängsten abrücken.

> Wissen entlarvt die Angst und macht frei.

Manchmal reicht es schon, sich das Verhältnis von *„Angst und Wahrscheinlichkeit"* vor Augen zu führen, um wieder ruhiger zu werden. Was heißt das? Die Gefahr, bei einem Autounfall umzukommen (1 : 40), als Stadtbewohner/Kleinstadtbewohner Opfer eines Gewaltverbrechens zu werden (1 : 60 bzw. 1 : 2000), in diesem Jahr als Mann oder Frau an Krebs zu erkranken (1 : 8000) bzw. ermordet zu werden (1 : 12 000), einen Gehirntumor zu bekommen (1 : 25 000), aufgrund einer Bluttransfusion mit AIDS angesteckt (1 : 100 000) oder gar von einem Hai angegriffen zu werden oder bei einem Flugzeugabsturz umzukommen (1 : 4 Millionen), diese Gefahr ist gering bis unwahrscheinlich. Sie kann aber ein furchtsames Grübeln unterhalten, das die Lebensqualität erheblich beeinträchtigt. Dann ist es besser, man geht diese Liste noch einmal durch oder sucht sich für seine eigenen Angstmotive die entsprechende Statistik heraus. Wissen kann heilsam sein. Allerdings muß man sich darum rechtzeitig kümmern, bevor sich die Angst „völlig festgebissen hat".

Über die Natur der Angststörung gibt es in der Allgemeinheit wenig Kenntnis, wie über die meisten seelischen Krankheiten überhaupt. Deshalb seien hier noch einmal die wesentlichsten Punkte zusammengefaßt:

1. Angst ist ein normales und sinnvolles Gefühl, das viele Ursachen haben kann und in der Regel eine Schutzfunktion ausübt: Deshalb gilt es die Gefahr zu realisieren und darauf zu reagieren, sei es durch Flucht, sei es durch aktive Überwindung der Bedrohung.

   Als Warn- und Alarmsignal hilft nun die Angst, auf Bedrohungen aufmerksam zu machen. Nur wenn man eine Gefahr erkennt, kann man sie auch bewältigen. Darum ist die Angst lebensnotwendig und zunächst einmal etwas Positives.

   > Menschen ohne jegliche Angst sind nicht nur im Nachteil, sie entsprechen auch nicht dem normalen Durchschnitt. Also kann auch das Ziel der Behandlung nicht ein Leben ohne jegliche Angst sein. Es gilt die krankhaften Angstanteile zurückzudrängen, ohne die lebenserhaltende Angst zu beeinträchtigen.

2. Angst äußert sich nicht nur im Denken und Fühlen („Es wird etwas Schlimmes geschehen", „Ich schaffe das nicht"), sondern auch im Verhalten: z. B. vermeiden, weglaufen, erstarren. Und in körperlichen Krankheitszeichen: Schwitzen, Zittern, Herzklopfen, Kurzatmigkeit, Schwindel usw. Besonders die körperlichen Konsequenzen der Angst werden – zumindest zunächst – nicht als Angstfolgen erkannt. Man hält sie für ein eigenes, ggf. gefährliches Krankheitsbild (besonders das Herzrasen, -klopfen und -stolpern). Das führt zu einer falschen Interpretation dieses körperlichen Angst-Beschwerdebildes, schaukelt sich langsam auf (Angst → körperliche Folgen → noch mehr Angst usw.) und kann zuletzt in einen verhängnisvollen Teufelskreis münden. Ein typisches Beispiel ist die Panikstörung (siehe Seite 26).

3. Wichtig: Die seelischen und vor allem körperlichen (besser: psychosomatischen) Angstreaktionen sind nicht gefährlich. Das kann zwar kein Angst-Gepeinigter glauben, besonders während der gefürchteten Angstanfälle, doch es stimmt. So wird man nicht „verrückt vor lauter Angst", und schon gar nicht „stirbt man an Angst". Die physiologische Reaktion des Organismus auf die Angststörung ist kein Problem. Das beweisen die internistischen, neurologischen und sonstigen Untersuchungsbefunde, die meist unauffällig sind und bleiben. Zermürbend ist vor allem die *Angst vor der Angst* und ihre seelischen und körperlichen Konsequenzen.

4. Die Angstreaktionen haben in der Regel einen typischen Zeit-verlauf. So kommt es zu einem raschen Anstieg und einem nur langsamen Abfall. Das ist biologisch durchaus sinnvoll. Denn die realistische Angst (oder besser Furcht) in wirklich gefährlichen Alltagssituationen ist nur dann wirkungsvoll, wenn es sich um ein „Sofort-Warnsystem" handelt. Je schneller der Betreffende reagiert, desto größer die Chance, ungeschoren davonzu-kommen. Die Angst mobilisiert den gesamten Organismus und zwar sowohl bei echter Gefahr (was sinnvoll ist) als auch bei der falschen oder irrealen Gefahr einer Angststörung. Angst macht uns in Sekundenbruchteilen bereit zu Flucht oder zum Kampf.

Es ist einleuchtend, daß eine solche plötzliche Alarmreaktion nicht genauso schnell wieder zurückgehen kann, wie sie ange-stoßen wurde. So bleibt der Organismus eine ganze Weile in dieser Alarm- und Angstsituation, bis sie schließlich nach und nach abflaut. Das kennt ein jeder von dem nach dem Schrecken noch anhaltenden Herzrasen, dem Zittern der Knie, der Mundtrockenheit, dem Schweißausbruch, dem bleichen Ge-sicht usw.

5. Das größte dauerhafte Problem ist bei krankhaften Angststö-rungen das Vermeiden der entsprechenden Situation oder Per-son, d.h. die in diesem Kapitel so oft wiederholte drohende Rückzugsneigung und schließlich Isolationsgefahr. Sicherlich kann man die zermürbenden Ängste dadurch in Grenzen hal-ten, daß man sich nicht den angstauslösenden Situationen aus-setzt. Das hilft aber nur kurzfristig. Auf längere Zeit kommt es dadurch nur zur Verschärfung der Angstproblematik, denn die Angst greift auch auf andere Gebiete über, von den erwähnten psychosozialen Konsequenzen ganz zu schweigen.

Was tun bei Angststörungen mit körperlichem Schwerpunkt?

Was ist zu tun bei besonders dramatischen Angststörungen? Na-türlich sind für den Betroffenen alle Formen von Angst drama-tisch, was sich aber bei Panikattacken besonders bedrohlich aus-wirken kann. Hier muß beispielsweise immer wieder der Notarzt kommen (s. S. 29), weil der Patient über Herzjagen, Herzrhythmusstörungen, Herzschmerzen (die bisweilen sogar „infarkt-typisch" in die linke Schulter und den linken Arm ausstrahlen), über Luftnot, Schweißausbrüche und Zittern mit Übelkeit klagt. Er kann aber nichts feststellen. Desgleichen der Hausarzt, der den Patienten als nächster untersucht – zum wiederholten Male. Alle versuchen den Betroffenen auf ihre Weise zu beruhigen – ebenfalls zum wiederholten Male. Vielleicht demonstrieren sie ihm sogar die normalen Befunde, z.B. das Elektrokardiogramm (EKG): „Sie sehen, Sie sind völlig gesund und können beruhigt nach Hause gehen."

Gerade das kann der Patient aber nicht. Einerseits kann er nichts gegen die ja offensichtlich unauffälligen Untersuchungsbefunde einwenden. Andererseits bleibt die Frage ungeklärt, woran er nun eigentlich wirklich leidet. Denn solche Panikattacken sind ja kein Vergnügen und können sich zudem immer wiederholen.

Die Lösung liegt darin, den Patienten ausführlich seine Befürchtungen schildern und seine Sorgen und Zweifel erläutern zu lassen. Dabei darf, ja soll er ruhig von seinen „Herzinfarkt-Ängsten" reden. Was spricht aus seiner Sicht für eine organische Krankheit? Hier muß der Betroffene dann aber auch alles auf den Tisch legen, was ihn offen oder heimlich bewegt. Dabei wird der Arzt also immer wieder nachfragen: Was noch? Erst wenn dieser Schritt vollständig abgeschlossen ist, kann man Punkt für Punkt der Ängste erörtern, wohlgemerkt nicht widerlegen, sondern gemeinsam diskutieren.

Anleitung zur Selbsthilfe bei spezifischen Angstformen

Daneben gibt es noch spezielle Möglichkeiten der Selbstbehandlung, je nach Angststörung. Im einzelnen:
• Beim *Generalisierten (allgemeinen) Angstsyndrom* gehören Entspannungsverfahren zu den wichtigsten Therapiemaßnahmen in eigener Initiative. Zum Erlernen braucht es eine Fremdhilfe, d. h. entsprechende Kurse an der Volkshochschule usw. Später kann man dann Tonbandkassetten mit Entspannungsprogrammen erwerben und diese regelmäßig üben. Hier empfehlen sich vor allem Programme, die auf der progressiven Muskelrelaxation nach Jacobson aufbauen.

- Bei den *Phobien,* also Zwangsbefürchtungen, können konkrete Anweisungen zur Selbstkonfrontation weiterhelfen. Dabei wird der Betroffene angeleitet, die vom ihm gefürchteten und vermiedenen Situationen schrittweise wieder aufzusuchen, auf jeden Fall nicht zu meiden, um damit den gefürchteten Teufelskreis gar nicht erst anlaufen zu lassen. Evtl. auftretende irrationale Befürchtungen über mögliche negative Konsequenzen dieser Konfrontation (z. B. Ersticken im Fahrstuhl, Herzschlag vor Aufregung, Ohnmacht mitten auf dem Marktplatz, Durchdrehen in der Kassenschlange usw.) können dann in begleitenden Gesprächen bearbeitet werden. Das läßt sich am Anfang durchaus mit jenen Partnern oder Freunden, Nachbarn oder Bekannten arrangieren, die über das Leidensbild aufgeklärt und für solche Gespräche geeignet sind.
- Dies gilt auch für die *Sozialphobie.* Hier wird der Patient ermutigt, als Selbstkonfrontation einen Redner-Kurs bei der Volkshochschule zu belegen, Clubs oder Vereinen beizutreten, in einem Lokal allein zu essen, öfter jemanden um etwas zu bitten (Uhrzeit, öffentliches Gebäude, Straßenname usw.). Dabei sollte immer wieder darauf hingewiesen werden, daß eine gelegentliche Verlegenheit oder gar Blamage zum normalen Alltag gehört, denn: „Wer ist schon unfehlbar".
- Bei *Panikanfällen* geht es vor allem um die ausreichende Information über die Gründe und körperlichen Symptome solcher Attacken und den stets wiederholten Hinweis, daß es sich hier um eine zwar lästige bis peinigende, aber völlig ungefährliche Reaktion des Körpers handelt, gleichsam einen heftigen „Fehlalarm".

Wann muß der Angstpatient zum Spezialisten?

Die bisher empfohlenen Selbstbehandlungshilfen dürften in der Regel vom Hausarzt angeregt und überwacht werden. Einige versuchen die Betroffenen und ihre Angehörigen in eigener Regie schon früher. Wann aber sollte man den Weg zum Spezialisten nicht mehr hinauszögern?

Im Grunde sind die Spezialisten für Angststörungen, also der Nervenarzt oder Psychiater sowie der Klinische Psychologe mit psychotherapeutischer Ausbildung, am erfolgreichsten, wenn man sie möglichst früh konsultiert. Doch das dürfte der Idealzustand bzw. die Ausnahme sein. Besonders beim Nervenarzt bzw. Psychiater ist die Hemmschwelle noch immer relativ hoch. Das ist zwar unnötig, ja falsch und in nicht wenigen Fällen verhängnisvoll, aber es ist die Realität. Es gibt aber eine Grenze, die man respektieren muß. Und diese Grenze lautet: Ein Angstzustand wird dann behandlungsbedürftig, wenn er zur krankhaften Angst, also zur *Angststörung* wird. Und die ist – wie auf Seite 14 erläutert – gekennzeichnet durch:

– immer längere Dauer und immer häufigeres Auftreten
– die Unfähigkeit, diese Angstzustände durch eigene Anstrengungen zu überwinden
– unangemessene Angstzustände, d.h., die Lebensbedingungen können diese Angstzustände nicht erklären
– charakteristische Beschwerden (siehe Seite 17) oder ihr plötzliches, fast überfallmäßiges Auftreten (z.B. bei Panikzuständen).

Außerdem dadurch, daß sich folgende Konsequenzen abzuzeichnen beginnen:

– Überkompensationsversuche im zwischenmenschlichen, beruflichen oder Freizeitbereich
– ein zunehmendes Vermeidungs- und Rückzugsverhalten mit Isolationsgefahr
– Selbstbehandlungsversuche mit Genußmitteln (Alkohol, Nikotin), Medikamenten (Beruhigungs-, Schlaf- und Schmerzmittel) oder ggf. Rauschdrogen (Haschisch/Marihuana, Weckmittel, Kokain, Designerdrogen, Opiate usw.).

Und schließlich muß noch auf eine extreme Gefahr hingewiesen werden: nämlich auf eine wachsende schwernehmende Lebenseinstellung, ja Lebensverneinung, schließlich Lebensüberdruß und Todeswünsche, konkrete Suizidgedanken oder gar gezielte Suizidabsichten mit oder ohne direkter Ankündigung. Dies wird gerade bei Angstpatienten oft nicht rechtzeitig realisiert. Dabei soll beispielsweise bei Panikstörungen die Selbsttötungsgefahr fast 20mal höher liegen als in der Allgemeinbevölkerung. Wenn sich also „dunkle Gedanken" häufen oder gar verdichten, muß umgehend ein Facharzt für Psychiatrie hinzugezogen werden.

Welche Therapie dann eingesetzt wird, also
- in psychotherapeutischer Hinsicht z.B. kognitive Verhaltenstherapie, tiefenpsychologisch orientierte, humanistisch-existen-
  tialistische, systemische, körperorientierte u.a. Verfahren,
- in pharmakotherapeutischer Hinsicht z.B. bestimmte Antidepressiva, Neuroleptika, ferner Beruhigungsmittel oder sonstige
  angstlösende Arzneimittel,
- in soziotherapeutischer Hinsicht Korrekturen und Hilfen in
  Partnerschaft, Familie, Freundeskreis und Beruf,
- durch andere Behandlungsverfahren wie physikalische Maßnahmen (Bürstenmassagen, Wechselduschen usw.) und Entspannungsübungen, nicht zu vergessen der angstlösende „Gesundmarsch" bei Tageslicht und vor allem im Grünen,
ist am besten dem jeweiligen Therapeuten zu überlassen. Dabei
sollte man nie auf die Mitarbeit und Unterstützung von Partner,
Familie, Freundeskreis usw. verzichten, gerade bei Angststörungen. Günstig sind auch Selbsthilfegruppen, die immer häufiger
gegründet werden und für viele Betroffene eine große Hilfe darstellen.

Auf jeden Fall sind die Heilungsaussichten um so günstiger, je früher
erkannt, je gezielter behandelt und je geduldiger, d.h. konsequenter
der Gesamtbehandlungsplan durchgehalten wird.

Ausblick

Krankhafte Angstzustände gehören inzwischen neben Befindlichkeitsstörungen und Depressionen zu den häufigsten seelischen
Beeinträchtigungen, ja sämtlichen Leiden überhaupt. Sie haben
sich in den letzten Jahrzehnten vervielfacht und nehmen ständig
zu. Bald droht sich die Warnung vom „Zeitalter der Angst" zu
bewahrheiten. Die Bedingungen scheinen gegeben zu sein.

Deshalb ist es wichtig, sich detailliert darüber zu informieren,
selbst wenn man selbst nicht beeinträchtigt scheint. Das Umfeld
ist voller Betroffener, auch wenn man sie noch nicht als solche erkannt hat. Doch die Folgen sind zu mildern, weil die heutigen
Behandlungsmöglichkeiten wirklich eindrucksvoll vorangeschrit-

ten sind: psycho- und soziotherapeutisch, angstlösende Pharmaka und eine Reihe von Selbstbehandlungsverfahren, mit denen man vor allem einer drohenden Rückfallgefahr entgegentreten kann. Man sollte sie nutzen, ehe sich das Krankheitsbild verfestigt und ausweitet. Dabei ist vor allem die Grundlage jeder Diagnose und Therapie im Auge zu behalten: ein ständig angepaßter Kenntnisstand.

Alzheimer-Demenz

„Das Greisenalter, das alle zu erreichen wünschen, klagt jeder an,
wenn er es erreicht hat", sagte der römische Staatsmann Cato der
Ältere schon vor über 2000 Jahren. Oder salopp im Stil unserer
Zeit ausgedrückt: „Alle wollen es werden, keiner will es sein: alt."

Tatsächlich leben wir in einer „alternden Welt". Jahrtausende hinweg be-
trug die durchschnittliche Lebenserwartung des Menschen 30 oder gar nur
20 Jahre. Im letzten Jahrhundert aber zeichnete sich eine biologische Revolution ab: Die mittlere Lebensdauer stieg in einmaligem Ausmaß. Zwar hat
sich die Lebensspanne, d. h. die maximale Überlebenszeit des Menschen,
nicht verändert. Sie liegt zwischen 110 und 115 Jahren. Gestiegen ist dafür
die Lebenserwartung, d. h. die durchschnittliche Zahl von Jahren, die dem
Menschen bei Geburt statistisch zustehen. Allein in Deutschland liegt sie
für Männer bei mehr als 71 und für Frauen bei fast 80 Jahren. Man hofft,
daß sie sich in den kommenden Jahrzehnten weiter erhöhen läßt. Dies bezieht sich jedoch vor allem auf die sogenannten Entwicklungsländer. Bei
den Industrienationen wird sie sich vermutlich um das 80. Lebensjahr ein-
pendeln.

Doch derzeit bildet das „dritte Lebensalter", das man noch in mittleres (50
bis 64), höheres (65–74) und hohes Lebensalter (ab dem 75. Lebensjahr)
untergliedern kann, die am stärksten zunehmende Bevölkerungsgruppe. In
Deutschland ist die Zahl der über 65jährigen inzwischen auf rund 12 Millionen angewachsen. Das ist etwa ein Sechstel der Bevölkerung. Weltweit
werden die Senioren in einigen Jahrzehnten die Milliarden-Grenze erreicht
haben. Eine derartig große Zahl von Betagten hat es in der Geschichte der
Menschheit – selbst relativ gesehen – noch nie gegeben.

Bei dieser erfreulichen Veränderung der Altersstruktur waren besonders
Hygiene, bessere Ernährung sowie die Bekämpfung der Infektionskrank-
heiten erfolgreich, mehr als wegweisende medizinische Eingriffe. Soll die
Lebenserwartung in den kommenden Jahrzehnten weiter steigen, setzt dies
vor allem die Bekämpfung der beiden Haupttodesursachen voraus: Herz-
Kreislauf-Krankheiten und Krebs. Die Beseitigung aller übrigen Leiden
scheint dagegen geringer zu Buche zu schlagen.

Trotz aller Fortschritte bleibt die Krankheit wohl auch in Zukunft das be-
grenzende und abschließende Element unseres Daseins. Daß ein Leben in
der Regel ohne Erkrankung ausläuft, gewissermaßen mit dem Ablauf der

genetisch eingestellten Uhr, ist selten. Viele der alten Mitbürger, die offenbar aus voller Gesundheit heraus versterben, weisen bei genauer Untersuchung organische Störungen auf. Nach wie vor stirbt man nicht am Alter an sich, sondern an Krankheiten. Der Unterschied besteht lediglich darin, daß deren Ausmaß unerheblich erscheint und bei jüngeren Personen meist nicht zum Tode geführt hätte. Offensichtlich bedarf es im Alter mit seinen eingeschränkten Organ- und Zellfunktionen weniger ausgeprägte krankhafte Veränderungen, um das endgültige Verlöschen einzuleiten.

Auf jeden Fall hat die ersehnte Langlebigkeit ihren Preis, und der heißt Krankheit auf verschiedenen Ebenen (Multimorbidität). Die Vielzahl der Beschwerden wächst mit den Jahren und führt dazu, daß mehr als jeder dritte mehrfach belastet ist: Gefäßleiden, insbesondere Arteriosklerose der Herz- und Hirngefäße, Krankheiten der Atmungsorgane, rheumatische Leiden der Muskeln und Gelenke sowie Krebs. Vor allem aber nehmen bestimmte seelische Störungen mit gestiegener Lebenserwartung deutlich zu. Das sind auf der einen Seite depressive und Angsterkrankungen, auf der anderen Seite hirnorganische Veränderungen im Sinne einer Demenz.

Was heißt „Demenz"?

Der *Begriff* Demenz kommt vom lat.: de = Wortteil mit der Bedeutung weg, ab, herab sowie mens = Denkvermögen, Verstand, Vernunft. Unter Demenz versteht man also begrifflich einen Menschen ohne Verstand oder Vernunft, was sich auch in den drastischen volkstümlichen Bezeichnungen „Verblödung" oder „Altersblödsinn" ausdrückt.

Weitere bedeutungsgleiche oder zumindest -ähnliche Begriffe sind Altersdemenz, Altersschwachsinn, „Altersstarrsinn", Altersverwirrtheit, chronisches Hirnversagen, Dementia senilis, Senilität oder präsenile, progressive bzw. senile Demenz.

Begriffe, die nicht unbedingt vergleichbar sind, auch wenn man sie öfter in diesem Zusammenhang hört, sind Enzephalopathie, Gehirn-Durchblutungsstörungen, Hirnleistungsstörungen, hirnorganisches Psychosyndrom, psychoorganisches Syndrom, Sklerose, Verkalkung, zerebrale Insuffizienz, Zerebralsklerose oder zerebrovaskuläre Insuffizienz.

Definition und Klassifikation dementieller Erkrankungen

Demenz ist ein Sammelbegriff für den erworbenen Abbau intellektueller Funktionen oder Leistungen oder vereinfacht ausgedrückt: ein zunehmendes (und im wesentlichen unaufhaltsames) Hirnversagen. Betroffen sind aber nicht die für die vegetativen Funktionen lebensnotwendigen Teile des Gehirns (z.B. Atmung oder Kreislauf), sondern jene Regionen, die die „höheren" geistigen Funktionen, also verkürzt ausgedrückt: das Denken ausmachen.

Die Folgen einer Demenz sind ein fortschreitendes Nachlassen von Gedächtnis, Orientierung, Erkennen, schließlich auch von Erlebnisfähigkeit, Interessenumfang, Gefühl (Gefühlslabilität), Kritikfähigkeit (Kritikschwäche) und schließlich eine Wesensänderung (z.B. Vergröberung entsprechender Charaktereigenschaften). Im Endzustand drohen sogar einschneidende körperliche Behinderungen, z.B. Verlust der Kontrolle über Blasen- und Mastdarmfunktion, neurologische Ausfälle usw.

Bis vor einigen Jahren wurde jeder geistig abgebaute ältere Mensch als „Arteriosklerotiker" oder „Zerebralsklerotiker" bezeichnet. In den Lehrbüchern unterschied man bei den „degenerativen Gehirnerkrankungen" (atrophische Prozesse = Gehirnschwund) zwischen seniler und präseniler Demenz (damals Morbus Alzheimer) und den Systematrophien mit verschiedenen Krankheitsbildern (z.B. Morbus Pick, Morbus Parkinson u. a.). Inzwischen hat sich in der Klassifikation manches geändert, was zu einiger Verwirrung führte.

Derzeit werden die Demenzen noch wie folgt eingeteilt:

- *Primäre oder primär degenerative Demenzen,* unterteilt in
- *Pick-Krankheit:* ähnlich wie die Alzheimer-Krankheit (s.u.), aber sehr viel seltener, eher um das mittlere Lebensalter und vor allem Veränderungen der Persönlichkeit betreffend.
- *Alzheimer-Krankheit,* benannt nach dem Erstbeschreiber dieser Krankheit, dem bayerischen Nervenarzt Dr. Alois Alzheimer (1864–1914), auch als Demenz vom Alzheimer-Typ (DAT) bezeichnet, und zwar weiter unterteilbar in Typ 2 mit frühem und Typ 1 mit spätem Beginn. Einzelheiten zur Alzheimer-Krankheit siehe unten.

- *Sekundäre Demenzformen bei verschiedenen Grundkrankheiten.* Davon gibt es über 50, die mit einer Demenz einhergehen können. Beispiele:
- *Gefäßkrankheiten:* vaskuläre Demenz, meist mit Befall kleinster Gefäße (SAE = subkortikale arteriosklerotische Enzephalopathie). Weitere Sonderformen: Morbus Binswanger bei arterieller Hypertonie, Multi-Infarkt-Demenz (kortikal), ferner bei Lues (Syphilis) mit Befall der Hirngefäße.
- *„Normaldruck"-Hydrozephalus:* Störungen der Verteilung des Nervenwassers im Kopf mit Ausweitung der Hirnkammern.
- *Parkinson-Krankheit:* Beweglichkeitseinschränkung, erhöhte Muskelanspannung, Zittern u. a. Mit einer Demenz muß hier in etwa einem Drittel der Fälle gerechnet werden (häufiger bei einem sogenannten akinetischen Typ, bei dem vor allem die Bewegungseinschränkungen im Vordergrund stehen, seltener bei jenen Parkinson-Kranken, bei denen insbesondere das Zittern beeinträchtigt).
- *Tumore und andere raumfordernde Prozesse:* Hirntumoren, Metastasen (Tochtergeschwülste aus anderen Tumoren), aber auch chronische Subduralhämatome (Blutung zwischen Schädel-Innenseite und Gehirn).
- *Kopfverletzungen:* teils nach einmaligem schweren Trauma (z.B. Unfall), aber auch durch zahllose kleine Traumen wie beim Boxsport.
- *Autoimmunkrankheiten:* z.B. Multiple Sklerose oder systemischer Lupus erythematodes.
- *Entzündliche Krankheiten:* AIDS mit Befall des Nervensystems, Tbc, Toxoplasmose u.a.
- *Weitere Krankheitsursachen:* Erkrankungen von Blutbild, Leber, Nieren, Schilddrüse, Nebenschilddrüsen, ferner Vitamin- und Folsäuremangel, chronische Vergiftungen durch Alkohol, Drogen, Medikamente, Metalle, Lösungsmittel u.a. (diese Demenzformen sind teilweise rückbildungsfähig, wenn die auslösende Krankheit erfolgreich behandelt werden konnte).

Diese Einteilung (sowie übrigens auch die verschiedenen Begriffe) sind für den Nicht-Mediziner zwar wenig aussagekräftig, doch kann auf ihre Aufzählung nicht gänzlich verzichtet werden, da immer wieder entsprechende Fachausdrücke fallen, mit denen man sonst überhaupt nichts anzufangen wüßte.

Wie häufig sind dementielle Erkrankungen?

Demenzen spielen in der ersten Lebenshälfte zahlenmäßig fast keine Rolle, um dann aber im höheren und vor allem hohen Lebensalter rasch zuzunehmen. Betroffen sind inzwischen rund 5 % der Bevölkerung in Deutschland. Dies hängt jedoch vom Alter ab.

Die Häufigkeit für Demenz-Erkrankungen beträgt in der Altersgruppe der 65- bis 69jährigen 2,4 bis 5,1 %. Bei den zehn Jahre Älteren sind es bereits 10 bis 12 % und bei den über 80jährigen etwa jeder vierte. Schließt man hier leichtere Demenzen mit ein, soll sich das sogar verdoppeln.

Frauen sind mit 70 % deutlich überrepräsentiert, was aber vor allem auf ihre höhere Lebenserwartung zurückzuführen ist. Vor dem 75. Lebensjahr erkranken nämlich Männer häufiger. Beim weiblichen Geschlecht überwiegt die Demenz vom Alzheimer-Typ, beim männlichen werden mehr vaskuläre Demenzen (Gefäßkrankheiten) und Mischformen beobachtet.

Die absolute Zahl der Betroffenen liegt in Deutschland derzeit bei etwa 850 000, wenn man nur die mittelschweren und schweren Stadien einbezieht. Nimmt man noch die leichteren Stadien hinzu, lauten die Schätzungen 1,2 bis 1,5 Millionen (Quelle: Drucksache 13/5257 der Bundesregierung vom 10. 7. 96).

Von diesen Kranken leiden mehr als die Hälfte (rund 60 %) an einer Alzheimer-Krankheit und nicht ganz jeder fünfte an einer vaskulären Demenz aufgrund von Durchblutungsstörungen des Gehirns. Fast jeder sechste muß mit einer Kombination aus Alzheimer-Krankheit und zusätzlicher vaskulärer Demenz fertig werden. Die meisten Demenz-Kranken haben also eine oder gar beide dieser Demenzformen.

Der Rest der Krankheitsfälle verteilt sich auf bestimmte Leiden, meist neurologischer Art, einschließlich raumfordernder Prozesse (Tumoren u. a.), sowie unbekannte Ursachen.

Nach Meinung mancher Experten wird es in den nächsten Jahrzehnten – statistisch gesehen – zu einem 40- bis 50%igen Anstieg der Demenz-Kranken kommen, weil nicht nur die Lebenserwartung steigt, sondern auch die Geburtenraten sinken (immer mehr Ältere, immer weniger Jüngere). Dadurch wird sich auch das Problem der Betreuung verschärfen, zumal durch die zunehmende Vereinzelung auch die Zahl der Einpersonenhaushalte steigt. Dieser soziale Wandel wird die Möglichkeiten der häuslichen Betreuung wesentlich einschränken, weshalb neue Modelle zur Betreuung vor allem Verwirrter entwickelt werden müssen, z.B. betreute Wohngemeinschaften und bisherige Versorgungsstrukturen wie Altenheime und Tagesstätten, die sich dieser Entwicklung anzupassen haben. Mit Sicherheit leistet auch die Pharmakotherapie einen Beitrag, sobald es möglich sein wird, einen Teil der Demenzerkrankungen zumindest in ihrem Verlauf wenigstens zu verlangsamen (siehe Seite 80).

Welche Ursachen hat die Alzheimer-Krankheit?

Die Hälfte der Demenzformen hat also eine nachvollziehbare Ursache: Durchblutungsstörungen des Gehirns, bestimmte neurologische Erkrankungen usw. Was aber ist mit der Alzheimer-Krankheit, über die am meisten diskutiert wird und die ja die andere Hälfte der Betroffenen darstellt? Nachfolgend eine Reihe von Überlegungen:

– *Erbliche Faktoren:* Das, was am meisten verunsichert, ist die Frage der Vererbung, denn dieser ist man gleichsam hilflos ausgeliefert. Tatsächlich spielen genetische Aspekte bei der Alzheimer-Krankheit eine entscheidende Rolle. Zwar treten die meisten Erkrankungsfälle scheinbar willkürlich auf, d. h. ohne erkennbare erbliche Belastung. Bei höchstens 5 % besteht eine klar erkennbare familiäre Häufung. Allerdings wurden vor noch nicht langer Zeit die Demenzen noch nicht so eindeutig unterteilt wie heute. Das heißt, so manche Alzheimer-Krankheit nach moderner Klassifikation wurde bei den Vorfahren früher einfach als „Verkalkung" oder ähnlich und damit falsch eingeordnet. Bei Frühverstorbenen konnte man überhaupt nicht sagen, ob eine entsprechende Anlage zum Tragen gekommen wäre.

Ob aber – selbst bei ererbter Anlage – das Leiden auch tatsächlich auftritt, hängt wahrscheinlich von zusätzlichen Faktoren ab. Offensichtlich ist die Alzheimer-Krankheit ein mehrschichtiges Phänomen.

Was wird sonst noch diskutiert?

– *Vergiftungen* mit Metallen oder anderen schädlichen Stoffen sind schon seit langem im Gespräch. Erhöhte Aluminiumwerte sind zwar wissenschaftlich kein Thema mehr, dafür scheinen aber bestimmte Umweltgifte mitbeteiligt zu sein (z. B. Lösungsmittel von Farbstoffen oder Inhaltsstoffe von Flugbenzin).

– *Beteiligung des Immunsystems:* Das Immun- oder Abwehrsystem des Körpers kann – gleichsam als krankhafte Verfehlung – auch Abwehrstoffe (Antikörper) gegen eigene Gewebebestandteile bilden, die dann angegriffen und ggf. zerstört werden (sogenannte Autoimmunprozesse). Das ist bei einer ganzen Reihe von Erkrankungen nachgewiesen, z. B. rheumatoide oder chronische Arthritis (Gelenkrheuma) oder beim Nervensystem die Multiple Sklerose. Bezüglich der Alzheimer-Krankheit wird auf diesem Gebiet jedenfalls intensiv geforscht, weil es Hinweise auf eine mögliche Beteiligung des Immunsystems gibt. Daraus wird als aktuelle neue Behandlungsstrategie die Therapie mit Antiphlogistika (entzündungshemmenden Substanzen, z. B. Tropentophyllin) abgeleitet.

– *Störungen der chemischen Überträgerstoffe (Botenstoffe, Transmitter)* oder andere neurochemische Veränderungen spielen ebenfalls eine Rolle. Bei der Alzheimer-Krankheit verarmen u. a. tief im Gehirn liegende Bahnen von Nervenzellen an einem Botenstoff, dem sogenannten Acetylcholin. Unmittelbar nachdem so ein Botenstoff seine Arbeit verrichtet hat, wird er vom Organismus abgebaut, so daß keine weiteren Informationen mehr verarbeitet werden können. Einige neue Präparate gegen die Alzheimer-Krankheit verlangsamen wenigstens den Abbau dieser krankhaft verminderten Botenstoffe.
Eine der Ursachen dieser Verarmung an Botenstoffen ist einerseits die langsame Zerstörung ihrer Transportbahnen in den einzelnen Nervenzellen und andererseits deren nachlassende Fähigkeit, neue Verknüpfungen (Synapsen) herzustellen. Auch die Ablagerung von Eiweißpartikeln zwischen den Zellen (Amyloid), bezeichnender Weise „Bio-Müll" genannt, trägt zum langsamen Funktionsverlust bei, vor allem im Bereich des Großhirns. Doch auch hier ist die Forschung noch im Fluß.

– *Durchblutungs- oder Stoffwechselstörungen* wurden lange Zeit als entscheidende Ursache angenommen. Das hat sich inzwischen relativiert. Wahrscheinlich sind auch sie eher Folge als Ursache der krankheitsbedingten Veränderungen im Gehirn oder beschleunigen lediglich den Prozeß der Alzheimer-Krankheit.

– *Bestimmte Krankheitserreger oder virusähnliche Strukturen* waren ebenfalls im Gespräch (nicht aber die eine Zeitlang viel diskutierte Rinderseuche – BSE!). Wahrscheinlich sind sie – wenn überhaupt – nur als zusätzlicher Faktor bei Kombination mehrerer Einflüsse von Bedeutung, auf jeden Fall stehen sie wissenschaftlich nicht mehr zur Diskussion.

– Und schließlich wird immer wieder auf die Folgen der *nachlassenden Funktionen des Nervensystems* hingewiesen, nach dem Motto: Wer rastet, der rostet. Das gilt natürlich auch für die Nervenzellen. Wenn sie nicht gefordert werden, büßen sie ihre Funktionsfähigkeit und damit nach und nach ihre Struktur ein (Fachbegriff: Plastizität). Tatsächlich findet man immer wieder Menschen, die nach Berufsabschluß (Verrentung, Pensionierung, auch Arbeitslosigkeit) plötzlich geistig (und dann auch seelisch und schließlich körperlich) regelrecht „einbrechen“. Auch das ist natürlich kein alleiniger Faktor, aber in Kombination mit anderen Ursachen durchaus denkbar.

Risikofaktoren

Zuletzt werden immer wieder sogenannte *Risikofaktoren* diskutiert. Zwar gibt es auch hier kein einheitliches Meinungsbild, und Risikofaktoren sind auch nicht die eigentlichen Ursachen, höchstens zusätzliche Auslöser, Verstärker oder Behandlungshindernisse. Trotzdem ist es nicht falsch, die wichtigsten von ihnen zu kennen.

Dazu gehören beispielsweise:
– das hohe *Alter:* Es ist der größte Wunschtraum, aber auch der höchste „Risikofaktor“ überhaupt.
– *Geschlecht:* Frauen sind häufiger betroffen als Männer. Doch dies scheint eher daran zu liegen, daß sie – in westlichen Nationen im Schnitt rund sieben Jahre – insgesamt älter werden. Wie schon erwähnt: Je älter, desto höher das Risiko. Ob ein Östrogenmangel nach der Menopause eine Rolle spielt, wird zur Zeit geprüft und erscheint nach den jüngsten Ergebnissen auch wahrscheinlich.
– Die *erbliche Belastung* mit Parkinson und anderen Krankheiten des Nervensystems. Tatsächlich haben Alzheimer-Patienten überdurchschnittlich

oft einen nahen Angehörigen, der unter der Parkinsonschen Krankheit leidet. Warum und was konkret dahintersteht, ist noch unklar.

– Auch das *Alter der Eltern* scheint nicht unbedeutend zu sein. Ein höheres Lebensalter der Mutter bei Geburt des Kindes geht ja bekanntermaßen mit erhöhter Gefahr eines Down-Syndroms einher. Bei der Alzheimer-Krankheit scheint dies nicht zuzutreffen. Beim Vater diskutiert man sogar das Gegenteil. Ob nun die Kombination: eher junger Vater und sehr „alte" Mutter besondere Risikofaktoren darstellen, ist noch nicht untersucht.

– Dagegen scheinen *vorangegangene Schädel-Hirn-Unfälle* schon bedeutsamer, besonders wenn man diese Kopfverletzungen im mittleren bis höheren Lebensalter erlitten hat. Männer sind öfter betroffen. Ein besonderes drastisches Beispiel ist in diesem Zusammenhang das Sportler-Trauma, vor allem die sogenannte Boxer-Demenz. Hier gibt es ja auch tragische Beispiele von Weltruhm.

Weitere Aspekte, die in der Demenz-Forschung diskutiert werden, sind

– *Streß und andere psychosoziale Belastungen:* Sie leuchten als Grund eines „vorzeitigen Abbaus" zwar ein, konnten aber bisher nicht bewiesen werden. Das gleiche gilt für den

– *Bildungsgrad:* Zwar wiederholt sich in vielen Untersuchungen die Erkenntnis, daß eine Alzheimer-Krankheit um so eher zu erwarten steht, je schlechter die Schulbildung ist. Wahrscheinlich versteckt sich hinter dieser Tatsache aber ein anderes Phänomen: Menschen mit höherem Bildungsgrad steigen bei einer Demenz natürlich auch von einer „höheren Ausgangslage" und damit ggf. auch über einen längeren Zeitraum ab als solche mit niedrigerem Bildungsstand. Mit anderen Worten: Man merkt es erst später (dann aber bei Intellektuellen auch drastischer).

Keine Ursachen für eine Alzheimer-Krankheit stellen aber Wesensart, Lebenswandel (außer natürlich selbstschädigendes Verhalten in unterschiedlichster Form), Ernährungsweise, kulturelle Einflüsse usw. dar. Zwar wird immer wieder darüber diskutiert, doch handelt es sich dabei meist um sogenannte Scheinkorrelationen, das heißt man hat nicht alle Ursachen-Verknüpfungen richtig bedacht.

Was kann eine Alzheimer-Krankheit verschlechtern?

Wenn auch über die Ursachen meist noch kontrovers diskutiert wird, so gibt es doch eine Reihe von Möglichkeiten, die den Verlauf der Alzheimer-Krankheit verschlimmern. Sie stehen mit der Krankheitsursache (die man ohnehin noch nicht genau kennt) nicht unbedingt in Verbindung, sind aber eine Zusatzbelastung und führen damit zur Verschlechterung des Gesamtbildes. Glücklicherweise sind sie meist behandelbar und deshalb nur vorübergehend von Einfluß. Was gehört dazu?

- *Entzündungen* mit oder ohne fieberhafte Reaktionen (z. B. Blase, Niere, Lunge usw.) sind auch bei Gesunden nicht ohne Konsequenzen und führen bei Geschwächten oder Kranken zu einer Befindensverschlechterung. Das gilt auch für die Alzheimer-Krankheit.
- Eine *gestörte Versorgung des Gehirns mit Blut und/oder Nährstoffen* führt ebenfalls bei jedem Menschen zu entsprechenden Einbußen, und bei solchen in reduziertem Zustand noch ausgeprägter. Beispiele: Herz-Kreislauf- und Lungenerkrankungen, Zuckerkrankheit, Leber- und Nierenleiden u. a. Auch der schädigende Einfluß von Sauerstoffmangel auf eine bereits vorgeschädigte Zellwand ist nachvollziehbar.
- *Verminderte Flüssigkeitsaufnahme* (Fachsprache: Dehydratation oder Exsikkose), also Wassermangel des Organismus oder kurz: Austrocknung, führen zu Fieber, Durchfall, geistigen und seelischen Störungen. Für einen Alzheimer-Kranken wird das noch riskanter.
- *Mangelernährung:* Besonders alleinlebende ältere Menschen vernachlässigen sich in dieser Hinsicht kontinuierlich, worauf dann – selbst in unserer Zeit – entsprechende Konsequenzen drohen, bis hin zur Verstärkung dementieller Krankheitszeichen. Im Blut nachweisbarer Vitaminmangel ist in der Regel aber eher die Folge unzureichender Ernährung bei bereits geschwächten oder verwirrten Menschen und höchstens in extrem seltenen Fällen einmal die Ursache von Verwirrtheit selbst (z. B. bei Vitamin-B_{12}- und Folsäuremangel).
- *Erkrankungen des Gehirns:* Von den schon erwähnten Kopfverletzungen über Gehirntumore bis hin zu Schlaganfällen oder Blutungen im Bereich des Kopfes können die betroffenen Nervenzellen Schäden und dadurch ein entsprechend geistiges, seelisches und/oder körperliches Defizit erleiden. Noch stärker trifft es Alzheimer-Kranke mit ohnehin schon verringerter Nervenzellzahl.
- *Genußmittel* wirken ebenfalls schädlich und zwar nicht nur für Demenz-Kranke. Dies gilt vor allem für das Nikotin, aber auch für den Alkohol. Der kann zwar in kleinsten Dosen der geistigen Beweglichkeit im Alter in Einzelfällen förderlich sein, wie wissenschaftlich immer wieder diskutiert wird (vor allem bestimmter Rotwein!), doch für eine Demenz bringt er nur Nachteile.
- Auch zahlreiche *Medikamente* können offenbar ein Risiko darstellen. Dazu gehören bestimmte Schlaf-, Schmerz- und Beruhigungsmittel, Antidepressiva und Neuroleptika (Antipsychotika) sowie Lithiumsalze. Ferner einige Antihypertensiva (gegen Bluthochdruck), Betablocker (z. B. als Herzmittel) und Diuretika (harntreibende Arzneimittel) sowie Spasmolytika (krampflösende Medikamente), Antibiotika, Antimykotika (Pilzmittel), Antiepileptika, Zytostatika („Krebsmittel") usw.

Schließlich gibt es auch eine Reihe von
- *Umweltgiften*, denen eine Verschlimmerung der Demenz nachgesagt wird. Das sind beispielsweise Metalle wie Aluminium, Arsen, Blei, Gold, Kadmium, Nickel, Quecksilber, Thallium, Wismut und Zinn sowie organische Verbindungen: Äthylenglykol, Formaldehyd, Kohlenmonoxid, Kraft- und Treibstoffe, Methylalkohol, Schwefelkohlenstoff, Schwefel-

wasserstoff, Toluol, Trichloräthylen u. a. Oberbegriff für eine mögliche Schädigung durch Umweltgifte ist der sogenannte oxidative Streß. Schon im gesunden Organismus fallen sogenannte Radikale an, das sind chemisch leicht reagierende Verbindungen, die z. B. Zellwände oder Erbmaterial schädigen können. Auch die meisten sogenannten Umweltgifte haben Eigenschaften von Radikalen. Der gesunde Körper kann die Substanzen relativ gezielt unschädlich machen, bei einer Überforderung der Selbstheilungskräfte können solche zusätzlich zugeführten schädigenden Substanzen jedoch den Krankheitsprozeß der Alzheimer-Krankheit möglicherweise vorantreiben.

Alzheimer-Krankheit oder normale Alterserscheinungen?

Nicht alles, was ängstlich als Krankheit interpretiert wird, ist tatsächlich Ausdruck einer Krankheit. So gehört z. B. die Vergeßlichkeit, eine lästige, ärgerliche oder gar peinliche Einbuße, zu den häufigsten Phänomenen unseres Lebens – und zwar nicht nur unter Streß oder im höheren Lebensalter. Allerdings ist ein gewisses zusätzliches Defizit „mit den Jahren" völlig normal, ja die Regel. Man kann sich dagegen stemmen (und dabei auch einiges tun), aber man kann es nicht völlig verhindern (weshalb man sich nicht ständig darüber ärgern oder gar resignieren sollte).

Und so ist es auch mit einer Reihe weiterer Symptome, die oftmals gar keine Krankheitszeichen sind, sondern normale Begleiterscheinungen des Alterns, die man gelassen hinnehmen sollte. Denn der Kummer, den man sich darüber macht, kann mehr an Kraft, Zuversicht und „Nerven" kosten als seine Ursache.

So haben auch die Fachleute immer wieder darauf hingewiesen, daß es eine „physiologische Altersvergeßlichkeit" gibt (der frühere englische Begriff lautete sogar übersetzt: „gutartige Altersvergeßlichkeit"). Heute spricht man von *alters-assoziierten* (mit dem Alter verknüpften) Gedächtnisstörungen, der Inhalt besagt das gleiche. Was versteht man darunter?

Alters-assoziierte Gedächtnisstörungen (also „normale" Einbußen) äußern sich bei Personen über 50 Jahren in einem langsamen Beginn ohne plötzliche (!) Verschlechterung. In der Regel sind es Gedächtnisstörungen wie ständiges Verlegen von Gegenständen, Schwierigkeiten, sich Namen zu merken, Probleme, wenn mehrere Dinge gleichzeitig zu erledigen sind, das Erinnern von Telefonnummern usw., die aber die selbständige Alltagsbewältigung nicht behindern.

Wo aber liegen die Unterschiede? Als erstes muß man einige Ursachen ausschließen, die zu einer ernsteren Gedächtnisstörung führen können. Da wäre es töricht, sich hinter „normalen Altersfolgen" zu verstecken.

Es sollten also folgende Symptome oder Krankheitszeichen aufhorchen lassen:
– *Delir:* Bewußtseinstrübung mit Verwirrtheit, Sinnestäuschungen, Wahnideen und ggf. Erregungszuständen,
– *Verwirrtheitszustand:* Störungen der Orientierung, der Aufmerksamkeit, der Auffassung, ferner Störungen des zusammenhängenden Denkens und Gedächtnisses, also Rat- und Hilflosigkeit; dazu unruhig, überempfindlich, völlig passiv oder übermäßig aktiv, ja aggressiv u. a.,
– echte *Bewußtseinsstörung:* z. B. nicht mehr aufweckbar.
– Vorsicht auch bei vorausgegangenen *Krankheiten des Gehirns* wie die Parkinsonsche Krankheit, Schlaganfälle, Hirntumoren, Gehirnentzündungen, Durchblutungsstörungen, Kopfverletzungen (vor allem mit Bewußtlosigkeit), Alkohol-, Medikamenten- oder Drogenabhängigkeit usw.
– Auch *psychiatrische Erkrankungen* müssen in die Überlegungen mit einbezogen werden, vor allem Depressionen und ggf. die Manie.
– Vorsicht vor allem auch bei *organischen Leiden,* die zu einer Verminderung der geistigen Leistungsfähigkeit führen können: Herz-, Leber-, Nieren-, Lungen-, Zucker- und andere Krankheiten sowie die (längerfristige) Einnahme von Medikamenten oder schädlichen Substanzen, die die geistige Leistungsfähigkeit beeinträchtigen können (siehe oben).

Wenn das alles ausgeschlossen werden konnte, dann sollte man sich auf folgende Unterschiede konzentrieren, die die normale Altersvergeßlichkeit von einer beginnenden Alzheimer-Krankheit abzugrenzen vermögen:
– Für eine normale *Altersvergeßlichkeit* spricht beispielsweise ein lediglich vorübergehendes Auftreten oder wenn es sich um eine nur geringfügige Verschlechterung um Monate (oder Jahre?) hinweg handelt. Oder ein gelegentliches Vergessen bzw. das Verlegen von Kleinigkeiten wie Brille, Schlüssel, Handtasche usw., besonders wenn sie rasch wiedergefunden werden.
Normal ist auch das Vergessen von bestimmten Erlebnis- und Gedächtnisinhalten, was nicht auffallen würde, wenn man nicht ausgerechnet darauf gezielt angesprochen worden wäre. Normal ist es, wenn man durch Konzentration oder intensives Nachdenken schließlich Erfolg hat: Man kommt wieder darauf.

Normal und üblich ist es auch, wenn man sich durch bestimmte Merkhilfen wie Notizzettel u. a. zu helfen weiß bzw. mündlichen oder schriftlichen Anweisungen folgt. Leidet man darüber hinaus an keinen nennenswerten Störungen, dann handelt es sich um eine normale Altersvergeßlichkeit.

– An eine *Alzheimer-Krankheit* ist dagegen zu denken, wenn die Vergeßlichkeit andauert und im Verlauf von Monaten sogar deutlich stärker wird. Oder wenn sich das Vergessen oder Verlegen häuft, insbesondere bei wichtigen Gegenständen, auf die man in der Regel besonders achtet wie z.B. auf Geldbeutel, Scheckheft, Ausweise usw. Und wenn der Betroffene große Mühe hat, das Verlegte wiederzufinden (nicht zuletzt deshalb, weil es sich plötzlich an unüblichen Plätzen befindet).
Krankheitsverdächtig ist auch das Vergessen ganzer Erlebnisbereiche oder Gedächtnisinhalte, vor allem wenn man sich trotz intensiven Nachdenkens auch später nicht mehr daran erinnern kann. Bedenklich ist auch der Zustand, wenn selbst Notizzettel und Merkhilfen nichts mehr nützen. Das gleiche gilt für mündliche oder schriftliche Anweisungen. Und aufhorchen lassen sollten zusätzliche Störungen von Denk- und Urteilsvermögen, von Orientierung, Benennen oder Erkennen, von Geschicklichkeit, Lesen, Schreiben, Rechnen sowie deutliche Defizite in bezug auf Antrieb, Aufmerksamkeit usw.

> Treten ernstere Gedächtnis-, Wortfindungs- und Orientierungsstörungen auf und wird es schwierig, Gegenstände zu benennen, muß man an eine Demenz denken. Die Betroffenen formulieren das meist vage, aber konstant verunsichert: „Irgend etwas stimmt mit mir nicht."

Wie beginnt eine Alzheimer-Krankheit?

Die wichtigste Antwort auf diese Frage lautet: unmerklich. Weder die Betroffenen noch ihre Angehörigen, Mitarbeiter und Freunde können einen genauen Zeitpunkt angeben – und wenn, dann ist es ein nur scheinbar plötzlicher Beginn, meist unter besonders belastenden Umständen: Krankheit oder Tod eines nahen Angehörigen, Wohnungs- oder Wohnortwechsel, Unfall, Operation, körperliche Erkrankung, Krankenhausaufenthalt oder sonstige Belastungen. Und in diesem Fall handelt es sich wahrscheinlich auch nicht um einen plötzlichen „Demenz-Ausbruch", sondern um den Wegfall gewohnter und vor allem kompensatorischer Stützen, seien sie zwischenmenschlicher, seien sie organisatorischer Art.

> Der wichtigste Merksatz lautet noch einmal: Die Alzheimer-Krankheit beginnt in der Regel schleichend. Besondere Belastungen können jedoch zur „Demaskierung" eines schon länger bestehenden, aber von Patient und Umgebung bisher nicht realisierten Krankheitsverlaufs beitragen.

Das heißt nun aber nicht, daß man ständig zwanghaft-ängstlich auf jedes Symptom achten muß, das vielleicht ganz andere Ursachen haben oder zur normalen Vergeßlichkeit gehören kann. Andererseits ist es nicht falsch, einige Warnhinweise zu kennen:

Die häufigste Umschreibung, die bereits angeführt wurde, ist natürlich unspezifisch: „Irgend etwas ist mit mir nicht mehr in Ordnung." Dann: „Das eine oder andere geht nicht mehr so rasch von der Hand." Konkreter wird es mit den Klagen: „Manchmal fallen mir bestimmte Wörter nicht mehr ein" oder „Neuerdings kann es vorkommen, daß ich mich auch an Wichtiges nicht mehr erinnere – oder erst nach einiger Zeit oder mit ‚Eselsbrücken' oder ‚anderen Hilfen'." Da aber in Beruf oder Haushalt noch keine nennenswerten Probleme auftreten, werden solche Ausfälle bedauert, aber nicht sorgenvoll hingenommen oder gar verdrängt.
Dem Hausarzt werden sie wohl geklagt, doch der kann nichts feststellen. Also kommt es zu den entsprechenden Empfehlungen wie „Ausspannen", „Urlaub", „arbeitserleichternde Maßnahmen" usw. So etwas nützt aber nichts mehr, wenn sich langsam ernstere Probleme einstellen, vor allem dort, wo man früher überdurchschnittliche Leistung gezeigt (z.B. Beruf) oder Freude „getankt" hat (Freizeit). Besonders auffällig: Kommen mehrere Belastungen oder auch nur Anforderungen zusammen, die früher problemlos bewältigt wurden, drohen jetzt größere Mißgeschicke oder gar Pannen. Das betrifft einerseits das Berufsleben, andererseits den Haushalt (z.B. Besuch) oder Reisen. Das Ergebnis ist Irritation, Ratlosigkeit, ggf. Niedergeschlagenheit, Resignation oder gar Hilflosigkeit.

Interessanterweise fallen die ersten Symptome dem näheren Umfeld (Berufskollegen, Familien, Nachbarn) weniger auf als jenen, die den Betroffenen zuletzt vor einiger Zeit gesehen haben. Die einen bagatellisieren die kleineren Ausfälle oder haben sich angewöhnt, hilfreich einzuspringen, den anderen wird der Unterschied dafür um so drastischer vor Augen geführt. Ihr Urteil reicht deshalb von: „Was ist denn mit dem los?" bis zu „Der hat aber abgebaut."

Deshalb ist es wichtig, sich die häufigsten *Erst-* oder, wenn man so will, *Warn-Symptome* und ihre Folgen zu merken:
– Nachlassen von Gedächtnis, Urteilsfähigkeit und Orientierung
– Störungen von Sprache, Erkennen und Benennen
– zunehmende „Ungeschicklichkeiten".

Oder auf den Alltag übertragen:
– Vergessen von kurz zurückliegenden Ereignissen
– Schwierigkeit, sich in unvertrauter Umgebung zurechtzufinden
– Probleme bei der Ausführung gewohnter Tätigkeiten
– nachlassendes Interesse an Arbeit oder Hobbys
– Schwierigkeiten bei alltäglichen Entscheidungen.

Und die Folgen:
– Gleichgültigkeit und Trägheit
– Unruhe, Gespanntheit, Fahrigkeit
– Unduldsamkeit, Reizbarkeit, Aggressivität
– Niedergeschlagenheit, Resignation und Hoffnungslosigkeit
– wahnhafte Reaktionen
– Wesensänderung
– Neigung zur ständigen Wiederholung von Bemerkungen, Fragen usw.

Dazu kommen als weitere *organische Störungen:*
– die Tag-Nacht-Umkehr (tags dösig, nachts umtriebig)
– Störungen von Wasserlassen und Stuhlgang.

Versucht man das Ganze nach Häufigkeit zu ordnen, vor allem im Rückblick von Patienten und Angehörigen, so stehen
– mit Abstand an erster Stelle Gedächtnis- und Orientierungsstörungen in fast zwei Drittel aller Fälle,
– gefolgt von Problemen bei der Arbeit bei jedem fünften Betroffenen,
– einer wachsenden Persönlichkeitsänderung bei ebenfalls jedem fünften Patienten sowie
– Leistungsrückgang,
– körperliche Beeinträchtigungen,
– Probleme beim Autofahren,

– Schwierigkeiten im Umgang mit Geld in jeweils mehr als jedem zehnten Fall.

Das sind zwar hilfreiche Hinweise, aber nur Stichworte. Wie äußert sich dies beispielsweise im konkreten Alltag? Nachfolgend deshalb einige praxisbezogene Beispiele:

Das Alzheimer-Beschwerdebild – eine Übersicht

Die Symptome einer Alzheimer-Krankheit sind nicht bei jedem Patienten gleich häufig und stark anzutreffen. Sie hängen in gewissen Grenzen nicht nur von Ausmaß und Ausbreitung der erwähnten Gehirn-Veränderungen ab, sondern auch von der jeweiligen Persönlichkeitsstruktur, von Ausbildungsniveau, Lebensumständen, körperlicher Verfassung und den Unterstützungsmöglichkeiten der Umgebung. Dennoch gibt es einige typische Erkennungsmerkmale. Dem Arzt stehen dabei bestimmte Testverfahren* und weitere Untersuchungsmöglichkeiten zur Verfügung, die Angehörigen, Freunde und Arbeitskollegen müssen das eher aus dem Verhalten schließen. Moderne Klassifikationen schreiben folgende Erkennungsmerkmale des Demenz-Syndroms vor:

Kognitive Störungen**

– *Abnahme der Gedächtnisleistung:* Die Gedächtnisstörungen betreffen vor allem die Speicherung neuer Informationen. Die

---

* Standardisierte Test-Verfahren sind z. B. Mini Mental Status Test (MMST): Information über Gedächtnis, Sprache, Handhabung von Objekten und räumlichen Leistungen, jedoch keine Aussage über das Denkvermögen. Syndrom-Kurztest (SKT): Aussagen über Gedächtnis, Sprache, psychomotorisches (seelisch-körperliches) Tempo und einige Aspekte des Denkvermögens. Uhren-Zeichen-Test (UZT): Auskunft über problemlösendes Denken und räumliche Leistungen. Allgemein-körperliche Untersuchung mit internistischem und neurologischem Schwerpunkt und entsprechendem Laborprogramm: großes Blutbild, klinische Chemie, Elektrolyte, TSH basal, ggf. Liquorpunktion, bei Risikopatienten auch HIV-Test, TPHA. Als apparative Diagnostik CT/MRT, ggf. EEG, SPTT oder PEP u. a.
** Vom lat.: cognoscere = erkennen.

Betroffenen vergessen den Inhalt von Gesprächen innerhalb von Minuten. Sie können sich an den Ablauf des zurückliegenden Tages nicht mehr erinnern oder stellen immer wieder dieselben Fragen. Dabei muß die Erinnerung an lange zuvor Erfahrenes und Gelerntes nicht (deutlich) beeinträchtigt sein.

– *Abnahme der Urteilsfähigkeit und des Denkvermögens:* Damit meint man die Fähigkeit, zwischen verschiedenen Entscheidungsmöglichkeiten abwägen, Probleme erkennen und Lösungen finden zu können. Dabei ist das prämorbide Niveau, also *vor* der (ohnehin schleichend begonnenen) Erkrankung, häufig schwer abzuschätzen. Man kann es aber aus dem Grad der Schulbildung, der sozialen Stellung, der beruflichen Qualifikation des Betroffenen halbwegs ableiten.

– *Störungen der Sprache (Aphasie):* Sie äußert sich z.B. in Wortfindungsstörungen, in Schwierigkeiten beim Benennen von Gegenständen, in einem reduzierten Mitteilungsgehalt sowie erschwertem Verständnis der gesprochenen und geschriebenen Sprache, später auch in Fehlern der Grammatik und der Lautbildung.

– *Störungen der Handhabung von Objekten (Apraxie):* Hier sind es vor allem Schwierigkeiten beim Ankleiden oder Benutzen von Geräten (z.B. in der Küche) und Werkzeugen (in Garage oder Hobbyraum).

– *Störungen des Erkennens von Objekten (Agnosie):* Sie werden vor allem deutlich durch eine ungewöhnliche Ratlosigkeit, und zwar angesichts von alltäglichen Gegenständen, bis hin zum Nichterkennen vertrauter Personen.

– *Störungen der räumlichen Leistungen:* Sie erkennt man an Schwierigkeiten beim Zeichnen, an Rechts-links-Verwechslungen und an Fehlern, die ein Raum-Verständnis erfordern, z.B. beim Knoten einer Krawatte oder beim Parken eines Autos.

Nicht-kognitive Störungen

– *Verminderung der Affektkontrolle:* persönlichkeitsfremde, d.h. für den Betroffenen eine bis dahin untypische, persönlichkeitsfremde Reizbarkeit, Rührseligkeit oder rasche Schwankungen der Stimmungslage.

- *Verminderung des Antriebs:* meist als Aspontaneität („reagiert kaum mehr spontan") und vermehrte Abhängigkeit von äußeren Anregungen.
- *Störungen des Sozialverhaltens:* insbesondere persönlichkeitsfremde Taktlosigkeit, Verletzung sittlicher Normen, mangelnde Rücksichtnahme, aber auch vermehrte Anhänglichkeit („Klammern") und (blinde) Gefolgsbereitschaft.

Bewußtseinsklarheit abklären

Obige Symptome sind auch möglich, wenn der Betreffende bewußtseinsgetrübt ist. Das hat dann allerdings andere Ursachen und darf nicht mit einer Demenz verwechselt werden. Bei einem Demenz-Syndrom liegt also *keine* Bewußtseinstrübung(!) vor wie herabgesetzte oder völlig aufgehobene Fähigkeit, die Aufmerksamkeit auf einen Gegenstand zu richten und gezielt zu verändern, ferner verlängerte Reaktionszeit, unkooperatives und zur Situation nicht orientiertes Verhalten usw.

Nachfolgend nun eine alltagsbezogene Übersicht der wichtigsten Symptome in Stichworten, die im Rahmen einer Demenz im allgemeinen und bei der Alzheimer-Krankheit im speziellen vorkommen *können*:

Seelische, geistige und psychosoziale Symptome

- Gestörte Erinnerung an kurz zurückliegende Einzelheiten (Kurzzeitgedächtnis) wie Gespräche, Besuche, Art der letzten Mahlzeit, eigene Tätigkeiten usw.
- Später auch Störungen des Langzeitgedächtnisses (Schulzeit, frühe Erwachsenenjahre).
- Verlust der Fähigkeit, die Vergangenheit und Gegenwart zeitlich und inhaltlich auseinanderzuhalten.
- Orientierungsstörungen: wie man heißt, wo man wohnt oder sich gerade aufhält, wann geboren, wie alt, welcher Tag, welche Uhrzeit (wacht nachts auf und verlangt das Frühstück).
- Schwierigkeiten, Dinge wiederzufinden, vom Hausschlüssel bis zum geparkten Auto, oder nicht mehr wissen, wo und in welche Richtung man fahren muß („Geisterfahrer").

- Schließlich einfache Aufgaben nicht mehr angemessen lösen können, trotz konkreter mündlicher und schriftlicher Anweisungen.
- Rasche Ermüdbarkeit bis hin zur völligen Kraftlosigkeit.
- Die Sprache wird immer ungenauer, mit Füllwörtern „geflickt" („Dingsda"; „Na, du weißt schon, was" usw.). Dazu vermehrt Umschreibungen, Wortwiederholungen und vor allem Wortfindungsstörungen.
- Zuletzt Störungen des Sprachverständnisses und der Sprachproduktion.
- Störungen des Benennens: anfangs dicht danebenliegende Bezeichnungen, später gröbere Benennungsfehler. Die entsprechenden Namen oder Bezeichnungen fallen im Gespräch oder auf Vorhalten der Objekte nicht mehr ein.
- Handlungsstörungen: Die Betroffenen wissen oft, was sie tun wollen, können ihre Absicht aber nicht realisieren. Folge: Probleme mit Schriftbild, Körperpflege, An- und Auskleiden, Essen und Trinken, Hobbys u.a.
- Störungen des Erkennens: Selbst altbekannte Personen und Gegenstände werden nicht mehr erkannt.
- Auf normale Sinnesreize (Sehen, Hören, Fühlen, Schmecken, Riechen) kann nicht mehr adäquat reagiert werden.
- Lese-, Schreib- und Rechenstörungen.
- Antriebsstörungen: nachlassende Willenskraft, sich ein Ziel zu setzen und dieses gleich zu verfolgen. Die meisten Bewegungsabläufe sind verlangsamt (besonders an den Händen). Dafür dauernde Bewegungsunruhe mit „Nesteln und Herumfingern", ständiges Spielen mit Taschentüchern, Stiften, Besteck, fahrige Gesten, Auflesen von Flocken, Fäden usw.
- Gemütsstörungen: anfängliche Irritation, Niedergeschlagenheit, Resignation, schließlich Verzweiflung, Hoffnungslosigkeit, Hilflosigkeit, zuletzt ernstere depressive Zustände. Dazu fast immer Angst (Zukunftsangst, diffuse Angst, „Angst vor ich weiß nicht was" usw.). Aber auch Reizbarkeit, Aggressivität, ja Wutausbrüche, schließlich gemütsmäßig schwankend, emotional flach, hin- und hergerissen, stimmungsmäßig leicht beeinflußbar und ablenkbar bzw. umstimmbar.
- Hypochondrische Befürchtungen vor irrealen seelischen, vor allem aber körperlichen Beeinträchtigungen.

- Sinnestäuschungen: Trugwahrnehmungen beim Sehen (sieht sich z.B. im Fernsehen auftreten), Hören (Geräusche, Stimmen), Schmecken (übersüßt, versalzen), Riechen (Fäulnis, Gas), Tasten (Mißempfindungen bis hin zur Gewalteinwirkung).
- Wahnvorstellungen: ein meist reizbar-mißtrauisches bis aggressiv-feindseliges Verhalten, vor allem nach außen gerichtet. Beispiele: „fremde Person im eigenen Zimmer oder Bett", „Diebstahl", „Untreue" (des aufopfernd pflegenden Partners) usw. Folge: entsprechende Reaktionen wie Verstecken von Habseligkeiten, Zurückweisung alter Freunde, Brüskierung von Angehörigen etc., die sich – als gefährliche Konsequenz – dann natürlich nach und nach zurückziehen. Der Patient gerät dadurch noch stärker in die Isolation.

Weitere seelische und psychosoziale Auffälligkeiten sowie Verlaufscharakteristika

- Je nach Persönlichkeitsstruktur bzw. Verlaufsform beteht anfangs der verzweifelte Versuch, das geistig-seelische Defizit zu überspielen und sich unverändert Aufmerksamkeit und Zuwendung zu sichern (was häufig respektlos, aber nicht ganz unzutreffend beschrieben wird mit: „liebenswürdige Verblödung"), später zunehmend resigniert, niedergeschlagen, verzweifelt und depressiv.
- Auch Versuch, alle Einbußen zu verleugnen, in Abrede zu stellen, ggf. anderen anzulasten (Abwehr, Fehlleistungen nicht realisiert, Scham), schließlich jedoch zunehmende Gleichgültigkeit.
- Zuletzt sind häufig (jedoch nicht grundsätzlich) keine Schuldgefühle mehr zu erwarten, eher Bagatellisierungs- und Vertuschungsversuche („mißliche Umstände", andere Personen schuld).
- Neigung zu Gedächtnislücken wird durch Erzählen zufälliger Einfälle oder Geschichten überspielt, sogenannte Konfabulationen.
- Anfangs um Freundlichkeit bemüht (s.o.), später zunehmend ungeduldig, reizbar, mißgestimmt, wütend, rasch erregt, mitunter auch ironisch bis sarkastisch. Bei allem eine sonderbare

Atmosphäre der Unverbindlichkeit um sich verbreitend (Fehlurteil: Arroganz). Dann ist die Stimmung weniger bedrückt bis gequält, eher gleichgültig bis frostig-„wurstig".

- Teils (vor allem anfangs) Minderwertigkeitsgefühle bis Verzweiflungsausbrüche, teils (insbesondere im weiteren Verlauf) immer unkritischere Selbstüberschätzung, bisweilen sogar überhöhte Selbstanforderung, manchmal groteske Kompensationsversuche.
- Plötzlich ausbrechende Angst- oder Panikzustände ohne Grund (geht auf Überforderung oder Unfähigkeit zurück, zwischen realer Situation und subjektiver Scheinwelt zu unterscheiden). Folge: sogenannte Katastrophen-Reaktionen.
- Ferner bizarre Schusseligkeit, unfaßbare Vergeßlichkeitsszenen, schließlich völlig verwirrt und desorientiert.
- Erhöhtes Selbsttötungsrisiko, vor allem zu Beginn einer demenziellen Entwicklung, wo die seelisch-geistigen und später körperlichen Defizite noch (voll) registriert werden.

Körperliche Krankheitszeichen

- Ausgeprägte nächtliche Unruhe mit ratlosem Umhergeistern (desorientiert), zunehmender Verwirrtheit oder gar lautstarken Erregungszuständen (Schreien, Herumfuchteln, Wegdrängen).
- In der Frühphase typischerweise keine neurologischen Symptome, später Auftreten bestimmter Muskelverspannungen, Muskelzittern, unregelmäßige Muskelzuckungen u. a.
- Gang-, Bewegungs- und Koordinationsstörungen.
- Nachlassen von Riech- und Geschmackssinn.
- Gestörtes Erkennen von Form und Beschaffenheit eines Gegenstandes durch Betasten mit geschlossenen Augen oder von Buchstaben oder Zahlen, die auf die Haut geschrieben werden.
- Schwierigkeiten, einen bestimmten Gegenstand oder Punkt längere Zeit zu fixieren, beeinträchtigte Augenbewegungen.
- Unsicherheiten im neurologischen Zeigeversuch.
- Verlust der Kontrolle von Blasenentleerung und Stuhlgang.
- Ggf. Krampfanfälle (etwa jeder 5. Patient?).

Wie kann man eine Depression von einer Demenz unterscheiden?

Die beiden seelischen Störungen, über die in letzter Zeit am meisten diskutiert wird, sind die Depression und die Demenz. Dies liegt einerseits an ihrer offensichtlich wachsenden Häufigkeit, andererseits an dem beklagenswerten Beschwerdebild und drittens an dem Problem, daß sich beide Leiden sehr ähneln können, zumindest zeitweise (unabhängig davon, daß man im höheren Lebensalter sowohl eine Depression als auch eine Demenz zugleich bekommen kann).

Auch wenn es viele Parallelen zu geben scheint, so hilft doch eine Unterscheidungsmöglichkeit fast immer weiter: Eine Depression verschwindet in den meisten Fällen wieder, und es bleibt von ihr (fast) nichts zurück, wenn sie richtig und lange genug behandelt wird. Bei einer Demenz sind die Aussichten weit weniger günstig, sie schreitet in der Regel fort. Natürlich gibt es Ausnahmen in beiden Fällen (therapieresistente oder chronische Depression, rechtzeitig erkannte und behandelte, vor allem aber rückbildungsfähige dementielle Entwicklung, wenn sie auf eine erfolgreich behandelbare andere Krankheit zurückgeht), doch im allgemeinen gilt die Regel: Eine Depression geht vorüber, eine (Alzheimer-)Demenz bleibt. Dieses Unterscheidungskriterium ist aber nur rückblickend möglich.

Gibt es nun während der depressiven oder dementiellen Entwicklung, vor allem aber zu Beginn, wo man noch am ehesten therapeutisch eingreifen kann, entsprechende Unterscheidungs-Hinweise? Sie gibt es. Sie sind zwar nicht einfach, weshalb es grundsätzlich einer (nerven-)ärztlichen Unterstützung bedarf, doch können sie auch die Angehörigen erfolgreich, weil rechtzeitig nutzen.

Wie unterscheidet sich nun eine sogenannte *„depressive Pseudo-Demenz"*, die also wieder vergeht, wenn der depressive Zustand abgeklungen ist, von einer Alzheimer-Demenz, die man zwar therapeutisch verlangsamen, im allgemeinen aber nicht mehr aufhalten kann?

Unterscheidungs-kriterium	„depressive Pseudo-Demenz"	Alzheimer-Demenz
Alter	jedes (Erwachsenen-) Alter	meist ab höherem Lebensalter, z. B. 7. Lebensjahrzehnt
Beginn	zeitlich umschriebener, eher rascher Beginn	Beginn schwer erkennbar, eher langsam, unmerklich, schleichend, über Monate bis Jahre
Dauer	relativ kurze Dauer, nicht länger als einige Monate, im höheren Lebensalter ggf. länger	lange Dauer, letztlich keine dauerhafte Rückbildung erkennbar, bleibend, chronisch
Verlauf	Depression wird relativ schnell schwerer	Demenz schreitet langsam voran, wird aber stetig schlechter
Vorgeschichte	seelische Störungen schon in frühen Jahren, z. B. Depression, Schlaf-störung, Angstzustände	seelische Störungen vorher eher selten, vor allem kaum Depressionen und Angst
Betroffenheit	Patient ist sehr betroffen über seinen Zustand	Patient beklagt sich eher über andere oder mißliche Umstände
Klagsamkeit	ausgeprägte Klagen über die Beschwerden	eher Neigung, alles zu verharmlosen
Verhalten	Patient ist besorgt, zurückhaltend, unsicher anderen gegenüber	keine spürbare Unsicherheit anderen gegenüber, meist unbesorgt, ja fordernd
Tag-Nacht-Rhythmus	morgens oft schlechter als nachmittags, sonst weitgehend gleichblei-bende Gemütsstörung	vor allem nächtliche Unruhe mit Verwirrtheitszuständen
Defizit-Realisation	Patient ist sich des Verlustes seiner geistigen Fähigkeiten schmerzlich bewußt	Patient nimmt Gedächtnislücken nicht (mehr) wahr oder bemüht sich, sie zu überspielen
Leistungsfähigkeit	Patient fühlt sich durch alles überfordert, kann es mit großer Anstrengung aber noch halbwegs leisten	Patient bemüht sich, weitere Aufgaben zu übernehmen, obwohl er schon mit den alten nicht fertig wird

Unterscheidungs-kriterium	„depressive Pseudo-Demenz"	Alzheimer-Demenz
Gedächtnisstörungen	wenn „Gedächtnis-einbußen", dann allgemeiner Art	kurz zurückliegende Ereignisse werden schlechter erinnert als länger zurückliegende
Aufmerksamkeit und Konzentration	Aufmerksamkeit und Konzentrationsfähigkeit bleiben, wenn auch mühsam, weitgehend erhalten	Aufmerksamkeit und Konzentrationsfähigkeit gehen langsam, aber unbeeinflußbar zurück
Antwort-Schema	typische Antwort: „Ich weiß es nicht mehr" u. a.	fast richtige Antworten, aber eigentlich immer häufiger am Thema vorbei
Orientierungs-fähigkeit	Patient findet sich in seiner Umgebung zurecht	Patient verirrt sich zunehmend, selbst in vertrauter Umgebung
Angstzustände	Angstzustände, vor allem Zukunftsangst und Versagensängste	keine Versagensängste, später höchstens ängstliche Verwirrtheit
Schuldgefühle	Schuldgefühle besonders wegen angeblicher Versäumnisse und Leistungseinbußen	fast nie Schuldgefühle, eher Neigung zu Verharmlosung, Beschönigung oder Beschuldigung anderer
Stimmung	gleichbleibend depressiv, bisweilen Morgentief mit abendlicher Aufhellung (umgekehrt seltener)	Stimmung wechselnd, leicht umstimmbar, Gesamtzustand oft bei abendlicher Ermüdung schlechter
Rückzug	zunehmende Rückzugsneigung und damit Isolationsgefahr	Patient versucht die sozialen Kontakte anfangs aufrecht zu erhalten
Schlaf	Ein- und Durchschlaf-störungen sowie Früherwachen, aber keine nächtliche Verwirrtheit	zunehmend nächtliche Unruhe bis Verwirrtheit
Freude	Patient empfindet trotz gelungener Aufgaben keine „rechte Freude"	Freude bei selbst einfachsten Aufgaben, mitunter fast peinlich

Unterscheidungs-kriterium	„depressive Pseudo-Demenz"	Alzheimer-Demenz
Wahnideen	depressiver Schuld- oder Krankheitswahn	Kombination aus wahnhaftem Erleben, Scham und Gedächtnisstörungen, z. B. Bestehlungswahn
Sexualität	während des depressiven Zustandes Libido- und Potenzstörungen	bis zum fortgeschrittenen dementiellen Zustand eher ungestört, bisweilen aber auch persönlichkeitsfremde sexuelle Enthemmung
kognitive Störungen	keine geistigen Einbußen nachweisbar	in zunehmendem Maße Beeinträchtigung bezüglich Sprache, Lesen, Schreiben, Rechnen usw.
Körperpflege	in der Regel unauffällig, wenngleich nur mit er-heblicher Anstrengung	wachsende Vernachlässigung
Organbefunde	keine krankhaften Organbefunde	körperliche Störungen zunehmend objektivierbar
Beschwerde-schilderung	häufig verzweifelt, mehr oder weniger genaue Beschwerdeschilderung (vor allem auf Vorgaben)	ungenaue Beschwerde-schilderungen
antidepressive Medikation	zumeist erfolgreich, nicht zuletzt was Merk- und Konzentrations-störungen anbelangt	hilfreich, falls reaktives demenz-abhängiges Stimmungstief vorliegt, sonst kein Einfluß auf Merk- und Konzen-trationsstörungen
Schlafentzug	therapeutischer Schlaf-entzug führt zumindest zu vorübergehender Besserung	therapeutischer Schlaf-entzug verschlechtert das Krankheitsbild
Angehörige und Arztbesuch	Angehörige drängen nach einiger Zeit auf Arztbesuch, Patient fügt sich in der Regel	Angehörige reagieren (zu) lange nicht, empfehlen auch lange keinen Arzt-besuch, würden damit beim Patienten auch kaum auf Gegenliebe stoßen

Wie verläuft eine Alzheimer-Krankheit?

Aus der pragmatischen Sicht der Gerontopsychiatrie (also jener Spezial-Disziplin der Psychiatrie, die sich mit den seelischen Störungen des älteren Menschen befaßt) läßt sich die Alzheimer-Krankheit in fünf Stadien einteilen:

– Sehr *geringer bis geringer Beeinträchtigungsgrad:* Vergeßlichkeit (Namen, Dinge); gelegentliche Wortfindungsstörungen; schließlich stärkeres Nachlassen der Merkfähigkeit (Lesen, Wiederfinden verlegter Gegenstände); Versagen bei beruflichen Anforderungen; verstärkte Probleme bei bekannten Situationen.

– *Mäßige Störung:* schlecht informiert über aktuelles Geschehen; Probleme beim Lösen schwieriger Aufgaben (Umgang mit Geld, Einkaufen, Verreisen usw.); nachlassende Aktivität; Vermeidung von Konkurrenzsituationen.

– *Mittelschwere Störung, Beginn der eigentlichen Demenz:* Unfähigkeit, sich an wichtige Dinge des öffentlichen Lebens zu erinnern (eigene Telefonnummer, Adressen, Namen von Verwandten); Probleme bei der Auswahl passender Kleidungsstükke; u. U. Vernachlässigung der Körperpflege; auf die Hilfe Dritter angewiesen.

– *Schwere Störungen:* Schwierigkeiten, sich sogar an den Namen des Lebenspartners zu erinnern; keine bewußte Wahrnehmung der Umwelt mehr; vollständige Abhängigkeit von der Hilfe Dritter; u. U. Kontrollverlust für Blasenentleerung und Stuhlgang.

– *Sehr schwere Störungen:* extreme Verminderung des Wortschatzes mit weitgehendem Verlust der Sprachfähigkeit; Probleme beim Sitzen, schließlich Geh-Unfähigkeit; häufig Kontrollverlust für Blasenentleerung und Stuhlgang (manchmal aber auch schon deutlich früher), im Endstadium oftmals „Auszehrung" (Fachbegriff: Kachexie), Muskel-Kontrakturen (Verkrampfungen) usw.

Noch kürzer ist die Einteilung in drei Stadien, wie sie derzeit am häufigsten vorgenommen wird:

– *Erstes Stadium:* leichtgradige, meist kaum bemerkte Symptome, die „lediglich" zu einer Beeinträchtigung komplexer Tätigkeiten im täglichen Leben führen können. Beispiele: Kurzzeitgedächtnis beeinträchtigt (der Betroffene wiederholt Sätze oder Tätigkeiten, die er gerade zuvor gesagt oder getan hat). Wortfindungsstörungen und mangelhafte Präzision des Ausdrucks. Nachlassen des Denkvermögens, vor allem schlußfolgern und urteilen. Erste örtliche Orientierungsstörungen, z.B. Zurechtfinden in nichtvertrauter Umgebung. Zunehmende Passivität, wenn nicht gar Untätigkeit. Beginnende Störungen der örtlichen Orientierung (Datum und Uhrzeit). Folge: Beschämung, Angst, Wut oder Niedergeschlagenheit.

– *Zweites Stadium:* Beschwerdebild so ausgeprägt, daß eine selbständige Lebensführung nur noch mit erheblichen Einschränkungen möglich ist, in der Regel nur noch mit Unterstützung durch andere. Beispiele: wachsende Gedächtnisstörungen, z.B. Vergessen der Namen selbst vertrauter Personen. Schwierigkeiten beim Ankleiden, im Bad, bei Mahlzeiten, auf der Toilette u.a. Örtliche Orientierung deutlich beeinträchtigt, sogar in der eigenen Wohnung. Außerhalb des Hauses Gefahr des Verirrens und Umherirrens. Erstmals Sinnestäuschungen (Sehen, Hören, Riechen, Schmecken) oder illusionäre Verkennungen realer Objekte. Zunehmende Unruhe, zielloses Umherwandern, Aus-der-Wohnung-Drängen. Neben der rastlosen Umtriebigkeit aber auch gelegentlich völlige Untätigkeit. Verlorenes Zeitgefühl (Vergangenheit und Gegenwart sind nicht mehr unterscheidbar).

– *Drittes Stadium:* selbständige Lebensfähigkeit aufgehoben, vollständig von Angehörigen oder anderen Bezugspersonen abhängig. Die Sprache reduziert sich auf wenige Wörter, das Gedächtnis kann keine neuen Informationen mehr speichern. Selbst nahe Angehörige werden immer öfter nicht mehr erkannt oder verkannt. Beispiele: Probleme beim Essen, selbst mit Hilfe. Unfähigkeit, Familienmitglieder zu erkennen. Vorn übergebeugt, Gang kleinschrittig und schleppend. Sturzgefahr. Kontrollverlust über Blase und Darm. Gefahr von Krampfanfällen, Schluckstörungen u.a. Verfall der körperlichen Kräfte, bettlägerig, Infektionsgefahr (häufige Todesursache: Lungenentzündung).

Therapie

Wenn auch immer wieder darauf hingewiesen wurde, daß eine Reihe von dementiellen Erkrankungen (aber beileibe nicht alle – s. S. 56) zu einer kontinuierlichen Verschlechterung ohne wesentliche Einflußmöglichkeiten zu führen pflegt, so heißt das noch lange nicht, daß man

1. überhaupt nichts mehr machen soll und kann (Stichwort: therapeutische Resignation),
2. keine Möglichkeiten auf medikamentöser Ebene hätte,
3. mit „Milieu"-, psycho- und soziotherapeutischen Maßnahmen nichts mehr erreichen könnte.

Im Gegenteil: Gerade die Kombination aus Pharmako- und Psycho- sowie Soziotherapie, konsequent und professionell eingesetzt, kann den Fortgang des Leidens, vor allem aber die Geschwindigkeit des „Abbaus" erheblich eindämmen bzw. verlangsamen.

Entscheidend für die Betreuung von Demenz-Erkrankungen sind Konsequenz, Geduld, Nachsicht und die „Freude an kleinen Erfolgen".

Welche Möglichkeiten gibt es? Nachfolgend eine Kurzfassung therapeutischer Empfehlungen einschließlich jener seelischen Störungen, die im Rahmen einer Demenz zusätzlich zu behandeln sind.

Medikamentöse Behandlung

Von der *Pharmakotherapie*, also der Behandlung mit entsprechenden *Arzneimitteln* ist am häufigsten die Rede und wird wohl auch am meisten erwartet. Dies steht – zumindest beim derzeitigen Stand der Forschung – im Gegensatz zu den realen Möglichkeiten. Zwar gibt es ständig medikamentöse Neuentwicklungen, die dann auch für entsprechendes Aufsehen sorgen, doch muß man eines immer wiederholen: Vorsicht vor „sensationellen Therapieverfahren", insbesondere vor spektakulären Arzneimitteln gegen die Demenz im allgemeinen und die Alzheimer-Krankheit im speziellen. *Es gibt sie (noch) nicht!*

Am besten – und das sei schon hier vorweggenommen – ist eine regelmäßige ärztliche Kontrolle, eine konsequente pflegerische Betreuung, ein klar strukturiertes Umfeld (z. B. Altentagesstätte), ein möglichst immer gleicher Tagesablauf, kein Ortswechsel (auch kein aufwendiger Urlaub, selbst wenn er früher zum Stil des Betroffenen gehörte, auch keine Kuren und Krankenhausaufenthalte – nur, wenn notwendig). Ferner kurze, einfache Sätze (oft wiederholt) sowie die schon erwähnten Aspekte: Geduld, Nachsicht und Freude an kleinen Erfolgen.

Das heißt allerdings nicht, daß es keine pharmakotherapeutischen Hilfen gäbe, es existiert zur Zeit eben keine ursächlich ansetzende Arzneibehandlung. Hier muß man unterscheiden zwischen der Pharmakotherapie seelischer Begleitsymptome und dem medikamentösen Versuch, das sogenannte *kognitive Kern-Syndrom* zu behandeln, also im wesentlichen Gedächtnis, Urteilsfähigkeit, Orientierungssinn und ihre direkten und indirekten Folgen im Alltag.

Pharmakotherapie seelischer Begleitsymptome

Die geistigen Einbußen fallen als erste auf. Sie sind aber nicht das einzige Defizit, manchmal nicht einmal das schwierigste. Mehr als drei Viertel aller Patienten mit einer Demenz leiden an sogenannten seelischen Begleitsymptomen. Das sind:
– unruhig-gespanntes, nervöses, fahriges Verhalten (Fachbegriff: Agitiertheit)
– Neigung zu Reizbarkeit und aggressiven Durchbrüchen
– Schreien
– ständiges Umherlaufen
– Depressivität, vor allem mit wachsender Gefühllosigkeit und Teilnahmslosigkeit und einer Art passiven Verweigerungshaltung.
– Weitere Probleme sind Wahn und Sinnestäuschungen sowie Schlafstörungen.

Die rein medikamentöse Behandlung dieser z. T. sehr unangenehmen bis quälenden Symptome, die nicht nur den Patienten betref-

fen, sondern auch Angehörige, Nachbarn, Mitpatienten, Pflegepersonal usw., basiert auf
– antidepressiven Medikamenten (sowohl synthetische als auch
  das Pflanzenheilmittel Johanniskraut) bei Depression und Angst
– Antipsychotika bei ängstlicher Aggression und wahnhaften Reaktionen
– Beruhigungsmitteln (Tranquilizer) bei Angst, Unruhe, Spannung, Agitiertheit (s. o.), aber auch Einschlafstörungen u. a.
– dem Antiepileptikum und Rückfallschutz gegen manisch-
  depressive Erkrankungen namens Carbamazepin, vor allem bei
  seelisch-körperlicher Unruhe (s. o.), sowie
– der zum Alkohol- und sonstigen Entzug eingesetzten Substanz
  Clomethiazol bei Störungen des Schlaf-Wach-Rhythmus im
  höheren Lebensalter (nur noch selten eingesetzt und wenn,
  dann ausschließlich stationär).

Weitere Medikamente, die immer wieder genutzt werden, sind das
spezielle angstlösende Mittel Buspiron und das psychotrope (d. h.
auf das zentrale Nervensystem und damit Seelenleben wirkende)
Pflanzenheilmittel Kava-Kava/Kavain (jeweils für Angstzustände)
sowie die sogenannten Betablocker (neben einer Reihe organischer Heilanzeigen vor allem gegen „körperbetonte" Angst-, Un-
ruhe- und Erregungszustände bis zur Aggressivität).
    Weitere Einzelheiten würden hier zu weit führen, doch zeigt
sich schon bei dieser Aufzählung, daß eine therapeutische Resignation nicht berechtigt ist, zumindest was die seelischen *Begleit*-
symptome einer Demenz anbelangt.
    Es soll aber auch nicht verschwiegen werden, daß es unver-
ändert belastende und leider auch wenig beeinflußbare Problem-
felder gibt, die nicht spezifisch medikamentös angegangen werden
können, weshalb eine konsequente Milieugestaltung noch wichtiger ist. Das sind beispielsweise das ziellose Umherwandern,
Schimpfkanonaden, Drohungen und andere unangemessene Äußerungen. Ferner die Neigung zu ständigen Wiederholungen in
Wort oder Tat, eine gewisse Hypersexualität (in Wort oder Tat),
das Sammeln und Verstecken von Gegenständen, „öffentliche
Ärgernisse" wie Urinieren, Stuhlgang, öffentliches Entkleiden,
vom Spiel mit oder gar vom Essen von Stuhl usw. ganz zu
schweigen. Natürlich auch Verwirrtheitsfolgen, die nicht nur die

Behandlung beeinträchtigen, sondern sogar gefährlich werden können (z.B. das Herausziehen von Kathetern oder Infusionen) usw.

Pharmakotherapie von Gedächtnis- und Orientierungsstörungen

Auf dem Forschungsgebiet der *kognitiven Defizite* (geistige Einbußen) durch dementielle Prozesse tut sich derzeit einiges, doch gibt es nach wie vor keine „Allheilmittel" – und wird es wohl auch nie geben. Deshalb gibt man sich inzwischen bescheidener. Das Ziel aller therapeutischen Bemühungen besteht derzeit in einer Linderung der Leistungseinbußen und damit Verbesserung der Lebensqualität der Betroffenen.

Was steht inzwischen zur Verfügung?
Vielversprechend sind die zentral-aktiven Stoffe Donepezil, L-Deprenyl, die Glutamat- und Calcium-Antagonisten, an deren nächsten Substanzgenerationen weltweit geforscht wird (insbesondere was Zahl und Intensität der Nebenwirkungen anbelangt).
Nootropika sind verschiedene Substanzen, die die höheren geistigen Funktionen verbessern sollen und schon länger im Handel sind. Hier scheinen sich die größten Erfolge vor allem bei leichteren Demenzgraden abzuzeichnen. Die bekanntesten Stoffe sind das Piracetam, die Mutterkornalkaloide und das Pflanzenheilmittel Ginkgo biloba.
Große Hoffnungen setzt man auch auf die sogenannten Antioxidanzien, zu denen auch die Vitamine A, C und E gehören. Doch auch hierzu ist die Forschung noch nicht abgeschlossen.
Da es sich bei den meisten dementiellen Störungen um komplexe Abläufe handelt, bei denen mehrere Störfaktoren einwirken, diskutiert man auch entsprechende Kombinationstherapien. Dies betrifft sowohl einzelne Substanzen untereinander, vor allem aber den kombinierten Einsatz von „chemischen" Hilfen und nicht-medikamentösen Verfahren (s. u.). Mehrere Behandlungssäulen scheinen besser zu tragen. Zu warnen ist allerdings vor einem unkritischen „viel bringt viel", besonders was die medikamentöse Seite anbelangt.

Milieutherapie – Psychotherapie – Soziotherapie

Je begrenzter die Hilfe von pharmakologischer Seite ausfällt, desto intensiver muß die psychologische einspringen. Das sind Milieu-, Psycho- und Soziotherapie.

Hier ist vor allem der Einsatz von Angehörigen, ggf. Nachbarn und Freunden gefordert. Diese müssen aber wissen, wie weit sie fordern ("fördern durch fordern") dürfen und wann sie zu *über*fordern beginnen. Das ist mitunter eine Gratwanderung. Im allgemeinen aber reicht folgende Erkenntnis:

> Der "gesunde Mensch" ist belastbarer als der gesunde alte Mensch und dieser belastbarer als der alte und demente Patient. Man darf also nie von seinen eigenen Möglichkeiten ausgehen und muß eine nicht unerhebliche Labilität auf seelischem, geistigem, körperlichem und psychosozialem Gebiet einkalkulieren.

Mit anderen Worten: Der Bewegungsspielraum ist geringer und bezieht sich nicht zuletzt auf so "banale Aspekte" wie Tages- und Nachtzeit, Sinneseindrücke, Beweglichkeit, Denkgeschwindigkeit, Kontaktaufnahme usw. Die Grenze zwischen Aktivierung und Streß ist fließend. Stets muß man mit Überraschungen rechnen, je nach Zusatzbelastung, ja Wetter, Klima usw.

Zu den wichtigsten nicht-medikamentösen, d. h. überwiegend psychologisch orientierten Einflußmöglichkeiten gehören:
Verhaltenstherapeutische Techniken, die sich vor allem auf den Alltag, also "klassische" Problemsituationen für Demente konzentrieren (z. B. Baden, Ankleiden, Wasserlassen, Stuhlgang), daneben aber auch Verfahren, die den geistigen Abbau verlangsamen, insbesondere im Frühstadium einer Demenz.
Tiefenpsychologische Behandlungsformen haben bei Demenz-Kranken ihre Grenzen. Manchmal sind sie aber eine hilfreiche Ausgangsbasis bei dem Versuch, das Familiensystem zu verstehen und die inneren und äußeren Realitäten zu akzeptieren.
Bei der *Realitätsorientierung* werden deshalb auch grundlegende Informationen zu Person, Zeit, Ort usw. trainiert und bei jeder sich bietenden Gelegenheit sogenannte "Realitäts-Anker" angeboten, z. B. optische oder akustische Orientierungshilfen.
Die *Erinnerungstherapie* versucht durch Ausnutzung des meist noch gut erhaltenen Langzeit-Gedächtnisses die Erinnerung und damit geistige Aktivität wachzuhalten.
Musik- und Kunsttherapie zielen ebenfalls auf Gemüt und Kreativität, was wieder "gehoben" und trainiert werden soll.
Die sogenannte *Selbsterhaltungstherapie* bekämpft vor allem seelische Verletzungen und damit langwierige Persönlichkeitsveränderungen sowie Erlebnisarmut und den Verlust des "Selbst-Wissens".
Die *Milieutherapie* umfaßt den gesamten Wohn- und Lebensbereich, der sich durch entsprechende Informationshilfen auf mehreren Ebenen anpas-

sen muß: Symbole, Farbgebung, „intelligente Möbel", aber auch ältere Ausgaben von Geschirr, Bildern usw., die durch Aktivierung der Erinnerung stimulieren.

Beim *Hirnleistungstraining* stehen sich im wesentlichen zwei Auffassungen gegenüber: 1. Gebrauch = Abnutzung und 2. das erwähnte „Wer rastet, der rostet". Für beide gibt es Beispiele, wobei für das Gehirn eher letzteres zu sprechen scheint. Dabei gilt jedoch die Erfahrung: Je alltagsnäher „trainiert" wird, desto größer ist der Erfolg. Vor allem müssen beim praxisbezogenen Lernen mehrere Ebenen gleichzeitig angesprochen werden (verbal, optisch, Geruch, Geschmack, Berührung usw.). Außerdem muß man nicht nur geistig, sondern auch den ganzen Menschen ständig in Bewegung halten. Das ergibt die besten Ergebnisse. Und: Nur Kontinuität sichert den Erfolg. Wer aufhört, fällt zurück. Schließlich: Zuwendung, Kontakt und Freude dabei sind wahrscheinlich wichtiger als der Inhalt der Übungen.

Körperliche Aktivität ist also unerläßlich, auch wenn alles dagegen spricht (müde, matt, schwunglos, Schmerzen, unwillig usw.). Körperliche Aktivität ist auch angst- und depressionslösend. Allerdings muß man sich hier natürlich nach den gegebenen Bedingungen richten. Am günstigsten ist der „tägliche Gesundmarsch" bei Tageslicht und möglichst „im Grünen", aber auch jede andere angepaßte körperliche Aktivität wie Radfahren, Schwimmen, Eislaufen, Joggen, Tennis und die – erfahrungsgemäß emotional besonders ausgleichende – Gartenarbeit. Interessant ist vor allem der präventive Aspekt: Körperliche Aktivität ist nicht nur *vorbeugend* (!) angst- und depressionslösend, man hat auch den Eindruck, daß eine lebenslange regelmäßige Bewegung einer Demenz entgegenzusteuern vermag (Slogan: dem Morbus Alzheimer davonlaufen).

Weitere Behandlungsmaßnahmen sind physikalische und Hydrotherapie sowie Schulter- und Nackenmassage, Kneippsche Anwendungen, medizinische Bäder sowie angepaßte Entspannungsübungen (z. B. unter fachlicher Anleitung Progressive Muskelrelaxation, aber z. B. kaum Autogenes Training).

Hinweise für Angehörige

Die meisten Patienten mit einer Demenz, sei es eine Alzheimer-Krankheit oder eine andere Form der Geistesschwäche, leben zu Hause. Das ist in der Regel auch der beste Platz, ihr Heim, an dessen Gestaltung sie beteiligt waren und daß ihnen nicht zuletzt in ihrer verunsichernden und demütigenden Erkrankung Schutz, Sicherheit und Wohlgefühl garantiert. Nur wenige Betroffene müssen in ein Alters- oder Pflegeheim, das – so gut es auch organisiert sein mag – natürlich nicht das gleiche Zuhause bietet. Das heißt aber auch: Auf jeden Demenz-Betroffenen kommt mindestens eine Person, meist aber mehrere, die ihn mittragen, wenn nicht gar pflegen müssen. Und dies ohne Aussicht auf Genesung, im Gegenteil. Das ist eine große Belastung, die in der Regel nur diejenigen nachempfinden können, die einmal damit enger in Berührung kamen, und sei es nur im Bekanntenkreis.

Das heißt, auf einen schmerzlichen Nenner gebracht: Nicht nur die eingeschränkte geistige Leistungsfähigkeit, die wachsende Unselbständigkeit und Hilfsbedürftigkeit, auch die sogenannten Begleitsymptome wie Deprimiertheit, Angst, Schlafstörungen, Unruhe, Aggressivität, Wahngedanken, Sinnestäuschungen usw. belasten schon das Zusammenleben in einer kleinen Partnerschaft, noch mehr in einer größeren Familie mit mehreren Generationen. Es drohen Mißverständnisse, Auseinandersetzungen, heftige Gefühlsreaktionen, kurz: Das Leben ist nicht mehr das gleiche wie zuvor. Die Folgen sind bekannt und können sogar einen bisher intakten Familienverband auseinandersprengen.

Und doch gibt es eine Reihe von Möglichkeiten, diese Probleme zu mildern. Dies geschieht zusammen mit dem Hausarzt und ggf. Psychiater, mit Freunden, Bekannten und Nachbarn (deren Hilfe man nicht geringschätzen sollte, es spricht nur niemand darüber), mit Pflegediensten, Selbsthilfe- und Angehörigengruppen usw. Ganz wichtig sind die Informationen, die man von den entsprechenden Fachgesellschaften bekommt (z.B. Deutsche Alzheimer-Gesellschaft, 10623 Berlin, Kantstraße 152, Tel.: 0 30/31 50 57 33, dort sind auch die Kontaktadressen der verschiedenen regionalen Alzheimer-Gesellschaften mit ihren Angehörigengruppen zu erfahren).

Nachfolgend nun einige Informationen und konkrete Alltags-Tips, wie sie gerade von diesen Institutionen angeboten und immer wieder überarbeitet werden.*

Was Angehörige empfinden

Die Alzheimer-Krankheit von Vater, Mutter, Ehemann, Ehefrau oder sonstigen Angehörigen verändert das Leben aller Beteiligten,

---

* Grundlage der vorliegenden Ausführungen ist zum Beispiel eine hervorragende Schrift über die *Alzheimer-Krankheit: „Sie sind nicht allein.“* Informationen und Tips für Angehörige durch die Deutsche Alzheimer-Gesellschaft in Zusammenarbeit mit EISAI und Pfizer.

und zwar entscheidend. Man muß mit völlig neuen Bedingungen zurechtkommen. Dabei ist die Bürde der körperlichen Pflege noch am ehesten zu ertragen. Viel schlimmer ist der Umstand, daß man Tag für Tag ein Stück vom anderen verliert. Das prägt nicht nur die Gegenwart, sondern auch die Zukunft bzw. das, was man gemeinsam vorhatte. Darauf war niemand vorbereitet, so hat man es sich nicht vorgestellt. Nichts ist mehr so, wie es war.

Das pflegt für alle Beteiligten nicht ohne Folgen zu bleiben: Resignation, Trauer, Gefühle von Hoffnungslosigkeit, Bitterkeit und Hilflosigkeit, aber auch Unmut, Reizbarkeit, Aggressivität und Wut prägen die Atmosphäre, und zwar immer mehr. Und nicht zuletzt die typische Frage: „Warum wir, d. h. vor allem ich?" Wie schön könnte man es jetzt haben, nach den vielen Jahren harter Arbeit, nach Mühsal und so mancher Enttäuschung. Und jetzt das. Was wollte man nicht noch alles gemeinsam erleben: Besuche, Reisen, Umzug, endlich dies, endlich das – und nun?

Wichtig ist hier wie bei allen Trauerreaktionen: solche Empfindungen nicht unterdrücken, sondern zulassen, akzeptieren, vor allem herauslassen. Das heißt mit anderen Menschen darüber sprechen (gemäß dem bekannten Spruch des Hippokrates vor mehr als zweieinhalb tausend Jahren: „Für was ich Worte habe, darüber bin ich schon hinweg"). Tatsächlich: Es gibt nicht nur überraschend viel Verständnis sowie allgemeine Tröstungen und konkrete Hilfsangebote, man kommt auch leichter darüber hinweg. Wer es dagegen unausgesprochen und damit letztlich ungelöst mit sich herumschleppt, wirkt zwar auf den ersten Blick stabiler. In Wirklichkeit verschärft er aber seine Situation, insbesondere auf psychosomatischem Gebiet (unverarbeitetes Seelisches, das sich schließlich körperlich äußert) – und schließlich auch auf psychosozialer Ebene: zwischenmenschlich, d. h. familiär, nachbarschaftlich, beruflich usw.

Deshalb nochmals: Die Alzheimer-Krankheit ist keine Schande. Sie gab es schon immer und gibt es inzwischen immer häufiger. Niemand ist dagegen gefeit, auch nicht die Großen aus Politik, Wirtschaft, Kultur, Wissenschaft und Showbusiness, wie man aus bekannten Beispielen weiß (die dies sogar in z. T. bewundernswerter Weise öffentlich bekennen, was der Sache durchaus dienlich ist). Deshalb soll man versuchen, das Leiden anzunehmen und das beste daraus zu machen. Was heißt das?

– Natürlich irritiert es, wenn plötzlich die Rollen vertauscht sind. Es tut sogar weh. Manche sind überfordert und hilflos, andere fühlen sich verlassen, geraten vielleicht sogar in Panik. Doch man wächst in die neue Aufgabenstellung hinein, selbst im höheren Lebensalter. Man wächst nicht nur hinein, man wächst auch generell mit den anfallenden Aufgaben. Und man bekommt mehr Hilfe, als man zu hoffen wagte, sofern man darüber reden und die Hilfe der anderen damit mobilisieren kann. Die Demenz ist eine gemeinsame Aufgabe, wenngleich mit entsprechenden Schwerpunkten. Man muß die Gemeinsamkeit nur einfordern, von selbst kommt kaum etwas.
– Wichtig ist es auch, die „dunkle Brille" der Resignation abzunehmen. Der Patient ist zwar nicht mehr so selbständig wie früher, aber er ist auch nicht in jeder Hinsicht hilfsbedürftig und damit abhängig. Deshalb soll man – am besten zusammen mit Angehörigen, Hausarzt, Angehörigengruppen usw. – eine Liste jener Eigenschaften erstellen, die zurück- oder verloren gehen, aber auch von jenen Fähigkeiten, die noch erhalten und damit förderungswürdig sind. Und man sollte die verbleibenden Fähigkeiten nicht geringschätzen. Sie stehen vielleicht im Alltag der Gesunden nicht so im Vordergrund, haben aber durchaus ihren Wert, vor allem als Stabilisierungsfaktor. Hierunter fallen nicht zuletzt die Erinnerungen und sozialen Umgangsformen.

Mißgestimmt – gereizt – wütend

Nicht wenige Angehörige belastet nicht nur ihre neue Aufgabe, sondern auch die Art, mit der sie zumindest gelegentlich (über-) reagieren: mißgestimmt, gereizt, gelegentlich sogar aggressiv, bis hin zu Wutausbrüchen. Das macht sie verlegen, unsicher, ratlos, das beschämt und erfüllt sie mit Schuldgefühlen. Sie sind enttäuscht und verbittert, und zwar nicht nur über ihr Schicksal, sondern auch über sich selbst („daß ich je einmal so die Haltung verlieren würde"). Hier aber ist folgendes zu bedenken:

Kein „normaler Mensch" ist endlos belastbar und dabei ausgeglichen oder gar heiter. Es ist ja nicht nur die äußere Belastung der Pflege, es ist eine ständige seelische und nach und nach auch körperliche Anspannung, die die Reserven aufzehrt und sich irgendwann einmal Luft schaffen muß. Deshalb sollten sich alle Angehörige die vielleicht überraschende Einsicht vor Augen halten: Es ist nicht üblich und wahrscheinlich auch nicht „gesund", wenn man ständig einen Großteil seiner Kraft in die zusätzliche Aufgabe investiert, sich zu beherrschen und Haltung zu bewahren. Dagegen ist es normal, nachvollziehbar, einsichtig und innerlich wie äußerlich stabilisierend, hin und wieder einmal die Beherrschung zu verlieren. Das ist ein „Überdruck-Ventil", das verhindert, daß man sich geichsam von innen her selbst „auffrißt".

Deshalb sollen die Betreffenden immer daran denken: Sie erfüllen eine der schwierigsten Aufgaben, die es zu bewältigen gilt. Kein Mensch ist perfekt, vor allem nicht unter Dauerbelastung bzw. Überlastung. Gerade weil man „Mensch ist", also Gefühle und auch überschießende Gefühlsreaktionen hat bzw. abführen muß, ist man ja in der Lage, dem Patienten zu helfen, und zwar langfristig, so lange es sein Zustand erfordert. Die meisten Kranken vergessen „unschöne Szenen" ohnehin rasch, viel rascher als die schuldbewußten Angehörigen. Im übrigen soll man auch solche „Ausbrüche" mit anderen besprechen, nichts schlucken oder gar in sich hineinfressen. Dann wird man nämlich sehen, daß jeder bestätigt: So etwas ist unvermeidlich, wie anders soll man denn mit einer solchen Aufgabe sonst auf Dauer fertigwerden.

Schuldgefühle

Eine der unangenehmsten, vor allem aber kräftezehrendsten Folgen sind Schuldgefühle, die so manche Angehörige entwickeln, entweder im Laufe der Zeit oder zumindest aber immer mal wieder. Schuldgefühle sind im normalen Leben keine unnötige Reaktion. Manche kennen überhaupt keine, andere zuviel, je nach Situation und vor allem Wesensart. Während einer Depression gehören Schuldgefühle zum Quälendsten. Im Alltag sind sie eher situationsabhängig. Doch für den Angehörigen eines Demenzkranken gibt es zur alltäglichen Belastung hinzu noch vielerlei Gründe, Schuldgefühle zu entwickeln. Die Ursachen sollen nicht weiter diskutiert werden. Am häufigsten ist die Überlegung, man hätte die Krankheit verhindern können, gefolgt von Selbstvorwürfen, weil man wieder einmal die Beherrschung verloren hat und vor allem weil man immer mal wieder daran denkt, den Patienten in ein Pflegeheim zu geben. Und natürlich der Gedanke, daß man noch immer nicht genügend für den Kranken tut.

Doch das alles ist unbegründet. Eine Demenz im allgemeinen und eine Alzheimer-Krankheit im speziellen sind durch äußere Einflüsse nicht zu verhindern oder aufzuhalten. Die meisten Angehörigen tun ohnehin mehr, als in ihren Kräften steht. Schuldgefühle verzehren die wenigen Reserven nur noch schneller. Wichtig auch hier: Mit anderen Menschen darüber reden. Die pflegen das schnell zu korrigieren.

Rückzug und Isolationsgefahr

Natürlich geht vieles für den Alzheimer-Kranken nicht mehr so wie früher. Die Kontakte reduzieren sich von selbst, aus vielerlei Gründen. Völlig falsch wäre es aber, dies noch zu fördern, aus Angst vor möglicher Peinlichkeiten durch den Patienten oder weil man sich für ihn und für sich selbst schämt. Manche laden niemanden mehr zu sich ein, nehmen keine Einladungen mehr an, „gehen überhaupt nicht mehr unter die Leute". Das ist ein Teufelskreis, der Rückzug und Isolationsgefahr nur noch verstärkt. Damit hilft man weder dem Patienten noch sich selbst. Denn der Kranke ist damit von wichtigen Erlebensmöglichkeiten abgeschnitten, die den intakten Teil von Geist, Gemüt und sogar körperlicher Aktivität in Gang halten könnten. Und der pflegende Angehörige, der sich schämt und Peinlichkeiten, Frustrationen, Kränkungen und Demütigungen befürchtet, verliert langsam selbst Kontakt, Aktivität, Routine, kurz: Lebensfähigkeit, von allen anderen Folgen für eine solche letztlich unnötige Isolierung ganz zu schweigen.

Die Demenz bzw. Alzheimer-Krankheit ist inzwischen in aller Munde. Sie macht Angst, da gibt es keine Diskussion. Sie macht aber auch bereit, das mit ihr verbleibende Problem zu akzeptieren (vor allem wenn man noch froh sein kann, daß es einen nicht selbst trifft). Es gilt also Verwandte, Freunde, sonstige Bekannte, Nachbarn usw., mit denen man weiter Kontakt haben will bzw. muß, über das Krankheitsbild zu informieren. Das ist kein leichter Schritt. Andererseits erleichtert er alles weitere. Die Umgebung ist erst einmal irritiert, betroffen, vielleicht peinlich berührt oder schockiert, aber dann auch bereit, Verständnis zu zeigen, mitzutragen, zu helfen. Und das wird nötig sein, denn es mangelt nicht an befremdlichen, wenn nicht gar peinlichen Verhaltensweisen, die es jetzt zu tolerieren gilt. Interessanterweise sind die meisten Menschen aber dazu durchaus in der Lage, willens und hilfsbereit.

Was kann man als Pflegender für sich selbst tun?

Leistung braucht Kraft. Nur wer Kraft hat, kann auch etwas leisten. Außerdem: „Kraft ist Zuteilung, nicht Brunnen", d. h., es fließt nicht endlos etwas nach. Man muß mit den Reserven haushalten. Das weiß man schon aus normal schwierigen Zeiten, und dies gilt umso mehr für eine langfristige und aufzehrende Betreuung, wie sie ein Demenz-Kranker erfordert. Wer sich also verschleißen läßt, weil er seine Kräfte nicht konsequent einteilt, d. h. auch gezielt schont bzw. seine Reserven wieder auffüllt, der wird am Schluß seiner Aufgabe nicht mehr gerecht – von seinem eigenen traurigen Los ganz zu schweigen. Was heißt das?

Als erstes müssen die sogenannten *vegetativen Funktionen* sichergestellt sein. Das bedeutet vor allem ausreichend Schlaf. Hier gilt es alle Möglichkeiten zu nutzen, die sowohl dem nächtlich unruhigen Patienten als auch seinem Betreuer die notwendige Regeneration sichern. Dabei sollte man auch nicht allzuviel Angst vor „Chemie" haben, wenn sich andere, z. B. nichtmedikamentöse Verfahren als nicht mehr ausreichend erweisen. Dies gilt auch für den Appetit, d. h. Appetitlosigkeit und Gewichtsverlust. Zwar wird gerade dieses Symptom am wenigsten beklagt, kann aber ebenfalls zu einer Doppelbelastung des Pflegepersonals beitragen. Denn eine ausgewogene regelmäßige Ernährung ist die Basis für eine normale psychische und körperliche Belastbarkeit.

Im weiteren braucht der Pflegende einen Freiraum, d. h. eine sogenannte Auszeit, weil er sonst geistig und seelisch verkümmert. Und wer verkümmert, kann wiederum seinem Auftrag nicht gerecht werden. Deshalb müssen die früheren Interessen, Hobbys und Freizeitbeschäftigungen unbedingt beibehalten werden. Eigentlich sollte man sie unter den neuen Belastungen noch verstärken. Das wird wohl nicht möglich sein, aber den notwendigen Ausgleich gilt es sicherzustellen.

Das heißt konkret: regelmäßige, am besten immer zeitgleiche Entlastung vom häuslichen Pflegedienst. Und es heißt vor allem, Wohnung oder Haus verlassen zu können und sich wirklich frei mit dem zu beschäftigen, was Freude macht(e), was ja wieder zur Regeneration beiträgt. Was immer das ist, es muß erhalten bleiben. Und wenn es bisher kein Thema war, sollte man sich etwas Früheres oder Neues suchen, was einen auch ausfüllt und erfüllt. Wer ein Hobby hat, soll, ja muß es pflegen. Ansonsten sind erfahrungsgemäß zwei Aspekte von großer Bedeutung: 1. die Musik (selbst wenn man bisher nicht unbedingt musikalisch interessiert war) und 2. die körperliche Aktivität. Vor allem letzteres ist Pflicht, und zwar täglich.

Zum einen soll man mit dem Patienten viel spazierengehen, möglichst bei Tageslicht und im Grünen. Zum anderen sollte man auch für sich selbst einen täglichen Spaziergang alleine oder mit jemand anderem, jedenfalls nicht mit dem Kranken machen und dies wiederum bei Tageslicht und im Grünen, weil sie die besten Regenerationsergebnisse garantieren. Natürlich ist auch jede andere körperliche Aktivität möglich (Fahrradfahren, Schwimmen, Gymnastik, Gartenarbeit, die emotional besonders ausgleichend wirkt usw.). Kurz: Man muß sich Zeit für sich selbst nehmen, und das regelmäßig und ohne Ausnahme. Meist ist es auch sinnvoll, ein Entspannungsverfahren wie Autogenes Training, Yoga usw. zu erlernen.

Probleme der Entlastung?

Wer bei diesem Freizeitprogramm ein schlechtes Gewissen hat oder gar Schuldgefühle entwickelt, hat damit nicht nur unrecht, er macht auch einen strategischen Fehler – letztlich zu Lasten des Patienten. Ein Motor, der viel leisten muß, sollte noch regelmäßiger zur Inspektion als einer, der nur ein durchschnittliches Pensum zu bewältigen hat. Nur bei Menschen gibt es sonderbarerweise Widerstände. In diesem Fall ist es besser, man benützt nicht das Wort „freinehmen" oder „Freizeit", sondern „aktive Regeneration", um auch weiterhin die geforderte Leistung erbringen zu können. Solche Auszeiten sind nicht nur wichtig für das körperliche, sondern auch geistige und vor allem seelische Wohlbefinden. Wer nicht regelmäßig „auftanken" kann, wird bald stehenbleiben.

Das heißt, in diesem Falle wird er krank werden oder gar irgendwann einmal zusammenbrechen. Das war dann keine Pflichterfüllung, sondern ein törichtes, alle Beteiligten schädigendes Verhalten.

Wie kann diese regelmäßige (!) Regenerationspause gesichert werden, d.h., wer betreut den Patienten in dieser Zeit? Das wissen vor allem der Hausarzt oder entsprechende Selbsthilfe- und Angehörigengruppen, zumal die Zahl entsprechender Institutionen kontinuierlich zunimmt. So stehen auf der einen Seite Familienmitglieder zur Verfügung (die man allerdings darauf ansprechen und verpflichten sollte), und auf der anderen immer mehr professionelle ambulante Helfer, aber auch Tagesstätten und sogar die Möglichkeit von Kurzzeitpflege in einem Heim. Denn auch regelmäßiger Kurzurlaub ist für den Betreuer unerläßlich, will er seiner Aufgabe langfristig gerecht werden.

Nun können es manche Menschen kaum ertragen, „ihren" kranken Angehörigen in anderen Händen zu wissen. Oder sie haben die erwähnten Schuldgefühle bzw. die Angst, er könnte nicht richtig verstanden, betreut oder behandelt werden. Oder sie fürchten, daß ihn das alles nur noch mehr „durcheinanderbringt", was ihnen die eigene Betreuung dann noch schwerer macht. Manche haben sogar Angst, der Patient könnte sich anderenorts wohler fühlen als zu Hause. Die anderen könnten die Pflege womöglich professioneller machen, mehr bieten, flexibler, toleranter, belastungsfähiger sein. Und genau das würde ihnen dann später zum Vorwurf gemacht.

Das alles sind Aspekte, die man ernst nehmen muß. Sie verlieren aber an Überzeugungskraft, wenn man die Negativfolgen eines ausgebrannten, erschöpften, selbst behandlungsbedürftigen Betreuers bedenkt, der seine eigenen Reserven überschätzt und seine Regenerationspflicht vernachlässigt hat. Natürlich haben die meisten Angehörigen zwiespältige Gefühle, wenn sie einmal weg sind. Sie sollten sie aber nur haben, wenn sie nach dem selbstverschuldeten Raubbau ihrer Kräfte für längere Zeit krankheitsbedingt weg sein müssen. Alles andere regelt sich von selbst ein.

Kontinuität, auch was die Regenerationszeiten des Betreuers anbelangt, wird von Demenz-Kranken am ehesten toleriert. Und daß professionelle Betreuer manchmal „besser" und damit erfolgreicher sind, ist keine Kunst. Zum einen ist es ihr Beruf, zum anderen werden sie von dem jeweiligen Patienten nur kurzzeitig gefordert. Und daß manche daraus gewisse Vorwürfe ableiten, kann einerseits berechtigt sein, dann sollte man es ändern, andererseits ist es aber auch eine Bestätigung, daß man seine Regenerationsphase braucht.

Schwere Entscheidungen und besondere Belastungen

Zu den besonderen Belastungen bzw. schweren Entscheidungen, zu denen eine Demenz oftmals zwingt, gehören: Soll der Patient seine Diagnose wissen? Kann die alte Wohnung beibehalten werden, vor allem wenn er alleinstehend ist? Wie steht es um finanzielle Angelegenheiten und das Testament? Darf der Patient noch Autofahren? Und schließlich: Muß eine spezielle Versicherung abgeschlossen werden? Ist ein Pflegeheim nötig usw.?

Alle diese Entscheidungen sollte man am besten im Familienverbund treffen, wobei man sich wiederum bei den erwähnten Fachgesellschaften allgemeinen Rat holen kann. Nachfolgend dazu einige Hinweise, wie sie die Gerontopsychiater und ihre Mitarbeiter und Mitarbeiterinnen aus verschiedenen Disziplinen in der Regel empfehlen:

Soll der Patient seine Diagnose erfahren?

Keine Krankheit macht Freude, die meisten Diagnosen belasten oder schockieren. An der Spitze dieser unerfreulichen Skala stehen seelische Störungen. Einige von ihnen gehören zu den gefürchtesten Krankheiten. Das liegt einerseits an ihrem Beschwerdebild und seinen seelischen und vor allem psychosozialen Folgen, andererseits am mangelnden Wissensstand darüber (Unwissen macht Angst), und nicht zuletzt an der gesellschaftlichen Abwertung dieser Krankheiten. Die Demenz und insbesondere die Alzheimer-Krankheit gehören jedenfalls dazu. Und deshalb scheuen sich auch viele Ärzte, den Patienten über seine Krankheit aufzuklären und die Diagnose beim Namen zu nennen. Seine Angehörigen sind natürlich noch unsicherer, von ihrer mitunter lähmenden Betroffenheit, Resignation, ja Trauer, Hilflosigkeit oder ohnmächtigen Wut ganz zu schweigen.

Es gibt jedoch kein Krankheitsbild, auch keine seelische Störung, bei der man die Diagnose bzw. Aufklärung dem Patienten verschweigen soll. Denn Wissen ist Macht, und zwar einerseits die Macht zu helfen und andererseits Kraft, mit seinem Schicksal besser fertigzuwerden. Alles andere ist eine zwiespältige Einstellung, die zwar in Einzelfällen nachvollziehbar ist, oftmals aber auch nur der Scheu, Angst oder Betretenheit jener entgegenkommt, die sich eigentlich die Mühe der Aufklärung machen und vor allem die Konsequenzen eines solchen Gespräches tragen sollten, um den Betroffenen die nun notwendigen Maßnahmen zu erleichtern.

Deshalb muß auch ein Alzheimer-Patient über seine Diagnose aufgeklärt werden. Und das auch bzw. gerade bei leichtgradig beeinträchtigten Kranken, damit sie sich rechtzeitig danach richten können: Krankheitsbild, psychosoziale Folgen (Partnerschaft, Familie, Vermögen, Freundeskreis, Beruf), Fortschreiten des Leidens, aber auch heutige Behandlungsmöglichkeiten usw. Daß so etwas nicht nur für Patient und Angehörige, sondern auch für den Arzt eine große Belastung ist, versteht sich von selbst. Eine Alzheimer-Krankheit aber auf sich beruhen zu lassen, aus welchem Grund auch immer, ist eine Entscheidung, die man schon nach einiger Zeit kaum mehr begründen kann. Also muß man den Patienten rechtzeitig aufklären, vor allem aber sein Leiden detailliert erläutern. Die Diagnose mitzuteilen, ohne das Krankheitsbild persönlich zu erklären oder auch nur auf schriftliches Aufklärungsmaterial zu verweisen, ist eine überaus mangelhafte Haltung. Denn mit der Erläuterung geht ja auch der immer wiederholte Hinweis einher, daß die Krankheit zwar fortschreitet, aber einen sehr unterschiedlichen, mitunter auch sehr langsamen Verlauf nehmen kann und daß inzwischen wirksame Behandlungsmöglichkeiten zur Verfügung stehen, die es zu nutzen gilt. Vor allem aber muß man dem Patienten und seinen Angehörigen das Gefühl vermitteln, daß er mit dieser Krankheit nicht alleine ist und daß es inzwischen eine geradezu beeindruckende Menge von äußeren Untersützungsmaßnahmen gibt, auch in nächster Umgebung.

Nach diesen Erläuterungen muß dem Patienten und seinen Angehörigen schließlich Gelegenheit gegeben werden, alle Befürchtungen zu äußern, d.h., Fragen zu stellen, so viele ihnen dazu einfallen, und zwar sofort und auch später immer wieder. Nur so läßt sich das tröstliche Gefühl vermitteln, daß der Betroffene mit seiner Krankheit nicht alleine dasteht, sondern jederzeit Hilfe suchen und finden kann.

Eine Alzheimer-Krankheit ist ein schwerer Schicksalsschlag. Das ist keine Frage. Aber: Eine Alzheimer-Krankheit, die mit den vielschichtigen Unterstützungsmöglichkeiten unserer Zeit begleitet wird, ist wenigstens ein bewältigbarer Schicksalsschlag, dem man nicht völlig ausgeliefert ist. Das ist ein großer Unterschied.

Wohnung oder Pflegeheim?

Die Frage, ob der Patient noch in seiner Wohnung verbleiben kann, gehört zur schwerwiegendsten Entscheidung überhaupt. Im Grunde sind die eigenen vier Wände das, was er sich sehnlichst wünscht und was auch die beste Lösung wäre, solange sie sich realisieren läßt. Lebt er alleine, stellt sich diese Frage natürlich früher als im Familienkreis. Das wird sich auch durch ambulante Dienste nur begrenzte Zeit hinausschieben lassen. Dabei sehen manche Patienten solche nützlichen Hilfen nicht einmal ein und lassen – aus den bekannten Gründen – fremde Personen nur ungern in ihre Wohnung. So etwas braucht also eine lange Vorarbeit, die nicht mit der notwendigen Hilfestellung begründet werden soll, sondern mit „netten Bekanntschaften", die auf diese Weise zu machen sind und damit die Langeweile etwas verringern.

Sobald der Patient aber Orientierungsprobleme in der eigenen Wohnung bekommt, ggf. wegläuft und nicht mehr zurückfindet, oder wenn aus anderen Gründen eine durchgehende Versorgung notwendig wird, ist die Unterbringung in einem Heim nicht mehr zu umgehen.

Tatsächlich werden drei Viertel aller Alzheimer-Patienten irgendwann während ihres Krankheitsverlaufs in ein *Pflegeheim* aufgenommen. Die häufigsten Ursachen sind: hochgradige Orientierungsstörungen, ständige Weglaufgefahr, zunehmende Aggressivität, körperliche Pflegebedürftigkeit, insbesondere Inkontinenz u.a. Die Frage: Pflegeheim oder nicht und wenn ja, welches? sollten der Patient (sofern er dazu einen Beitrag leisten kann, meist wird er wohl nur energisch dagegen sein), seine Angehörigen, der Hausarzt, ggf. sonstige Verwandte, Bekannte, Freunde, vielleicht sogar in beratender Funktion entsprechende Angehörigen- oder Selbsthilfegruppen entscheiden. Die meisten Betroffenen werden damit nicht gerade glücklich, doch läßt ihr Zustand in der Regel keine Alternative zu.

Aktive Teilnahme am Verkehr: der Führerschein

Der Anteil der Führerscheinbesitzer über 65 Jahren wächst kontinuierlich. Ein Großteil fährt weiterhin Auto, obgleich das Unfallrisiko mit wachsendem Alter und zunehmender Demenz steigt. Demenz, das heißt nun einmal schwindendes Gedächtnis, reduzierter Antrieb, beeinträchtigte Reaktionsfähigkeit, verringertes Leistungsvermögen, nachlassende Orientierungsfähigkeit, kurz: eine vor allem schleichende Verschlechterung aller wichtigen Wahrnehmungs- und Beurteilungsfaktoren, wobei auch die kritische Selbstkontrolle zu wünschen übrig läßt.

Tatsächlich nimmt die Zahl der Unfälle mit dementen älteren Verkehrsteilnehmern zu (obgleich darüber keine konkrete Unfallstatistik existiert), geringfügig zwar, aber offensichtlich kontinuierlich. Beispiele: falsches Abbiegen oder Einfädeln, nicht zuletzt auf der Autobahn (Geisterfahrer), kleine Rempler bei Parkmanövern, Kollision mit Zäunen oder Verkehrszeichen, ohne es zu merken usw. Vieles wird zwar ausgeglichen durch die vorsichtigere und weniger aggressive Fahrweise älterer Verkehrsteilnehmer, zumal sie insgesamt auch weniger unterwegs sind als in jüngeren Jahren. Trotzdem können die Folgen sehr unangenehm sein, von der Gefahr für Menschen, Tiere und Sachen ganz zu schweigen.

Spricht man den Patienten auf den Führerschein an, reagiert er entweder betroffen, resigniert oder niedergeschlagen, noch häufiger aber gekränkt („Bevormundung", „Degradierung") und wird vor allem das in der Tat wichtige Argument bemühen, so lange wie möglich mobil bleiben zu wollen. Trotzdem wird irgendwann einmal die Entscheidung unumgänglich. Getroffen werden sollte sie am besten von den Angehörigen mit Unterstützung des Hausarztes. Die nun folgenden Auseinandersetzungen sind auf jeden Fall unangenehm und brauchen viel Überwindung, ja Mut. Es ist zwar richtig, daß die meisten und folgenschwersten Unfälle von der jüngeren Generation verursacht werden, es führt aber auch kein Weg an der Mahnung vorbei, sich die letzten Lebensjahre nicht durch einen Unfall mit vielleicht verhängnisvollen Folgen vergällen zu lassen, nur weil man sich nicht rechtzeitig seine nachlassende Leistungsfähigkeit in einem immer komplexer und dichter werdenden Verkehr eingestehen wollte.

Wenn sich die Situation zuspitzt, bleibt schließlich nichts anderes mehr übrig, als die Fahrzeugschlüssel in Sicherheit zu bringen und den Pkw stillzulegen. Der nächste Schritt wäre nämlich eine Meldung bei der Führerscheinstelle des Landratsamtes, und das sollte der Patient nun doch selbst machen. Auf jeden Fall muß man eines bedenken, was nebenbei alle seelischen Störungen mit der gleichen Fragestellung betrifft: Der Führerschein ist mehr als nur eine Fahrerlaubnis. Er ist ein Statussymbol. Und im Falle einer Erkrankung ist er für den Patienten der Beweis von Gesundheit oder, bei Führerscheinverlust, ein Beweis für seine Hinfälligkeit – und damit Ausdruck eines gesellschaftlichen Defizits.

Versicherung, Klärung der Vermögensverhältnisse, Testament

Genauso unangenehm können sich die folgenden Fragen stellen: Noch halbwegs harmlos, weil nachvollziehbar, sind entsprechende *Versicherungsempfehlungen*, in der Regel eine Haftpflichtversicherung, die die meisten aber ohnehin haben. Wenn eine Betreuung besteht (früher Pflegschaft), sollte sich auch der Betreuer durch eine Haftpflichtversicherung vor Schadenersatzforderungen schützen.

Deutlich heikler ist die *Klärung der Vermögensverhältnisse*, vor allem das *Testament*. Das ist schon bei Gesunden eine delikate Angelegenheit, wird es aber noch mehr, wenn der Betroffene offensichtlich nicht mehr im Vollbesitz seiner geistigen Kräfte ist. Trotzdem sollte es so rechtzeitig wie möglich abgefaßt werden, um die ansonsten drohenden Erbstreitigkeiten in Grenzen zu halten. Sonst bleibt letztlich nichts anderes übrig, als von Hausarzt, Psychiater oder Nervenarzt die Testierfähigkeit des Alzheimer-Kranken bescheinigen zu lassen, was dem Notar die Beurkundung erleichtert.

Schwierigkeiten im Alltag

Welches sind nun die konkreten Probleme im Alltag? Nachfolgend eine kurze Übersicht, die sich allerdings nur mit seelischen und psychosozialen Schwierigkeiten befaßt und die – ja nicht ge-

ringen – körperlichen Beeinträchtigungen aus Platzgründen aus-
klammert. Sie finden sich aber ausführlich in allen Informations-
broschüren für Angehörige.

Mangelnde Krankheitseinsicht

Schon bei körperlichen Erkrankungen braucht es manchmal uner-
trägliche Schmerzen oder Funktionseinbußen, um den Betroffenen davon zu überzeugen, daß er krank ist und einen Arzt aufsuchen sollte. Krankheiten ohne diese Begleiterscheinungen sind
deshalb besonders ungünstig, was rechtzeitiges Erkennen und
Handeln anbelangt. Bei seelischen Störungen ist es nicht anders.
Die meisten psychischen Störungen brauchen Monate, bis sie einem Arzt gestanden werden.

Die Alzheimer-Krankheit zeigt dabei noch eine besondere
Komponente. Wie schon auf Seite 65 dargestellt, nehmen die Betroffenen im frühen Krankheitsstadium ihr zunehmendes Lei-
stungsdefizit durchaus bewußt wahr. Das wäre ein Vorteil, doch
die Reaktion ist nicht die Arztkonsultation, sondern lange, viel zu
lange Irritation, Verwunderung, schließlich Beschämung, Angst,
Resignation, Niedergeschlagenheit, manchmal auch Wut bzw.
konkreter: ohnmächtiger Zorn.

Was auf jeden Fall viel zu spät zugegeben wird, sind die eintre-
tenden Fehlleistungen. Erst wenn sich ernstere Einbußen häufen,
denkt man an eine diagnostische Abklärung und entsprechende
Therapievorschläge. Das wäre auch höchste Zeit, denn im mittleren Stadium beginnt das Krankheitsbewußtsein zu verblassen.
Jetzt kann sich der Patient sogar als besonders gesund, vital, dynamisch und erfolgreich einschätzen, obgleich seine Einbußen inzwischen eine kritische (und mitunter zwischenmenschlich und
beruflich) kostspielige Dimension annehmen. Die Ursache ist
nachvollziehbar: Das Selbstgefühl des Demenz-Kranken speist
sich weniger aus der Gegenwart, es orientiert sich – wie die Erinnerungen – an zurückliegenden und damit an besseren Zeiten. Die
Vergangenheit gewinnt an Bedeutung, und die damaligen Fähigkeiten und Erfolge werden in die Gegenwart übertragen. Das hat
wahrscheinlich eine biologische Ursache, aber auch einen psychologischen Sinn. Man kann es als den Versuch sehen, sich vor dem
quälenden Bewußtsein wachsender Defizite zu bewahren.

Deshalb sollte man den Alzheimer-Kranken nicht ständig mit seinen Mängeln konfrontieren, jedenfalls nicht unnötig oft und lang. Die Einsicht in seine Krankheit und ihre Folgen haben nämlich kaum fruchtbare Konsequenzen. Nur wer Überblick und Einsicht hat, kann auch danach handeln. Der Alzheimer-Patient hat sie nicht, weshalb er die Situation auch nicht zu bessern vermag. So kann es für alle Beteiligten sinnvoller sein, das positive Selbstbild des Patienten, so falsch, ja sogar lächerlich es manchmal sein mag, als einen Selbstschutz, eine wichtige Lebenshilfe zu verstehen.

Manchmal hat man auch den Eindruck, daß die Patienten weniger ausgeprägt in ihrer illusionären Vergangenheit leben (und danach handeln), wenn sie das Gefühl haben, wenigstens in einem bestimmten Rahmen noch gebraucht zu werden. Daraus folgt: Den Krankheitsverlauf kann man nicht ändern, das Selbstwertgefühl aber sehr wohl durch kleine, überschaubare und vor allem leistbare Aufgaben so anheben, daß nicht nur die Phantasie an vergangene Zeiten bemüht werden muß, um den tristen Alltag etwas zu übertünchen.

Eigenständigkeit

Eigenständigkeit ist ein Begriff, den man eigentlich erst so richtig begreift, wenn man diese Fähigkeit zu verlieren beginnt. Der nächste Schritt ist die Entmündigung auf allen Ebenen. Und dann beginnt ein Leben, das man eigentlich nicht mehr als solches bezeichnen kann, selbst wenn die Rahmenbedingungen optimal sein sollten. Die Eigenständigkeit zu bewahren, so lange es geht, ist deshalb eine elementare Voraussetzung für alle Lebensbereiche. Dies ist schwierig im Detail, aber einfach im Grundsatz, der da lautet:

> Dem Kranken die täglichen Aufgaben soweit wie irgend möglich *nicht* abnehmen, sondern bei der Bewältigung zu helfen versuchen. Nur dadurch bleibt seine Eigenständigkeit erhalten.

Das heißt: Möglichst nicht korrigieren oder verbessern, auch wenn man sein Handeln für erfolglos, unsinnig oder falsch hält (sofern keine Gefahr droht). Wird der Kranke dauernd gemaßregelt oder fühlt sich so behandelt, so wird er – weil er das alles nicht mehr verstehen kann – mit Erstaunen, Unmut, Angst oder Wut reagieren. Die Situation eskaliert.

Dagegen wird es ihm helfen, wenn man ihn lobt und echte Freude daran zeigt, daß er aktiv und eigenständig bleiben will. Das heißt: zuerst loben, später unter günstigeren Bedingungen eventuell korrigieren. Die Freude am Lob ist ein wichtiges Lebenselexier. Lernfähig wird er dagegen kaum mehr sein, selbst wenn man dies durch ständige Korrekturen im Auge haben sollte.

Im fortgeschrittenen Stadium wird sich der Patient schließlich wie ein Kind verhalten, allerdings ohne dessen Lernfähigkeit. Der Unterschied zu den Jüngsten aber ist ein ganz wesentlicher: Der alte Mensch hat, wie nicht anders zu erwarten, das Selbstgefühl eines Erwachsenen. Und das auf der Basis einer Lebengeschichte, die mehr als ein halbes Jahrhundert umfaßt und durch ein intaktes Altgedächtnis zumindest für die ersten Jahrzehnte durchaus noch gegenwärtig ist. Dies gilt es zu beachten, wenn man diese Patienten nicht in Scham, Resignation, Empörung oder Zorn treiben oder noch kürzer: wenn man ihre Würde erhalten will.

Das erschwerte Miteinander

Die wichtigsten Symptome der Alzheimerschen Krankheit wurden bereits aufgeführt. Das liest sich leicht – und lebt sich mühsam. So hört man von geistigen Leistungseinbußen, vor allem Störungen von Gedächtnis, Denken und Sprache, was sich vielleicht noch am ehesten ertragen läßt. Noch zermürbender sind bisher ungewohnte Veränderungen des Verhaltens, die das Zusammenleben unendlich erschweren. Denn Argwohn, Mißtrauen, Niedergeschlagenheit, Unsicherheit, Minderwertigkeitsgefühle, schließlich Unruhe, Reizbarkeit, Aggressivität, am Schluß Schlafstörungen mit nächtlichem Umhergeistern, Sinnestäuschungen und wahnhaften Reaktionen, das alles will ertragen sein, Tag für Tag, Nacht für Nacht, für viele Angehörige ohne entlastende Pausen.

Mißstimmung, Reizbarkeit, Aggressivität

Wenn sich manche betreuende Familienmitglieder fragen, warum der Kranke ausgerechnet ihnen gegenüber so gereizt oder gar aggressiv reagiert, und zwar ohne ersichtlichen Grund, obwohl sie sich doch so bemühen, dann ist die Antwort einfach: Sie sind der Nächste. Es trifft meist den engsten Angehörigen, der es zudem am wenigsten verdient hat, zumal er sich am stärksten engagiert. Und der ist dann natürlich besonders bestürzt, frustriert, gekränkt oder wütend. Deshalb muß man sich vor Augen halten:

Die meisten dieser unangenehmen Emotionen oder überschießenden Affekthandlungen resultieren aus einem Konflikt zwischen dem, was der Patient überblicken kann, und den realen Verhältnissen, die er einfach nicht mehr zu erfassen vermag. Er ist also dauernd überfordert, irritiert oder bedrängt von Situationen, die nur den anderen alltäglich erscheinen. Oder er fühlt sich durch irgendeine Bemerkung, Handlung oder Situation bevormundet, gedemütigt, beeinträchtigt – und setzt sich zur Wehr. An Auslösern mangelt es nicht: Wecken, An- und Auskleiden, Bad, Toilette, Essen, Trinken, Spaziergänge, Besuche, Fernsehen usw.

Manchmal fühlt sich der Kranke in eine frühere Zeit zurückversetzt und reagiert fassungslos, traurig oder zornig, wenn man ihn korrigieren muß. Problematisch ist auch die Reizüberflutung, die junge Menschen am besten, Erwachsene schon nicht mehr so leicht, Ältere am wenigsten tolerieren: Licht, Gerüche, vor allem aber Geräusche, was zu überschießenden Reaktionen führen kann, bis hin zu plötzlicher (Angst-)Aggressivität. Auch ständige Anweisungen und Forderungen, selbst nur notwendige Erklärungen bringen sie rasch an den Rand ihrer Leistungsfähigkeit. Was sollte man hierzu wissen, was gilt es zu tun?

Als erstes sollte man – so gut es geht, da muß man realistisch bleiben – nicht betroffen, frustriert, gekränkt, resigniert oder wütend reagieren. Denn die unverständliche Wesensart des Patienten richtet sich nicht gegen diesen oder jenen, auch wenn es so aussieht, sondern ist die generelle Folge von Verunsicherung, Hilflosigkeit und damit Deprimiertheit, Resignation, ohnmächtigem Zorn oder ängstlich-aggressiven Reaktionen.

Hinter allem steckt viel mehr Verzweiflung, als der Ausbruch ahnen läßt. Der Patient ist nicht nur der Schwächere (auch wenn er sich bisweilen tyrannisch aufführt), er ist sogar verloren, wenn sein Betreuer ihn nicht mehr umsorgen will oder kann. Das ahnt selbst ein Alzheimer-Kranker, was seine Situation noch verschärft. Natürlich muß man für ein Mindestmaß an Dialog, Korrektur und auch Konsequenz sorgen, aber ständige Vorhaltungen führen zu nichts. Der Patient vergißt ja alles schnell und versteht schon kurz danach nicht mehr, warum sich die anderen so verdrossen verhalten. Da ist es besser, man versucht ihn abzulenken und verzichtet auf alle Argumente, die zwar stichhaltig sind, aber nichts nützen, weil er es nicht mehr begreifen kann (trotz vielleicht guter Fassade). Ablenken heißt Musik hören oder Fernsehen schauen lassen, im Garten sitzen und ähnliches.

Wenn sich die Aggressionen aber häufen und damit die Atmosphäre langsam vergiften, soll man nicht auf medikamentöse Hilfe verzichten. Es sind vor allem die beruhigenden, angstlösenden und sogar ein wenig stimmungsstabilisierenden Tranquilizer vom Typ der Benzodiazepine, die – am besten in Tropfenform und damit niedrigster Dosierungsmöglichkeit – für eine Entspannung sorgen – chemisch zwar, aber allseits entlastend. Benzodiazepin-Tranquilizer wirken nicht zuletzt anti-aggressiv. Und wenn man sie entsprechend niedrig dosiert, wird der Patient auch nicht völlig „zugemacht" oder „abgeschottet", wie die ansonsten nicht ganz unbegründeten Vorwürfe gegenüber diesen Medikamenten lauten.

Und sollte dem einen oder anderen Angehörigen einmal der Kragen platzen, dann ist es besser, man führt diese sicher begründeten Gefühlsaufwallungen außerhalb der Wohnung ab, sei es durch einen Spaziergang, eine Radtour, den Besuch bei guten Freunden usw.

Körperliche Aktivität ist hier am hilfreichsten, weil sie seelisch *und* körperlich entkrampft und entlastet. Wenn man zurückkommt, stellt man dann meist fest, daß der Patient schon alles wieder vergessen hat, womit eine Szene zu Hause noch sinnloser gewesen wäre. Dafür kann man dann gezielter herauszufinden suchen, was seinen Zorn provoziert hat: Wurden Gefühle von Scham, Ehre oder Stolz verletzt? Fühlte er sich überfordert und damit gereizt-hilflos? War die Situation zu komplex für ihn, so daß er nur noch in unkontrollierbare Gefühlsreaktionen ausbrechen konnte?

Verständigungsprobleme?

Unsere zwischenmenschlichen Kontakte laufen auf verschiedenen Ebenen ab. Das wichtigste ist zum einen unser Sprachverständnis (was sagt und meint der andere), zum anderen unser sprachliches Ausdrucksvermögen. Beides leidet im Rahmen einer Alzheimer-Krankheit immer stärker. Die Folge sind Verständigungsprobleme.

Im frühen Stadium sind es „lediglich" kleine Äußerlichkeiten: Die Sprache wird ungenauer und umständlicher. Manchmal findet man nicht mehr die treffenden Wörter. Am Anfang kann man diesen Mangel noch umschreiben („Na, das Dingsda"), später läßt auch das nach. Besonders zu Beginn sind solche Sprachschwierigkeiten natürlich peinlich. Die Folge: Der Patient zieht sich zurück, vor allem wenn er sich außerhalb der eigenen vier Wände befindet. In der Familie weiß man ohnehin noch lange, was der Kranke selbst im fortgeschrittenen Stadium eigentlich aussagen will; man ist auch non-verbal aufeinander gut eingestellt.

Was man aber nicht tun sollte, wie bei anderen Aktivitäten auch: sofort einspringen, wenn einmal das richtige Wort fehlt. Zum einen wäre dies natürlich die schmerzliche Bestätigung der Unfähigkeit. Zum anderen pflegt sich der Patient an diese Hilfestellung zu gewöhnen und verliert durch mangelndes Training immer mehr an Kondition, wie im Sport. Dafür soll man im Umgang mit Alzheimer-Kranken die alte Erkenntnis nutzen, daß nur etwa die Hälfte der Mitteilungen rein sprachlicher Natur sind, der Rest dagegen durch Mimik, Gestik und die Körpersprache vermittelt wird. Also muß man immer stärker diese nicht-sprachlichen Formen nutzen, was auch den anderen Sinnesfunktionen zugute kommt. Im übrigen gilt es wieder die bekannten Erfahrungen zu beherzigen:

> Deutlich und langsam sprechen, einfache und kurze Sätze bilden, keine Schachtelsätze und komplizierte Wendungen, nicht zuviel Informationen auf einmal, Mimik, Gestik und Körpersprache nutzen.

Das ist vor allem im Anfangsstadium wichtig, im fortgeschrittenen Krankenverlauf reicht auch das vielleicht schon nicht mehr. Jetzt drohen Wortverdrehungen, falscher Satzbau, unvollständige Sätze, d.h. vermehrte Unverständlichkeit. Die Konsequenz: nicht-sprachliche Formen forcieren (s.o.). Jetzt kann es sogar notwendig werden, die nicht (mehr) korrekt ausdrückbaren Äußerungen oder Wünsche mit wenigen eigenen Wörtern zu rekapitulieren. Damit kann man dem Betroffenen gezielt helfen, seine Wünsche zu kontrollieren und ggf. zu korrigieren, was ihn bewegt. Im Endstadium verliert die Sprache dann aber ihre verbindende Kraft. Allerdings – und das soll man nie vergessen – bleibt der Patient nach wie vor für Gefühlsäußerungen empfänglich. Zwar kann er sich nicht mehr korrekt ausdrücken, ist aber deshalb noch lange keine „leere Gemüts-Hülse", im Gegenteil. Sprachlich gleichsam abgeschnitten zu sein und schließlich am Schluß aus Scham und Resignation zu verstummen, ist eine schwere Bürde, zumal man auch diesen Kummer nicht adäquat äußern kann.

Im fortgeschrittenen Stadium sollte man noch auf folgendes achten: störende Hintergrundgeräusche (Radio, Fernseher, Gespräche, Straßenlärm usw.) ausschalten, Fenster oder Türen schließen, sich noch einfacher ausdrücken als zuvor und sich trotz aller Verständigungsprobleme immer vor Augen halten, daß es kein Kind ist, mit dem man spricht. Insbesondere sollte man nicht in Gegenwart von Dritten so tun, als wäre der Betroffene gar nicht vorhanden (wie das ja mit Kindern gerne gemacht wird, woran man sich später als Erwachsener bestenfalls mit Befremden erinnert).

Schlafstörungen

Schlafstörungen nehmen mit dem Alter zu. Mindestens die Hälfte, wahrscheinlich zwei Drittel aller Senioren klagen auf direktes Befragen über Ein- und vor allem Durchschlafstörungen bzw. den unbefriedigenden „dünnen" oder „oberflächlichen" Schlaf. Spätestens im mittleren Krankheitsstadium einer Demenz kommt es dazu noch zu Verschiebungen, manchmal zu einer völligen Umkehr des Tag-Nacht-Rhythmus.

Dafür gibt es verschiedene Gründe. Zum einen ist es die sogenannte „innere Uhr", die sich verschoben hat (wie z.B. auch bei Depressionen und manischen Zuständen), zum anderen der Verlust der „äußeren Zeitgeber". Das sind nichts anderes als die natürlichen, alltäglichen Hinweise, Regeln, Gewohnheiten und sogar Belastungen, die einen an die Tages- und nahende Nachtzeit erinnern: Glockenschlag, Armbanduhr, Tageslicht, zeitgebundene Aktivitäten wie Frühstück, Mittag- und Abendessen, Spaziergänge, Einkaufen usw. (der wichtige Rahmen des Berufsalltags ist ja schon entfallen). Während einer Demenz gilt: Tagsüber ist der Patient oft dösig, nachts nicht selten wach, bisweilen sogar hellwach, was dann dazu führt, daß er in der Wohnung „herumgeistert" oder im Kühlschrank nach etwas Eßbarem sucht. Auf was soll man achten?

Tagesablauf strukturieren, Leistungsermüdung (täglicher „Gesundmarsch") in Gang halten, geistige Aktivierung (Besuch, Lesen, Radio, Fernsehen) und zwischenmenschliche Kontakte fördern (Einsamkeit), auf ausreichende Trinkmenge achten, mehrfache Nickerchen am Tag berücksichtigen (führt mit dem manchmal als unzureichend empfundenen Nachtschlaf zu mehr Gesamt-Schlafzeit als früher!), Kreislauf stabilisieren (ggf. die berühmte Tasse Kaffee vor dem Schlafengehen?) usw.

Innere Unruhe

Viele Alzheimer-Patienten gehen rastlos auf und ab, rütteln an den Türklinken, wandern von Zimmer zu Zimmer, verirren sich in den Gängen, versuchen die Wohnung oder Krankenstation zu verlassen usw. Die Ursachen sind mehrschichtig: Zum einen ist die innere Unruhe ein Teil der krankhaften Getriebenheit, zum anderen Ausdruck der Orientierungslosigkeit, und zwar nicht nur durch die beeinträchtigten Sinnesorgane, sondern auch durch die seelische, geistige und körperliche Desorientierung. Schließlich sind den Alzheimer-Patienten auch zielgerichtete Handlungsabläufe nicht mehr möglich. Da aber der Impuls, noch irgend etwas zu tun, weiter umtreibt, kommt es zu der bekannten ziellosen Unruhe.

Manche Wiederholungen sind auch den Gedächtnisstörungen anzulasten. Wenn man nach wenigen Minuten vergessen mußte, was man gerade zuvor gemacht hat, dann ist die – lediglich nach außen sinnlose – Wiederholung unumgänglich. Natürlich kann das auch Ausdruck einer Unterbeschäftigung sein. Deshalb gilt es möglichst früh herauszufinden, ob eine vermehrte Beschäftigung solche Unruhe-Zustände zu reduzieren vermag. Das hat natürlich seine Grenzen, weshalb man den Patienten am besten in die ohnehin gewohnten Alltagabläufe einbinden sollte. Das gleiche gilt für eine kontinuierliche Ablenkung. Günstig sind auf jeden Fall ausgedehnte Spaziergänge, weil sie zu einer natürlichen Ermüdung führen und die innere Unruhe oder gar Getriebenheit auf direktem Wege abführen.

Orientierungsstörungen

Orientierungsstörungen hinsichtlich Zeit, Ort und schließlich sogar im Blick auf die eigene Person sind – je nach Krankheitsstadium – die Regel. Das ist vor allem für *Störungen der örtlichen Orientierung* ein anfangs peinliches, später deprimierendes Phänomen. Meist fällt es zuerst in unvertrauter Umgebung auf, d. h. auf Reisen, im Hotel, selbst am alten Urlaubsort: Stadtviertel, Straßen, Gebäude, schließlich Hotel, Stockwerke, Zimmer. Später häuft sich dies auch in vertrauter Umgebung, schließlich am Wohnort, zuletzt sogar in den eigenen vier Wänden. Was kann man tun?

Im Vorfeld der Orientierungsstörung gilt es allseits selbstkritisch zu fragen: Sind Geschäfts- oder Urlaubsreisen, Kuraufenthalte oder sonstige Fahrten zu Verwandten allein noch sinnvoll bzw. verantwortbar? Können Sinn oder Genuß durch solch ängstigende, erschütternde, ratlos machende oder auch einmal folgenschwere Desorientierungen nicht ins Gegenteil verkehrt werden? Natürlich soll man trainieren, so lange und so gut es geht. Aber Training mit Absicherung ist nach einiger Zeit sinnvoller als allzu unkritisches oder selbstherrliches Vorgehen. Ansonsten gilt es sich so viele Orientierungsstützen zu schaffen, wie irgend möglich: Fixpunkte, die man sich nachhaltig einzuprägen versucht, notfalls schriftlich. Und sich nicht schämen, soviel wie möglich zu fragen. Schriftliche Informationshilfen sind nützlich, vor allem aber zeitliche Reserven und – das läßt sich ebenfalls trainieren – Gelassenheit und eine Prise Humor, selbst wenn es schwerfällt.

Und wenn die Lage immer dramatischer wird? Dann müssen die Angehörigen planen, organisieren und absichern helfen: deutlich lesbare Schilder an den Türen zu Schlafzimmer und Toilette; nachts eine Notbeleuchtung, noch besser ein Bewegungsmelder, der das Licht automatisch einschaltet. Für hilflose Reaktionen außerhalb der Wohnung empfehlen sich die berühmten zahlreichen Zettel oder eingenähten Schilder mit Namen, Adresse, Telefonnummer usw. Das gleiche Ziel erreichen ein präpariertes Armband oder eine Kette mit den wichtigsten Angaben. Notfalls muß man bestimmte Türen, insbesondere die Haustüre – möglichst unbemerkt – so sichern, daß der Patient sie nicht mehr alleine öffnen und damit das Haus verlassen kann.

Auch kann es nicht schaden, die Nachbarn dezent zu informieren. Glücklicherweise ist gerade die Demenz und insbesondere „die Alzheimer-Krankheit" ein inzwischen so bekanntes Phänomen, daß man sich manche Details sparen kann. Dabei ist die Bemerkung, daß der Patient weder verrückt noch gefährlich ist, zwar entbehrlich, aber über die gelegentliche und harmlose Verwirrtheitszustände sollte man wenigstens die engsten Mitbewohner so ausreichend informieren, daß sie sich im Bedarfsfalle auch zu helfen getrauen. Vage Andeutungen oder gar nichts zu äußern, später aber vorwurfsvoll zu reagieren, pflegt die Atmosphäre nur zu trüben – und zwar vor allem zu Lasten des Patienten.

Wenn der Kranke schließlich aus der Wohnung drängt oder bereits unterwegs ist, so gilt es möglichst flexibel zu bleiben. Nie sollte man ihn sofort zurückzerren, sondern den Weg, den er einschlagen will, erst einmal eine Weile mitgehen, um ihn dann nach und nach wieder um- und schließlich nach Hause zurückzulenken. Dabei kann es für alle Beteiligten sinnvoll sein, diesen Ausflug nicht vorwurfsvoll und schimpfend, sondern als Trainingsstrecke zu nutzen, d. h., auf wichtige Fixpunkte zu verweisen, anhand derer die Rückkehr vielleicht sogar alleine möglich werden könnte.

Leben in der Vergangenheit

Neues aufzunehmen, zu speichern und zu behandeln, wird im Alter immer schwieriger. Dafür pflegt man sich erstaunlich klar an frühere Zeiten zu erinnern: Namen, Sachen, Ereignisse usw. Dasselbe gilt für den Alzheimer-Kranken, wenn auch ggf. in grotesker Form. Denn der erinnert sich nämlich nicht nur an alte Zeiten, er kann auch darin zu leben beginnen. Da natürlich nichts mehr ist, wie es war (selbst in der Wohnung seiner Eltern, die von ihm vielleicht nie verlassen wurde), ist der Betroffene ständig auf der Suche: Nach früheren Einrichtungen, Ausblicken, Personen, z.B. Großeltern, Eltern oder Geschwistern. Man sucht die alten Ablagen, den früheren Arbeitsplatz (in der Küche, im Hobbykeller), vielleicht will man sogar an seine alte Arbeitsstelle zurück –

kurz: So mancher Alzheimer-Kranke lebt inzwischen mehr in seiner eigenen Welt als in seiner realen Umgebung. Und wenn es die meisten seiner Mitmenschen auch wissen, begreifen und tolerieren, so ist es doch mitunter schwer, diese beiden Welten in Einklang zu bringen. Vor allem weil der Patient seinen Standpunkt nicht aufgibt bzw. nicht aufzugeben vermag.

Deshalb sollte man diese krankhafte Sichtweise akzeptieren lernen; wer sie zu korrigieren versucht, selbst sanft, schafft meist nur zusätzliche Verwirrung. Und wenn es Schwierigkeiten gibt, dann ist eben Phantasie gefragt. Dann muß man Ausreden suchen, die auch im Alltag Geltung haben: „Heute mußt Du doch erst später zur Arbeit gehen" oder: „Heute ist doch gar kein Arbeitstag, erst morgen wieder". Damit macht man den Kranken nicht lächerlich, vielmehr handelt es sich um eine sinnvolle Ablenkungsstrategie, denn danach folgt ja ohnehin wieder das rasche Vergessen. Wer hier anderer Meinung ist oder gar ein unwürdiges Verhalten unterstellt, der soll eine bessere Lösung vorschlagen (aber nur, wenn er über eigene Erfahrungen verfügt). Überhaupt ist und bleibt es wichtig, den Patienten nicht zu blockieren, sondern ab- oder umzulenken. Das erleichtert die Betreuung und trainiert den Patienten.

Das ständige Suchen

„Wer sein Gedächtnis verliert", ist stets auf der Suche nach etwas. Außerdem gewinnen im höheren Alter – auch ohne Alzheimer-Krankheit – die unmittelbaren Dinge des Lebens eine besondere Bedeutung. Sie sind entweder Besitz, Hilfe, Tradition oder Gewohnheit, sie gehören eben einfach dazu. Und wenn sie nicht mehr auffindbar sind, dann drohen Unruhe bis zur Panik. Dazu gehören Brille, Stock, Geldbeutel, Brieftasche, Schlüssel, Photos, Schriftstücke usw. Ihnen allen kommt ein viel größere Bedeutung zu als bei Gesunden (die sich beim Verlust von Brieftasche, Schlüssel oder Geldbeutel auch nicht gerade wohlfühlen). Außerdem vergewissern sich die Patienten durch dauerndes Herumkramen in ihren Taschen, daß sie noch alles bei sich haben. Manchmal aber verlegen sie es, finden es nicht wieder, geraten in Aufregung, oder – eine weitere und sehr unangenehme Variante – sie beschuldigen andere, diese Gegenstände entwendet zu haben.

So etwas vergiftet sehr rasch die Atmosphäre, manchmal dauerhaft. Ein solcher Vorwurf trifft tief, selbst wenn man über die Hintergründe Bescheid weiß. Und wenn man nach dem soundsovielten Male nicht mehr reagiert, dann kann die Situation schon deshalb eskalieren, weil sich der Patient nicht nur bestohlen, sondern auch noch nicht respektiert, ja lächerlich gemacht fühlt. Was muß man tun?

Das Grundbedürfnis jedes Menschen ist ein ausreichender Überblick über seine jeweilige Situation, d.h. Sicherheit. Diesem Grundbedürfnis dient die ständige Suche nach Absicherung. Natürlich ist es leichter, im Vollbesitz seiner Kräfte gelassen zu bleiben, weil man alles mit einem Blick übersieht und damit im Griff hat. Beim Alzheimer-Kranken ist das anders, geblieben ist ihm nur das ständige Suchen. Und das kann durchaus eine sinnvolle Beschäftigung sein, denn wenn man findet, was man gesucht hat, ist man zumindest für kurze Zeit wieder zufrieden.

Diesem Trainingseffekt entspricht auch der Rat, die verlegten Gegenstände nicht selbst zu finden und möglichst noch ungehalten auf den Tisch zu knallen, sondern den Patienten finden zu lassen. Das ist leicht zu arrangieren und stärkt sein Selbstvertrauen, ansonsten bestätigt es sein Mißtrauen, nämlich erst unter Protest seinen Besitz wieder zurückbekommen zu haben. Auch sollte man niemals mit dem Betroffenen streiten, denn er sieht alles – krankheitsbedingt – anders als man selbst. Besser, man lenkt ihn ab. Handelt es sich allerdings um wichtige Gegenstände, vor allem Dokumente, dann sollte man sie an einem sicheren Ort aufbewahren. Nicht verändern sollte man dagegen jene Bezugspunkte, auf die der Patient angewiesen ist: Vertrautes muß vertraut bleiben.

Ganz wichtig ist: sich nie persönlich angegriffen zu fühlen, wenn man des Diebstahls oder sonstiger ungereimter Anklagen beschuldigt wird. Der Patient macht es nicht in böser Absicht, obgleich dies durchaus manchmal so erscheinen mag; er ist verwirrt, ratlos, hilflos und verzweifelt. Er hat aus seinem Blickwinkel keine andere Wahl, selbst wenn er furchtsam ahnt, daß er sich mit einem solchen Vorwurf unmöglich macht oder um Sympathie und Unterstützung bringt.

Sexuelles Verhalten

Die Sexualität ist ein komplexer Bereich im Leben der Menschen, in dem vor allem – auch heute noch – mehr verschwiegen als ausdiskutiert wird. Das geht schon unter Gesunden so, das wird im höheren Lebensalter nicht besser, besonders im Falle einer Alzheimer-Erkrankung, und kann die Beziehung zweier Menschen völlig auf den Kopf stellen. Manche Partner empfinden deshalb schon im Vorfeld einer Demenz den Wunsch nach sexuellem Kontakt als unpassend, wenn nicht gar als belastend. Viele machen sich deshalb auch Vorwürfe, doch das sollten sie nicht. Es ist schon schwer, den Alltag gemeinsam zu gestalten, um so mehr gilt dies für den sexuellen Kontakt.

Etwas hilfreich ist vielleicht die Erkenntnis, daß in diesem eventuell befremdlichen sexuellen Verlangen auch der Wunsch nach Nähe, Geborgenheit, Beieinander- und Angenommensein steckt. Dies kann man auf jeden Fall erfüllen, vielleicht ergibt sich daraus später wieder ein halbwegs normales sexuelles Erleben. Das pflegt sich dann im fortgeschrittenen Stadium allerdings zu ändern. So kommt es nicht selten zu einer Enthemmung sexueller Wünsche. Das kann sich beispielsweise in einem unangemessen freizügigen oder gar fordernden sexuellen Verhalten äußern, und zwar sowohl dem Partner als auch weiteren Personen gegenüber (sonstige Angehörige, Freunde, Nachbarn, ja sogar Fremde). Hier muß man sich dann mit seinem Arzt besprechen.

Ansonsten gilt: Getrennte Zimmer können zwar hilfreich sein, doch sollte man die emotionalen Zuwendungsbedürfnisse nicht brüsk ablehnen, sondern – wiederum – ablenken. Und vieles kann man dadurch mildern, daß man die Zärtlichkeit in den Vordergrund stellt, also Umarmungen, Streicheln, Massage, Hand-Halten, sanfte Bemerkungen etc. Die Sexualität allerdings, das sei nicht verschwiegen, kann durchaus ein belastender Prüfstein in der Partnerschaft mit einem Alzheimer-Kranken werden. Hier muß man gegebenenfalls versuchen, Zuwendung und Distanz in einem tragbaren Gleichgewicht zu halten, und sich seelisch dadurch stabilisieren, daß man die Sexualität nicht überbewertet, sondern als *einen* normalen Aspekt des menschlichen Miteinanders betrachtet, der im Rahmen eines hirnorganischen Abbaus seine eigenen Symptome entwickelt.

Niedergeschlagenheit

Traurig, resigniert, niedergeschlagen, das muß noch keine Depression von Krankheitswert sein. Sie können aber die Lebensqualität erheblich beeinträchtigen, mut- und ratlos, ja hoffnungslos und hilflos machen. Dies gilt vor allem im höheren Lebensalter und im Rahmen einer Demenz im besonderen. Man sagt: Mindestens ein Drittel aller Alzheimer-Patienten leiden unter dieser „Herabstimmung" bis hin zu Lebensüberdruß und Todeswünschen. Das ist im frühen und mittleren Krankheitsstadium besonders ausgeprägt, weil der Betroffene dort die Einbußen am stärksten empfindet.

Die Gründe hierfür sind naheliegend. Fast alles, was das Leben lebenswert macht, insbesondere ein Bestätigung darstellt, beginnt „wegzubrechen": der Erfolg im Beruf, die Anerkennung in der Familie, vielleicht sogar die Familie selbst, die kleinen Bestätigungen im Alltag usw. Statt dessen häufen sich Unfähigkeit, Behinderung, Peinlichkeiten, Beeinträchtigungen und Mißerfolge. Ist die Niedergeschlagenheit durch Enttäuschungen oder durch eine Überforderung ausgelöst, dann ist sie von kurzer Dauer. Pflegt sie jedoch länger anzuhalten und selbst durch erfreuliche Ereignisse nicht mehr aufhellbar zu sein, dann muß man an eine beginnende Depression denken. Was ist zu tun?

Als erstes muß man sich um Verständnis bemühen, d. h., man halte sich einfach diese deprimierende Entwicklung vor Augen: schwindende geistige und körperliche Kräfte, Rückgang der Kontakte, ständig konfrontiert mit Einbußen, Unfähigkeit und Mißerfolgen, d. h. ein Scheitern von morgens bis abends. Hat die Reaktion darauf noch kein krankhaftes Ausmaß angenommen, kann man noch manches erreichen, in dem man auch kleine Fortschritte registriert und immer wieder die Erfolge herausstreicht und lobend erwähnt, kurz: eine bestätigende Erlebniswelt fördert. Dann ist der Patient auch nicht auf Abwehr und Verleugnung angewiesen, die ja nur dazu da sind, ein im Grunde bereits brüchiges Selbstbild zu stabilisieren.

So ist es günstig, nach bestimmten Enttäuschungen, negativen Situationen oder Nachrichten, Überforderungen oder anderen Gründen der Niedergeschlagenheit zu suchen – und diese möglichst zukünftig zu umgehen. Glücklicherweise ist die gedrückte

Stimmung, im Gegensatz zur Depression, ein relativ überschaubares Phänomen, das darüber hinaus auch noch von der augenblicklichen Lage abhängt. Sie pflegt also nicht länger nachzuwirken und ist vor allem durch freudige Ereignisse korrigierbar. Beginnt die Niedergeschlagenheit aber düstere Ausmaße anzunehmen und hält über mehrere Wochen an, dann sollte man unbedingt einen Arzt konsultieren. Altersdepressionen im allgemeinen und sogenannte organische Depressionen, ausgelöst durch eine direkte Belastung des zentralen Nervensystems, wie es die Alzheimer-Krankheit darstellt, können langwierig, für die Angehörigen mühselig und für den Betroffenen quälend werden. Hier pflegt eine rasche medikamentöse Behandlung das Leidensbild zu mildern und gegebenenfalls abzukürzen.

Halluzinationen oder wirklichkeitsfremde Überzeugungen?

Ein Wahn ist die krankhafte Fehlbeurteilung der Wirklichkeit. Halluzinationen sind Sinnestäuschungen oder Trugwahrnehmungen, d. h., man sieht, hört, schmeckt, riecht oder fühlt Dinge, die nicht objektivierbar sind. Wahn und Sinnestäuschungen sind in jedem Lebensalter und durch verschiedene Ursachen möglich (z. B. Schizophrenie, bestimmte Rauschdrogen, Kopfverletzungen, Hirntumoren u. a.). Auch im höheren Lebensalter ist das nicht selten. Handelt es sich jedoch um grenzwertige Phänomene, die auch andere Ursachen haben können, so nennt man sie am besten *wirklichkeitsferne Überzeugungen*, ein neutraler und durchaus passender Begriff.

Um was handelt es sich dabei? Vor allem um die eingeschränkte Fähigkeit, komplizierte Situationen überblicken und das herabgesetzte Vermögen, daraus logische Schlußfolgerungen ziehen zu können, was bisweilen zu wirklichkeitsfernen Vermutungen oder Überzeugungen führt. Das häufigste Beispiel ist die Verdächtigung, bestohlen worden zu sein, selbst von den engsten Angehörigen. Noch unfaßbarer ist die ängstliche, ja zornige Überzeugung, die Angehörigen, Nachbarn oder Freunde seien fremde Personen, die sich nur verkleidet hätten, um in die Wohnung einzudringen. Auch die Verwechslung von Personen im Fernsehen mit tatsächlich anwesenden Menschen oder die Befürchtung, es seien Diebe in der Wohnung, sind nicht selten. So etwas macht natürlich

Angst und führt zu unkalkulierbaren Reaktionen. Was kann man dagegen tun?

Als erstes muß man es zu verstehen suchen. Dann fallen einem auch Lösungsmöglichkeiten ein. Man wird nachsichtiger, flexibler, vor allem kann man auf eine nachvollziehbare, aber meist nur alles komplizierter machende Taktik verzichten: unnötige Diskussionen, heftige Gegenargumente und ständige Überzeugungsversuche. Der Patient behauptet dies alles ja nicht aus Trotz, Bosheit oder auch nur Freude am Widerspruch, er erlebt es vielmehr hautnah, beunruhigend, ängstigend, ja quälend. Wer solche Reaktionen als Provokation empfindet oder auch nur durch „logische Gegenbeweise" zu lösen versucht, erschwert alles.

Natürlich soll man ein solches Geschehen auch nicht bestätigen, man kann es meist auch gar nicht auf sich beruhen lassen, aber man kann den Patienten ablenken, durch sein Verhalten Sicherheit vermitteln, ihm signalisieren, daß er nichts zu befürchten hat, ihn durch Kontrollgänge oder andere gemeinsame Lösungsversuche wieder beruhigen usw. Vor allem ihm gegenüber nichts unflexibel in Frage stellen, denn sonst schweigt er vielleicht nur betroffen – und ängstigt sich im geheimen. Wichtig ist, ihn erzählen zu lassen, was er sieht und fühlt, selbst in erregtem Zustand. Immerhin versucht der Patient sich selbst halbwegs zu orientieren und damit seinen Beitrag zur inneren und äußeren Stabilität zu leisten.

Wenn sich diese wirklichkeitsfernen Überzeugungen aber immer intensiver, unkorrigierbarer und folgenschwerer ausbreiten, dann nähern sie sich echten Sinnestäuschungen und wahnhaften Reaktionen und sollten durch eine entsprechende medikamentöse Behandlung aufgelöst werden (antipsychotisch wirksame Neuroleptika).

Personenverkennung

Sogenannte Wahnwahrnehmungen und optische Halluzinationen sind eindeutig krankhafte Symptome, wie sie vor allem die Schizophrenie charakterisieren, aber auch wahnhafte Störungen im höheren Lebensalter (Alterspsychose). Die Personenverkennungen im fortgeschrittenen Stadium einer Alzheimer-Krankheit dürfte nicht das gleiche sein, doch gibt es fließende Übergänge. Zumeist sind die Betroffenen nicht in der Lage, selbst vertraute

Gesichter zu erkennen. Die Folgen sind bekannt: Beunruhigung, Irritation, Angst, Mißmut, Reizbarkeit, ja Panik und Erregungszustände. Im harmlosesten Falle wird man mit einem falschen Namen angesprochen, für eine andere Person gehalten, meist Mutter, Vater oder Geschwister sowie andere vertraute, oft längst verstorbene Personen.

Für viele Angehörige ist das eine ungwohnte, ja kränkende, wenn nicht gar schmerzliche Erfahrung. Man kann eben nicht in den Patienten hineinschauen, man sieht nur die vertraute Person und die falsche, wenn nicht „unmögliche" Reaktion. Im Extremfall kann der Patient sogar sein eigenes Spiegelbild nicht mehr erkennen, fürchtet sich davor oder reagiert erregt. Was verlangt das von der Umgebung?

Man muß sich fachlich informieren: Es handelt sich um eine Fehl-Reaktion des zentralen Nervensystems im fortgeschrittenen Krankheitsstadium, das selbst die vertrautesten Situationen nicht mehr zusammenbringt. Die Folgen sind ohnehin immer gleich: Die Betroffenen leben in der Vergangenheit, bekommen die Gegenwart nicht mehr in den Griff – und brauchen damit dreierlei: unsere Verständnis, unsere Geduld, unsere Hilfe.

Deshalb soll man – das sei ständig wiederholt – auch nicht dauernd korrigieren, schon gar nicht ungehalten. Wenn man als Angehöriger, Freund oder Nachbar im Gedächtnis des Patienten seinen Platz tauschen mußte mit einer anderen, längst verstorbenen Person, dann ist das zwar irritierend, aber keine Abwertung. So kann es sinnvoller sein, seine neue Rolle anzunehmen, wenn sich dadurch der Tagesablauf leichter gestalten läßt. Und wenn dem Patienten irgend etwas unnötige Ängste bereitet (z.B. sein Spiegelbild), dann läßt sich auch das technisch regeln (Spiegel entfernen oder abdecken). Grundsätzlich korrigieren, das sei immer wieder betont, läßt sich so etwas natürlich nicht, vor allem nicht auf Dauer. Man muß damit leben lernen. Notfalls helfen auch hier die erwähnten Neuroleptika etwas weiter.

Ausblick

Die Demenz ist eine gefürchtete Krankheit, ähnlich wie die Depression. Tatsächlich sind ihre Heilungsaussichten auch nicht so günstig wie bei der Depression. Sie sind aber auch nicht so schlecht, wie immer ängstlich-resigniert beklagt wird. Es steht durchaus eine eindrucksvolle Reihe von medikamentösen und psychologischen Therapiemöglichkeiten zur Verfügung. Am besten ist offenbar die Kombination mehrerer Verfahren. Den größten Erfolg aber hat man bei rechtzeitigem Beginn einer gezielten Therapie. Und das ist gerade bei der Demenz ein großes Problem: Schon die meisten körperlichen Krankheiten werden nicht rechtzeitig wahrgenommen, es sei denn, sie äußern sich durch drastische Funktions-Einbußen oder Schmerzen. Für die seelischen und geistigen Leiden gilt dies noch ausgeprägter. Es kann Monate, ja Jahre dauern, bis man sich zum ersten Arztbesuch entschließt. Damit ist schon viel Zeit verloren. Denn je früher erkannt, desto schneller und wirkungsvoller behandelt.

Diese unglückselige Entwicklung hängt mit verschiedenen Aspekten zusammen: Zum einen will niemand gern krank sein und leugnet die Warnsymptome, so lange er kann. Zum anderen sind bestimmte Krankheiten nicht nur durch ihr Beschwerdebild, sondern auch durch ein negatives Bild in der Allgemeinheit belastet. Die Demenz gehört dazu, wie schon die nicht gerade zartfühlenden volkstümlichen Begriffe dokumentieren.

Dazu kommen Mißverständnisse und Vorurteile, von „er kann doch, wenn er will" bis zur „Unheilbarkeit". Unnötig lange verdrängen auch die üblichen Standard-Erklärungen für jedes unklare Krankheitsgeschehen den notwendigen Arztkontakt, nämlich „Überforderung", „Überlastung", „Streß", „urlaubsreif" usw. Erst wenn es nach dem soundsovielten Urlaubsaufenthalt nicht viel besser aussieht, entschließt man sich zum Arztbesuch.

Viele Patienten und ihre Angehörigen können die neue Situation auch einfach nicht fassen. So hat man sein ganzes Leben geschuftet und gespart und soll jetzt, wo man sich erstmals etwas gönnen könnte, unheilbar krank, ja geistesschwach werden. Dabei hat man sich noch so viel vorgenommen. Diese Reaktion ist nur allzu verständlich, doch es nützt nichts. Man muß die Realität akzeptieren, kann aber dafür wenigsten den therapeutischen Fortschritt der Medizin in Anspruch nehmen, was Jahrtausende zuvor kein Thema war. Das sollte uns etwas Bescheidenheit und Dankbarkeit lehren, selbst bei einer dementiellen Entwicklung.

Burnout: erschöpft – verbittert – ausgebrannt

Burnout ist in aller Munde, aber deshalb noch lange keine Diagnose – noch nicht. Es ist aber sehr wohl ein beklagenswerter Zustand, der immer häufiger wird und der verhängnisvolle Konsequenzen für den Betroffenen und sein Umfeld hat: für berufliche Aufgabe und Position, für Partnerschaft, Familie und Freundeskreis, nicht zuletzt für die Gesundheit. Burnout könnte zur heimlichen Bedrohung unserer Gesellschaft werden. Es ist nicht falsch, sich darüber zu informieren, gleichgültig, welche Einstellung man derzeit dazu hat.

Unter *Burnout* (engl.: to burn out = ausbrennen) verstand man ursprünglich die negativen Folgen der beruflichen (Über-)Beanspruchung mit gemütsmäßiger Erschöpfung, innerer Distanzierung und schließlich Leistungsabfall. Oder – wie es früher beschrieben wurde – ein „Streßsyndrom der helfenden Berufe" bzw. auf einen kurzen Nenner gebracht: „Die Folgen von schlechten Bedingungen, unter denen viele gute Leute tätig sind."

Inzwischen handelt es sich um ein reichlich komplexes Beschwerde- bzw. Leidensbild, das zwar immer mehr Betroffene belastet, aber nur zögerlich Eingang in Wissenschaft und Lehre und damit in Beratung, Klinik und Praxis findet.

Dabei ist das Phänomen des „Ausgebranntseins" letztlich uralt: Zwei der beliebtesten Belege sind das Alte Testament, das als Beispiel den Propheten Elias anführt, dessen Burnout unter Fachleuten als „Elias-Müdigkeit" bekannt geworden ist, und zum anderen Johann Wolfgang von Goethe, der sein Burnout-Syndrom durch die Italienreise behoben haben soll. Auch in der schöngeistigen Literatur fehlt es nicht an Beispielen. Das bekannteste ist der Senator Thomas Buddenbrook in Thomas Manns Roman „Buddenbrooks". Auch gibt es im deutschen Schrifttum der Sozialpsychologie und Sozialpsychiatrie schon früher Begriffe, die auf ein entsprechendes Beschwerdebild hinweisen. Dazu gehören die „Betriebsneurose" und das „Helfer-Syndrom", die beide klassische Merkmale des „Ausgebranntseins" aufweisen. Oder verwandte Begriffe wie psychophysischer Erschöpfungszustand, chronische nervöse oder melancholische Erschöpfung, die Psychasthenie, die Erschöpfungsdepression usw. Vor allem letztere, die vor zwei bis drei Jahrzehnten noch häufiger diagnostiziert wurde, weist interessante Parallelen auf, wenngleich unter gewandelten psychosozialen Bedingungen.

Pro und contra

Das alles ruft natürlich auch die Kritiker auf den Plan – nicht zu Unrecht. So weisen viele Fachleute unterschiedlicher Disziplinen darauf hin, daß die modisch gefärbten Krankheitsbegriffe in unserer Zeit immer rascher aufeinanderfolgen und sehr schnell eine erstaunliche Anhängerschaft mobilisieren, die sich an jedes neue Leidensbild anzuhängen pflegt. Keiner informiert sich so richtig, aber jeder fühlt sich gleich betroffen. Das war früher die Managerkrankheit, später die Midlife-Crisis und anderes mehr.

Was das Burnout-Syndrom anbelangt, so ist nicht nur die Zahl der Betroffenen, sondern auch die der Symptome ein Grund für die ärztliche Zurückhaltung: Wenn man alles zusammenfaßt, kommt man auf Dutzende von Krankheitszeichen, die auch zu zahlreichen anderen Störungen passen können. Und schließlich beginnt das anfangs so schön einfache und praktikable Beschwerdebild nach und nach auszuufern und wird immer komplizierter, bis hin zur ideologischen Einfärbung. Auch will man inzwischen verschiedene Typen unterschieden wissen:

– Zum einen die *„echten Ausbrenner"*, also die ursprünglich dynamischen und zielstrebigen Männer und Frauen, die an schlechten Bedingungen zugrunde gehen, sich aber letztlich ihren Streß weitgehend selbst verschafft haben, vor allem nicht nein zu sich selbst sagen können und von den Experten deshalb auch als *„Selbstverbrenner"* bezeichnet werden.

– Zum anderen die *„Verschlissenen"*, die wenig durchsetzungsfähig und passiv sind, nicht nein zu anderen sagen können und dann tatsächlich die Opfer äußerer Umstände werden.

– Und schließlich spricht man inzwischen auch von *„Eingerosteten"* oder *„Durchgerosteten"*, die zwar von der positiven Seite der Burnout-Ursachen Nutzen ziehen, in Wirklichkeit aber überhaupt nie „gebrannt", geschweige denn „gelodert" haben. Das sind dann jene „Trittbrettfahrer", die sich nur bequem und kritiklos ein edles Selbstbild zimmern, das ihre Mißerfolge auf andere Menschen oder ungünstige Bedingungen abädt.

So ist es im Augenblick schwer, eine nüchterne Einstellung durchzusetzen. Das beste ist, man nimmt das Beschwerdebild und vor allem seine möglichen Ursachen zur Kenntnis, hält sich fernab von allen theoretischen Disputen und schaut, was man schon im Vorfeld dagegen tun kann. Und das ist auch das Ziel der vorliegenden Ausführungen.

Wer ist am häufigsten betroffen?

Da das Burnout-Syndrom irgendwie mit dem beruflichen Umfeld zusammenzuhängen scheint, drängt sich als erstes die Frage auf: Welche Berufsgruppen sind am häufigsten betroffen? Dabei gilt die schon erwähnte Erkenntnis:

> Angehörige von Berufen, die mit anderen Menschen zu tun haben, insbesondere sogenannte helfende Berufe, scheinen von einem Burnout-Syndrom häufiger betroffen als andere. Das bestätigen zahlreiche Untersuchungen. Und so gibt es auch fast keine Berufsgruppe dieser Art, über die nicht nach und nach entsprechende Studien vorliegen – gleichsam vom Anwalt bis zum Zahnarzt.

Ob berufliche Aufgabe und Position das entscheidende des Burnouts sind, wird inzwischen bezweifelt. Für einige Berufe ist klar, daß man sie als Objekt wissenschaftlicher Studien besonders leicht erreichen kann. Deshalb gibt es zu ihnen auch die meisten Untersuchungen. Zum anderen werden inzwischen auch neue Berufe genannt, die weniger mit anderen Menschen zu tun haben und schon gar nicht zu den „helfenden Berufen" zählen (z. B. Büroangestellte, Fabrikarbeiter, Fluglotsen, Studenten usw.), und schließlich auch Arbeitslose. Außerdem mangelt es an Studien, die nicht nur den Beruf und seine Zwänge, Überforderungen und Frustrationen im Auge haben, sondern auch die andere Seite, nämlich die Betroffenen mit ihrer möglicherweise begrenzten seelischen, körperlichen und psychosozialen Ausgangslage.

Allerdings wird man auch zugeben müssen, daß es zwar in allen Berufen Robustere und Schwächere gibt, einige Berufsanforderungen aber deutlich schwieriger geworden sind. So bezieht sich der größte Teil der bisher vorliegenden Veröffentlichungen vor allem auf helfende und soziale Berufe im engeren Sinne, insbesondere auf Krankenpflegeberufe. Dabei fiel schon früh auf, daß die in der Psychiatrie arbeitenden Krankenschwestern und Krankenpfleger die höchsten Streßwerte zeigten – nicht zuletzt in Abhängigkeit von bestimmten Abteilungen, Stationen oder Arbeitsbereichen. In nicht-psychiatrischen Institutionen scheint die körperliche Belastung, in psychiatrischen die psychologische stärker zu sein. Dabei soll die körperliche Belastung von sich aus schon weniger beeinträchtigen als die seelische.

Die zweithäufigste Gruppe, mit der sich Burnout-Studien beschäftigen, sind Erzieher im weitesten Sinne und Lehrer im speziellen, immer häufiger auch Ärzte, Beamte von Vollzugsanstalten usw.

Was kann zum Burnout führen?

Zur Frage „Was kann zum Burnout führen?" besteht bisher kein einheitliches Meinungsbild. Manche Wissenschaftler betonen Faktoren wie Mangel an Autonomie, Rollenkonflikte, zu hohe Erwartungen, Unklarheiten in den hierarchischen Strukturen, inadäquate Ziele und Konzepte, unzureichende Unterstützung durch Vorgesetzte usw. Andere weisen vor allem auf Beziehungskonflikte hin, was dann tatsächlich Berufe mit Patienten, Kunden, Schülern usw. besonders anfällig macht. Wieder andere betonen die Diskrepanz zwischen dem anfänglich hohen Engagement („lodern"), verbunden mit ggf. irrealen persönlichen Erwartungen und der desillusionierenden Realität.

Was heißt das alles konkret? Nachfolgend in Stichworten die häufigsten Ursachen, wie sie beim Burnout-Syndrom immer wieder genannt werden (wobei dauernd neue Belastungsformen hinzukommen): Hohe Arbeitsbelastung; schlechte Arbeitsbedingungen; Zeitdruck oder zu großes Pensum in einem zu eng gesteckten

Zeitrahmen, vor allem stoßweise; schlechtes Betriebsklima; wenig tragfähige Beziehungen zu den Mitarbeitern; wachsende Verantwortung; Nacht- und Schichtarbeit, vor allem dort, wo man sich nicht arbeitsphysiologischen Erkenntnissen anpassen will oder kann; unzulängliche materielle Ausstattung des Arbeitsplatzes; schlechte Kommunikation unter allen Beteiligten (Arbeitgeber, aber auch Mitarbeiter untereinander); zu geringe Unterstützung durch den Vorgesetzten; wachsende Komplexität und Unüberschaubarkeit der Arbeitsabläufe und -zusammenhänge; unzureichender Einfluß auf die Arbeitsorganisation; Hierarchieprobleme; Verwaltungszwänge; Verordnungsflut (gestern neu, heute zurückgenommen, morgen modifiziert usw.); Termin- und Zeitnot; unpersönliches, bedrückendes oder intrigenbelastetes Arbeitsklima, vom Mobbing (siehe Seite 129) ganz zu schweigen; ferner ständige organisatorische Umstellungen, ohne die Betroffenen in Planung und Entscheidung einzubeziehen, bei Mißerfolgen aber verantwortlich zu machen; zunehmende, immer neue und vor allem rasch wechselnde Anforderungen; zuletzt die wachsende Angst vor Arbeitsplatzverlust u. a. m.

Einige psychologische Aspekte des Burnout-Syndroms

Diese Liste äußerer Belastungen ließe sich beliebig verlängern. Dabei ist aber folgendes zu beachten: Ihre Bedeutung bemißt sich nicht nach dem, was „man" für richtig hält, sondern orientiert sich an den Grenzen, die den Betroffenen seitens seiner seelischen, geistigen und körperlichen sowie psychosozialen Fähigkeiten her gesetzt werden. Und hier wäre man dann bei den *psychologischen oder innerseelischen Aspekten* eines Burnout-Syndroms.

Das ist nicht sehr populär. Hinsichtlich der äußeren Belastungen sind alle einer Meinung, während man sich intrapsychische und psychosoziale Schwachstellen nur bei anderen vorstellen kann. Und doch spielen meist beide Aspekte eine Rolle. Dabei ist es im innerseelischen Bereich zuerst einmal ein Faktor, der im Grund nur Gutes verheißt: Einsatz, Initiative, Engagement, ja Überengagement. Das aber schließt auch die Gefahr von Überforderung und Erschöpfung mit ein.

Häufig wirkt schon die *Diskrepanz zwischen hohem persönlichen Einsatzwillen, großen Erwartungen und dem grauen Arbeitsalltag* ernüchternd. Dazu kommt in manchen Fällen die mangelhafte gemütsmäßige Belastbarkeit im Umgang mit Patienten, Kunden, Schülern usw. Natürlich werden diese auch immer anspruchsvoller, fordernder, reizbarer oder aggressiver: Jeder scheint nur noch seine Rechte, kaum einer noch seine Pflichten zu kennen. So ist es sicher nicht falsch, wenn vor allem auf die engere Umwelt für das Entstehen von „Ausbrenn-Syndromen" hingewiesen wird. Doch sind wir auch gehalten, psychologische Einflüsse zu klären. Denn die Kombination beider Aspekte ist wahrscheinlich das naheliegendste.

Es sind also für das Burnout-Syndrom nicht nur die Komplexität und Unüberschaubarkeit der „modernen" Lebens- und Arbeitszusammenhänge sowie die zunehmenden Ohnmachtsgefühle („die da oben ...") verantwortlich, sondern auch die schmerzlichen Einbußen an Kontrollmöglichkeiten bezüglich der eigenen Arbeits- und Lebensumstände. Häufig sind es auch Menschen mit Leistungswillen und Idealismus, die ihren beruflichen Aufgaben zwar gerecht werden wollen, dann aber feststellen müssen, daß die erwarteten Erfolge und Anerkennungen ausblieben, ganz zu schweigen von einem Minimum an Lob, das heute tatsächlich kaum mehr zu haben ist. So werden Mißerfolge im Arbeitsfeld dann nicht nur als Kränkungen, sondern sogar als persönliche Niederlagen erlebt. Das führt schließlich im Laufe der Zeit zu Beeinträchtigungen des Selbstwertgefühls, zu Kommunikationsstörungen, schließlich Leistungseinbruch, depressiv und ängstlich gefärbten Erschöpfungszuständen und zuletzt zu vegetativen Funktionsstörungen (Herz-Kreislauf, Magen-Darm, Wirbelsäulenbeschwerden usw.).

Nicht wenigen Burnout-Betroffenen macht im übrigen Leben auch eine *zunehmende Sinnleere* zu schaffen. Bei fehlendem Sinnbezug drohen aber noch rascher Erschöpfung, Entfremdung und Erholungs*un*fähigkeit – und im Gefolge davon neurotische und psychosomatische Störungen, bei denen sich seelische Probleme in körperlichen Krankheitszeichen niederschlagen. Manche Menschen unterschätzen auch ihre berufliche Qualifikation und damit Leistungsfähigkeit und sind getrieben von blindem Ehrgeiz mit all seinen Folgen. Kommen noch entgleiste Selbstbehandlungsversuche mit Alkohol, Nikotin, Medikamenten oder gar Rauschdrogen hinzu, ist die Situation schließlich völlig verfahren.

Der Wille zum Helfen und zur hervorragenden Leistung ermöglichen im übrigen auch das Erlebnis, *gut und gleichzeitig mächtig* zu sein – eine ideale Kombination. Kommt es jedoch – entgegen der unrealistischen Wünsche – nicht zu dieser Selbstbestätigung, droht eine Ernüchterung, im Extremfall das Burnout-Syndrom. Das in Einzelfällen überstarke Streben nach Selbstdarstellung, Belohnung, Erfolg, Ruhm, öffentlicher Aufmerksamkeit und Dankbarkeit, das sich immer mehr auszubreiten scheint, wird inzwischen nicht nur als Sonderform süchtigen Fehlverhaltens bezeichnet, sondern kann der direkte unheilvolle Weg zum Burnout-Syndrom werden.

Auch hat die *Industrialisierung* schon vor über 100 Jahren die angstlindernde Geschlossenheit sozialer Strukturen aufgelöst. Die berufliche Spezialisierung zersplitterte dann die Berufswelt ins Unübersichtliche. Das führte zum Verlust von Vertrautheit und Kontinuität, brachte Unruhe und erzwang eine ungewollte Mobilität. Es griff in die Struktur der Familie ein und destabilisierte damit das gesamte gesellschaftliche und innerpsychische Gefüge. Die Freude an der beruflichen Arbeit schwand, eine mißverstandene Job-Mentalität nahm überhand.

Immer mehr Menschen haben keine Arbeit. Aber auch die, die einen Arbeitsplatz haben, identifizieren sich mit ihrer Arbeit immer weniger. Damit geht auch die Überzeugung verloren, eine Aufgabe zu erfüllen. Hier knüpft sich das Gefühl der Sinnlosigkeit an, ja, es droht die erwähnte Sinnleere mit allen Folgen.

Verliert die Arbeit aber an Wertschätzung, müssen notgedrungen auch die damit verbundenen Tugenden leiden: Zuverlässigkeit, Fleiß, Ordnungssinn, Sauberkeit, Genauigkeit, Pflichtbewußtsein, Pünktlichkeit usw. Natürlich schlummern in solchen Eigenschaften auch Gefahren: Spießertum, Pedanterie, Zwänge, Einseitigkeit, Beschneidung der persönlichen Freiheit, Ausbeutung u.a.

Das alles ist auch ein Grund für die ständig wachsende und inzwischen fast schon dominierende Bedeutung der *Freizeit,* die aber schon lange nichts mehr mit *Freiheit* zu tun hat. Viele Freizeitbeschäftigungen symbolisieren nur noch die Fluchtneigung aus schier unerträglich empfundenen Lebensumständen, nicht zuletzt im Beruf.

Manche Menschen *überschätzen auch ihre berufliche Qualifikation* und damit ihre Fähigkeiten und sind getrieben von einem bisweilen blinden Ehrgeiz, dessen Keim nicht selten schon in jungen Jahren von selbst ehrgeizigen und falsch beratenen Eltern gelegt wurde, die ihre eigenen Grenzen durch den Erfolg ihres Kindes zu sprengen versuchen. So hat für viele „Ausgebrannte" ihr Beruf, ihre Position, das Projekt, an dem sie arbeiten, usw. eine besondere, ja – uneingestanden – einzigartige Bedeutung: Selbstverwirklichung, Selbstbestätigung, vielleicht sogar Selbsterhöhung als Selbstbehandlungsmaßnahme gegen miserable sonstige Bedingungen, als Therapie gegen Entmutigung, Nichtbeachtung, Überforderung, Kränkungen, Demütigungen usw. Oder auch das Gefühl, eigentlich nur durch Leistung und Anpassung geliebt, geschätzt oder zumindest akzeptiert zu werden.

Diese Aspekte und Argumente überzeugen jedoch nicht alle. Meist hört (und liest) man ja ohnehin nur das, was man hören will. Eines aber wird wohl deutlich: Es handelt sich beim Burnout-Syndrom um ein vielschichtiges Phänomen, das diagnostisch und damit auch von der psychiatrischen Klassifikation her tatsächlich keine Einheit darstellt. Denn der eine oder andere der hier genannten Punkte trifft für die meisten Menschen in irgendeiner, wenngleich abgewandelten Form zu. Eine Direktverbindung zum Burnout-Syndrom läßt sich daraus noch nicht konstruieren. Ein wenig Burnout ist wohl in uns allen. Vermutlich hat es auch seinen Sinn. Doch der wird ins Gegenteil verkehrt, wenn sich die Mühsal des Alltags in ein Leidensbild wandelt, das den Betroffenen lautlos, aber unerbittlich hinabzieht in eine zerstörerische Krankheit, deren Gefährlichkeit lange Zeit nicht erkannt wird.

Auf was muß man also achten, um ein Burnout-Syndrom zu verhindern, zumindest aber rechtzeitig zu erkennen und dann gezielt zu behandeln?

Das Beschwerdebild des Burnout-Syndroms

Wie äußert sich nun das „Ausgebranntsein"? Wie so oft im seelischen Bereich sind auch diese Symptome vielsagend und im einzelnen wenig aussagekräftig. Sie passen zu manchen seelischen

Störungen. Und wenn es sich um sogenannte Vorposten-Symptome im Vorfeld eines beginnenden Leidens handelt, sogar zur überwiegenden Mehrzahl psychischer Erkrankungen. Trotzdem muß man sie rechtzeitig erkennen lernen.

Inzwischen glaubt man sogar, das Burnout-Syndrom in verschiedene Phasen einteilen zu können: Warnsymptome der Anfangsphase → reduziertes Engagement → depressive und aggressive Reaktionen → Abbau von Leistungsfähigkeit, Motivation und Kreativität → Verflachung im geistigen und Gemütsbereich sowie im sozialen Leben → psychosomatische Reaktionen (Herz-Kreislauf, Magen-Darm, Muskulatur, Immunsystem usw.) → Verzweiflung, Hoffnungslosigkeit und Suizidneigung. Auch wenn sich dies nicht schematisch nutzen läßt, vermittelt es doch einige praktische Hinweise.

Nachfolgend eine Kurzfassung der wichtigsten Krankheitszeichen, die auf ein Burnout-Syndrom hinweisen *können*, aber nicht zwangsläufig müssen. Die Entscheidung obliegt hierbei natürlich dem Arzt, der allerdings nur selten aufgesucht wird – und wenn, dann häufig spät (und unter anderen, meist vorgeschobenen Gründen).

Warn- und Alarmsignale

Der *Beginn* einer Burnout-Krise erscheint also erst einmal positiv. Viele Burnout-Betroffene gelten in der Tat als aktiv, dynamisch, zupackend, ideenreich, engagiert bzw. überengagiert: vermehrter Einsatz, freiwillige Mehrarbeit, (subjektiver) Eindruck der eigenen Unentbehrlichkeit, das Gefühl, eigentlich nie mehr richtig Zeit zu haben, damit wachsende Verleugnung eigener Bedürfnisse. Und vielleicht sogar eine heimlich zunehmende Beschränkung zwischenmenschlicher Kontakte, und zwar von außen nach innen: Arbeitskollegen, Nachbarn, Bekannte, Freunde, Verwandte, enge Angehörige, Partner. Oft findet sich auch die zwiespältige Fähigkeit, zumindest aber der Versuch, Mißerfolge und Enttäuschungen einfach nicht wahrnehmen zu wollen und daraus Konsequenzen zu ziehen. Mit anderen Worten: Viele jener an sich guten Eigenschaften stellen sich bei näherer Betrachtung als Fußangeln, wenn nicht gar als Fallgruben heraus.

Nach und nach wird das (Über-)Engagement auch durch eine sich langsam, aber unerbittlich ausbreitende *Erschöpfungsphase* gleichsam ausgebremst: Jetzt drohen verminderte Belastbarkeit, wachsende Stimmungslabilität und vor allem eine bisher nicht gekannte Erholungs*un*fähigkeit („Ich komme nicht mehr auf die Beine"). Auch eine sonderbare und vor allem zunehmende Infektanfälligkeit gehört dazu, meist ständige banale Erkältungen und Grippeinfekte. Die Betroffenen werden müde, z. B. im Sinne einer eigenartigen, alles durchdringenden Mattigkeit (wie sie nebenbei das höhere Lebensalter generell kennzeichnet), in Fachkreisen auch als *Tagesmüdigkeit* oder *chronische Müdigkeit* bezeichnet. Am Ende drohen sogar rasche Erschöpfbarkeit und schließlich regelrechte Kraftlosigkeit. Dazu kommt ein sonderbares Phänomen, nämlich „müde, matt und abgeschlagen" nach außen, innerlich aber unruhig, nervös und gespannt, mitunter sogar reizbar und gelegentlich aggressiv. So etwas hat man früher sehr treffend als „reizbare Schwäche" bezeichnet.

> Das Ganze mündet schließlich in einen Endzustand, der durch Resignation, Entmutigung, verringerte Frustrationstoleranz, leichte Kränkbarkeit, Niedergeschlagenheit, schließlich sogar durch Minderwertigkeits- und Versagensgefühle gekennzeichnet ist. Die Sichtweise der Betroffenen wird schwernehmend, pessimistisch, ja von Negativismus oder Fatalismus geprägt. Man erkennt diese Menschen angesichts ihres früheren Auftretens kaum wieder.

Psychosoziale Konsequenzen

Das hat Folgen. Langsam, aber stetig wird das gesamte *Leistungsvermögen* regelrecht abgebaut: die Motivation, die Kreativität, die Gedächtnisleistung, d. h., es behindern immer häufiger Merk- und Konzentrationsstörungen, ja regelrechte Vergeßlichkeit. In diese Zeit fallen auch die ersten ernsteren körperlichen Beschwerden ohne nachweisbaren Grund.

So kann es nicht ausbleiben, daß sich schließlich auch *Partner- oder Eheprobleme, zuletzt auch allgemeine familiäre Schwierigkeiten* dazu gesellen. Jetzt beginnt der Betroffene wie eine Kerze an beiden Seiten abzubrennen. Auch zu Hause gibt es nämlich keine Rückzugs- und Erholungsmöglichkeiten mehr. In diese Zeit fällt deshalb nicht selten ein wachsender Alkohol-, Nikotin- und Kaffee-Konsum, möglicherweise sogar ungesteuerte, weil verzweifelte und vor allem nicht ärztlich kontrollierte Selbstbehandlungsversuche mit Beruhigungs-, Schmerz- und Schlafmitteln aus fremden und früheren Beständen. Denn der Arzt wird selbst in diesem Stadium nur selten hinzugezogen, und wenn, dann – wie erwähnt – unter vorgeschobenen, d. h. im Grunde irrelevanten und damit irreführenden Voraussetzungen bzw. Klagen. Dies betrifft nicht zuletzt „starke Persönlichkeiten", die es als Schwäche empfinden, letztlich „ohne Grund" um Hilfe nachzusuchen bzw. die die möglichen, nur dunkel erahnten Hintergründe von vornherein ablehnen („Burnout oder ähnliches haben nur Schwächlinge oder Erfolglose ...").

Berufliche Einbußen

Einige der schwerwiegendsten Konsequenzen aber konzentrieren sich auf den *Arbeitsplatz*. Natürlich reagiert jeder anders, aber immer wieder zu hören sind folgende Charakteristika:

Desillusionierung, Gefühl von Widerwillen, Ärger, Versagen, ggf. Entmutigung; Gleichgültigkeit; Schuldgefühle; negative Einstellung mit wachsendem Widerstand, täglich zur Arbeit zu gehen; ständiges Auf-die-Uhr-Sehen im Dienst; Fluchtphantasien und Tagträume; Überziehen von Arbeitspausen, verspäteter Arbeitsbeginn, vorverlegter Arbeitsschluß und wachsende Fehlzeiten; Verlust von positiven Gefühlen gegenüber Patienten, Klienten, Schülern, Kunden usw.; deshalb vermehrte Verschiebung von entsprechenden Kontakten; innerer Widerstand gegen Anrufe und Besuchstermine; heimlich einschleichender Dienst nach Vorschrift; Stereotypisierung von Klienten, Patienten u. a. („Ist doch immer das gleiche ..."); Unfähigkeit, sich auf die anderen zu konzentrieren, ihnen geduldig zuzuhören; vermehrt tadelnde, negative, reizbare oder gar aggressive Einstellung den anderen gegenüber; Vermeidung von Diskussionen mit Mitarbeitern und Vorgesetzten; immer öfter mit sich selbst beschäftigt; zunehmend unbewegliche, ja starre Denkkategorien; mißtrauischer Widerstand gegen jegliche Veränderungen im Betrieb, manchmal fast

wahnhaft anmutende Reaktionen; damit wachsende Rückzugsneigung und Isolationsgefahr u. a.

Nach außen äußert sich diese verhängnisvolle „Abwehrstrate-
gie" gegenüber der inzwischen ungeliebten Berufsaufgabe oft darin,
daß der Kontakt zu Patienten, Kunden, Schülern usw. immer mehr
vom menschlichen Aspekt weggerückt und zum „Fall" degradiert
wird, zum „Vorgang", zur „Bearbeitungs-Nummer" usw. Das
Subjekt sinkt zum Objekt herab. Damit erlöscht die innere Beziehung. Die ursprünglich positiven Gefühle werden ins Negative
verkehrt. Es kommt zu einer ungewohnten seelischen Verhärtung
und schließlich sogar Verflachung des Gemütslebens (bei aber un-
veränderter oder wachsender Kränkbarkeit für eigene Belange).

> Und schließlich der für jeden erkennbare Endzustand: Ironie, Sar-
> kasmus und Zynismus.

Das Ende

Das ist natürlich keine gute Strategie. Vor allem fällt sie auf den
Betroffenen zurück. Jetzt schwindet nämlich auch das Vertrauen
in die eigene Leistungsfähigkeit, die erworbenen Kenntnisse, die
langjährigen Erfahrungen. Minderwertigkeitsgefühle, Unsicherheit, Gleichgültigkeit und depressive Verstimmungen greifen um
sich. Die Arbeit liefert ohnehin kein Erfolgsgefühl mehr. Die
Verlagerung des Interesses auf die Freizeit („Aufblühen am
Wochenende") ist zweischneidig. Das Wochenende dient eigentlich der Erholung und Bereicherung, nicht der Kompensation von
„5 Werktagen Frust".

> Was übrigbleibt, ist eine sonderbare Mischung aus Widerwillen,
> Resignation, Selbstmitleid, Bitterkeit, Reizbarkeit, Aggressivität, Nega-
> tivismus, Ressentiments, Mißtrauen, Deprimiertheit, Angst, bisweilen
> sogar Panikbereitschaft. Die Entwertung der anderen schlägt um in
> die *Entwertung der eigenen Person.*

Spätestens jetzt erdrücken die schon lange belastenden *körperlichen Beschwerden*, die nach wie vor durch keinen organischen

Befund gestützt werden können (obgleich man vielleicht von einem Facharzt zum anderen gewandert ist, ausgedrückt in dem modernen Begriff „doctor shopping"). Am häufigsten sind es Schlaf-, Appetit- und sexuelle Störungen, Kopfschmerzen (vor allem ein dumpf-diffuser, manchmal helm-, manchmal reifenartiger Kopfdruck, beim einen mehr im Bereich der Stirn, beim anderen im Hinterhauptsbereich lokalisiert), ferner Beschwerden von Wirbelsäule und Gelenken, Magen-Darm-Leiden, Herz- und Kreislaufbeschwerden sowie die bereits erwähnte erhöhte Anfälligkeit für Infektions- (vor allem Erkältungs-)Krankheiten. Der Betroffene fehlt immer häufiger am Arbeitsplatz. Aber jetzt nicht mehr aus rein seelischen oder psychosozialen, sondern auch aus organischen oder treffender: psychosomatischen Beschwerden (unverarbeitete seelische Probleme, die sich im körperlichen Bereich äußern und keinen krankhaften Befund ergeben, mit Ausnahme der üblichen „Grenzbefunde", die jeder hat).

Das läutet die *letzte Runde* dieses Teufelskreises ein, der dann lautet: abnehmende Arbeitsmoral und damit Qualitätsverlust der eigenen Leistung → innere Kündigung → seelischer Einbruch mit zahlreichen körperlichen Symptomen ohne nachweisbare Ursache → entgleiste Selbstbehandlungsversuche mit Genußmitteln und Medikamenten → zusätzliche Partner- und Familienprobleme → längerfristige Krankschreibungen wegen unklarem Krankheitsbild → Gefahr der Kündigung → Verzweiflung mit gesamthaft negativer Einstellung, zumindest aber Unerfülltheit, Hoffnungslosigkeit, Gefühl der Sinnlosigkeit, ggf. sogar Selbsttötungsgedanken → existentielle Gefährdung.

Mobbing

In diesem Zusammenhang sei noch kurz auf ein schon erwähntes Phänomen hingewiesen, das die Medien, inzwischen auch die Allgemeinheit in wachsendem Maße beschäftigt: das Mobbing.

Mobbing ist zwar ein Modebegriff für ein im Grunde altes, wenngleich trauriges Phänomen, das inzwischen aber Hochkonjunktur zu haben scheint.

Vom Mobbing sollen inzwischen Millionen von Arbeitnehmern betroffen sein, was die Kritiker jedoch als überwiegend persönliches Problem abtun. Mobbing schafft aber auch Milliarden an Verlusten durch entsprechende Leistungseinbußen. Das sollte selbst hartgesottenen „Machern" zu denken geben. Neuartige Unternehmensstrukturen heizen die Situation noch mehr an. Der Druck macht sich Luft: Gestreßte und überforderte Mitarbeiter suchen sich ihre Opfer für den „kleinen Psychoterror zwischendurch" vor allem unter schwächeren Kolleginnen und Kollegen sowie bei Untergebenen.

Die Mobbing-Strategien

Die *Mobbing-Strategien* sind natürlich individuell, je nach Täter und Opfer sowie sonstigen Konstellationen; im allgemeinen haben sich aber folgende Mobbing-Attacken durchgesetzt, wie von den entsprechenden Beratungsstellen zusammengefaßt wird:

Zuerst kaum wahrnehmbare, unterschwellige Zerstörungstaktiken wie
– den Betroffenen wie Luft behandeln
– nicht mehr mit ihm sprechen
– Verbreitung von Gerüchten hinter dem Rücken und schließlich offen lächerlich machen usw.

Dann konkretere Eingriffe, die gezielt die sozialen Beziehungen stören, das Ansehen beeinträchtigen, Rechtfertigungsversuche unterbinden sowie die Leistung unterminieren sollen:
– Versetzungen in einen anderen Raum, möglichst weit ab von den früheren Kollegen (Isolierungsversuch)
– Übertragung von Arbeiten, die das Selbstbewußtsein beeinträchtigen oder gar verletzen können
– unangemessene Beurteilung des Arbeitseinsatzes
– Entziehen von Aufgaben
– Übertragung sinnloser Tätigkeiten
– ständige Überforderung, aber auch lähmende Unterforderung
– Einschränkung oder Unterbindungen aller Möglichkeiten sich zu äußern, zu rechtfertigen, zu verteidigen
– ständige Kritik an Arbeit oder Privatleben
– lautes Schimpfen oder gar Anschreien
– mündliche oder schriftliche Drohungen

- Telefonterror
- Verdächtigung, seelisch nicht stabil oder gar krank zu sein, ggf. scheinheiliger Vorschlag zur Güte, sich psychiatrisch untersuchen zu lassen, u. a.

Schließlich direkt entwürdigende oder schädigende Mobbing-Versuche wie
- sexuelle Belästigung
- Zwang zu gesundheitsschädlichem Arbeiten
- Verursachung von Kosten für den Betroffenen
- Beschädigung von Arbeitsmaterial oder Arbeitsplatz
- Androhung oder gar Anwendung körperlicher Gewalt usw.

Am häufigsten werden die Opfer jedoch lächerlich gemacht, ausgegrenzt, lautstark verunsichert, ggf. durch unterschwellige Drohungen zermürbt. Auch Vorgesetzte machen sich hier zunehmend schuldig, teils durch eigenen unrühmlichen Einsatz, teils durch Duldung entsprechender Attacken in ihrem Bereich, zu welchem Zweck, aus welchem Grund auch immer. Es heißt sogar: ein Drittel auf gleicher Ebene, zwei Drittel „von oben nach unten".

Die Folgen

Die *Folgen* sind bekannt: Ein belastetes Betriebsklima führt zu Demotivation, fehlendem Engagement, Leistungsrückgang oder gar -einbruch, zahlreichen Reibungsverlusten (auch für andere). Für die Opfer selbst bedeutet dies seelische, schließlich psychosomatisch interpretierbare oder gar körperliche Konsequenzen, ggf. Kündigung und Frühverrentung.

Neuerdings glaubt man sogar, das Mobbing in verschiedene Phasen einteilen zu können. Im einzelnen (nach der Broschüre: „Mobbing" der Deutschen Angestellten-Gewerkschaft Berlin & Brandenburg):
- Die *erste Phase*, einige Tage bis wenige Monate nach Beginn des Mobbings, äußert sich in Streß, Nervosität, innerer Unruhe, Unwohlsein, Kopfschmerzen, Schlafstörungen, Niedergeschlagenheit, Antriebslosigkeit, depressiven Verstimmungen, Magenproblemen, Herzklopfen, Herzrhythmus- und anderen Organstörungen.

– Die *zweite Phase,* ein halbes bis ein Jahr nach Beginn, soll der posttraumatischen Belastungsstörung (s. Seite 201) ähneln, wie sie bisher für mehr oder weniger umschriebene Extrembelastungen gegolten hat. Beschwerdebild: Unlust, Teilnahmslosigkeit, Gleichgültigkeit, nachlassende emotionale Schwingungsfähigkeit, Gefühl des Betäubtseins, der Gefühlsabstumpfung, Angst, Aggressivität, vegetative Übererregbarkeit, Schlafstörungen, Alpträume, vermehrte Schreckhaftigkeit, depressive Verstimmungen u. a.

– Die *dritte Phase,* bis zu etwa zwei Jahre nach Leidensbeginn, ist vor allem durch allgemeine Angstzustände, Schuld- und Versagensgefühle gekennzeichnet.

– In der *vierten und fünften Phase,* zwei bis vier Jahre später, äußern sich die erwähnten seelischen, körperlichen und psychosomatisch interpretierbaren Beschwerden immer öfter und nehmen vor allem an Intensität zu, z. B. ausgeprägtere depressive und Angstzustände, Spannungskopfschmerzen, chronische Muskelschmerzen, Zwangsstörungen und die Folgen entgleister Selbstbehandlungsversuche (Alkohol-, Nikotin- und Tablettenmißbrauch). Jetzt droht auch eine erhöhte Selbsttötungsgefahr.

Schlußfolgerung

Mobbing ist ein Schlagwort. Schlagworte sind mit Vorsicht zu genießen. Meist sind sie nur neue Begriffe für alte Tatbestände, die plötzlich ausufern oder vermehrt ins Blickfeld geraten, aus welchem Grund auch immer. Mobbing gehört auf jeden Fall dazu. Denn Mobbing besitzt ein beträchtliches Schädigungspotential und breitet sich rasant aus.

> Mobbing ist vor allem deshalb so gefährlich, weil es von vielen Betroffenen, die nicht nur leiden, sondern sich deshalb auch schämen, nicht zugegeben wird. Das ist wahrscheinlich sein größtes Gefahrenpotential, weil es – heimlich, still und leise – zuerst das Ausbrennen und die „innere Kündigung" fördert und schließlich langfristige seelische und sogar körperliche Folgen hinterläßt.

Glücklicherweise hat man inzwischen das Problem begriffen. Die Ärzteschaft beginnt sich zwar – wie erwähnt – erst langsam mit dieser neuen Aufgabe zu beschäftigen, doch gibt es dafür immer häufiger Mobbing-Beratungsstellen, vor allem in Großstädten. Die Therapie ist aber nicht einfach und folgt weitgehend den Empfehlungen, wie sie für das Burnout-Syndrom gegeben werden (s. u.).

Vorbeugende Maßnahmen gegen das Burnout-Syndrom

Was kann man gegen das Burnout-Syndrom tun? „Die wirkungsvollste Behandlung ist eine rechtzeitige und konsequente *Vorbeugung.* Nachfolgend eine Reihe entsprechender Hinweise:

Der erste Schritt ist eine gründliche Situationsanalyse. Es ist erstaunlich, wie lange sich viele Menschen ausgebrannt dahinschleppen, ohne über mögliche Ursachen realistisch und objektiv nachgedacht zu haben. Offenbar kann man sich selbst am besten täuschen. Zusammengefaßt heißt das: Welche Umweltbedingungen sind belastend? Welche eigenen Bedürfnisse und Ziele wurden vernachlässigt, welche Fähigkeiten blieben unterentwickelt? Welche Vorstellungen sind unrealistisch, welche Glaubenssätze und Denkmuster dysfunktional, welche Informationen fehlen und wo läßt sich mit dem besten Aufwand/Nutzenverhältnis etwas ändern – vor allem ein Stück Autonomie, also Freiheit für sich selbst wiedergewinnen? Dazu einige konkrete Überlegungen:

- *Einsatz:* Als erstes muß man sich der Möglichkeit bewußt sein, daß das „Ausbrennen" jeden treffen kann. Den *Einsatz* deshalb *dosieren* und damit die Kräfte langfristig schonen. Zu großes Überengagement am Anfang birgt immer eine Erschöpfungsgefahr in sich – früher oder später, je nach individuellem Kräfte-Reservoir und entsprechenden Arbeitsbedingungen.
- *Beruf:* Im weiteren muß man klären, ob der jetzige *Beruf* tatsächlich der „Jugendtraum" war. Oder ob man ihn eigentlich nie angestrebt hat, nur „hineingerutscht" ist oder gar hineingezwungen wurde. Sich darüber klar werden, heißt zwar schmerzliche Erkenntnisse hinzunehmen, bedeutet aber auch, keinen Illusionen mehr aufzusitzen.
- Dann der Versuch, die *Selbsteinschätzung* schonend zu modifizieren, d.h., Schluß mit den überhöhten Ansprüchen an sich

selbst („Was man nicht selbst tut, ist nicht getan"). Vielleicht auch die überhöhte Selbsteinschätzung korrigieren, was die geistige Leistungsfähigkeit, seelische Stabilität, die körperliche Belastbarkeit, die psychosozialen Bedingungen, also Partnerschaft, Familie, berufliches Umfeld usw. anbelangt.

- Die *gesunde Lebensführung* ist ein ungelöstes Problem. Zum einen ist die Gesundheit das kostbarste Gut und deshalb stets ein vorrangiger Wunsch. Doch die Realität sieht anders aus. Die einfachsten Gesundheitsregeln werden im Alltag nicht ernst- oder wahrgenommen, dafür haben immer häufiger Übertreibungen (Sport) und suspekte Gesundheitsangebote Hochkonjunktur. Besonders die kleinen Unterstützungsmaßnahmen haben keine Chance. Sie wirkten entweder zu banal oder werden gezielt lächerlich gemacht. Denn was man nicht ernst nehmen muß, braucht man auch nicht zu befolgen. Zumindest aber macht es keine Schuldgefühle, wenn man sich unvernünftig verhält. Was also soll man weder in den höchsten Tönen anpreisen noch niedermachen, sondern einfach praktizieren? Im einzelnen:

- *Ausreichender Schlaf:* Diese an sich selbstverständliche Forderung wird häufig nicht vom individuellen Bedarf, sondern von den psychosozialen Bedingungen bestimmt. Damit droht ein schleichendes Schlaf- bzw. Regenerationsdefizit, insbesondere ab den mittleren Lebensjahren (in jungen Jahren wird der Raubbau lange nicht realisiert). Ein ausreichendes Schlafquantum, das vom Organismus und nicht von äußeren Zwängen diktiert wird, ist eine der wichtigsten Vorbeugemaßnahmen gegen psycho-physischen Verschleiß im allgemeinen und das Burnout-Syndrom im speziellen. Dabei wird sich an den beruflichen Bedingungen nur selten etwas ändern lassen (was die Folgen aber auch nicht mildert), wohl aber in der Freizeit. Dort wird die Schlaf- und damit Erholungszeit unvernünftigerweise ständig verkürzt, was nicht zuletzt den „ungesunden Fernsehgewohnheiten" anzulasten ist. Man sitzt und sitzt, konsumiert aufregende Programme (auch wenn man meint, es berühre einen nicht) und beeinträchtigt damit Schlaf-Qualität und -Quantum. Und selbst der Urlaub dient nicht der Erholung, sondern kann eine durchaus streß-intensive Zeit werden, zumindest bezüglich Anreise und Rückfahrt im Stau.

– Auch *physikalische Behandlungsmaßnahmen* sind zur körperlichen und sogar seelischen bzw. psychosomatischen Kräftigung durchaus erfolgreich, wenn man 1. keine Sofortwirkung erwartet und sich 2. wenigstens zu einer mittelfristigen Behandlungsstrategie durchringen kann. Dazu gehören – je nach Schwachpunkten – Schulter- und Nackenmassagen, Kneippsche Anwendungen, medizinische Bäder mit entsprechenden Zusätzen u. a.

Ganz wichtig, nicht nur aus biologischer Sicht, sondern weil auch durch Eigeninitiative getragen, sind Bürstenmassagen und Wechselduschen. Sie sollten ohnehin zum Standard-Repertoire einer gesunden Lebensführung gehören. Meist handelt es sich um morgendliches Trockenbürsten des ganzen Körpers (in kreisförmiger Bewegung zum Herzen aufsteigend) sowie anschließendes Wechselduschen (d. h. mit kühl oder kalt abschließen).

– *Körperliche Aktivität:* Sport, ggf. Leistungssport, ja sogar riskante oder verschleißträchtige Sportarten sind derzeit „in". Das aber ist nicht das, was der Organismus benötigt, um seine Reserven wieder aufzufüllen. Gefordert ist regelmäßige (!) körperliche Aktivität in vernünftigem Maße und nicht stoßweise Überaktivität. Dazu gehören z. B. täglicher „Gesundmarsch" bei Tageslicht (vor allem in der dunklen Jahreszeit, um der wachsenden Beeinträchtigung durch sogenannte saisonale affektive Störungen zu begegnen, früher auch als „Winterdepression" bezeichnet). Ferner Gartenarbeit (was gemütsmäßig besonders ausgleichend wirkt) oder Fahrradfahren, Schwimmen, Gymnastik usw.

Wichtig: Sich nicht an „moderne" oder gerade hochgejubelte Sportarten verlieren, sondern sorgfältig herauszufinden suchen, was einem am besten zusagt, wo man sie auf körperlicher *und* seelischer Ebene am ehesten wiederfindet, und die wenigsten Risiken eingeht.

Im übrigen bestätigt die Wissenschaft inzwischen, was ohnehin jeder weiß, wenngleich nicht nutzt: Wald, Feld und Flur bieten die günstigsten Regenerationsbedingungen. Insbesondere das sogenannte Waldklima, in der Allgemeinheit einfach als „gute Waldluft" bezeichnet, in Wirklichkeit aber eine heilsame Mischung aus verschiedenen klimatischen Parametern: Tempera-

tur, Windgeschwindigkeit, Strahlungsangebot (spezielle Licht-
verhältnisse mit dem vorherrschenden langwelligen Rot, Luft-
und Lärmfilterung usw.) wären ein unvergleichlicher Ort der
Erholung – sofern man ihn nützen würde, und zwar regelmäßig.

– Über ein *gesundes Nahrungsverhalten* gibt es eine ungeheuere
Literatur und ständig neue Empfehlungen. Dabei weiß jeder
selbst, wie er sich ernähren sollte: Über-, aber auch Unterge-
wicht vermeiden; Rückkehr zu Vollkornprodukten und faser-
reicher Ernährung (z.B. Müsli, aber selbstgeschrotet), großer
Anteil von Obst und Gemüse, möglichst in roher Form; Einschränkung raffinierter Produkte und Konserven.

– Das Problem der *Genußmittel* läßt sich in noch kürzer fassen:
Alkohol und Kaffee in Maßen, Nikotin meiden.

– *Keine Rauschdrogen:* Eigentlich selbstverständlich, aber die
Realität sieht anders aus. Dies betrifft nicht nur die harten Drogen, sondern auch die sogenannten soft drugs (z.B. Haschisch
und Marihuana, ggf. auch Psychostimulanzien) oder Party-
Drogen (z.B. Designerdrogen wie Ecstasy). Man glaubt nicht,
wie vielen Menschen, denen man das nie anmerken würde, der
gelegentliche Drogenkonsum nicht fremd ist.

– *Erlernen von Entspannungstechniken:* Dazu gehören Autogenes Training, Yoga, Progressive Muskelrelaxation nach Jacobson u.a., und zwar *bevor* man sie braucht – und dann auch regelmäßig einsetzen bzw. trainieren.

– *Hobbys:* Ganz wichtig ist die *Pflege von Hobbys* und sonstigen
Tätigkeiten außerhalb des Berufs. Das gilt als Selbstverständ-
lichkeit, doch auch hier sieht die Wirklichkeit anders aus. Jeder
spricht von seinen Hobbys, doch nur eine Minderheit praktiziert sie so, daß sie einen hilfreichen Stellenwert im Alltag einnehmen. Die häufigste Entschuldigung ist bekannt: keine Zeit,
der Beruf und sonstige Verpflichtungen lassen es nicht zu.
Wie real diese Ausrede auch immer sein mag, wenn man das
Hobby als Regenerationshilfe nicht nutzt und auch sonst keinen Ausgleich hat, dann gerät man langsam, aber sicher in ein
Defizit. Dessen Folgen sind meist aufwendiger, als die kontinuierliche Pflege eines Hobbys. Denn ein Hobby ist nicht nur ein
Hobby, sondern ein wichtiger Teil der Gesundheitserhaltung,
eine wirksame Selbstheilungsmaßnahme.

Manche versteigen sich – ausdrücklich oder zumindest für sich selbst als Trost – zu dem „Grundsatz": Mein Beruf ist mein Hobby. Diese Brücke kann in der Tat recht lange halten, hat aber ihre Schwachstellen. Denn was ist, wenn der Beruf das Hobby darstellt, und man verliert plötzlich die Freude an der Arbeit, aus welchem Grund auch immer? Dann hat man gar nichts mehr.

Oder noch schlimmer: Was ist nach Abschluß der Arbeit, denn nicht alle können bis ins hohe Alter weitermachen? Dann drohen „Renten-Bankrott" und „Pensionierungs-Schock". Wer dann alte Hobbys reanimieren will, muß Glück haben, wenn das gelingen soll. Vielfach schrumpft alles zu einem kümmerlichen Tagesplan, der eher an ein Dahinvegetieren als an ein erfülltes Altern erinnert. Vor allem aber schrumpfen damit geistige Regsamkeit, körperliche Reserven und zwischenmenschliche Aktivitäten. Deshalb: Hobbys sind mehr als Hobbys. Sie sind wie ein angespartes Vermögen für psychosoziale Notzeiten, die ja durch das Berufsende unabweislich kommen werden.

– *Kontakte pflegen:* Auch das ist ein Punkt, der viel zu wenig beachtet bzw. nicht ernst genommen wird. Das betrifft nicht nur Nachbarn, Bekannte, Freunde, sondern sogar den engeren Familienkreis: Eltern, Partner, Kinder. Letzteres wird noch am ehesten eingesehen. Doch auch die anderen Kontakte sind wertvoll. Denn zwischenmenschliche Beziehungen auf jeder Ebene schützen vor dem „Ausbrennen". Das sieht zwar jeder ein, doch bei immer mehr Menschen kommt es durch die berüchtigte Streß-Spirale zum „leisen Einschlafen der Beziehungen", nicht zuletzt im Freundes- und Nachbarkreis. Man muß sich einmal selbst beobachten: Nur wenn man „gut drauf", ausgeschlafen, zufrieden, voller Dynamik usw. ist, sucht und vor allem steht man den zwischenmenschlichen Kontakt auch befriedigend durch. Müde, matt, abgeschlagen, unzufrieden, mißgestimmt, deprimiert usw. geht man ihm eher aus dem Weg. Kontakt braucht nicht nur Zeit, sondern auch Kraft. Also geht er verloren, wenn man dauernd „gestreßt" und überfordert ist. Doch das hat folgenschwere Konsequenzen, und zwar nachhaltiger, als man dem Faktor „Pflege der Beziehungen" zutrauen würde. Man beginnt nämlich still und leise zu vereinsamen. Und dann traut man sich im Falle der Not nicht mehr anzurufen und hätte etwas Zuspruch doch so bitter nötig. Kurz: Kontakte müssen sorgfältig gepflegt werden, vor allem in Zeiten, in denen man sie nicht zu brauchen scheint. Sonst kann man bei Bedarf nicht „ernten".

Therapie

Zur *Therapie des Burnout-Syndroms* gibt es trotz zahlreicher Einzelhinweise bisher kaum gesichertes Wissen. Am effektivsten ist und bleibt eine individuell angepaßte Behandlung. Was bietet sich dabei an?

– Als erstes gilt es – wenn auch verspätet – die psychohygienischen Selbstbehandlungmöglichkeiten zu nutzen, die natürlich am besten als präventive Maßnahmen im Vorfeld eines beginnenden Beschwerdebildes greifen. Sie sind nie umsonst, nicht als Vorbeugung, nicht im Rahmen eines schließlich nötig werdenden Gesamtbehandlungsplanes.

– Die *Psychotherapie*, also die Behandlung mit psychologischen Mitteln durch Psychiater, Nervenarzt oder Psychologen mit psychotherapeutischer Ausbildung, dürfte allerdings nur selten zustande kommen. Etwas anderes sind verhaltenstherapeutisch orientierte Empfehlungen, die in jedem Falle weiterhelfen. Dazu gehören z.B. die Umverteilung der Energien vom Aufgaben- auf den Freizeitbereich (der bisher vernachlässigt wurde), vor allem aber Zeitplanung (Tages- und Wochenpläne) mit genauer Aufteilung von aktiven und passiven Freizeitphasen, die dann auch wirklich eingehalten werden. Und das bereits mehrfach erwähnte Erlernen und konsequente Anwenden eines Entspannungstrainings (z.B. Autogenes Training, Yoga). Dazu müssen die zugrundeliegenden Belastungsfaktoren bewußtgemacht werden, zumal sie verantwortlich sind für das ständig überhöhte Anspannungsniveau und die damit auf Dauer verringerte Streßresistenz.

Das gleiche gilt für den Umgang mit Frustrationen, Aggressionen oder gar selbstschädigenden Verhaltensweisen (vom Kaffee-, Nikotin- und Alkoholmißbrauch bis zur sportlichen Überforderung oder gar Risiko-Sportart als überkompensatorische Selbstbestätigung). Dabei müssen genaue Pläne mit Verhaltensweisen erarbeitet und konstruktive Selbstinstruktionen (z.B. auch „Notfall-Instruktionen") festgelegt werden. Wichtig ist auch das exakte Erfassen von Schlüsselreizen (was geschieht, wenn ...). Sobald sich derlei abzeichnet, muß der Patient umgehend entsprechend reagieren, und zwar anhand eines genauen Interventionsplanes, z.B. mit Entspannungsübungen, Auszeit nehmen usw.

Gegen eine Rückfallgefahr, insbesondere was die konstruktive Freizeitgestaltung anbelangt, wird eine individuelle Checkliste mit den Warnsymptomen und entsprechenden Verhaltensstrategien erstellt. Das alles muß regelmäßig durchgegangen und ggf. wiederholt und damit verstärkt werden. Eine Burnout-Therapie ist nicht nur eine vorübergehende Intervention, sondern eine Langzeitanstrengung. Das Therapieziel ist die generelle Veränderung der Lebensgewohnheiten und eine Veränderung der Selbsteinschätzung.

- Die *soziotherapeutischen Unterstützungs- und Korrekturmaß-nahmen* gehen z.T. schon in obigen Empfehlungen auf, ergänzt durch die ebenfalls bereits erwähnten Vorschläge für eine gesunde und geordnete Lebensführung, was vor allem die Faktoren Schlaf, Genußgifte, Erholungsbedarf, Nahrungsverhalten, körperliche Aktivität u.a. betrifft. Auch die Arbeitsplatzsituation, die häufigste Ursache eines Burnout-Syndroms, muß natürlich diskutiert werden, einschließlich der dahinterstehenden Aspekte: zu hohe Erwartungshaltung, Überforderung, mangelhafte Unterstützung durch Vorgesetzte, Auseinandersetzungen mit Kolleginnen und Kollegen, Unzufriedenheit, Resignation und Verbitterung usw. Wichtig ist hier eine rückhaltlose Aufklärung der meist komplexen Ursachen, eine intensive Motivationsarbeit und vor allem das Gefühl des Betroffenen, vom Therapeuten verstanden und angenommen zu werden.

- *Physikalische Behandlungsmaßnahmen* werden zwar akzeptiert – aber meist nicht praktiziert, zumindest nicht konsequent. Auch kosten sie natürlich Zeit. Das alles widerspricht der Wesensart und Einstellung vieler Burnout-Betroffener, die ja bekanntlich eine Neigung zur „kurzen Geduld" haben, die sich vor allem in dem Wunsch niederschlägt, möglichst rasch „wiederhergestellt" zu werden, wie ein technisches Gerät nach Wartung oder Reperatur. Das bedarf der ausführlichen Aufklärung, verbunden mit der Mahnung zu Ausdauer, Geduld und Therapietreue sowie Eigeninitiative. Neben der dosierten körperlichen Aktivität werden es vor allem Schulter- und Nackenmassage, Gymnastik, Kneippsche Anwendung, medizinische Bäder mit entsprechenden Zusätzen etc. sein (s. o.).

– Die *Pharmakotherapie* ist umstritten, aber nicht in ihrer Wirkung, sondern im allgemeinen Meinungsbild. Geradezu grotesk deutlich wird dies, wenn die Betroffenen besorgt oder entrüstet Arzneimittel mit Wirkung auf das Seelenleben ablehnen, insgeheim aber bereits zu Alkoholgefährdeten, Nikotinsüchtigen, Coffeinisten oder gar Drogenkonsumenten (Psychostimulanzien, Designerdrogen, Haschisch/Marihuana, Kokain usw.) geworden sind. Psychotrope Pharmaka werden zwar als „Chemie" oder „Gift" zurückgewiesen, der morgendliche Koffein-, der ganztägige Nikotinmißbrauch und der abendliche Alkoholkonsum bis zur Rauschgrenze („Schlummertrunk", „ein Gläschen Rotwein zur Entspannung") aber gehören bereits seit Jahren dazu.

Wichtig bei den Psychopharmaka ist die ärztliche Begleitung. Das hört sich selbstverständlich an, ist es aber nicht. Nicht wenig Burnout-Betroffene neigen zu selbstherrlicher Medikation und meinen, selbst am besten zu wissen, was ihnen gut tut. Das ist übrigens generell ein Teil ihres Problems, kann aber bei der medikamentösen Selbstbehandlung eine ernste Zusatzbelastung werden.

Die Vorschläge des Arztes richten sich nach dem Beschwerdebild, mehr erschöpft-resigniert oder gar deprimiert, mehr unbestimmt-ängstlich oder konkret furchtsam, mehr angespannt oder apathisch, mehr rein seelisch oder überwiegend psychosomatisch (Seelisches äußert sich körperlich) usw. In zunehmendem Maße versucht man es erst einmal mit psychotropen Pflanzenheilmitteln wie dem stimmungsstabilisierenden Johanniskraut, den beruhigenden Baldrian-, Hopfen-, Melisse-, Passionsblume-Präparaten, den angstlösenden Kava-Kava- bzw. Kavain-Substanzen usw. Ansonsten bieten sich – zeitlich begrenzt – Beruhigungs- und Schlafmittel an, eventuell niederpotente Neuroleptika und Antidepressiva.

Therapeutische Möglichkeiten des Arbeitgebers

Und schließlich seien noch einige „therapeutische" Hinweise für Arbeitgeber und Vorgesetzte erwähnt. Diese werden zwar einwenden, daß sie nicht auch noch für den „Seelenfrieden", insbesondere für die psychische Stabilität und die körperliche Leistungsfähigkeit ihrer Mitarbeiter und Mitarbeiterinnen zuständig seien, doch sollten sie die folgenden Zeilen dennoch lesen. Sie stammen nämlich nicht aus der Feder von Ärzten und Psychologen, sondern sind Erkenntnisse ihresgleichen, vorgetragen auf einem Kongreß und publiziert in einer technischen Fachzeitschrift (vdi). Denn es gibt einen betriebspsychologischen Grundsatz, der keiner Diskussion bedarf, so selbstverständlich hört er sich an:

> Verantwortungsvoller Umgang mit dem Personal fördert den Erfolg eines Unternehmens.

Doch die Wirklichkeit sieht anders aus. Das Betriebsklima wird rauher. Dabei wird immer wieder auf folgendes hingewiesen: Explodierende Kosten und harte Wettbewerbsbedingungen fordern die Unternehmer immer mehr. Viele suchen dann Lösungsansätze in neuen Strategien, vergessen dabei aber oft den pfleglichen Umgang mit ihren Mitarbeitern. Dazu die erwähnten Kommentare, die schon nachdenklich werden lassen.

„Mit einer schlankeren Organisation wollen sich die meisten Unternehmen ihren Weg in die Zukunft ebnen. Dieser Kampf ums Überleben beeinflußt aber in zunehmendem Maße die innerbetriebliche Zusammenarbeit. So geht es zwischen den Mitarbeitern inzwischen mit immer härteren Bandagen zur Sache. Dabei muß man sich fragen: Merkt denn niemand, wie stark mit diesem Umgangsstil (und oft auch Umgangston) die Bemühungen um einen der vorderen Plätze im Markt konterkariert werden? Kommt es denn keinem in den Sinn, daß derart geistig und seelisch ausgelaugte, frustrierte Mitarbeiter und von diesen deshalb nur allzu oft düpierte Kunden alles andere als Türöffner zur Zukunft sind? Gefordert ist deshalb eine Rückkehr zu pfleglicheren innerbetrieblichen Umgangsformen" (I. Nütten).

„Gewarnt werden muß vor einer wachsenden innerbetrieblichen Kälte. Denn der seelisch-mentale Streßballast infolge rüden Führungsverhaltens ist ein gefährlich unterschätzter Sprengsatz an den Fundamenten der Unternehmen: Die harte innerbetriebliche Gangart macht die Mehrzahl der Mitarbeiter bereits zu angeschlagenen Kämpfern, bevor sie überhaupt mit ihrer Arbeit begonnen haben" (Th. Weegen).

„Was der Sport schon lange zeigt, gilt ohne Abstriche auch für die Wirtschaft: Siege werden in den Köpfen errungen. Erfolge sind das sichtbar gewordene Ergebnis innerer Einstellung. Wo Führung ausschließlich als Powerplay mit Menschen und Mitteln betrieben und das innere Wohlbefinden der Belegschaft als Nebensache angesehen wird, heißt das Ergebnis nicht Erfolg, sondern Krise. Mit einem derartigen desolaten Innenleben findet kein Unternehmen die richtige Antwort auf die Fragen, die das hohe Innovations- und Wettbewerbstempo ständig aufwirft" (H. Volk).

Und zum Schluß das bedenkenswerte Ergebnis einer amerikanischen Untersuchung: Eigentlich wollte man nur wissen, welche fünf US-Firmen zwischen 1972 und 1992 im Jahresdurchschnitt die höchsten Gewinne pro Aktie erzielt haben. Doch als man schließlich diese fünf Gewinner nach ihren Gemeinsamkeiten untersuchte, kam folgendes heraus: Alle verfügten weder über eine beherrschende Marktposition noch über eine einzigartige Technologie, noch waren sie Massenproduzenten. Sie agierten auch nicht in ausgesprochenen Wachstumsmärkten oder konnten sich auf Zulieferer stützen, die dem Unternehmen besonders eng verbunden waren. Vielmehr zeigte sich nur eines:

> Der entscheidende gemeinsame Erfolgsfaktor lag im pfleglichen Umgang mit dem Personal.

Ausblick

Das Burnout-Syndrom ist keine offizielle Krankheit – noch nicht. Es nimmt aber unbemerkt fast explosionsartig zu, zermürbt immer mehr Opfer und führt dadurch zu gigantischen volkswirtschaftlichen Schäden, die nicht abschätzbar sind. Es könnte zur heimlichen Bedrohung unserer Gesellschaft werden.

Doch man kann etwas dagegen tun. Das wichtigste ist – wie in allen diesen Fällen – ein ausreichender Kenntnisstand, der Wille zur Änderung und die Nutzung aller therapeutischen Möglichkeiten, in eigener Regie und mit ärztlicher oder psychologischer Hilfe. Am Burnout-Syndrom könnte es sich zeigen, wie effektiv ein konsequentes Gegensteuern in eigener Regie wirkt, wenn man nur über die entsprechenden Informationen verfügt.

Depressionen

Depressionen nehmen zu. Ihr Beschwerdebild ist quälend. Die Folgen können verhängnisvoll sein, vor allem wenn man eine drohende Selbsttötungsgefahr übersieht. Deshalb gehören die Depressionen auch zu den gefürchtetsten Krankheiten. Leider sind sie oftmals schwer zu erkennen. Denn Depression ist nicht gleich Depression. Vor allem ist Depression nicht identisch mit jeglichem Verstimmungszustand. Denn wenn man jede Gemütsbewegung mit einer Depression gleichsetzt, dann kann man zuletzt jene Patienten nicht mehr erkennen, die wirklich unter einer ernsten Schwermut zu leiden haben. Deshalb ist es wichtig, die verschiedenen Beeinträchtigungen des Gemütslebens auseinanderzuhalten. Nur so kann man die Betroffenen verstehen, zu einem Arztbesuch ermuntern, betreuen und verhindern helfen, daß es zu einem Rückfall kommt. Es gilt also zu unterscheiden: Stimmungsschwankungen sind allgemeine Möglichkeiten menschlichen Erlebens. Trauer ist die schmerzliche Folge eines Schicksalsschlages, aber ebenfalls eine natürliche Reaktionsweise. Die Depression dagegen ist eine Krankheit, die einer entsprechenden Therapie bedarf, die glücklicherweise in der Mehrzahl der Fälle auch erfolgreich ist.

Das Gefühlsleben

Das *Gefühlsleben* ist eines der wichtigsten Aspekte menschlichen Lebens. Seine Bedeutung erkennt man oft erst dann, wenn man in seiner Stimmung, Gemütslage oder – wie die Fachausdrücke lauten – wenn man emotional oder affektiv beeinträchtigt ist.

Dabei nehmen wir positive Zustandsgefühle wie Freude, Beglücktheit, Zufriedenheit, Zuversicht, Wohlbehagen usw. gerne hin. Meist machen wir uns keine Gedanken darüber, daß es auch unangenehme Zustandgefühle geben muß wie Verzagtheit, Kummer, Furcht, Gereiztheit, Ärger, Wut, Neid, Eifersucht, Verzweiflung usw. Solche negativen Gestimmtheiten können allgemeiner Natur sein. Dann nennt man sie Verstimmungszustände. Oder sie nehmen krankhafte Formen an. Dann handelt es sich beispielsweise um Angststörungen oder Depressionen. Zuerst jedoch einige Bemerkungen zu den häufigsten „normalen" Beeinträchtigungen der Gemütslage, nämlich den alltäglichen Verstimmungszuständen und der nachvollziehbaren Trauerreaktion.

Verstimmungszustände

Verstimmungszustände sind keine Krankheit. Sie sind lediglich Befindlichkeitsschwankungen und damit allgemeine Möglichkeiten menschlichen Erlebens. Meist sind sie abhängig von zwischenmenschlichen Einflüssen wie Partnerschaft, Nachbarn, Arbeitsplatz, aber auch von äußeren Faktoren wie Wetter, Klima und normalen körperlichen Funktionen wie die Monatsblutung.

Stimmungsschwankungen haben zugenommen. Dies ist auch Ausdruck unserer Zeit mit ihrer Schnellebigkeit und Hektik und den gestiegenen Ansprüchen; vor allem aber ein Zeichen wachsender Unfähigkeit, mit den natürlichen Belastungen unseres Lebens in eigener Verantwortung und Initiative fertigzuwerden. Auch Überforderung, Streß, der Mangel an echter Erholung sowie ein Übermaß an Genußmitteln wie Alkohol, Nikotin, Kaffee usw. tragen das ihre dazu bei. Die Folgen sind Unzufriedenheit, Mißgestimmtheit, Reizbarkeit, Aggressivität, Erschöpfung, Erholungs*un*fähigkeit usw. bis hin zum „inneren Ausbrennen" (s. auch Burnout-Syndrom, Seite 117).

Getan wird wenig dagegen, dafür wachsen die Forderungen. Das bekommt auch der Arzt zu spüren. Was man in eigener Regie dagegen unternehmen kann, das wird oft nicht ernstgenommen – leider. Dabei sieht es im Grunde jeder ein: tägliche (!) körperliche Aktivität, möglichst bei Tageslicht (Gesundmarsch, Gartenarbeit, Fahrradfahren, Langlauf, Schwimmen, Turnen, Gymnastik, Tanz, sonstige sportliche Betätigung, jedoch ohne gesundheitsgefährdenden Ehrgeiz). Ferner Bürstenmassagen, Wechselduschen, Sauna, Kneippsche Anwendungen, Vollkornkost und natürlich keine oder nur mäßig genossene Genußgifte. Dazu Überforderungen vermeiden (auch in der Freizeit) und vor allem Entspannungsverfahren lernen (Autogenes Training, Yoga u.a.), *bevor* man sie nötig hat. Kurz:

Verstimmungszustände sind natürliche Schwankungen innerseelischen Empfindens und keine Krankheit. Sie bedürfen keiner gezielten Behandlung, schon gar nicht mit Psychopharmaka wie z. B. Beruhigungsmitteln. Dagegen lassen sie sich meist durch natürliche Maßnahmen mildern oder beheben. Das setzt allerdings eine konsequente Eigeninitiative voraus.

Trauer

Eine *Trauerreaktion* mit Traurigkeit, Niedergeschlagenheit, Resignation, ja sogar Hoffnungslosigkeit und bisweilen Verzweiflung pflegt ebenfalls zu den natürlichen seelischen Reaktionsweisen zu zählen. Jeder Mensch kennt solche Gefühle und weiß auch um die möglichen Ursachen. Eine Trauerreaktion kann viele Gründe haben, diese sollte man vor allem nicht an den eigenen Maßstäben messen. Allein der Betroffene entscheidet darüber, was er zu bewältigen vermag – und was ihn niederdrückt. Das können auch scheinbare „Kleinigkeiten" sein, besonders in jungen Jahren und im letzten Drittel des Lebens. Am ausgeprägtesten ist die Trauerreaktion nach einem schwerwiegenden Schicksalsschlag, z. B. nach dem Verlust eines nahestehenden Menschen, vor allem nach schwerer Erkrankung oder Tod des Partners.

Jedenfalls ist der Trauerprozeß eine der intensivsten und schmerzhaftesten Gefühlsbelastungen, die durch regelrechte „Trauerarbeit" überwunden werden muß. Man pflegt sie in mehrere Phasen einzuteilen, die sich wiederholen können. Das dauert in der Regel länger als gemeinhin angenommen bzw. von der meist ungeduldigen Umgebung akzeptiert wird. Denn Trauernde sind eine Belastung, mit der man nicht mehr richtig umzugehen versteht. Deshalb sollen sie möglichst bald ihre Trauer überwinden – nicht zuletzt zur Schonung der anderen.

Eine wirkliche, eine entlastende Betreuung ist schwieriger, als sich die meisten vorstellen und auch zutrauen. Auf jeden Fall darf man nicht versuchen, dem Trauernden die Trauer zu nehmen. Trauernde werden meist falsch betreut, nämlich zuviel am Anfang und zu wenig im Laufe der folgenden Leidenszeit, die sich ja über Monate und manchmal Jahre erstrecken kann. Schon nach kurzer

Zeit empfindet man sie sogar als belastend und zieht sich zurück. Damit gerät der Trauernde unter Druck von zwei Seiten: eigener Schmerz und Forderung der Umgebung. Daher ist es wichtig, sich einige grundsätzliche Erkenntnisse über die Betreuung von Trauernden zu merken:

Der Trauerprozeß kann durch falsche Ratschläge, nutzlose Appelle, leere Redensarten usw. noch mehr erschwert werden. Deshalb nicht oberflächlich trösten oder den Verlust herunterspielen, sondern eher still mitleiden. Anwesenheit und stumme Zuwendung bedeuten mehr als Worte. Geduld haben – und zwar auf lange Sicht. Vorsicht vor allem an Wochentagen, Feiertagen und Jahrestagen (Alleinsein, Erinnerung). Kleine Aufmerksamkeiten genügen: Postkarte, Anruf, kurzer Besuch. Günstig sind auch tröstliche Schriften oder der Kontakt mit einem Menschen, der seinen Trauerprozeß erfolgreich abschließen konnte. Bei plötzlichen, dramatischen oder gewaltsamen Ereignissen (z.B. entstellendem Unfalltod) mit verstärkter und verlängerter Schockphase rechnen.

Zurückhaltung bei der medikamentösen Unterstützung eines Trauerprozesses. Langfristige tröstende Verfügbarkeit, ggf. psychotherapeutische und soziotherapeutische Hilfen sind zu bevorzugen. Falls Arzneimittel mit Wirkung auf das Seelenleben nötig sind, dann sind sie nur kurzfristig einzusetzen. Vorsicht vor allem bei Beruhigungsmitteln. Sie pflegen zwar gefühlsmäßig zu distanzieren, dämpfen jedoch die Betroffenheit, stören damit die Trauerarbeit und können hierdurch den Trauerprozeß verlängern. Pflanzenheilmittel wie Johanniskraut, Baldrian, Melisse, Hopfen, Kava-Kava usw. scheinen hier einen günstigeren Kompromiß zu bieten.

Depressionen

Verstimmungszustände sind Befindensstörungen im Alltag. Die Trauer ist eine natürliche Reaktion aufgrund eines belastenden Ereignisses. Die *Depression* dagegen ist eine Krankheit, eine Gemütskrankheit. Verstimmungszustände kann man überwinden lernen. Bei der Trauerreaktion „heilt meist die Zeit die Wunden". Eine Depression hingegen kann man nicht einfach überwinden, aussitzen, überspielen, verdrängen oder ausschalten.

Eine Depression verändert ihr Opfer tiefgreifend, und zwar seelisch, körperlich, zwischenmenschlich und leistungsmäßigberuflich. Während einer Depression kann man das Leben nicht mehr so weiterführen wie bisher – oder nur mit der größten Anstrengung. Depressionen sind vor allem deshalb so gefürchtet, weil sie *alle* Lebensbereiche beeinträchtigen. Einer Depression ausgeliefert sein heißt, nirgends mehr Zuflucht zu finden. Depressionen gehören zusammen mit der Alzheimer-Demenz nicht umsonst zu den gefürchtetsten Krankheiten.

Wen treffen Depressionen?

Niemand kann vor einer depressiven Erkrankung sicher sein. Kein Wunder, depressive Zustände nehmen zu. Heute vermutet man, daß zwar nur wenige (rund 1 %) wegen einer schweren Depression in einer psychiatrischen Fachklinik behandelt werden müssen, doch mehr als jeder zehnte Patient des Hausarztes unter depressiven Zuständen leidet. Und das schlimmste dabei: Nicht einmal ein Fünftel der Betroffenen wird rechtzeitig als depressiv erkannt und konsequent behandelt. Dabei fallen die körperlichen und sozialen Beeinträchtigungen im Durchschnitt stärker aus als bei Patienten mit so weit verbreiteten chronischen Krankheiten wie Hypertonie, Diabetes mellitus, Arthritis oder Beschwerden der Wirbelsäule. Bei einer reinen Depression beträgt die durchschnittliche Zahl der Arbeitsunfähigkeitstage pro Monat 8,7, bei einer chronischen körperlichen Krankheit dagegen lediglich 2,6.

Zwei Vorstellungen gilt es jedoch zu korrigieren: Das höhere Lebensalter stellt weder einen besonderen Risikofaktor noch einen Schutz gegen erstmalige depressive Erkrankungen dar. Und auch im Kindes- und Jugendalter sind depressive Erkrankungen nicht selten – im Gegenteil. Bei Jugendlichen ist die zweithäufigste Todesursache inzwischen der Tod durch eigene Hand (bis zu 80 % aller Suizidopfer jeglichen Alters sollen an einer Depression leiden, nicht einmal ein Fünftel davon soll gezielt behandelt worden sein). Am häufigsten brechen depressive Zustände sogar in den „besten Jahren" aus. Man ist also in keinem Lebensabschnitt gegen Depressionen gefeit.

Zu den *Risikofaktoren* zählen neben dem weiblichen Geschlecht vor allem eine erbliche Belastung, also depressive Erkrankungen in der Familienvorgeschichte. Dabei darf man nicht nur die Eltern, sondern muß auch deren Vorfahren einbeziehen, also die Großeltern und deren Verwandte mütterlicher- und väterlicherseits. Je genauer man nachprüfen kann, desto häufiger stößt man auf den Verdacht einer erblichen Vorbelastung. Das ist allerdings oft schwierig, denn früher kannte man sich mit Depressionen weit weniger aus und versuchte vor allem alles zu vertuschen, was irgendwie seelisch auffällig war.

Daneben gibt es aber auch weitere Risikofaktoren, vor allem auf sozialem Gebiet: Getrennte und geschiedene Personen und solche ohne vertraute Umgebung erkranken eher. Als wichtigster Schutzfaktor erweisen sich vertrauensvolle menschliche Beziehungen und eine positive berufliche Einstellung. Offenbar spielen die häufig als Ursache herangezogenenen belastenden Lebensereignisse oder Schicksalsschläge vor allem eine Auslöserrolle im Vorfeld der ersten depressiven Episoden. Dagegen scheint für wiederholte Depressionen eher eine biologische (pathophysiologische) Krankheitsanfälligkeit von Bedeutung. Die ersten Auslöser kommen mehr von außen, die späteren von „innen". Besonders kritisch wird es dann, wenn sich die Schicksalsschläge so häufen, daß sich das Opfer dazwischen nicht mehr recht erholen kann.

Wie kann man eine Depression erkennen?

Depression ist nicht nur Schwermut. Im Gegenteil: Viele Depressive schleppen sich erst einmal mit Leistungsabfall und körperlichen Beschwerden dahin, und dies oft viel zu lange. Sie klagen vor allem über Schlaf-, Appetit-, Magen-Darm-, Herz- und Atmungsstörungen, über Verspannungen, Gelenk-, Rücken- und Muskelschmerzen, ehe sie – meist nur auf direktes Befragen – auch Merk- und Konzentrationsstörungen, Unruhe, innere Anspannung, Entscheidungsunfähigkeit, Interessenschwund, Gleichgültigkeit und allgemeine Lustlosigkeit zugeben. Dabei hilft die alte Erkenntnis weiter: Eine Depression äußert sich eher in einer Art Elendigkeitsgefühl („wie bei einer schweren Grippe") als durch auffällige Traurigkeit.

Zu den häufigsten Krankheitszeichen gehören folgende Symptome:

- depressive Herabgestimmtheit von abnormem Ausmaß, was ihre Intensität und Dauer anbelangt
- Verlust von Interesse und Freude
- verminderter Antrieb und abnorme Ermüdbarkeit
- ferner Verlust von Selbstvertrauen und Selbstwertgefühl
- unbegründete Selbstvorwürfe
- Gedanken an den Tod, auch von eigener Hand
- Denk- und Konzentrationsstörungen
- Bewegungsstörungen: entweder passiv, schwach, kraftlos oder gespannt-rastlos umhergetrieben
- Schlafstörungen
- ausgeprägte Änderungen des Appetits (meist Gewichtsverlust, seltener Heißhunger).

Nachfolgend eine stichwortartige, aber dafür ausführliche Übersicht der wichtigsten Krankheitszeichen auf seelischer, körperlicher und zwischenmenschlicher Ebene.

Seelische Krankheitszeichen der Depression

Allgemeine Aspekte

Die *seelischen Symptome einer Depression* werden sonderbarerweise seltener beklagt oder sogar als beeinträchtigend empfunden, obgleich es sich hier ja um ein psychisches Leiden handelt, dessen seelische Krankheitszeichen wohl auch am meisten belasten sollten. Deshalb muß man die psychischen Symptome regelrecht abfragen; von selbst kommen sie nur selten zur Sprache. Dann aber nehmen die Betroffenen oft erstmals verwundert wahr, unter welcher Vielzahl von Beeinträchtigungen sie zu leiden haben. Im einzelnen:

- „Herabgestimmt", bedrückt, niedergeschlagen, trostlos, resigniert, unglücklich, quälend schwermütig
- überdrüssig, lustlos, freudlos (wichtiger Hinweis: an nichts mehr Freude haben), ferner unfähig, zu genießen, ja überhaupt etwas zu empfinden („gefühlte Gefühllosigkeit"), schließlich sogar zu trauern bzw. zu weinen („tränenlose Trauer")

– allgemeines Elendigkeitsgefühl; wie zerschlagen, tiefes Unwohlsein mit einer Art genereller, schwer beschreibbarer „Übelkeit" usw.

– energielos, passiv, schwach, kraftlos, leicht und rasch erschöpfbar, ohne Initiative, Schwung und Antrieb, willenlos, matt, apathisch, bisweilen regelrecht „versteinert" (Fachausdruck: psychomotorisch gehemmt; Extremzustand: depressiver Stupor)

– innerlich unruhig, gespannt, getrieben, fahrig, nervös, „wie unter Strom", mit leerem Beschäftigungsdrang, ziellosem oder rastlosem Umhergetriebensein (Fachausdruck: agitiert); ferner jammerig, klagsam, anklammernd (erhöhte Selbsttötungsgefahr!)

– mutlos, verzagt, ratlos, schwernehmend, pessimistisch, leicht irritierbar, hoffnungslos, selbstzerstörerisch, negative Sichtweise („schwarze Brille"), Überbewertung aller Probleme, Gefühl der Aussichtslosigkeit, ja fatalistisch, mit unbeirrbarer Suche nach Negativem

– verschämt (Schamgefühle gehören zu den am meisten peinigenden Symptomen, obgleich sie fast nie zur Sprache kommen oder gerne bewußt „übersehen" werden)

– interesselos, schließlich völlige Gleichgültigkeit auf allen Gebieten, teils durch eine alles durchdringende Kraftlosigkeit, teils durch die gefürchtete „Leere im Kopf" (siehe unten)

– überempfindlich, leicht verletzlich und kränkbar, unzufrieden, vorwurfsvoll und ggf. ungerecht, rasch und unvermittelt mit Verzweiflung reagierend; aber auch reizbar, mißgestimmt, mürrisch, aufbrausend oder gar aggressiv bis feindselig („feindselige Depression", insbesonders im höheren Lebensalter)

– Minderwertigkeitsgefühle, allgemeine Unsicherheit, mangelndes Selbstwertgefühl, negative Selbsteinschätzung

– Merk- und Konzentrationsstörungen („Gedächtnisschwäche"): langsames, umständliches, zähflüssiges, mühsames Denken, Ideenarmut, „Leere im Kopf" bis zur Angst, schwachsinnig geworden zu sein (Fachausdruck: „depressive Pseudo-Demenz", die natürlich kein echter erworbener Schwachsinn, sondern nur eine vorübergehende Denkerschwernis ist)

– entscheidungsunfähig, wankelmütig, zwiespältig, hin- und hergerissen, alles bis zum Ende durchdenken und dann von neuem anfangen wollen, ziellos, ängstlich abwägend, ohne abschließende Entscheidungsfähigkeit (Fachausdruck: Ambivalenz)

- Grübelneigung bis zur Grübelsucht, unfruchtbares Gedanken-kreisen
- Schuldgefühle: Überbewertung früherer oder aktueller Ereig-nisse, häufig maßlos übertrieben, nicht selten grundlos, den-noch schuldhaftes Verarbeiten krankheitsbedingten Versagens mit Versündigungsideen, Selbstanschuldigungen ohne Grund (Partnerschaft, Beruf, Verbote, ja sogar kriminelle Handlungen)
- Beziehungsstörungen zu anderen: Unfähigkeit, gefühlsmäßig mitzuschwingen, zwischenmenschlich Zuwendung und Wärme zu vermitteln, dafür Angst vor „innerlichem Erkalten", „Glas-wand zu den anderen"
- Angstzustände: Zukunftsängste, Gefühl, unerwünscht oder im Wege zu sein, nicht geliebt oder akzeptiert bzw. verlassen zu werden bis hin zu Panikattacken
- Verarmungsideen: nichts vorweisen können, nichts haben, nur Geld verbrauchen, Krankenkasse und Familie schädigen; schließ-lich unkorrigierbarer depressiver Verarmungswahn (Fachaus-druck: paranoide Symptome)
- innere Leere mit Absterben aller Gefühle, Gefühl der Gefühl-losigkeit, wie benommen, dumpf, ausgebrannt, versteinert
- Beziehungsideen: Angst vor Tuscheleien und übler Nachrede, Mißtrauen, wahnhafte Verfolgungsideen
- Entfremdungserlebnisse („Ich bin nicht mehr ich"; „Alles ist unwirklich, fremd, abgerückt"; „Die Zeit geht nicht voran")
- weitere Krankheitszeichen wie Zwangsdenken, Zwangsbe-fürchtungen, Zwangshandeln, hypochondrische Ängste vor seelischen, körperlichen oder sonstigen Veränderungen, mitun-ter sogar wahnhafte Reaktionen
- bei allem kein echtes Krankheitsgefühl, trotz massiver Störun-gen, damit auch keine Krankheitseinsicht, eher Schuldgefühle („Ich bin schuldig, nicht krank"; „Warten auf Strafe von oben" usw.)
- Lebensüberdruß, düstere Gedanken (erst aktiv herbeigeführt, später sich passiv aufdrängend), am Schluß konkrete Selbst-tötungsüberlegungen oder gar -vorbereitungen (Fachausdruck: Suizidgefahr).

Spezielle Aspekte

Angstzustände sind besonders häufig mit Depressionen verbunden. Dies gilt vor allem für Panikattacken. Deshalb muß man insbesondere auf folgende Symptome achten (die manchmal einer späteren Depression vorausgehen können):
– Angststörungen allgemein mit den entsprechenden Krankheitszeichen (s. Seite 17)
– Panikattacken, also plötzliche und unerwartete Angstanfälle, ohne daß eine tatsächliche Bedrohung vorliegt (Beschwerdebild, s. Seite 26).

Depressiver Wahn: Ein Wahn ist eine krankhafte Fehlbeurteilung der Wirklichkeit. Wahnphänomene sind nicht nur bei der Schizophrenie oder anderen Geisteskrankheiten möglich, sondern auch bei einer wahnhaften Depression. Sie müssen jedoch der depressiven Herabgestimmtheit entsprechen. Dies äußert sich beispielsweise in:
– Verarmungsideen bis zum Verarmungswahn, obgleich die wirtschaftliche Lage unverändert (gut) ist
– hypochondrischen Befürchtungen bis zum hypochondrischen Wahn: Überschätzung vorhandener und/oder unkorrigierbarer Ängste vor nicht nachweisbaren seelischen, vor allem aber körperlichen Beschwerden bis hin zum krankhaften Erleben abstruser Veränderungen im körperlichen Bereich
– Schuld- und Versündigungswahn: schuldig am eigenen Zustand wie unverzeihliche Energielosigkeit, Gleichgültigkeit, Apathie, Unfähigkeit, Denkstörungen. Oder Schuld an fremder Not, an früheren oder bevorstehenden Katastrophen u. a.
– paranoiden Fehldeutungen: wahnhafte Beziehungsideen mit Angst vor übler Nachrede, dadurch verstärktes Mißtrauen und ratlose Ängstlichkeit. Gelegentlich Verfolgungsideen, jedoch mehr furchtsam und gedrückt, weniger reizbar und aggressiv, wie es mitunter bei schizophren Erkrankten vorkommt
– Sinnestäuschungen: gelegentlich Halluzinationen (Trugwahrnehmungen), die jedoch der depressiven Stimmungslage angepaßt sind (ängstlich-schwernehmend, schuldhaft gefärbt). Meist akustischer Art im Sinne von Stimmenhören: „innere Stimme", „Stimme des Gewissens", überwiegend besorgt, resigniert,

hoffnungslos, mahnend, mitunter auch anklagend oder diffamierend. Bei den Sinnestäuschungen des Gesichtssinnes bisweilen „Bilder und Erscheinungen" ähnlicher Tönung (Totenkopf, Kreuze). Bei den Geruchshalluzinationen unangenehme Verpestung nach verwesendem Fleisch, Fäulnis u. a.

– Leibgefühlsstörungen: abnorme, schwer beschreibbare und mit geläufigen Beschwerden oder Schmerzen kaum vergleichbare Empfindungen: Bewegungs-, Zug- und Druckgefühl im Körperinneren oder an der Oberfläche; Hitze- und Kälteempfindungen; Taubheits- und Steifigkeitsgefühle; umschriebene Schmerzen; wandernde Mißempfindungen; eigenartige Raumsinn- und Gleichgewichtsstörungen (häufig zu Beginn einer depressiven Phase) u. a.

Weitere Störungen: Nicht selten (aber nur selten beklagt) sind sogenannte

– *Wahrnehmungsstörungen:* Geräusch- und Lichtüberempfindlichkeit sowie Änderungen der Geruchs- oder Geschmackswahrnehmung: „alles so laut", „so grell", „so scharf und stechend" usw. Aber auch das Gegenteil: herabgesetztes Hörvermögen, alles „grau in grau", kein normales Geruchs- oder Geschmacksempfinden mehr etc.

– *Zeitempfindungsstörungen:* Die Zeit zieht sich endlos dahin und will einfach nicht enden = Zeitdehnung (das Gegenteil findet sich in der manischen Hochphase: Zeitraffung = alles vollzieht sich viel schneller).

Störungen des Antriebs

Bei den depressiven *Störungen des Antriebs* handelt es sich entweder um eine körperliche Unruhe und innere Getriebenheit oder um eine unerklärliche, unnatürliche tiefe Müdigkeit, Mattigkeit, Antriebslosigkeit, bis hin zu innerem Erstarren oder seelisch-körperlicher Blockierung. Besonders quälend: äußerlich gehemmt, aber innerlich unruhig.

Körperliche Krankheitszeichen der Depression

Bei den *körperlichen Krankheitszeichen* im Rahmen einer Depression finden sich vielfältige Störungen, meist ohne nachweisbare Ursache (= psychosomatisch). Bisweilen ergeben sich krankhafte Organbefunde, die jedoch nur einen Teil des geklagten Beschwerdebildes erklären (z.B. Blutdruckabfall, Gewichtsverlust, Schlaflosigkeit usw.). Die häufigsten Beispiele sind:

– Schlaf: Ein- und Durchschlafstörungen, Früherwachen, schwere Träume; tagsüber unfrisch oder dösig
– Appetit: häufig Appetitlosigkeit mit Gewichtsverlust, manchmal auch Heißhunger
– Magen und Darm: Übelkeit, Brechreiz, Völlegefühl, Blähungen, Aufstoßen, Magendruck, Krämpfe, Druckschmerzen, Verstopfung oder Durchfall
– Kopf: Kopfdruck, manchmal über den Augen, manchmal als Hinterhauptsdruck, manchmal wie ein „Helm" oder „Reifen" um den Kopf
– Sinnesorgane: Nachlassen von Seh- und Hörfähigkeit bzw. Geruch oder Geschmack, bisweilen auch Überempfindlichkeit
– Herz und Atmung: vielfältige Beschwerden bis Schmerzen in der Herzgegend (z.B. Druck auf der Brust, besonders nach dem Früherwachen), ferner Atemenge, „Kreislaufstörungen" usw.
– vegetative und andere Beschwerden: Kloß im Hals; Verspannungen, Gelenk-, Rücken- und Muskelschmerzen, meist nicht exakt festlegbar, oft wandernd; Blasenstörungen; Zungenbrennen, Mundtrockenheit, Hautüberempfindlichkeit; schwere Beine; Hitzewallungen, Kälteschauer, Störungen der Schweiß- und Tränensekretion („tränenlose Trauer"); Nachlassen von sexuellem Verlangen und Potenz; allgemeine Mißempfindungen am ganzen Körper.

Zwischenmenschliche Folgen

Die zwischenmenschlichen und beruflichen Folgen (s.u.) pflegen nach den körperlichen Beeinträchtigungen am ehesten als Belastung empfunden zu werden. Allerdings weiß man sie meist nicht richtig einzuordnen. Auch versucht man vor allem in beruflicher Hinsicht durch intensive Anstrengungen den alten Leistungsstand so lange als möglich zu halten. Im einzelnen:

– Ängstlich registrierte Minderung der Kontaktfähigkeit bei jedoch unverändert vorhandenem Kontaktwunsch: Partner, Kinder, Eltern, sonstige Verwandte, Freunde und Bekannte, Nachbarn, Berufskollegen, Zufallsbekanntschaften u. a.; dadurch Gefahr der gemütsmäßigen Vereinsamung, des Rückzugs der Umwelt, des Abbruchs alter Beziehungen mit der Unfähigkeit, neue zu knüpfen, kurz: Isolation; aber auch „leises Einschlafen der Kontakte" bei seelisch-körperlich gehemmten Depressiven und aktiver Rückzug der Umgebung bei getrieben-klagsamen, hypochondrischen oder gar hilflos-feindselig reagierenden Patienten.

– Dazu sonstige vielschichtige Probleme mit der näheren und weiteren Umgebung, z. B. im hygienischen Bereich (Vernachlässigung von Kleidung und Körperpflege, ungewohnte „Unzuverlässigkeit", „Nachlässigkeit", „Gleichgültigkeit" u. a.).

Berufliche Folgen

Hier droht vor allem das Unvermögen, mit alltäglichen Aufgaben und bisher problemlos bewältigten Schwierigkeiten fertigzuwerden: Unfähigkeit, sich zu den einfachsten Alltagsverrichtungen aufzuraffen – und wenn, dann mit plötzlich langer Anlaufzeit und unendlicher Mühsal: „doppelter Einsatz bei halbem Ertrag"; das betrifft sowohl den Beruf als auch den Haushalt; vor allem Schwierigkeiten, eine Tätigkeit zu beginnen und durchzuhalten, sogar bei automatisierten Fertigkeiten und Routinehandgriffen.

Besondere Probleme drohen bei neuen, ungewöhnlichen, unerwarteten oder schwierigen Aufgaben, bei Mehrfachbelastung, Arbeit unter Zeitdruck oder bei rasch wechselnden Anforderungen; dadurch deutlicher, z. T. peinlicher Leistungsabfall.

Die Folgen: Verwunderung, Irritation, Verärgerung, ungnädige Anfragen, demütigende Aussprachen, unnötige Auseinandersetzungen, atmosphärische Belastung in Familie und Betrieb, Gefahr der Versetzung, Herabstufung oder gar des Arbeitsplatzverlustes, entweder durch Kündigung von Arbeitgeber oder gar Patienten selbst, der durch seine krankheitsbedingten Minderwertigkeits- und Schuldgefühle schließlich völlig zermürbt aufgibt.

Die am häufigsten geäußersten Sorgen sind die drei Bereiche:
– Eingeschränkte Leistungsfähigkeit bzw. Leistungs*un*fähigkeit im Sinne von Nichts-Können, Nichts-Leisten, Versagen
– Selbstwertgefühl bzw. Minderwertigkeits- und Kleinheitsgefühle im Sinne von Nicht-gemocht-Werden, Nicht-geliebt-Werden
– Schuldfragen bzw. Selbstvorwürfe, Selbstanklagen und Schuldbewußtsein – und alles dies auch noch selbst verursacht zu haben.

> Oder, ausgedrückt in einem einzigen Satz depressiven Grübelns: „Ich kann nichts, ich bin nichts, man mag mich nicht – und schuld daran bin ich auch noch selbst."

Erschwert wird diese vernichtende Selbstbeurteilung noch von der charakteristischen Einstellung vieler Depressiver:

> • *Hilflosigkeit:* „Ich kann nichts daran ändern."
> • *Hoffnungslosigkeit:* „Nichts wird sich mehr zum Guten wenden."

Dies ist allerdings „nur" der subjektive Leidensschwerpunkt, also das, was den Patienten am meisten bewegt, was er am häufigsten äußert. Charakteristisch sind aber noch andere Krankheitszeichen, die man jedoch meist erfragen muß, weil sie den Betroffenen gar nicht so bewußt sind. Deshalb sei zum Abschluß noch auf einige Basisfragen hingewiesen, die zwar keine diagnostische Sicherheit garantieren, dennoch einen gewissen Hinweiswert besitzen:

Fragen, die helfen können, eine Depression zu erkennen

• Können Sie sich noch freuen? Oder sind Sie völlig freudlos geworden, können nicht einmal mehr auf ein erfreuliches Ereignis gemütsmäßig positiv reagieren?

- Fühlen Sie sich elend, zerschlagen, wie schwer erkrankt, jedoch ohne entsprechenden Grund?
- Fällt es Ihnen neuerdings schwer, Entscheidungen zu treffen, sogar alltägliche?
- Haben Sie das Interesse an Dingen verloren, die Ihnen zuvor viel bedeuteten?
- Neigen Sie in letzter Zeit vermehrt zum Problem-Grübeln, selbst bei völlig belanglosen Dingen?
- Fühlen Sie sich fast durchgehend niedergeschlagen, resigniert, hoffnungslos, von einer Schwermut herabgedrückt, die man nicht nur als seelisch, sondern auch als „körperlich herabgestimmt" bezeichnen kann?
- Fühlen Sie sich müde, ohne Antrieb und ohne Initiative, ja schwunglos, kraftlos – und zwar ohne vorangegangene Anstrengung?
- Sind Sie plötzlich völlig verunsichert, ohne jegliches Selbstbewußtsein, voller Minderwertigkeitsgefühle?
- Machen Sie sich übertriebene oder gänzlich haltlose Selbstvorwürfe, fühlen sich wertlos, schuldig?
- Denken, sprechen oder bewegen Sie sich plötzlich langsamer, träger, sind unschlüssig, wankelmütig, ängstlich abwiegend geworden und können damit nicht einmal mehr ihre täglichen Routineaufgaben abschließen?
- Können Sie sich nicht mehr konzentrieren, vergessen alles, sind bestürzt über Ihre „Leere im Kopf", fürchten vielleicht sogar eine beginnende Geistesschwäche, eine Demenz?
- Können Sie nicht mehr schlafen: erschwertes Einschlafen, zerhackter Schlaf, quälendes Früherwachen mit Panik vor dem neuen Tag?
- Schmeckt nicht mehr alles so wie früher?
- Haben Sie Ihren Appetit und damit an Gewicht verloren?
- Haben Sie seit einiger Zeit Probleme in sexueller Hinsicht?
- Spüren Sie immer wieder anhaltende, schwer zu beschreibende Druckgefühle, Mißempfindungen, ja Schmerzen, besonders im Kopf, in der Brust, im Rücken usw.?
- Haben Sie immer öfter das Gefühl, Ihr Leben sei sinnlos geworden?
- Denken Sie häufiger über den Tod nach – vielleicht sogar daran, sich etwas anzutun?

In diesem Zusammenhang scheinen einige Aspekte besonders charakteristisch zu sein. Dazu gehören:

- Energielosigkeit: Alles ist unendlich anstrengend und erschöpfend
- Hoffnungslosigkeit, insbesondere Zukunftsängste
- Gefühl der Wertlosigkeit
- Interesselosigkeit
- Freudlosigkeit
- Neigung zu Rückzug und damit Gefahr der Vereinsamung
- erschwertes Denken
- verlangsamte Bewegung
- Schwermut: Alles ist grau und trostlos

Weitere Fragen zur Diagnose

Für den Arzt sind schließlich noch nachfolgende Daten wichtig, die das diagnostische Mosaik abzurunden helfen. An diese Erkenntnisse kommt er aber nur heran, wenn sie von Patient und Angehörigen zuvor geprüft, überdacht und entsprechend zurechtgelegt wurden (am besten schriftlich):

- *Auslöser:* Liegt den derzeitigen oder früheren depressiven Zuständen ein auslösendes Ereignis von subjektiver Bedeutung zugrunde?

Vorsicht: Was welche Bedeutung bzw. Erschwernis hat, entscheidet einzig und allein der Betroffene, nicht seine Umgebung. Wie frustrierend oder gar verhängnisvoll solche Fehleinschätzungen sein können, kennt jeder aus seiner eigenen Jugend, den Satz noch im Ohr: „Deine Sorgen möchte ich haben …!" Bei den subjektiven Auslösern auch auf sogenannte Jahrestagreaktionen achten, d. h. erinnungsschwere und damit kritische Daten wie Todestag naher Angehöriger, Erkrankungs-, Trennungs- oder Scheidungstermine, sonstige Verluste oder heimlich belastende Ereignisse u. a.

Im übrigen können auch chronische Belastungen unbemerkt jene Grenze erreichen, die dann zum entscheidenden Auslöser werden, auch wenn sie von niemandem als Ereignis von Bedeutung eingestuft werden.

Allerdings ist es nicht einfach, zwischen „echten" und vorge-schobenen, zumindest überbewerteten Unannehmlichkeiten zu unterscheiden. Viele Patienten und vor allem Angehörige neigen in ihrer Not und Verzweiflung dazu, zu nachvollziehbaren, nach außen einigermaßen stichhaltigen Ursachen und Motiven Zu-flucht zu nehmen und diese dann einseitig und beharrlich als ent-scheidendes Kriterium anzubieten bzw. immer wieder in den Vordergrund zu stellen. Das sind dann meist bedrückende Ge-schehnisse, die durchaus einen möglichen Grund abgeben kön-nen, bei genauem Nachfassen aber dann doch nicht so entschei-dend sind. Hier wird der Arzt gezwungen sein, mit Takt und Verständnis weiterzuforschen, ohne die Erklärungsversuche von Patient und Angehörigen deshalb in Frage zu stellen.

- *Organische oder medikamentöse Ursachen:* Welche körperli-chen Krankheiten wurden bisher festgestellt (körperlich be-gründbare Depression?); welche medikamentösen Maßnahmen wurden angesetzt oder laufen noch (medikamentenbedingte Depression?)?
- *Reaktive Faktoren:* Gab oder gibt es im Leben des Patienten Ereignisse, die ihn seelisch und/oder psychosozial belasten und die ihm im Grunde nicht mehr losgelassen haben – auch wenn er darüber nicht spricht (s. o.)?
- *Erschöpfungszustand:* Ist der Patient einer gefühlsmäßigen Be-lastung bzw. entlastungslosen Streß-Situation ausgesetzt, z.B. in Partnerschaft, Familie, Nachbarschaft, Berufsleben (Er-schöpfungsdepression)?
- *Verlauf:* Hat der Patient bereits ein- oder mehrmals depressive oder manische Phasen unterschiedlicher Ausprägung durchge-macht – evtl. an bestimmte Jahreszeiten wie Frühjahr oder Herbst gebunden oder – ggf. weniger ausgeprägt, aber gleich-wohl belastend – in der dunklen Jahreszeit (also etwa zwischen November und Februar/März)?
- Beim weiblichen Geschlecht ist besonders die Zeit nach einer Schwangerschaft von Bedeutung. Dort irritieren zwar fast im-mer die sogenannten „Heultage", doch sind diese normal. Die Frage lautet: Hat sich einige Tage nach der an sich komplikati-onslosen Geburt eines gesunden Kindes plötzlich eine ausge-prägte Schwermut eingestellt, die weit über die bekannten

Heultage hinausgegangen ist und mehrere Woche angedauert hat?

- *Erbliche Belastung/Disposition:* Ist der Patient durch seelische Störungen oder Erkrankungen seitens Großeltern, Onkels, Tanten, Nichten, Neffen, Eltern, Geschwister eventuell vorbelastet?

Es ist wichtig, sich nicht nur auf *eine* Eltern-/Großeltern-Generation zu konzentrieren, nur weil man diese besser kennt („Von der anderen Seite gibt es wenig zu berichten" oder „Die kennen wir fast gar nicht"). Gerade bei jenen Personen, von denen man am wenigsten weiß bzw. von denen am wenigsten „rausgelassen" wurde, kann die wegweisende Krankheits-Vorgeschichte am ergiebigsten sein (s. u.). Die Frage nach der erblichen Belastung oder mindestens Disposition (Neigung, in diesem Falle also ein Art Anfälligkeit) ist von größter Wichtigkeit, auch wenn ihr Hinweiswert nur selten genutzt wird. Manchmal ist sie leicht, in der Regel aber nur schwer und vor allem unvollständig zu beantworten. Zum einen kann man sich kaum mehr an die meisten Verwandten erinnern, zum anderen wurden gerade seelische Störungen – bewußt oder unbewußt – früher viel häufiger vertuscht. Deshalb gilt es sorgfältig nachzufragen, zumal solche Gemütskrankheiten nicht selten eine Generation überspringen.

Auch sollte man nicht nach „Geisteskrankheiten", „psychiatrischem Krankenhausaufenthalt" oder gar „Selbstmordversuchen" fragen, was nur schockiert und damit blockiert, sondern eher nach häufigen Beschwerden bzw. Ereignissen forschen, die meist für unverfänglich gehalten werden: hartnäckige Ein- und Durchschlafstörungen, quälendes Früherwachen, ausgeprägte und unbegründete Angstzustände, längerdauernde Phasen von unerklärlicher Traurigkeit, die sich dann wieder verflüchtigten, vielleicht sogar in eine überzogene Hochstimmung umschlugen bzw. ganz allgemein „Schicksalsschläge", „Nervenzusammenbrüche" usw.

Wichtig: Die erstmalige Reaktion auf die Frage nach solchen genetischen Aspekten ist häufig unergiebig. Die Antwort nach einer erblichen Belastung ist meist ein spontanes und glattes: „Nicht bekannt". Deshalb sollte man diese Frage nach einiger Zeit erneut stellen, durchaus auch ein drittes und viertes Mal. Zwar führte die erste Frage zu einer scheinbar eindeutigen Stellungnahme („nichts"), hat aber doch in den meisten Fällen einen Denkprozeß angestoßen. Dies betrifft nicht zuletzt den Partner oder andere Angehörige, die natürlich viel unbelasteter nachforschen und antworten können. Wird die Frage also nicht mehr wiederholt, trauen sich manche Angesprochene auch nicht mehr, darauf zurückzukommen. Wird sie jedoch wiederholt, ist das die heimlich erhoffte Gelegenheit, Vergessenes wieder aufzufrischen – und damit dem Patienten bzw. seinem Arzt entscheidend weiterzuhelfen.

Spezielle Fragestellungen

Drei Problemkreise sind es noch, die die Betroffenen und vor allem ihre Angehörigen bewegen:
1. die *ersten* Krankheitszeichen (zum allg. Beschwerdebild s. S. 150)
2. die Unterscheidung zwischen Trauer und Depression (zur Trauer s. S. 146) sowie
3. die drohende Suizidgefahr.
Im einzelnen:

Welches sind die ersten Krankheitszeichen einer Depression?

Im Gegensatz zu manchen anderen seelischen (und vor allem körperlichen) Leiden ist es bei der Depression gar nicht so einfach, sogenannte *Warn- oder Vorposten-Symptome* auszumachen. Das liegt zum einen am vielfältigen Beschwerdebild, das so weit gespannt bzw. verwirrend sein kann wie bei kaum einer anderen Krankheit. Zum anderen fallen bei der Depression besonders körperliche oder zwischenmenschliche Beeinträchtigungen auf, die natürlich – zumindest zu Beginn – kaum mit der seelischen Störung Depression in Zusammenhang gebracht werden.

So bemerken die meisten als erstes eine Veränderung ihres Schlafes, also Ein- und Durchschlafstörungen („zerhackter Schlaf") mit belastenden Träumen und schließlich auch das gefürchtete Früherwachen mit „Berg auf der Brust und Panik vor dem neuen Tag". Dann läßt auch der Antrieb zu wünschen übrig: müde, matt, ohne Initiative und Schwung, schließlich zunehmend energielos, passiv, zuletzt schwach, kraftlos, vor allem leicht und rasch erschöpft. Besonders verwirrend und peinigend ist dabei die Kombination aus äußerlich antriebslos, ermattet oder völlig hinfällig und innerlich unruhig, gespannt, gleichsam „wie unter Strom".

Nach und nach kommt es auch zu Appetitstörungen und Gewichtsverlust, wobei letzteres weniger stört, weil es die meisten Patienten ihrem „Idealgewicht" zuzuführen scheint. Soweit die Hinweise, wie sie am häufigsten beklagt werden.

Für Menschen mit einiger Fähigkeit zur „Innenschau" und Objektivität aber hat sich schon lange vorher eine gewisse Lustlosigkeit, ja Freudlosigkeit eingeschlichen sowie eine wachsende Unfähigkeit, zu genießen. Manche klagen auch über ein undefinierbares „Grippegefühl", das sich später zu dem erwähnten „Elendigkeitsgefühl" auswachsen wird. Besonders verwirrend, weil nicht nur zermürbend, sondern vor allem kaum begründbar, ist eine zunehmend pessimistische, ja mutlose Einstellung und das Nachlassen früherer Interessen, zumindest jener, die eine gewisse Mindestaktivität voraussetzten. Sorgenvoll registriert wird auch eine zunehmende Merk- und Konzentrationsstörung, ja wachsende Vergeßlichkeit. Die später so gefürchtete „Leere im Kopf", die besonders intellektuell Interessierte bis zum Lebensüberdruß und damit in eine gefährliche Selbsttötungsgefahr treiben kann, prägt sich erst nach und nach aus.

In zwischenmenschlicher und vor allem beruflicher Hinsicht fällt auf, daß zuerst intensive, später sogar alltägliche Kontakte immer schwerer durchgestanden, ja überhaupt ertragen werden. Die Leistungsfähigkeit nimmt rapide ab, vor allem unter Druck und bei mehrschichtigen, komplexen Aufgaben. Natürlich sind das alles erst einmal „allgemeine Streßreaktionen" und „Störungen der Befindlichkeit", wie das so schön heißt. Sie können in der Tat jeden und zu jeder Zeit treffen, deshalb muß man noch keine Depression befürchten. Entscheidend ist jedoch die Art und Weise, wie die Betroffenen (und ihre Angehörigen) das Ganze darstellen bzw. durch ihre Schilderung bewußt oder unbewußt interpretieren – und damit den Arzt nicht selten auf eine falsche Fährte locken.

So ist die häufigste Diagnose zu Beginn einer Depression eine Fehldiagnose, meist als vegetative Dystonie oder Labilität oder psychovegetativer Erschöpfungszustand verkannt (s. S. 211). Und entsprechend sehen auch die Therapievorschläge aus: Ausspannen, Kürzertreten, einmal so richtig ausschlafen, endlich die überfälligen Restferien des letzten Jahres nachholen; und wenn Medikamente, dann vor allem Schlaf- und Beruhigungsmittel. Das hilft auch fürs erste, aber eben nur fürs erste. So müssen die meisten Depressionen erst einmal so richtig „durchbrechen", seelisch zermürben, körperlich belasten und zwischenmenschlich bzw. beruflich irritieren oder gar Schaden anrichten, bevor man auf die richtige Ursache kommt.

Wie kann man zwischen Traurigkeit und Depression unterscheiden?

Traurigkeit ist ein Gefühl, die *Trauer* eine normale Reaktion auf einen (schwerwiegenden) Verlust oder Schicksalsschlag.

Auch bei der „einfachen Trauer" kann sich ein ausgeprägtes depressives Beschwerdebild mit Niedergeschlagenheit, Appetitlosigkeit, Gewichtsabnahme und Schlafstörung einstellen. Selbst Schuldgefühle sind möglich, doch kreisen sie dann in der Regel um nachvollziehbare Skrupel, z. B. frühere Auseinandersetzungen, Streit, Spannungen, Pflege. Und treten Todesgedanken auf, beschränken sie sich gewöhnlich auf die Überlegung, daß es vielleicht besser wäre, ebenfalls tot zu sein. Solche düsteren Gedanken pflegen jedoch nicht das Ausmaß diffuser oder gar konkreter Selbsttötungsphantasien anzunehmen. Auf jeden Fall hält der Betroffene seine Gefühle noch für „normal", selbst wenn er z. B. wegen Schlafstörungen medikamentöse Hilfe sucht.

Der *Übergang von Trauer zur Depression* kann allerdings auch fließend verlaufen. Die größten Unterscheidungsschwierigkeiten findet man in der Regel im höheren Lebensalter (siehe Seite 171). Doch gibt es einige Unterscheidungshilfen, deren Wert jedoch nicht unkritisch überdehnt werden sollte.

So spricht man nicht mehr von Trauer, sondern von einer krankhaften *depressiven Störung,*

– wenn die Verstimmungen im Sinne einer seelischen und sogar körperlichen „Herabgestimmtheit" ununterbrochen länger als einige Wochen oder gar Monate bestehen (was mitunter aber auch bei ausgeprägten Trauerreaktionen möglich ist, vor allem im höheren Lebensalter)

– wenn die Verstimmungen vom Betroffenen selbst als nicht nur quälend, sondern zumindest teilweise fremd und nicht abschüttelbar erlebt werden

– wenn die Verstimmungen mit bedrängenden, ja beherrschenden Gefühlen von Schuld und Unfähigkeit (nicht Können trotz Wollen), mit gleichgültiger Selbstvernachlässigung, mit Todeswünschen oder gar konkreten Selbsttötungsideen bzw. -absichten einhergehen (siehe unten)

– wenn die Verstimmungen von außen, d. h. durch zwischenmenschliche Kontakte, nicht in der üblichen Weise zu lindern sind und

– wenn der Gesamtzustand so unerträglich wird, daß der Betroffene ärztliche Hilfe aufsuchen muß.

Vor allem die letzte Erkenntnis ist ein alter, einfacher und in der Tat nicht unbegründeter Unterscheidungsfaktor: Wer nur traurig ist, geht kaum zum Arzt.

Wann droht eine Selbsttötungsgefahr?

Die wahrscheinlich größte Sorge aber betrifft die Unsicherheit: Wird der Patient irgendwann versuchen, in seiner Not Hand an sich zu legen? Deshalb hierzu einige Fragen und Hinweise:

Hat der Patient bereits einmal einen Selbsttötungsversuch unternommen, heimliche Vorbereitungen getroffen, sich entsprechender Selbsttötungsphantasien nur mit Mühe erwehren können? Gibt es ähnliche Geschehnisse oder Gerüchte in der näheren oder weiteren Familie beider Elternteile?

Die wichtigsten Anhaltspunkte für ein *erhöhtes Selbsttötungsrisiko* sind: frühere Suizidversuche oder suizidale Äußerungen; das Vorkommen von suizidalen Handlungen oder Androhungen im Bereich der Verwandtschaft oder näheren Umgebung (Nachahmungseffekt, Sogwirkung, Identifikationsneigung); offene oder versteckte Suiziddrohungen; die Äußerung konkreter Vorstellungen über Vorbereitung oder Ausführung; Selbstvernichtungs- oder Katastrophenträume; „unheimliche Ruhe" nach vorangegangener suizidaler Unruhe, Aufgewühltheit oder Zerrissenheit; ängstlich-gespanntes oder getriebenes Verhalten; lang dauernde, zermürbende Schlafstörungen; unterdrückte Gefühlsausbrüche und Aggressionsstauungen; Beginn oder Abklingen depressiver Phasen; biologische Krisenzeiten (Pubertät, Schwangerschaft, Stillzeit, Wechseljahre, Rückbildungsalter); schwere Schuld- und Unfähigkeitsgefühle; unheilbare Krankheit oder Wahnvorstellung vor einer unheilbaren Krankheit; Suchtgefahr (Alkoholismus, Rauschgiftsucht, Medikamentenmißbrauch, Mehrfachabhängigkeit); familiäre Probleme in früher Kindheit (Trennung, Scheidung, Tod eines Elternteils, Stiefeltern, Heimaufenthalt); Fehlen oder Verlust mitmenschlicher Kontakte (Vereinsamung, Entwurzelung, Liebesenttäuschung); berufliche oder finanzielle Schwierigkeiten; Fehlen eines Aufgabenbereichs und Lebensziels; Fehlen oder Verlust tragfähiger religiöser Bindungen usw.

Um die aktuelle Suizidgefahr einigermaßen abschätzen zu können, gibt es eine Reihe von Fragen, die nicht nur gezielt, sondern für manche sogar indiskret, wenn nicht gar als unzumutbar empfunden werden. Andererseits ist jedoch zu bedenken: Wie hoch kann der Preis werden, wenn sich die Zurückhaltung nicht auszahlt? Was ist wichtiger: Die Wahrung sogenannter gesellschaftlicher Normen oder die Erhaltung eines Lebens?

Solche gezielten Fragen zur Prüfung der Selbsttötungsgefahr sind beispielsweise:
- *Empfinden Sie gegen jemanden Wut, Zorn, Haßgefühle, die Sie unterdrücken müssen?* Aggressionen, die unterdrückt werden (müssen), können sich gegen die eigene Person richten.
- *Haben sich Ihre Interessen, Gedanken und zwischenmenschlichen Kontakte gegenüber früher eingeengt?* Je mehr sich die Außenkontakte reduzieren, die Gefühlswelt verarmt, das Blickfeld einengt, die Zukunft „röhrenförmig" auf suizidale Impulse zentriert, desto größer die Gefahr.
- *Haben Sie schon daran gedacht, sich das Leben zu nehmen?* Diese schockierende Frage löst eine heimliche Suizidgefahr nicht aus, sondern macht sie oftmals dem Betroffenen erst richtig bewußt. Je konkreter seine Vorstellungen oder Vorbereitungen, desto größer die Gefahr.
- *Denken Sie bewußt daran oder drängen sich derartige Gedanken bereits auf, auch wenn Sie es nicht wollen?* Suizidideen, die sich passiv aufdrängen, sind gefährlicher als selbst herbeigeführte Selbsttötungsphantasien.
- *Haben Sie schon über Ihre Absichten mit jemandem gesprochen?* Jede Form von Ankündigung, versteckt wie demonstrativ erscheinend, muß ernst genommen werden. Die meisten haben auch entsprechende Andeutungen gemacht, sind aber auf Unverständnis oder Zurückhaltung gestoßen, was ihren Rückzug noch mehr beschleunigt hat.

Natürlich müssen solche Fragen vor allem dem Arzt vorbehalten bleiben. Und selbstverständlich sollte man auch alle Kraft darauf verwenden, den Patienten in ärztliche Behandlung zu bringen. Andererseits kann sich auch der Laie – sei es der Partner, ein Elternteil, Kind, Freund, Nachbarn, Berufskollege – in bestimmten Situationen nicht seiner Verantwortung entziehen. Dann ist es besser, er stellt sich dieser schweren Aufgabe, besonders wenn er über die notwendigen Grundkenntnisse verfügt. Und vielleicht wird es ihm leichter, wenn er sich dazu zwei der wichtigsten Merksätze einprägt:

> 1. „Selbstmörder ist man lange, bevor man Selbstmord begeht."
> 2. „Selbstmord, das ist die Abwesenheit der anderen."

Welche Depressionsformen gibt es?

Zwar redet man im Alltag von *der* Depression, muß aber verschiedene Formen nach Ursachen, Verlauf und sogar Beschwerdebild unterscheiden. Außerdem wird derzeit die „klassische Einteilung" der Depressionen abgelöst durch moderne Klassifikationen, z.B. durch die Weltgesundheitsorganisation (WHO) und durch die Amerikanische Psychiatrische Vereinigung (APA), auf die aber hier nicht näher eingegangen werden soll. Bei der bisherigen oder auch „klassischen" Einteilung der Depressionen, die wir hier beibehalten, weil sie verständlicher und einprägsamer ist als die neuen Klassifikationen, unterscheidet man wie folgt:

Psychogene Depressionen

Psychogene (rein seelisch ausgelöste) Depressionen sind am häufigsten. Sie haben, wie der Name andeutet, seelische, meist erlebnisbedingte oder lebensgeschichtlich bedingte Ursachen. Sie sind eine – bis zu einem gewissen Grad – nachvollziehbare Reaktion auf akute oder langdauernde Belastungen. Man unterscheidet drei Gruppen:

Die *reaktive Depression* ist durch ein äußeres, schmerzliches Ereignis verursacht. Das ist zwar bei der Trauer ähnlich, doch jetzt ist die Trauerreaktion gleichsam krankhaft entgleist. Meist handelt es sich dabei um Liebesenttäuschungen, Todesfälle, Zurücksetzung, Partner- oder materielle Probleme. Inhaltlich bleibt die Depression auf dieses auslösende Ereignis begrenzt.
Bei der *neurotischen Depression* handelt es sich um eine gestörte Verarbeitung bestimmter Erlebnisse, nicht selten schon aus der Zeit der frühen Kindheit. Entscheidend ist dabei das Zusammenspiel einer sogenannten neurotischen Persönlichkeitsstruktur mit entsprechend belastenden Umweltbedingungen. Dabei kann es sich z.B. um eine lang nachwirkende gestörte Eltern-Kind-Beziehung handeln, aber auch um jedes andere, nicht ausreichend verarbeitete Ereignis, das dann nicht zuletzt in sogenannten Schwellensituationen des Lebens (Pubertät, Nachpubertät, Heirat, Schwangerschaft, Menopause, Rückbildungsalter) wieder ausbricht.
Die *depressive Entwicklung* entsteht unter dem Druck einer gefühlsmäßigen Dauerbelastung ohne Aussicht auf Entlastung. Dazu gehören z.B. langjäh-

rige zermürbende Ehekonflikte, andauernde berufliche Überforderung, Entwurzelung durch Aussiedlung oder Exil usw. Will man diese Art der Depressionen konkreter beschreiben, nennt man sie Erschöpfungsdepression, Entwurzelungsdepression u. a.

Endogene Depressionen

Die *endogenen Depressionen* entstehen – wie der Name schon sagt – „aus dem Inneren des Organismus" (endogen). Sie sind also biologischer Natur. Zwar gehen auch hier manchmal erkennbare Auslöser voraus (Unfall, körperliche Krankheit, berufliche Zurücksetzung, materielle oder zwischenmenschliche Verluste, Auseinandersetzungen usw.), doch ist im allgemeinen keine einleuchtende Ursache festzustellen. Dafür finden sich häufig erbliche Belastungen, schon frühere depressive Zustände und ein besonders schweres Beschwerdebild mit hoher Selbsttötungsgefahr. Obgleich dabei auch zahlreiche körperliche Beschwerden beklagt werden, läßt sich meist kein krankhafter Befund nachweisen (außer z.B. Gewichtsverlust). Dennoch hat die endogene Depression vermutlich organische Ursachen, die man aber bisher nicht genau nachweisen kann (z.B. bestimmte Stoffwechselstörungen des Zentralen Nervensystems).

Auch bei dieser Depressionsform unterscheidet man drei Untergruppen:
Depressionen mit mehreren depressiven Phasen, zwischen denen längerdauernde Zeiträume liegen, in denen der Betroffene wieder völlig normal gestimmt und bei voller Leistungsfähigkeit ist. Das ist ein wichtiger Trost für Patient und Angehörige, auf den man immer wieder zurückkommen sollte. Die Dauer der depressive Phase kann sich über Wochen oder Monate, in seltenen Fällen (z.B. höheres Lebensalter) sogar noch länger erstrecken. Bei rechtzeitiger Diagnose und konsequenter Therapie kommt dies jedoch selten vor. Bisweilen finden sich auch kurzfristige, wenige Tage oder gar Stunden dauernde Phasen im schnellen Wechsel.
Bei der *manisch-depressiven Erkrankung* wechseln sich depressive und manische Phasen meist unregelmäßig ab. Einzelheiten zur Manie, der krankhaften Hochstimmung, siehe Seite 227.
Die sogenannten *Spätdepressionen (Involutionsdepressionen)* im vorgerückten Alter weisen praktisch nur depressive Phasen auf. Zwar sind ihre Krankheitszeichen im allgemeinen milder ausgeprägt und nicht so typisch wie sonst, der Verlauf dafür umso langwieriger. Doch hängt dies weitgehend von rechtzeitiger Diagnose und gezielter Therapie ab, so daß sehr langwierige Depressionen eigentlich seltener werden.

Körperlich begründbare Depressionen

Körperlich begründbare (somatogene) Depressionen stehen in ursächlichem Zusammenhang mit einer körperlichen Krankheit oder Funktionsstörung.

Dabei unterteilte man früher zwei große Gruppen:

Organische Depressionen als unmittelbare Folge von Hirnerkrankungen oder Hirnschädigungen wie Hirnverletzungen, Hirntumoren, Hirngefäßverkalkung, altersbedingte Abbauprozesse usw.

Symptomatische Depressionen als seelische Folgen körperlicher Allgemeinschädigungen und -erkrankungen, die die Hirnfunktion indirekt beeinträchtigen. Beispiele sind Infektionen und Kreislauferkrankungen, aber auch die Einnahme, besonders die mißbräuchliche, von entsprechenden Arzneimitteln usw.

Körperlich begründbare Depressionen finden sich vor allem im internistischen, orthopädischen, gynäkologischen Bereich. Die Ausprägung dieser Art von Depression ist meist geringer, das seelische Leiden häufig maskiert, d.h. hinter körperlichen Krankheitszeichen versteckt (Fachausdruck: *larvierte Depression*). Das kann dazu führen, daß man sich vor allem um das organische Beschwerdebild bemüht und auf Dauer wundert, weshalb sich trotz optimaler Therapie nichts bessert. Erst wenn man merkt, daß hier gleichsam eine unerkannte Depression den körperlichen Genesungsverlauf im geheimen bremst, und erst wenn man sich dann therapeutisch auch der versteckten Schwermut annimmt, kommt endlich der so lange ersehnte allgemeine Behandlungserfolg auf seelischer und körperlicher Ebene in Gang.

Lang anhaltende Gemütsstörungen

In letzter Zeit widmet man wieder den *leichteren, aber dafür lang anhaltenden Gemütsstörungen* besonderes Interesse. Das sind mildere Hochs und Tiefs (Fachausdruck: Zyklothymia), die bisweilen ein ganzes Erwachsenenleben andauern, eine Art leichtere chronische Verstimmung ohne Ursache. Die Perioden gehobener Stimmung können angenehm sein, die eher mißgestimmt-depressiven Zustände natürlich nicht. Dafür quälen sie aber meist auch nicht ausreichend, um einen Arzt aufzusuchen.

Neben diesem chronischen leichteren Auf und Ab gibt es auch noch depressive Dauerzustände (Fachausdruck: *Dysthymia*): müde, schlechter Schlaf, mißgestimmt, melancholisch, nichts wird genossen, jede Energie wird von einer ständigen Grübelei aufgesaugt – aber alles noch gerade ertragbar. Manchmal tritt dieser verdrießliche Zustand auch nach einer endogenen depressiven Phase, nach einem Trauerfall oder einer anderen Belastung auf, um sich bisweilen nie mehr so richtig aufzuhellen.

Winterdepression

Saisonale oder sogenannte *Winterdepressionen* sind keine neuen Erkenntnisse. Jahreszeitliche Veränderungen der Stimmung und Aktivität des Menschen sind seit altersher bekannt. Schon früher berichtete man nicht nur von zunehmenden Stimmungsschwankungen, schlechter Laune, verminderter Tatkraft, verstärkter Müdigkeit, erhöhtem Schlafbedürfnis und gesteigertem Appetit in den Herbst- und Wintermonaten, sondern auch von regelrechten Winterdepressionen, die oft von einer leichten bis mittelstarken Hochstimmung im Frühjahr oder Frühsommer abgelöst wurden.

Solche saisonal abhängigen depressiven Zustände treten auch zusätzlich bei endogenen sowie psychogenen Depressionen (siehe Seite 168/167) auf, wobei sich die eine Form auf die andere gleichsam aufpfropft.
Die Häufigkeit ist schwer festlegbar, soll aber doch mehrere Prozent in der Allgemeinbevölkerung tragen. Die Alters- und Geschlechtsverteilung spricht von einem deutlichen Überwiegen des weiblichen Geschlechts mit Schwerpunkt jenseits des 20. Lebensjahres. Die Dauer erstreckt sich auf einige Monate zwischen Herbst und Frühjahr.
Neben dem typischen depressiven Beschwerdebild (Herabgestimmtheit, innere Unruhe, Rückzug und Isolationsneigung, Interesselosigkeit, Libidostörungen, Angst, Reizbarkeit u.a.) finden sich jedoch charakteristischerweise: eher eine Appetitzunahme (statt Appetitlosigkeit), vor allem ein verstärktes Verlangen nach Kohlenhydraten (Süßigkeiten, Teigwaren) mit Gewichtszunahme sowie eine verlängerte (wenn auch nicht erquickliche) Gesamtschlafzeit.
Als Ursache vermutet man eine Störung bestimmter Botenstoffe (Neurotransmitter) durch winterlichen Lichtmangel, wie er in einigen Regionen dieser Erde (nördliche USA, Kanada, Skandinavien, Finnland, Nord-Rußland usw.) stärker ausgeprägt ist.
Die Therapie besteht in einer Verlängerung der täglichen Lichteinwirkung durch normales oder künstliches Licht.

Weitere Depressionsformen

Schließlich gibt es noch zahlreiche weitere Depressionsformen, die entweder einer der obigen Gruppen zugeordnet werden können oder verschiedene Ursachen haben: z. B. Depression in den Wechseljahren oder im Wochenbett, die schizoaffektiven Psychosen, bei denen manische oder depressive Phasen mit schizophrenen Krankheitszeichen gemeinsam auftreten usw.

Depressionen im höheren Lebensalter

Zwar sind – entgegen der herkömmlichen Meinung – *Depressionen im höheren Lebensalter* nicht häufiger als in anderen Lebensabschnitten. Allerdings finden sich oft einzelne Krankheitszeichen, die zu einem depressiven Leidensbild gehören, auch wenn es für die Diagnose einer Depression nicht ausreicht. So werden solche Beeinträchtigungen doch noch zu einer schweren Bürde, insbesondere dann, wenn vielfältige körperliche Beeinträchtigungen sowie eine Vereinsamung hinzukommen. Dabei geht es nicht nur um das leise Einschlafen der gewohnten Kontakte, sondern auch um Art und Nähe des zwischenmenschlichen Verbundenseins. Man kann sich auch in einer Menschenmasse einsam fühlen und zu Hause verloren sein.

Deshalb ist es wichtig, daß gerade depressive Zustände im höheren Lebensalter – in welcher Form und Ausprägung auch immer – rechtzeitig erkannt werden. Das ist zwar schwieriger als bei Depressionen in anderen Altersstufen, aber entscheidend für den Therapieerfolg. Und nachdem man diese Gemütsstörung erkannt hat, gilt es sie zu verstehen. Auch das kann schwieriger werden als sonst. Und ein drittes Problem tut sich bei Depressionen im Alter auf: Die Behandlung dauert länger und ist durch die Vielfalt der belastenden Einflüsse auf seelischem, zwischenmenschlichem, organischem und sozialem Gebiet komplizierter.

Wann und wie droht nun eine Altersdepression? Zwar gibt es Überschneidungen in jeder Richtung, doch lassen sich im wesentlichen drei Bereiche abgrenzen:

– psychoreaktive Depressionen
– körperlich begründbare Depressionen
– „endogene" Depressionen.

Psychoreaktive Depressionen im höheren Lebensalter

Unter einer *psychoreaktiven Depression* versteht man eine krankhafte Schwermut, die durch ein äußeres, nachvollziehbares schmerzliches Ereignis verursacht wurde (s. Seite 167). In jüngeren und mittleren Jahren handelt es sich meist um Liebesenttäuschungen, Zurücksetzung, Partnerprobleme, finanzielle und wirtschaftliche Einbußen, Todesfälle usw. Im höheren Lebensalter müssen es nicht nur einzelne Schicksalsschläge sein, es kann sich auch um eine Vielzahl von scheinbar erträglichen Ursachen handeln. Meist sind es Verlustprobleme, die für sich alleingenommen gar nicht so schwerwiegend aussehen. Doch spielen dabei zwei wesentliche Gesichtspunkte eine Rolle, die man als Nichtbetroffener oft unterschätzt:

- *Die Trostlosigkeit der äußeren Umstände im Leben vieler alter Menschen.* Das heißt nicht nur erzwungene Untätigkeit, Nachlassen von Gesundheit und damit Leistungsfähigkeit, sondern auch oftmals materielle Not und vor allem Rückzug, Verlassenheit und damit Isolationsgefahr. Dazu kommen zwischenmenschliche Konflikte, insbesondere Unstimmigkeiten mit den jüngeren Angehörigen, aber auch mit Bekannten, Freunden, Nachbarn.
- Eine große Rolle spielt die *Entwurzelung.* Das ist nicht nur der Umzug in eine andere Wohnung, eine andere Stadt, vor allem in ein Heim, sondern auch die allgemeine Vereinsamung. Dadurch wird die eigene Vergänglichkeit deutlich. Dies vor allem dann, wenn solche Fragen zuvor lange verleugnet oder verdrängt worden sind. Oder auch wenn man zu leistungs- und ichbezogen gelebt hat.

Oft genug sind solche Belastungen zwar lange vorhersehbar, vielleicht sogar erwünscht gewesen. Und doch bringen sie dann, wenn sie schließlich eintreten, das innere und äußere Gleichgewicht durcheinander. Dazu gehört beispielsweise der *Abschluß des Berufslebens.* Er wird vor allem von jenen als „Pensionierungs-Bankrott" oder „Rentenschock" erlebt, die zu eng mit ihrer beruflichen Aufgabe verbunden waren und dadurch die übrigen sozialen Kontakte vernachlässigt haben. Oder diejenigen, die ihr Leben außerhalb der beruflichen Anforderungen nicht zu gestalten wußten oder die jetzt plötzlich den Verlust von Ansehen, Einfluß und Macht nicht ertragen.

Das hört sich zwar übertrieben an, spielt aber gerade in unserer Zeit eine wachsende Rolle. Auch das *Selbständigwerden* der *Kinder* gehört dazu. Es ist zwar normal und gewünscht, kann aber auch als schmerzlicher Verlust der Elternrolle interpretiert werden. Wirtschaftliche *Armut* an sich scheint nicht zu depressiven Störungen zu führen, wohl aber eine mehr oder weniger plötzliche *Verarmung*.

Ein weiterer Gesichtspunkt, der nicht unterschätzt werden darf, ist die jeweilige *Persönlichkeit* des Betroffenen auf der einen und ihre Veränderung im höheren Lebensalter auf der anderen Seite. Denn Wesensmerkmale und charakterliche Eigenheiten entwickeln sich im Alter oft noch ausgeprägter, vor allem was ihre negative Seiten anbelangt: Der Sparsame wird geizig, wer unflexibel war, wird halsstarrig, der Vorsichtige ängstlich, der Mißtrauische wahnhaft, der Zurückhaltende vereinsamt noch mehr usw. Und wenn schon früher eine ausgeprägte seelische Erkrankung vorlag, z.B. mit Ängsten, Zwängen, krankhafter Klagsamkeit, mit Neigung zu Verstimmungen, mit Unruhezuständen oder gar Wahn und Sinnestäuschungen, dann kann sich das im Alter verstärken.

Auf jeden Fall wächst die nachvollziehbare, aber schmerzliche Erkenntnis, daß mit zunehmendem Alter die Einstellungsfähigkeit auf Neues nachgelassen hat, die Empfindlichkeit jedoch größer und die Abwehrmöglichkeiten geringer geworden sind.

Dies wird vor allem durch ein zweites Problem verstärkt, nämlich durch

• *die altersbedingten hirnorganischen Veränderungen:* Nicht nur Herz, Kreislauf, Magen und Darm, Wirbelsäule, Gelenke usw. altern und bereiten dadurch wachsende Schwierigkeiten, auch die Gehirnleistung läßt nach. Das äußert sich nicht nur in geistigen Einbußen, sondern auch in verringerter seelischer, insbesondere gemütsmäßiger und vegetativer Stabilität, d. h., auch in der schwindenden Fähigkeit, Schicksalsschläge, Kummer, Sorgen, Demütigungen und Kränkungen zu ertragen. Selbst wenn man sich nicht beklagen kann, so wird doch die Haut trotz aller Lebenserfahrungen dünner. Doch für die meisten wird auch die Lebenssituation immer schwieriger – und die Kraft, sie zu meistern, läßt nach.

Dabei handelt es sich in der Regel um normale Abbauerscheinungen. Noch belastender und ggf. folgenschwerer wird es, wenn ernstere Krankheiten ausbrechen, die dann beispielsweise zu Depressionen und Angstzuständen führen. Dabei muß es sich nicht nur um Gehirnkankheiten handeln, es kann auch andere Organe betreffen. Wie ist das zu verstehen?

Körperlich begründbare Depressionen im höheren Lebensalter

Körperliche Krankheiten machen jeden ratlos, niedergeschlagen, mutlos oder gar hoffnungslos, wenn sie sich nicht bessern wollen. Das ist eine normale Reaktion. Es gibt aber auch körperliche Leiden, die von sich aus depressive und Angstzustände auslösen können. Dazu gehören beispielsweise Erkrankungen von Herz, Kreislauf, Lunge, Bauchspeicheldrüse, Leber, Niere, Schilddrüse sowie bestimmte Infektionen, aber auch die Nebenwirkungen mancher Medikamente (s. auch S. 169). Da der Mensch immer älter wird und deshalb mit immer mehr organischen Störungen und damit entsprechenden Arzneimitteln auf einmal rechnen muß, sollte man sich bei einer Depression auch die Fragen stellen:

– Welche körperliche Erkrankung muß ich gerade durchmachen?
– Welche Medikamente nehme ich augenblicklich ein?

Dies zu klären ist natürlich die Aufgabe des Arztes. Doch ist er auf genaue Informationen seines Patienten und dessen Angehörigen angewiesen.

Endogene Depressionen im höheren Lebensalter

Zu den quälendsten depressiven Zuständen aber zählen die sogenannten *„endogenen"* Depressionen (siehe auch Seite 168). *Endogen* heißt „von innen", aus dem Organismus heraus, nicht durch äußere Einflüsse, aber auch nicht durch eine organische Krankheit bedingt, wie dies bei der oben erwähnten körperlich begründbaren Depression der Fall ist. Was sich hierbei biologisch abspielt, weiß man noch nicht genau. Offenbar stehen die Betreffenden – häufig erblich bedingt – gleichsam auf „dünnem Eis", was die Stabilität ihrer Gemütslage anbelangt. Manchmal bricht die Krankheit ohne offensichtliche Belastung aus, manchmal wird sie durch eine Zusatzbelastung ausgelöst. Dazu gehören beispielsweise im höheren Lebensalter:

– *Belastende seelische und/oder zwischenmenschliche Lebensereignisse:* Gewissenskonflikte, Vereinsamung und Isolation, angebliche Unterlassungen und Pflichtversäumnisse, Enttäuschungen, Tod von Ehepartner und Freunden, materielle Einbußen, Umzug, Pensionierung/Verrentung mit Rückgang von finanziellen Möglichkeiten, Einfluß, Macht usw. Ferner Wegzug der Kinder usw.

– *Körperliche Ursachen:* Infektionen, sonstige Leiden, ferner operative Eingriffe, Unfälle (z. B. Kopfverletzungen) u. a.

Chronische Depressionen im höheren Lebensalter

Die meisten Depressionen gehen wieder vorbei, und es bleibt nichts zurück. Dennoch gibt es Ausnahmen. Dazu gehören zum einen eher milde, dafür aber lang anhaltende oder gar Dauerverstimmungen (siehe Seite 169). Sie bedürfen zwar in der Regel keiner Behandlung, können aber ein ganzes Leben lang belasten. Schlimmer steht es um die sogenannten *chronischen Depressionen,* die auf keine Behandlung ansprechen und deshalb auch *therapieresistente Depression* genannt werden. Was spielt sich hier ab? Ist es vor allem die organische Seite, die gleichsam erschöpfungsbedingt nicht mehr auf die Füße kommen läßt? Das ist sicher ein Teil des Problems. Noch öfter aber wird man auf eine sonderbare psychosoziale Ursache stoßen, wenn man um die Hintergründe einer chronischen Depression weiß.

Häufig belastet nämlich eine *gespannte zwischenmenschliche Situation,* vor allem mit dem Partner oder mit nahen Angehörigen, aber auch mit der Nachbarschaft und im Beruf. Das ist oft die eigentliche, von niemandem durchschaute Ursache einer Dauerdepression. Viele dieser chronisch-depressiven Patienten hatten schon früher Schwierigkeiten sich anzupassen, sich einzuordnen, waren etwas „ansprüchlich" und neigten zum Egoismus. Später hat man bisweilen den Eindruck, daß zumindest einige von ihnen eine solch chronische und durch nichts zu beeinflussende Depression mehr oder weniger bewußt einsetzen, um die anderen unter Kontrolle zu halten. Das muß nicht in jedem Fall so sein, aber es lohnt sich die Klärung: Was spielt sich im zwischenmenschlichen Bereich ab, auch wenn es bisher nicht nach außen dringen durfte?

Das Beschwerdebild der Depressionen im höheren Lebensalter

Depressionen sind nicht einfach zu erkennen. Einzelheiten dazu siehe Seite 149. Noch schwieriger wird es im höheren Lebensalter. Auf was muß man achten?

Relativ selten sind offen gezeigte Niedergeschlagenheit, Bedrücktheit, Trauer, Schwermut oder gar Tränen, auf die man am ehesten gefaßt wäre. Im höheren Alter spielt sich das mehr verborgen ab. Besonders ältere Patienten neigen dazu, ihre depressiven Gefühle nicht deutlich werden zu lassen, ja zu verharmlosen.

Häufiger sind ausgeprägte Merk- und Konzentrationsstörungen, vor allem wenn eine längerdauernde Aufmerksamkeit erforderlich ist, gelegentlich sogar eine regelrechte Denkhemmung. Ferner Energielosigkeit, rasche Ermüdbarkeit oder gar Erschöpfung. Dabei kann es gleichzeitig zu innerer Unruhe, ja Getriebenheit kommen. Aber auch zum Gegenteil: einer seelisch-körperlichen Antriebshemmung. Fast immer quälen Angstzustände, sogar bei alltäglichen und gewohnten Tätigkeiten und Kontakten. Das gleiche gilt für Schlafstörungen in jeglicher Form: Ein- und Durchschlafstörungen sowie sogenanntes „Früherwachen" mit dem berüchtigten „Berg auf der Brust" und Panik vor dem kommenden Tag.

> *Kennzeichnend* sind vor allem tiefe Freudlosigkeit, Minderwertigkeits- und Schuldgefühle sowie das Empfinden von Sinnlosigkeit und Hoffnungslosigkeit.

Im Vordergrund der Klagen stehen aber meist *körperliche Beschwerden*. Dabei handelt es sich oftmals um *unklare Schmerzen,* die in der Regel nicht einmal genau geschildert werden können – oder ständig wechseln. Organisch findet man meist keine Ursache, jedenfalls keine ausreichende. Auch können diese Beschwerden

176

medizinisch, z. B. durch spezifische Medikamente wie Schmerz-mittel u. a., kaum gelindert werden.

Manchmal verunsichern die Umgebung auch *„neurotische"* *Krankheitszeichen,* die bisher noch nicht auffielen, vor allem Zwangsgedanken oder Zwangshandlungen, ja hypochondrische oder gar hysterische Persönlichkeitszüge. Das sind dann vor allem unbegründete Krankheits-Befürchtungen vor vielfältigen, aber nicht vorhandenen Leiden im körperlichen, manchmal auch seeli-schem Bereich (z. B. Tumor, AIDS, Herz- und Lungenkrankhei-ten, altersbedingte Geistesschwäche).

Gelegentlich fallen als erstes *Veränderungen des Verhaltens* auf: Nahrungsverweigerung, Inkontinenz (unkontrollierter Urin-oder Stuhlabgang), ungewöhnliche Aggressivität oder gar Schrei-en usw. Dies vor allem dann, wenn der Patient in ein Alten- oder Pflegeheim aufgenommen werden muß, also seine Selbständigkeit verliert und in demütigende Abhängigkeit gerät – jedenfalls nach seinem Empfinden.

Auch plötzliche *aufdringliche Bitten* um Hilfe von allen Seiten, mitunter etwas gespielt anmutend, kann ein „depressiver Auf-schrei" sein. Die Folge ist jedoch oftmals nicht die erwünschte Zuwendung, sondern vermehrter Rückzug der Umgebung und damit Ausgrenzung und Isolationsgefahr.

Besonders gefährlich im höheren Lebensalter, weil nur selten von sich aus vorgebracht und im Ernstfall verhängnisvoll konsequent durchgeführt, sind heimliche *Todeswünsche* oder gar konkrete Selbsttötungspläne. Jede noch so geringe vorsätzliche Selbstbe-schädigung muß deshalb als Hilferuf ernst genommen werden.

Wie verläuft eine Altersdepression?

Nicht selten beginnt das Beschwerdebild mit einer *Vorphase,* die man früher gerne als „Nervenschwäche" bezeichnete und auch heute erst einmal auf körperliche Ursachen zurückführt. Oft wer-den nach Ausbruch der Krankheit deshalb verschiedene Ärzte aufgesucht. Viele Patienten lassen sich jedoch nur ungern über-zeugen und konsequent behandeln, klammern sich andererseits förmlich an Arzt, Angehörige, Nachbarn und Bekannte an. Einige werden nicht nur depressiv, sondern sogar mißtrauisch bis wahnhaft. Solche wahnhaften Depressionen (siehe Seite 153) kreisen dann gedanklich ständig um Themen wie Leben, Besitz, Zukunftsangst usw. Dazu kommen gelegentlich unbeeinflußbare Versündigungs- und Verarmungsideen, von den hypochondrischen Befürchtungen um Leib und Seele ganz zu schweigen. Manche quälen sich mit Gewissensbissen aufgrund längst vergangener Versäumnisse und Unterlassungen herum.

> Auf jeden Fall ist dieses vielschichtige Leidensbild vor allem von körperlichen Störungen beherrscht. Diese können so im Vordergrund stehen, daß man erst einmal lange an eine rein organische Ursache denkt. Das betrifft vor allem hartnäckige Schlaflosigkeit, sonderbare Mißempfindungen und Schmerzen, ausgeprägte Appetitlosigkeit mit starkem Gewichtsverlust, Energielosigkeit und rasche Erschöpfung.

Wenn die Depression *chronisch* zu werden droht, dann sind die Patienten oft mißmutig-gereizt, leicht durcheinanderzubringen, verletzlich, unzufrieden und vorwurfsvoll. Sie reagieren überempfindlich gegenüber Wetter, Lärm und sonstigen Einflüssen, und sie lassen sich kaum von ihrem Krankheitsbild ablenken. Viele wirken wie an ihr Leiden gefesselt. Die Beschwerden werden oft in gleichförmiger, aber vorwurfsvoll-anklagender Weise vorgebracht.

Dazu kommen bestimmte Wesensmerkmale, die von der Umgebung immer schwerer zu ertragen sind: Selbstunsicherheit, Klagsamkeit, seelische Starrheit, mangelnde gemütsmäßige Schwingungsfähigkeit u. a. Am Ende wirken manche Patienten wie hirnorganisch verändert, fast wie eine Demenz, also eine erworbene Geistesschwäche. Das ist ein gefährlicher Irrtum, auf den deshalb auf Seite 74 ausführlicher eingegangen wird.

Gesamthaft gesehen wird etwa jeder vierte Depressive im höheren Lebensalter wieder dauerhaft gesund. Das gleiche gilt für die Hälfte aller Betroffenen, jedoch erst nach einer relativ langen Krankheitsdauer von durchschnittlich ein bis zwei Jahren. Das muß man wissen, um nicht vorzeitig und unnötig in Verzweiflung und Hoffnungslosigkeit zu versinken. Nur rund 25 % der Altersdepressionen gehen nicht mehr befriedigend zurück. *Risikofakto-*

ren sind frühere depressive Episoden, besonders wenn sie öfter vorkamen, ferner körperliche Erkrankungen, belastende Lebensereignisse und Schicksalsschläge. Und eine schon früher auffällige Wesensart, die charakterisiert ist von negativer Einstellung gegenüber allem und jedem, häufiger Mißstimmung sowie Abhängigkeit von anderen und schließlich Neigung zu Rückzug und damit Isolation.

Therapie

Die fünf Therapiesäulen

Die *Behandlung depressiver Zustände* beruht auf mehreren Therapie-Säulen, die allerdings nicht alle oder gleichzeitig zum Einsatz kommen müssen:

1. Psychotherapie
2. soziotherapeutische Korrekturen und Unterstützungsmaßnahmen
3. physiotherapeutische Hilfen
4. spezielle antidepressive Behandlungsverfahren und
5. eventuell antidepressive Arzneimittel.

Im einzelnen:
1. *Die Psychotherapie* ist eine Behandlung mit psychologischen Mitteln. Sie erstreckt sich von der Zuwendung und dem stützenden Gespräch bis zu spezifischen Behandlungsverfahren (z.B. verhaltenstherapeutisch, tiefenpsychologisch, gesprächspsychotherapeutisch u.a.).
2. *Die Soziotherapie* versucht stützend, klärend oder umorientierend auf psychosoziale Belastungen einzugehen, z.B. in Partnerschaft, Familie, Nachbarschaft, Beruf und in anderen Bereichen. Auf Seite 194 finden sich einige Hinweise, was mögliche Irrtümer und Fehlerquellen anbelangt.
3. *Die Physiotherapie* im weitesten Sinne versucht zu kräftigen, zu aktivieren, aber auch zu lockern und zu entspannen: Massage, Kneippsche Anwendungen, medizinische Bäder mit entsprechenden Zusätzen, ferner Gymnastik, Bewegungstherapie, Schwimmen, Laufen, Radfahren, Trimmen, Bewegungsspiele, Musik-Rhythmus-Tanz usw.; dazu Entspannungsübungen wie Autogenes Training, Yoga sowie gezielte Verfahren zur Muskelentspannung und Atemübungen. Auf Seite 180 wird noch gesondert auf den antidepressiven „Gesundmarsch" bei Tageslicht und im Grünen eingegangen.

4. *Spezielle Depressionsbehandlungen* sind der Schlafentzug („Wach-therapie"), die Lichttherapie (Fototherapie) sowie die Durchflutungsbe-handlung (Elektrokrampftherapie – EKT). Sie kommen in der Regel bei ganz bestimmten depressiven Zuständen zum Einsatz, meist in der Fachklinik.

5. *Die Pharmakotherapie*, also die Behandlung mit spezifischen Arzneimit-teln, wird zwar in der Allgemeinheit eher zurückhaltend beurteilt, gilt aber unter der Ärzteschaft als unverzichtbare Basis einer wirkungsvollen Therapie, zumindest bei entsprechenden Depressionsformen. Das sind zum einen die Antidepressiva, die einzigen wirklich antidepressiv wir-kenden Substanzen (auch wenn gelegentlich aus Unkenntnis, Verzweif-lung, Not oder durch falsche Informationen nur Beruhigungs-, Schlaf- und Schmerzmittel, Neuroleptika als „Wochenspritze" oder gar Psy-chostimulanzien und bestimmte Arzneimittel eingesetzt werden, die den Gehirnstoffwechsel anregen sollen). Ein Kompromiß für zumindest leichtere depressive Zustände sind Pflanzenmittel, wobei aber auch hier eine antidepressive Wirkung nur für Johanniskraut bewiesen ist. Zum zweiten und immer häufiger genutzt sind rückfallverhütende Arzneimit-tel (Fachbegriffe: Phasen- oder Rezidivprophylaktika), also Substanzen, die das erneute Auftreten einer Depression verhüten sollen. Davon stehen inzwischen drei Substanzen mit zahlreichen Handelspräparaten zur Verfügung (Lithiumsalze, Carbamazepin und Valproinsäure).

Körperliche Aktivität als antidepressive Unterstützungsmaßnahme

Der vorbeugende und therapeutische Effekt *körperlicher Aktivi-tät* in Form von Sport und sonstigen Bewegungsübungen gilt nicht nur für Herz- und Kreislauferkrankungen, Atemwegsleiden, degenerative Verschleißerscheinungen des Haltungs- und Bewe-gungsapparates, sondern auch für psychosomatisch interpretier-bare Befindensschwankungen (seelische Beeinträchtigungen, die sich körperlich äußern) und vor allem für Störungen im Gemüts-bereich.

So fühlen sich Sporttreibende in der Regel nach ihrer Aktivität wohler, ruhiger, zugleich aber auch dynamischer. Die Stimmung ist gehoben, Erregungszustände lassen nach, Ärger, Kummer und Frustrationen gehen zurück. Dies betrifft nicht nur den Gesun-den. Auch die meisten psychischen Störungen oder Krankheiten sprechen positiv auf körperlich aktivierende Maßnahmen an. Dies wird in den psychiatrischen Kliniken inzwischen systematisch genutzt: Morgengymnastik, Bewegungstherapie, Schwimmen,

Wandern, Radfahren, Trimmen, Bewegungsspiele, Reittherapie, Musik-Rhythmik-Tanz usw.

Regelmäßige (!) körperliche Aktivität besitzt eine nachweisbare antidepressive, angstlösende und entspannende Wirkung. Am besten reagieren darauf Menschen ab den mittleren Lebensjahren im allgemeinen. Sofort spürbar ist ein seelischer Kurzzeiteffekt von etwa zwei bis drei Stunden, der sich nach etwa fünf Stunden wieder zu verflüchtigen beginnt.

Die langfristigen psychischen Auswirkungen körperlicher Aktivität werden weniger einheitlich beurteilt. Doch auch hier sollen hierauf am besten leichtere bis mittlere depressive Zustände ansprechen. Wer irgendwann damit beginnt, kann trotzdem daraus noch Nutzen ziehen. Wer später damit aufhört, muß trotz früherer Aktivität mit entsprechenden Beeinträchtigungen rechnen.

Ob körperlicher Aktivität eine *depressionsvorbeugende* Wirkung zukommt, ist noch unklar, wird aber zumindest aus psychologischer Sicht bejaht.

Allerdings muß gerade der depressiv Kranke aufgrund seiner Willenlosigkeit, Kraftlosigkeit, raschen Erschöpfbarkeit und seelisch-körperlichen Hemmung konsequent, aber maßvoll-angepaßt stimuliert werden. Das kann ein hartes Stück Arbeit werden. Mit zum Teil heftigen Widerständen seitens der Betroffenen ist zu rechnen. Doch man darf sich nicht beirren lassen. Das Endergebnis kommt allen zugute.

Am günstigsten ist ein „täglicher Gesundmarsch" von einer halben bis ganzen Stunde Dauer, je nach seelisch-körperlicher Leistungsfähigkeit. Aber auch Fahrradfahren, Gymnastik, Schwimmen, Gartenarbeit usw. sind durchaus heilsam. Gartenarbeit gilt ja bekanntermaßen an sich schon als „stimmungsausgleichend". Wie überhaupt eine „grüne Umgebung", insbesondere aber der Wald als „großer stiller Therapeut" nachweisbar die wohltuendste Umgebung sind.

Auf jeden Fall empfiehlt es sich, das Tageslicht zu nützen (siehe Winterdepression auf Seite 170). Denn in der dunklen Jahreszeit kann man fast schon von einem vorbeugenden Effekt körperlicher Aktivität auf die Stimmungslage sprechen. Kurz:

Der tägliche Gesundmarsch bei Tageslicht und im Grünen, möglichst nicht unter einer Stunde Dauer, gilt inzwischen als eine der wirkungsvollsten Therapiemaßnahmen bei Depressionen und Angststörungen.

Angehörige, Freunde, Kollegen:
Was können sie tun, was sollen sie lassen?

Es gibt kaum ein Krankheitsbild, das auch Angehörige, Freunde, selbst Nachbarn, Arbeitskollegen usw. so belastet, beeinträchtigt, ja selbst niedergeschlagen macht, bis hin zu eigenen Gefühlen der Hilflosigkeit, wie die Depression. Und das keinesfalls, weil der Patient seine Umgebung bewußt oder aktiv belastet, es reicht schon die bedrückende Atmosphäre von Unglücklichsein, Freudlosigkeit, Energielosigkeit, Hoffnungslosigkeit usw., um alle in Resignation versinken zu lassen. Kein Wunder, daß sich nach einiger Zeit diejenigen nicht mehr sehen lassen, die sich das am ehesten leisten können bzw. die besten Ausflüchte haben und nach und nach auch alle anderen auf zumindest innere Distanz gehen, um nicht irgendwann selbst in diese „abgrundtiefe Düsternis" gestoßen zu werden. Und doch braucht der Depressive seine Umgebung jetzt dringender denn je. Nun wird sich zeigen, wer auch in Notzeiten für ihn da ist.

In der Regel sind das nicht allzu viele, wie nicht anders zu erwarten. Unsere Zeit und gesellschaftliche Struktur ist nicht dazu angetan, hier auf eine positive Wende zu hoffen. Vielleicht ist das auch in den meisten Fällen zuviel verlangt. Was aber nicht zuviel verlangt ist, ist die Empfehlung oder Bitte, sich mit dem Krankheitsbild soweit vertraut zu machen, daß man dem Betroffenen ohne allzu große Belastung oder gar Überforderung so manche indirekte Hilfe oder konkrete Stütze vermitteln kann, denn Wissen ist Macht, Macht zu helfen.

Auf was ist zu achten? Im Grunde zermürbt das depressive Beschwerdebild alle gleich, vom Partner bis zum Arbeitskollegen. Doch gibt es Schwerpunkte, die es zu kennen gilt.

Der Partner des Depressiven

Den *Partner* trifft es am heftigsten und längsten. Er steht auch am stärksten in der Pflicht, durchzuhalten. Das tut er in der Regel auch, doch kostet es ihn unendlich viel Kraft. Manchmal geht das soweit, daß er nach der Genesung des Patienten mit einem eigenen Erschöpfungszustand „einbricht". Deshalb reserviert der Arzt gut ein Drittel seiner Zeit, Kraft und Hilfestellung den Angehörigen. Denn wenn deren Reserven vorher aufgebraucht sind, wird es eng. Manchmal droht schon allein deshalb eine Krankenhausbehandlung, die mit seelisch (und körperlich) stabil gebliebenen Angehörigen umgangen worden wäre.

Den Partner belastet praktisch alles, was auch den Patienten quält: Die seelische und körperliche Herabgestimmtheit; das „totale Unglück, das überall zu herrschen scheint" (im Grunde aber nur die „schwarze Brille", durch die der Depressive alles und jedes sieht); ferner die Trostlosigkeit, die tränenlose Schwermut (die häufig noch mehr mitnimmt als verzweifeltes Weinen), dazu die alles verdüsternde Freudlosigkeit; der Überdruß am Leben; die Unfähigkeit, überhaupt etwas zu empfinden und damit halbwegs adäquat zu reagieren.

Die Interesselosigkeit ist mehr eine Aufgabe der Aktivierung durch die Umgebung, des gleichen die verminderte Aufmerksamkeit, Energielosigkeit und rasche Erschöpfbarkeit. Doch auch das kostet Kraft. Denn der Depressive ist gleichsam auf eine „Nullage" heruntergebremst, was sich unter anderem darin äußert, daß er kaum den verordneten täglichen „Gesundmarsch" durchhält, auch wenn er, vor allem zu Beginn seines Leidens, nur aus ein paar Schritten ums Haus besteht.

Überhaupt ist die Antriebslage ein Problem für sich: Sitzt der Betroffene apathisch in seiner Ecke, ist das schon ein Bild des Jammers. Noch anstrengender aber wird es, wenn er unruhig, nervös, fahrig, von leerem Beschäftigungsdrang, ziel- und rastlos umhergetrieben wird oder gar jammerig-klagsam und vor allem anklammernd seine Umgebung „nervt", bis es zu jenen Auseinandersetzungen kommt, die alle noch ratloser, verzweifelter, reizbarer machen und mit Schuldgefühlen überziehen, wenn einem einmal der Geduldsfaden gerissen ist.

Ganz besonders zermürbend sind die Mutlosigkeit, die Verzagtheit des Depressiven (besonders dann, wenn es sich um einen normalerweise dynamischen, aktiven, engagierten, zielstrebigen Menschen handelt) bis hin zur Hoffnungslosigkeit, zur geradezu lächerlichen Überbewertung aller Probleme, zu demütigenden und selbst für die anderen schmerzlichen Minderwertigkeitsgefühlen („Man kann es nicht mehr mit ansehen") usw. Auch die Angstzustände stecken an, von der allgemeinen Furchtsamkeit bis zu den überfallartigen Angstattacken. Schließlich die besondere Empfindlichkeit, teils verbunden mit Rückzug, aber auch einmal leicht verletzlich, kränkbar, unzufrieden oder gar vorwurfsvoll.

Manche Depressive sind wie kleine Kinder, die „vom Rockzipfel nicht mehr loskommen". Das kann noch mehr zusetzen als eine jammerige Anspruchshaltung, die man zuletzt routiniert zurückweist oder bewußt übersieht. Besonders ältere Depressive können sogar bösartig, aggressiv, ja feindselig werden. Das vergiftet die Atmosphäre am meisten, vor allem wenn es sich noch um eine chronische Depression handelt, die sich nicht mehr aufzuhellen scheint (siehe Seite 175).

Auch das langsame, umständliche, zähflüssige und einfallsarme Denken setzt den Angehörigen erheblich zu, behindert es doch jeden noch so alltäglichen Kontakt. Vor allem ist es eine der wichtigsten Aufgaben für die Verwandten, hier wieder gemeinsam „Fuß zu fassen", z.B. durch tägliches Lesetraining. Aber es ist ja nicht nur die verlangsamte Denkweise, auch die Reaktionsfähigkeit ist erschwert, wenn nicht gar aufgehoben. Alles braucht viel länger, wirkt zähflüssig, ist unendlich mühsam, von der Entscheidungsunfähigkeit ganz zu schweigen; hier hat der Partner ohnehin schon die Führungsrolle übernommen, sonst würde überhaupt nichts mehr laufen.

Manche Symptome scheinen nur den Betroffenen alleine zu beeinträchtigen, merkt man doch im normalen zwischenmenschlichen Kontakt fast nichts davon. Doch Angehörige sind nicht irgendwer, sie spüren sehr wohl, was den Patienten quält – und leiden mit. Dazu gehören zum einen die lähmende Grübelneigung, die immer gleichen Denkinhalte mit sinnlosem Gedankenkreisen, zum anderen die schon erwähnten Schuldgefühle, die Überbewertung früherer oder aktueller Ereignisse, entweder maßlos überzogen oder gar grundlos. Hier kann es dann auch zu durchaus verhängnisvollen Selbstanschuldigungen kommen, was Partnerschaft, Ehe, Verbote, ja kriminelle Handlungen anbelangt, „weil vielleicht doch etwas daran sein könnte". Diese unausgeräumten Verdachtsmomente betreffen insbesondere die eheliche Treue oder sonstige intime Aspekte. Hier gibt es Klärungsbedarf, ggf. mit Unterstützung des Arztes, in der Regel aber erst nach Abklingen der Depression, zuvor macht es die Depression nur noch komplizierter.

Große Probleme bereiten auch die Beziehungsstörungen, das heißt der Verlust des gefühlsmäßigen Mitschwingens zwischen dem Patienten und seiner näheren Umgebung (einschließlich Haustiere!). Die emotionale Anteilnahme ist ja ein ganz natürliches Phänomen, das jeder voraussetzt, und das in der Regel erst dann auffällt, wenn es gestört ist. Konkret bedeutet das das Nachlassen von Interesse, Zuneigung, Liebe, Mitleid usw. für Menschen, Tiere, Dinge, ohne daß der Betroffene und seine Angehörigen etwas dagegen unternehmen können.

Eine solche „emotionale Entleertheit" ist wie eine Glasglocke, die sich gnadenlos über ihr Opfer senkt und alles um ihn herum aussperrt – und ihn damit in eine erschreckende Isolation treibt. Kommt noch die schon erwähnte überzogene Anspruchshaltung auf viel Zuwendung, Liebe, Unterstützung dazu, gegebenenfalls in jammerig-vorwurfsvollem Ton, dann ist das nicht nur eine groteske, sondern sogar ausgesprochen riskante Diskrepanz, die bei unaufgeklärten Mitmenschen auf Befremden, Ablehnung, ja Zorn oder Empörung stößt.

Sind die Symptome noch ausgeprägter, das heißt: Wirkt der Patient innerlich völlig leer, ja ausgebrannt, spricht evtl. vom Absterben aller Gefühle oder gar dem „klassischen" Depressionssymptom: dem „Gefühl der Gefühllosigkeit", dann erst wird den meisten klar, daß sich hier etwas Krankhaftes zwischen sie und ihren Angehörigen geschoben hat. Das gleiche gilt für Wahnsymptome, also Verarmungswahn, hypochondrische Befürchtungen mit zum Teil abstrusen Empfindungen, auf jeden Fall einer ängstlich-überbesorgten Einstellung mit monotoner Klagsamkeit und unkorrigierbarer Fixierung auf nicht vorhandene Beschwerden. Oder ein Schuld- bzw. Versündigungswahn, wenn nicht gar wahnhafte Fehldeutungen, Entfremdungserlebnisse usw.

Am gefährlichsten aber sind jene Symptome, die die Angehörigen, Freunde, Nachbarn usw. nicht sofort erkennen lassen, daß es sich hier um eine schwere, vor allem folgenschwere Erkrankung handelt. Dieser täuschende Verlauf mag als weniger quälend und für die Umgebung nicht so belastend erscheinen, hat aber dafür verhängnisvolle Langzeitfolgen. Denn wenn die Krankheit nicht als Krankheit erkannt wird, dann bleibt nur noch der Verdacht, es könne sich um Gleichgültigkeit, Gefühlskälte, um eine Neuorientierung (Partner, Beruf, Freundeskreis), kurz: um eine unfaßbare Änderung der früheren Wesensart handeln, für die der Betreffende dann aber auch voll verantwortlich wäre.

Die meisten Depressionssymptome sind deshalb so gefährlich, weil sie lange zu falschen Schlußfolgerungen verleiten – zu Lasten des Betroffenen, der selbst nicht weiß, was mit ihm geschieht, und der sich vor allem auch nicht gezielt wehren kann.

Sobald die Depressionssymptome aber krankheitstypischer werden, zumindest so, wie man sich das in Laienkreisen vorstellt, kann das Leiden zwar noch stärker zermürben, hat aber wenigstens den Vorteil, daß es als Krankheit erkannt, anerkannt und vor allem rasch behandelt wird.

Auch das *körperliche Beschwerdebild* einer Depression sorgt in der Familie für viel Aufregung. Es ist aber leichter nachvollziehbar und führt deshalb rascher zum Arzt, der – wenn er nach entsprechender Untersuchung nichts findet – als Verdachtsdiagnose auch seelische Aspekte diskutiert.

Ein organisches Symptom, das mitunter aber zu erheblichen Mißverständnissen führt, sind die depressionsbedingten Störungen der Sexualität. Hier beginnt es nämlich in der Regel mit dem ohnehin schwer faßbaren Phänomen des „seelischen Erkaltens" im zwischenmenschlichen Bereich (desinteressiert, ggf. abweisend oder gar kränkend), bis schließlich ausgeprägte Libido- und Potenzstörungen klar machen, daß hier doch mehr als rein Sexuelles zugrunde liegen muß. Nicht selten droht auch jene unglückliche Konstellation, bei der wegen der relativ plötzlichen sexuellen Gleichgültigkeit bzw. Zurückweisung der ahnungslose Partner vermutet, hier könne ein „Verhältnis" eine Rolle spielen. Dieser Verdacht bleibt lange unausgesprochen und vergiftet „nur" heimlich die Atmosphäre, bis es dann zur offenen Beschuldigung kommt. Und in dieser – ohnehin kritischen – Situation könnte dann noch das erwähnte Depressions-Symptom „Schuldgefühle mit Selbstanschuldigungen ohne Grund" das Ganze in ein Fahrwasser bringen, das wirklich zu unangenehmen Konsequenzen führt, obgleich es erstens nicht stimmt und zweitens rein depressiv zu verstehen ist. Also sollte man gerade bei diesem heiklen Gebiet auf krankheitsbedingte Mißverständnisse achten, die lange nicht durchschaut werden.

Im *beruflichen Bereich* haben die Angehörigen höchstens mit den Klagen des Patienten selbst, ggf. seines Vorgesetzten oder seiner Arbeitskollegen zu tun. Zum generellen Problem wird dagegen der Hausfrauenberuf, der ja bekanntermaßen nicht so ganz ernst genommen wird („Was gibt es da schon zu tun?"). Erst wenn aber eine Depression der Hausfrau durch geistige Blockierung, Energielosigkeit, rasche Erschöpfbarkeit, Merk- und Konzentrationsstörungen, Entscheidungsunfähigkeit sowie eine Reihe körperlicher Symptome (Schlaflosigkeit, Kopfdruck, Magen-Darm-Beschwerden, Herz, Kreislauf, Muskulatur, Gelenke usw.) tatsächlich die Möglichkeit nimmt, ihren Haushalt so zu versorgen, wie es bisher jeder gewohnt war – und deshalb auch kaum würdigte –, wird klar, welche Folgen eine Depression auch zu Hause hinterlassen kann.

Freunde und Nachbarn des Depressiven

Im *Freundeskreis* und ggf. in der *Nachbarschaft* halten sich die Auffälligkeiten, die eine Depression erzwingt, schon eher in Grenzen. Das liegt nicht zuletzt daran, daß sich der Patient zurückzieht, verkriecht, nur noch selten zu sehen ist und wenn, dann nur noch dann, wenn man ihn gezielt zu Hause aufsucht. Deshalb registriert man in Freundeskreis und Nachbarschaft in der Regel nur wenige und dazu noch kaum charakteristische Symptome. Zuletzt hört man nur noch die Frage: Wo ist er denn, ich habe ihn schon lange nicht mehr gesehen?

Depressive Krankheitszeichen, die jedoch auch im erweiterten Umfeld ausgemacht werden können, sind vor allem eine „plötzliche" Resignation und Bedrücktheit, die mangelnde Fähigkeit, selbst auf eine freundliche Umgebung oder ein erfreuliches Ereignis positiv zu reagieren, eine zunehmende Interesselosigkeit, ja

Gleichgültigkeit, nicht zuletzt auf Gebieten, die dem Betroffenen früher etwas bedeuteten. Ferner eine rasche Ermüdbarkeit, verminderte Aufmerksamkeit, eigenartige innere Unruhe und Nervosität, eine gewisse Verzagtheit, schamhafter Rückzug, eine schwernehmende Lebenseinstellung, die Überbewertung aller Probleme (privat, beruflich, Politik, Wirtschaft, Sport), dazu teils sensibel, teils vorwurfsvoll, manchmal auch „schlecht gelaunt ohne Grund", mitunter etwas konzentrationsgestört und verlangsamt, unschlüssig und ggf. bestimmte körperliche Beschwerden andeutend, die bisher keine Rolle spielten. Aber alles lediglich so, daß man eigentlich nur sagen kann: „Dem geht es zur Zeit nicht gut."

Den Nachbarn bzw. Nachbarinnen fällt beispielsweise auf, daß die Hausfrau später als sonst zum Einkaufen geht, manchmal sogar auf die letzte Minute, damit das Mittagessen noch rechtzeitig auf den Tisch kommen soll. Auch sieht der Einkaufskorb irgendwie wirr, bisweilen sogar chaotisch aus. Oder es gehen die Rolläden bis zum Mittag nicht hoch. Vielleicht wurden sie in der Frühe von Ehemann und Kindern hochgezogen, und – nachdem diese das Haus verlassen haben –, gehen sie sonderbarerweise wieder herunter, bis kurz vor Mittag, wenn die Familie zum Essen kommt. Die Post wird – entgegen der üblichen Gewohnheiten – auch nicht sofort aus dem Briefkasten genommen. Werden Nahrungsmittel und anderes an die Haustür geliefert, dann bleiben sie dort häufig stundenlang stehen, bis man sie schließlich ungewöhnlich spät hereinnimmt. Auch hört man nicht mal, daß geputzt, gesaugt, gewaschen, gespült wird, kurz, das sich in der Wohnung etwas bewegt. Bis der Rest der Familie abends von der Arbeit oder Schule zurückkehrt, kann den ganzen Tag eine sonderbare Stille, fast Totenstille herrschen.

Doch dieser Zustand bezieht sich auf die depressive Hausfrau mit Familie. Handelt es sich um eine alleinstehende Person, dann kann sich den ganzen Tag nichts bewegen. Man spürt, der Wohnungsinhaber ist da, fragt sich aber, was er eigentlich macht. Wo sind die natürlichen Kontakte geblieben, die man ansonsten auch mit eher zurückgezogenen Nachbarn hatte?

Der Depressive am Arbeitsplatz

Bei den *Arbeitskollegen* ist das Bild ähnlich wie bei Freunden und Nachbarn. Dort schiebt sich naturgemäß vor allem der Leistungsaspekt in den Vordergrund. Interesse, Aktivität, Aufmerksamkeit, Kreativität, Durchhaltevermögen, Zuverlässigkeit, Entscheidungsfähigkeit, Gespür, Führungskraft, Vitalität, Flexibilität, aber auch Kontaktfähigkeit, Mitarbeit, Kollegialität, Hilfsbereitschaft, Belastbarkeit usw. Das sind jene Stichworte, die bei plötzlichem Fehlen oder zumindest ungewohnt mangelhafter Ausprägung die Runde machen.

Dabei scheint der Betroffene allerdings weniger „nicht zu wollen", eher „nicht mehr richtig zu können", obgleich sein Urlaub noch gar nicht so weit zurückliegt. Auch ist es vielleicht irgend etwas anderes, als nur ein Erschöpfungszustand. Man kann schon mit seinen Reserven am Ende sein, dann aber zumindest noch Routineaufgaben erledigen. Auch pflegt die Erschöpfung nicht gleich am Morgen so ausgeprägte Formen anzunehmen, selbst bei jenen Kollegen, die als „Spätstarter" bekannt sind. Doch hier ist es geradezu augenfällig, wie schwer sich der Betreffende in der ersten Tageshälfte tut, während er gegen Dienstende etwas aktiver zu werden scheint (das bekannte „Morgentief" vieler Depressiver mit abendlicher Aufhellung). Und fast schon bemitleidenswert ist die Situation dann, wenn unerwartete oder mehrere Aufgaben auf einmal zu bewältigen sind, alles Dinge, die früher keine Rolle spielten. Vor allem Zeitdruck und wechselnde Aufgaben scheinen den Kollegen oder die Kollegin völlig durcheinanderzubringen. Dadurch kommt es zu einem deutlichen Leistungsabfall, der auch durch eine fast hektische und irgendwie hilflos wirkende Überaktivität des Betreffenden nicht ausgeglichen werden kann.

Im Gegensatz zum Burnout-Syndrom (s. Seite 117), bei dem die Opfer erschöpft, vor allem aber verbittert und ausgebrannt wirken und sich im Rahmen ihrer „inneren Kündigung" zurückziehen und am Ende nur noch mit Ironie, Sarkasmus oder Zynismus reagieren, liegen die Dinge hier offensichtlich anders: Der Betreffende will, aber er kann nicht; er sagt nicht nein, ist aber sofort überfordert, und das bei einem Mitarbeiter, der diesen Posten seit vielen Jahren zu aller Zufriedenheit ausfüllte. Das Ganze wirkt nicht unwillig, sondern irgendwie demütigend-hilflos und hinterläßt im Kollegium eine allgemeine Betretenheit, besonders wenn sich der Patient ganz offensichtlich auch noch schämt.

Konkrete Hinweise zur Betreuung depressiv Erkrankter

Bis jetzt ging es darum, was Angehörige, Freunde, Arbeitskollegen usw. empfinden, wenn ein Mensch depressiv geworden ist. Schwierig bleibt die Situation so lange, wie man um die Erkrankung nicht weiß. Nachdem es aber halbwegs deutlich geworden ist oder gar eine ärztliche Diagnose vorliegt, stellt sich die Frage: 1. Was kann man tun? 2. Was soll man lieber lassen? Nachfolgend deshalb eine Reihe von Hinweisen zur Betreuung eines depressiven Menschen aus der Sicht der Angehörigen, Freunde, Nachbarn, Arbeitskollegen u.a. Manches ist bereits ein- oder mehrmals angeklungen, soll aber noch einmal zusammengefaßt werden.

Aufklärung mindert Angst und Leid

Die Frage, ob ein Patient über sein Leiden vorbehaltlos aufgeklärt werden soll, hängt von mancherlei Faktoren ab: Art des Krankheitsbildes, Vorgeschichte, Heilungsaussichten, Persönlichkeitsstruktur, Belastbarkeit – und formaljuristischen Aspekten. Was auch immer für die jeweilige Erkrankung sinnvoll oder machbar ist, für einen depressiven Patienten gilt:

> Die umfassende und aufrichtige Aufklärung eines depressiven Menschen baut unkontrollierbare Ängste ab und kann damit die Genesungskräfte gezielt stärken.

Warum ist das ausgerechnet bei Depressionen so eindeutig? Es gibt vermutlich kein Leiden, das ein so vielschichtiges Beschwerdebild umfaßt wie die Schwermut. Wie soll ein Mensch begreifen, daß Energielosigkeit, Elendigkeitsgefühl, Grübelneigung, Angstzustände, Kopfdruck, Kloß im Hals, Atemenge, Schlaf- und Potenzstörungen usw. in einer einzigen Krankheit aufgehen können? Mit dieser Ratlosigkeit steht der Patient ja nicht allein, selbst aufgeklärte Angehörige, Freunde und Kollegen, ja mitunter der Arzt selbst tun sich hier ähnlich schwer. Deshalb kann die rechtzeitige und ungeschönte Mitteilung der Diagnose – und nicht zu vergessen – die notwendige Erläuterung des Krankheitsbildes zur spürbaren Entlastung der Situation beitragen.

Ob der Patient dann alles glaubt, was ihm der Arzt erläutert und die Angehörigen wiederholen, ist eine andere Frage. In der Mehrzahl der Fälle ist er dazu krankheitsbedingt kaum in der Lage. Trotzdem wird er mit einiger Dankbarkeit registrieren, daß sein Leiden offenbar nicht unerkannt oder selten oder unheilbar ist, daß er eine reale Behandlungschance hat, vor allem daß sich der Therapeut und seine Verwandten und Freunde keine Sorgen machen, wie es weitergehen soll. Sie alle scheinen sich ihrer Sache sicher, und das beruhigt, auch wenn es nicht alle Zweifel ausräumt. Außerdem darf man nicht vergessen: Verzagtheit, Ratlosigkeit, Pessimismus, negative Sichtweise, Hoffnungslosigkeit und Hilflosigkeit sind depressionstypisch, sind klassische Symptome der Melancholie – und vor allem durch reinen Zuspruch kaum zu beseitigen. Der Depressive kommt immer und immer wieder mit den gleichen Befürchtungen, mit Scham- und Minderwertigkeitsgefühlen, mit Mutlosigkeit, Ratlosigkeit, Hilflosigkeit usw. Deshalb muß man ihm immer und immer wieder diese Angst nehmen und ihn aufzubauen versuchen. Völlig überzeugen kann man ihn dabei nie, aber er ist dann nicht mehr ganz so verzweifelt, und manchmal keimt sogar die Hoffnung auf: Möglicherweise bin ich doch nicht verloren, wenn alle anderen Depressionen wieder völlig vergehen sollen.

Deshalb ist hier nochmals zu wiederholen:

Depressionen haben nichts mit Charakter- oder Willensschwäche, mit selbstverschuldet und aussichtslos zu tun. Depressionen sind eine Krankheit, gegebenenfalls sogar eine schwere.
Depressionen haben das vielfältigste Beschwerdebild, das man sich denken kann, weshalb Patient und Angehörige erst einmal total überfordert und ratlos sind. Das ist normal, das ging schon zahllosen Betroffenen so und wird auch in Zukunft so akzeptiert werden müssen.
Depressionen vergehen wieder und es bleibt nichts zurück (jedenfalls nichts von dem ursprünglichen und gefürchteten Beschwerdebild).

Depressionen sind behandelbar, besonders mit den heutigen, modernen Möglichkeiten aus Psycho- und Pharmakotherapie, Soziotherapie und weiteren Behandlungsmaßnahmen. Das mildert die Qual und kürzt das Leiden ab. Es braucht aber trotzdem seine Zeit und vor allem Geduld.

Depressionen können zwar wieder auftreten, doch je früher sie erkannt werden, desto gezielter können sie behandelt und damit rascher bewältigt werden. Wer nicht zu lange wartet (weil nicht sein kann, was nicht sein darf – die häufigste und verhängnisvollste Selbsttäuschung), hat die besten Chancen, Rückfälle zu verkürzen oder völlig zu vermeiden.

Geduld und nochmals Geduld, und die Gabe, sich nicht anstecken zu lassen

Nichts erschwert den Heilungsverlauf mehr als Ungeduld oder gar vorzeitige Resignation. Zwar kann man verstehen, daß Patienten und Angehörigen die Langmut langsam ausgeht. Leider reißt der Geduldsfaden vor allem dann, wenn der Patient endlich in ärztlicher Behandlung ist und eine gezielte Therapie beginnen könnte. Spätestens jetzt, wo man eigentlich dankbar und zuversichtlich sein müßte, brechen häufig erst der gesamte Unmut, ja Reizbarkeit und Zorn auf: gegen die Krankheit, das Schicksal, bestimmte Belastungen, aber auch Angehörige, Vorgesetzte, den Arzt usw. Einerseits ist man erleichtert, weil man weiß, daß jetzt endlich etwas passiert. Andererseits will man ausgerechnet jetzt alles, und das möglichst schnell. Dabei könnte der so spät hinzugezogene Arzt mit Fug und Recht bitten: Geben Sie mir nur die Hälfte der Zeit, die bisher sinnlos verstrichen ist.

Also heißt die Regel: Geduld, Geduld und nochmals Geduld. Oder konkreter: viele Wochen, mehrere Monate, im höheren Lebensjahr auch mal ein Jahr und mehr. Schnellere Heilungsverläufe sind möglich, aber nicht immer zu erwarten (und im übrigen nicht immer mit dem günstigsten Endergebnis versehen). Deshalb bedenke man immer wieder, wieviel Zeit man im Grunde schon verloren hat, bis schließlich der Arzt aufgesucht wurde. Natürlich, woher sollte man es auch wissen. Schließlich gibt es berühmte Beispiele depressiver Psychiater, die ihr eigenes Leiden genauso spät erkannten oder anerkannten, wie ihre ahnungslosen Patienten zuvor. Immerhin geht es jetzt voran, aber nicht in beliebiger Geschwindigkeit.

Man gefährde also den Heilungsverlauf nicht dadurch, daß man 1. die Geduld verliert oder 2. gar mittels falscher Ratschläge den Betroffenen dazu verleitet, seine Medikamente abzusetzen und/oder die psychologische Behandlung zu vernachlässigen. Das wirft sonst um Wochen oder Monate zurück. Und manchmal muß man sogar wieder von vorne anfangen, z. B. wenn man sein Medikament gegen ärztlichen Rat absetzt, dadurch zurückfällt oder gar „einbricht", dann die Therapie wieder aufnimmt – und erneut ein bis drei Wochen warten muß, bis das Antidepressivum wieder „greift".

Wer als Angehöriger oder Freund mit seiner Geduld am Ende ist, mag dafür gute Gründe haben oder einfach nicht mehr können. Er darf aber trotzdem nicht aufgeben, ja er muß durchhalten, sonst ist der Depressive noch mehr auf sich allein gestellt, noch einsamer, noch gefährdeter. Mag einen der Mut auch verlassen haben, so erinnere man sich doch stets an den tröstlichen Satz:

> Die Depression vergeht wieder, auch wenn man befürchtet, das sei jetzt eine hoffnungslose Ausnahme.

Und, ganz wichtig für alle Beteiligten: sich nicht melancholisch anstecken zu lassen. Handelt es sich um eine sogenannte „Jammerdepression", bei der sich der Patient klagend an jeden anklammert, so gehen die Menschen ohnehin bald auf Distanz. Denn hier merkt jeder rasch, daß er ansonsten völlig ausgelaugt würde.

Schwerer zu erkennen sind allerdings die heimlichen, die stummen Anklagen und Vorwürfe, das stille Leid, das einerseits noch später erkannt wird, andererseits damit die Umgebung noch länger unbemerkt zermürbt. Plötzlich sind alle erschöpft, resigniert oder niedergeschlagen. Man ist gleichsam in den Strudel der Schwermut gerissen worden, ohne es bemerkt zu haben. Deshalb müssen sich alle tagtäglich vor Augen halten: Nur gesunde Angehörige und Freunde können eine echte Hilfe bleiben. Diese Robustheit muß man sich mit aller Kraft bewahren. Das geht am besten, indem man ständig wiederholt: Das ist nicht das Elend dieser Welt, das ist eine Krankheit, eine zermürbende Krankheit für uns alle, die aber wieder vergeht. Man muß nur durchhalten.

Falsche Ratschläge

Schon im Alltag der Gesunden, noch mehr im Rahmen einer Depression kann aber selbst der löbliche gute Wille auf falsche Wege führen. Deshalb muß man gewisse *Irrtümer* und *falsche Ratschläge* kennen, wie sie nicht selten aus dem Freundes- und Bekanntenkreis kommen, aber auch von Angehörigen, die trotz bester Absicht mehr schaden als nützen. Um was handelt es sich dabei?

- *Appelle:* Es ist falsch, den Depressiven aufzufordern, sich zusammenzureißen, sich nicht gehen zu lassen, Haltung zu zeigen, sich zu beherrschen usw. Solche Aufrufe an einen hoffnungslosen, schwunglosen, willensgeschwächten Patienten pflegen seine Verzweiflung nur noch zu verstärken, vielleicht sogar die Suizidgefahr zu erhöhen.

Der Depressive ist nicht *unwillig*, er ist *unfähig*. Das ist ein großer Unterschied. Der Depressive sieht zwar nicht unbedingt aus wie ein Schwerkranker, aber er ist schwer krank, und zwar auf allen Ebenen, das muß immer wiederholt werden: seelisch, körperlich, zwischenmenschlich und nicht zuletzt beruflich. Appelle sind auch eine bequeme Art, sich von der Verpflichtung loszusagen, seinen betreuenden und stützenden Anteil zur Behandlung eines depressiven Krankheitsbildes zu leisten. Dabei sind Appelle nicht grundsätzlich falsch, sie dürfen aber nicht den – heute immer häufigeren – gnadenlos-fordernden Charakter annehmen, der dem anderen seine ganze Hilf- oder gar Wertlosigkeit vorführt. Wenn Appelle, dann in kleinen, konstruktiven und wohlwollend-fördernden Schritten, die das Lob über jede Willensleistung und (noch so kleine) Leistung in den Mittelpunkt stellen.

- *Ablenkung:* Es ist falsch, dem Depressiven Ablenkungs-, Vergnügungs- oder Zerstreuungsmöglichkeiten anzubieten oder zu empfehlen. Mit solchen Maßnahmen kann ein Mensch, der ja die Fähigkeit, sich zu freuen, verloren hat, nichts anfangen. Im Gegenteil: Wenn man ihn auf die „schönen Dinge dieser Welt" verweist, wird ihn das noch mehr deprimieren und obendrein noch in Schuldgefühle stürzen.

Gerade die Hinweise, die bei Gesunden nicht oft genug fallen können, weil sie in unserer hektischen und vom Gemüt her immer flacheren Welt in Vergessenheit geraten, gerade diese „kleinen Freuden des Lebens" gehen am Depressiven nicht nur völlig vorbei, sondern können ihn sogar irritieren, ja quälen. So wird ihm eine heitere Gesellschaft zur Belastung, fast unerträglich. Er muß sich zurückziehen, weil ihn das alles förmlich erschlägt. Er ist innerlich so verwundbar wie eine Brandwunde, bei der die Haut erst langsam wieder zuwächst, bis dahin schmerzt jeglicher Windhauch. Der Depressive kann fröhliche Musik nicht ertragen, selbst wenn sie zu seinen Lieblingsmelodien gehörten, wenn er überhaupt Musik hört, dann sind es ernste, vielleicht sogar schwermütige Weisen.

Oder strahlende Sonne, schönes Wetter, der bei Gesunden allseits ersehnte Anlaß, wieder aktiv, fröhlich, optimistisch und gut gelaunt zu sein, sie irritieren und belasten – scheinbar paradoxerweise – den Depressiven, nicht nur weil „alles zu hell" ist, sondern weil es nicht zu seiner inneren Düsternis paßt, es tut förmlich weh, weshalb sich der Depressive gerne verkriecht. Ähnliches gilt für Humor, Vogelgezwitscher, Blumenpracht usw.

Wenn also schon die natürlichen „Stimmungsaufheller" eine so gegenteilige Wirkung auslösen, so gilt dies umso mehr für jene Ablenkungs- und Aufheiterungsversuche, die man im Alltag heranzieht. Das geht sogar soweit, daß man einem Depressiven eher mit einem Trauermarsch oder zumindest getragenen Weisen, einem abgedunkelten Raum oder sonstigen, den gesunden Mitmenschen bedrückenden Ereignissen dienen kann, weil es seiner „Herabgestimmtheit" besser entspricht, ihn auf jeden Fall nicht irritiert.

- *Überredungsversuche:* Es ist falsch, dem Depressiven einreden zu wollen, „es gehe ihm im Grunde doch gut", „man sehe ihm doch gar nichts an", „er habe doch überhaupt keine Nöte", „wo denn eigentlich seine Probleme liegen würden" usw.

Depressive sind nicht mit „normalen" Maßstäben zu messen. Depressive leben in Düsternis, auch wenn es keinen Grund gibt. Wenn es Depressiven gutgeht, dann sind sie nicht mehr depressiv und können das selbst empfinden. Sind sie aber noch depressiv, dann erleben sie eine solche Äußerung als schmerzliche Verkennung ihres Zustandes, als Unverständnis, Mißtrauen oder gar Hohn. Ähnliches gilt ja für die bereits erwähnten oberflächlich wirkenden Versprechungen.

- *Urlaub:* Es ist falsch, Depressive in den Urlaub zu schicken. Urlaub ist zwar ein Vergnügen, aber auch eine Belastung, wenngleich mit meist lohnendem Einsatz. Man muß sich das einmal vom Beschwerdebild des Depressiven her vorstellen: Urlaub heißt ja in der Regel, weg von zu Hause, raus aus dem gewohnten Rahmen, hin in eine neue Umgebung, zumindest nicht in die alltagsgewohnte. Das braucht ein Minimum an Aktivität, in der Regel sogar einiges an Organisationsgeschick, bedeutet vielleicht sogar erst einmal ein Mehr an Belastungen durch Reise, Umstellung, Ungewißheit.

Ein Depressiver aber ist nicht nur leicht und schnell ermüdbar, innerlich unruhig, nervös, getrieben, von verminderter Aufmerksamkeit und ungewohnter Verzagtheit, von verlangsamter Reaktionsfähigkeit bis zur Entscheidungsunfähigkeit geplagt, er leidet auch unter Merk- und Konzentrationsstörungen, Vergeßlichkeit, Ratlosigkeit, Verunsicherung, Ängstlichheit, unter Kontaktverlust, verminderter Leistungsfähigkeit u. a. Am liebsten würde er sich verkriechen, aber wohin, vor allem in fremder Umgebung? So findet er sich – wo immer er sich hinversetzt fühlt – noch weniger zurecht als zu Hause. Meist engen sich seine Gedanken noch mehr auf die depressiven Grübeleien ein, und was das Schlimmste ist: Geradezu schmerzlich peinigt ihn die häufig anzutreffende Freudlosigkeit, durch die der Kranke seinen früheren Ferienhobbys (an der See, in den Bergen, bei kulturellen Veranstaltungen – Fehleinschätzung: „undankbar"), teilnahmslos, furchtsam oder durch schwere Schuldgefühle gepeinigt gegenübersteht.

Vor allem aber sind die meisten Depressiven durch die – in fremder Umgebung öfter zu erwartenden – neuen bzw. ungewohnten Eindrücke und Situationen rasch überfordert und reagieren schnell mit diffuser Angst oder konkreten Befürchtungen, ja, fast panikartigen Reaktionen. So kann jede schwarze Wolke am Himmel, jede Umleitung, jede Baustelle, jede fremde (!) Panne oder Unfallsituation zu den lächerlichsten und demütigendsten Folgen seitens des Patienten und zu herben Beeinträchtigungen, grotesken Situationen und unnötigen Belastungen für die Mitreisenden führen.

Depressive gehören nicht in den Urlaub, es sei denn, man ist sich des guten Ausgangs völlig sicher.

- *Kuraufenthalt:* Es ist auch falsch, Patienten mit einer Depression zur Kur zu schicken. Die Probleme sind dabei im wesentlichen die gleichen wie in den Ferien. Auch ist die überwiegende Mehrzahl der Kurkliniken weder personell, noch ausbildungsmäßig, noch von ihrem diagnostischen und therapeutischen Schwerpunkt her auf depressive Patienten vorbereitet. Ein Depressiver, evtl. noch mit suizidalen Tendenzen, kann deshalb – unabhängig von seinen eigenen Schwierigkeiten – für die dortigen Ärzte, das Pflegepersonal sowie die Mitpatienten zu einer erheblichen Belastung werden.

Es sei aber nicht verschwiegen, daß unter günstigen familiären, medikamentösen, ärztlichen und psychosozialen Voraussetzungen sowie bei manchen depressiven Zuständen (z. B. Erschöpfungsdepression) ein gut durchorganisierter Urlaub oder eine Kurverschickung in einem entsprechend ausgestatteten Haus auch erfolgreich sein kann. Dies setzt allerdings eine gezielte Verlaufsuntersuchung, fundierte organisatorische Planung und entsprechend motivierte/instruierte Angehörige bzw. Therapeuten voraus.

- *Reaktion auf Wahnideen:* Ein Wahn ist die krankhaft entstandene Fehlbeurteilung der Realität. An dieser Einstellung wird mit hoher subjektiver Gewißheit und unkorrigierbar festgehalten, selbst wenn sie im Widerspruch zur objektiven Wirklichkeit, zur eigenen Erfahrung und zum Urteil gesunder Mitmenschen steht. Auch Depressive können Wahnideen haben. Dies betrifft vor allem den Krankheitswahn („Mein Leiden ist unheilbar"), den Verarmungswahn („Mittellos, Schulden, jetzt frißt die Krankheit noch das restliche Vermögen auf") oder einen Schuld- und Versündigungswahn („Ein schlechter Mensch, rechtswidrig gehandelt, verdient Strafe statt Therapie"). Solche Wahnideen ausreden zu wollen, ist falsch. Nicht nur der schizophrene, auch der depressive Wahn ist mit logischen Argumenten oder Gegenbeweisen nicht zu korrigieren.

Läßt man sich auf eine solche nutzlose Auseinandersetzung ein, läuft man Gefahr, das Wahnsystem zu vertiefen. Auch kann ein solches „Mißtrauen" das Vertrauensverhältnis gegenüber dem verunsicherten Patienten untergraben, da sich dieser unverstanden, lächerlich gemacht oder gar attackiert sieht. Er kann es ja nicht anders empfinden, seine Krankheit gaukelt ihm eine falsche Realität vor, die für die Außenstehenden als Wahn, für ihn selbst aber als Wirklichkeit gilt. Deshalb sollte man die erwähnten Wahnideen zwar nicht befürworten oder unterstützen, aber auch nicht ausreden wollen. Für viele Betroffene reicht es, wenn man sie einfach gelten läßt, soweit das ohne ernstere Folgen möglich ist.

• *Entscheidungen treffen:* Es ist falsch, während einer Depression wichtige Entscheidungen treffen zu lassen, auch wenn sie vom Kranken oder seiner Umgebung noch so dringend gefordert bzw. von der jeweiligen Situation nahegelegt werden.

Manchmal geht es ja auch um tiefgreifende und folgenschwere Entschlüsse (z.B. Ehe, Familie, Beruf, Erbe, Kauf oder Verkauf). Die Erfahrung lehrt aber, daß nach Abklingen der Depression die Mehrzahl der so unüberwindbar drohenden Probleme und Konflikte weitgehend bewältigt werden kann, und zwar von einem jetzt gesunden Menschen mit seiner gewohnten Konzentrationsfähigkeit, Willens- und Entschlußkraft, und vor allem mit dem früheren Überblick bezüglich der Vielschichtigkeit des Problems.

Wer dagegen bei einem depressiven Menschen mit seinen mehrfach erwähnten geistigen, seelischen, körperlichen und psychosozialen Defiziten eine Entscheidung während der Krankheit durchzudrücken versucht, macht sich verdächtig. Er muß sich fragen lassen, ob er die augenscheinliche Schwäche des Betroffenen ausnützen will. Sicher ist das nicht in jedem Fall gegeben, aber man muß daran denken. Dies betrifft nicht zuletzt den letzten Punkt, nämlich den

• *Beruf:* Auch hier ist es falsch, während der Depression irgendeine berufliche Änderung zuzulassen, es sei denn, sie diene dem eindeutigen Vorteil des Betroffenen.

Viele Depressive neigen aufgrund ihrer schmerzlich empfundenen Unfähigkeit und der scheinbar plötzlich erschwerten Lebenssituation dazu, die Schuld an ihrem derzeitigen Zustand einzig und allein bei sich selbst zu suchen. Sie glauben, organisch krank zu sein, den Anforderungen ihres Berufes nicht mehr gerecht zu werden, dem Arbeitgeber und den Kollegen zur Last zu fallen und diesem Dilemma nur dadurch entgehen zu können, daß sie sich versetzen oder niedriger einstufen lassen, kündigen oder gar einen Rentenantrag stellen.

Hier muß vor allem der Arzt konsequent eingreifen, sich schützend vor seinen Patienten stellen und dem Arbeitgeber oder Personalchef unzweideutig klar machen, daß es unredlich ist und am entschiedenen Widerstand des Therapeuten scheitern wird, eine solche Situation auszunützen. Auch kann der Betrieb nach Abklingen des Leidens nicht nur wieder mit der vollen Arbeitsleistung, sondern auch mit der Dankbarkeit des Betroffenen rechnen, d. h. mit seiner gewohnten Zuverlässigkeit, Motivation und Einsatzfreude.

Gerade in der jetzigen Zeit, in der durch die bekannten wirtschaftlichen Zwänge eine mitunter gnadenlose Rationalisierung praktiziert wird, ist es besonders wichtig, auf diesen Punkt zu achten. Auf diese Weise kann eine Depression nicht nur die Gesundheit, sondern auch noch den Arbeitsplatz kosten. Deshalb nochmals: Es ist falsch, während einer Depression eine berufliche Veränderung zuzulassen, die vom Betroffenen – krankheitsbedingt – in ihrer vollen Tragweite nicht überblickt werden kann.

Ausblick

Noch in die Mitte dieses Jahrhunderts galt die Depression als Schicksalsschlag, dem man weitgehend hilflos ausgeliefert war. Jahrtausendelang waren Menschen mit einer Depression „verloren". Zwar vergeht die Depression wieder, und es bleibt in der Regel nichts zurück; doch die Wochen und Monate in tiefer Schwermut sind unendlich qualvoll – ganz zu schweigen von den Depressiven, die ihre Erkrankung nicht mehr ertragen konnten und deshalb Hand an sich legten.

Das hat sich inzwischen deutlich gewandelt. Hilflos ist man heute nur noch, so lange niemand auf die richtige Diagnose kommt. Denn die modernen Behandlungsmöglichkeiten – psychotherapeutische Stützung, soziotherapeutische Korrekturen, antidepressive Arzneimittel und eine Reihe weiterer Therapiemaßnahmen – geben zu begründeter Hoffnung Anlaß. Depressionen kann man heute wirkungsvoll mildern und deutlich abkürzen. Man kann sogar einem Rückfall vorbeugen.

Kurz: Depressionen sind kein unabänderliches Schicksal mehr. Das sollte man sich immer wieder vor Augen halten, wenn man ungeduldig wird oder zu verzweifeln droht.

Die Schwermut hat ihren Schrecken verloren.

Extrembelastung

Die posttraumatische Belastungsstörung und ihre Folgen

Mit Krieg und Naturkatastrophen ernsteren Ausmaßes müssen wir uns in unserer Region und Zeit nur noch selten auseinandersetzen. Dafür nehmen Gewalttaten zu: sexueller Mißbrauch, Vergewaltigung, Überfall, Entführung sowie technische Katastrophen, vor allem im Verkehr. Ganz zu schweigen von schweren körperlichen und seelischen Belastungen, wie sie Herz-Kreislauf-Erkrankungen, Hirnschlag, Schock, schwerste Schmerzzustände, Verbrennungen usw. nach sich ziehen können. Manchmal reicht es sogar, Entsetzliches aus nächster Nähe miterleben zu müssen. Die Folge ist eine „Schockreaktion" mit einem überaus komplexen Beschwerdebild. Das kann nur einige Stunden, Tage oder Wochen anhalten, das kann aber auch das halbe Leben überschatten, vor allem abhängig von Schweregrad und individueller Belastbarkeit. Wie äußert sich dieses Krankheitsbild, und was kann man dagegen tun?

Belastende Ereignisse führen zu Angst. Das ist normal und verständlich. Allerdings kann sich daraus auch eine länger anhaltende Angststörung entwickeln. So etwas nennt man heute eine *posttraumatische Belastungsreaktion,* wenn sie nur einige Wochen anhält, bzw. eine *posttraumatische Belastungsstörung,* wenn sie über längere Zeit quält.

Solche Reaktionen und ihre Folgen gibt es seit Bestehen der Menschheit. In Kriegs- und Krisenzeiten waren sie häufiger, wurden aber noch weniger beachtet als heute. Inzwischen ist man sensibler geworden und beginnt Ursachen und Folgen zu untersuchen. Und man bietet gezielte Betreuungs- und Behandlungsmöglichkeiten. Der bisweilen geäußerte Vorwurf, es würden heute zahlreiche Ereignisse zu belastenden Extremsituationen hochstilisiert, die letztlich alltäglich und deshalb zu ertragen seien, trifft das Problem nur zum Teil. Tatsächlich spielen in Friedens- und Wohlstandszeiten bestimmte Ereignisse eine größere Rolle als in

Kriegs- und Notzeiten, in denen es zwischenmenschlich viel härter zugeht.

Es ist aber auch falsch, die individuelle Belastbarkeit nur an den extremsten Situationen zu messen. Leid und Qual treffen immer unmittelbar, sei es die unglaubliche Häufung von Hunger, Verwundung, Folter, Vergewaltigung, Tod usw. in Kriegszeiten, sei es ein einmaliges „schockierendes" Erlebnis im Frieden, auf der Straße, zu Hause, wo auch immer. Die Reaktion darauf kann die gleiche sein. Sie hängt nicht nur vom Schweregrad der Belastungen ab. Sie ist ein individuelles Phänomen. Deshalb kann sie auch durch einmalige, für Außenstehende gar nicht so gravierende Ereignisse ausgeklinkt werden. Ob „nachvollziehbar schwer" oder nicht, die Folgen sind meist ähnlich. Deshalb nützt es auch wenig, auf die zahlreichen Schicksale in viel schlimmer betroffenen Regionen zu verweisen. Nochmals: Was wen in welcher Form irritiert, hängt einzig und allein von seiner individuellen Widerstandskraft ab.

Wer also helfen will, sollte sich auch der scheinbar kleineren Ereignisse annehmen, wenn sie zu vergleichbaren Konsequenzen zu führen drohen.

Was zählt zu den Extrembelastungen?

Eine *Extrembelastung* kann also bezüglich Schweregrad, Häufigkeit und Folgen einer ganz unterschiedlichen, eben individuellen, den Möglichkeiten und Grenzen der jeweiligen Person entsprechenden Wertung unterliegen. Das sollte man nie vergessen, wenn man in die Gefahr gerät, mit subjektiven Maßstäben zu messen („Denken Sie doch an das Gemetzel in ...""). Was kann alles dazugehören?

- *Individuelle Gewalteinwirkung:* Überfall (Raubüberfall, Straßenüberfall), Entführung/Geiselnahme, Folterung, Terroranschlag, Kriegsgefangenschaft, Konzentrationslager, Vergewaltigung, sexueller Mißbrauch, andere Gewalttaten, selbst ein schwerer Unfall (siehe unten), aber auch
- *Augenzeuge von Gewalteinwirkung*, wie sie oben aufgeführt wurde: Überfall, Krieg, Katastrophe, Unfall usw.

202

- *Kollektive Gewalt:* kriegerische Auseinandersetzungen, vor allem Bürgerkrieg, Vertreibung, Flucht u. a.
- *Naturkatastrophen:* Erdbeben (wirkt besonders verunsichernd, da sich das scheinbar Festeste und Sicherste, der Erdboden, als unzuverlässig erweist), ferner Vulkanausbrüche, Großbrände, Blitzschlag, Dammbrüche mit Überschwemmungen, Lawinen, Gebirgsunfälle u. a.
- *Technische Katastrophen:* Verkehrsunfälle im Straßenverkehr, Schiffs- und Bahn-Verkehr, Nuklearunfälle, Chemie- und Elektrounfälle usw.
- *Schwere körperliche und seelische Belastungen:* Verbrennungen, Herzinfarkt, Herzstillstand, Hirnschlag, Schock, schwerste Schmerzzustände, Verletzungen, Verstümmelungen, ggf. schon die Diagnose/Mitteilung eines belastenden Ereignisses, einer schweren Erkrankung. Dies auch bei anderen (vor allem nahestehenden) Personen: Krankheit, Tod, Gewalttat, Katastrophe. Manchmal auch der unerwartete Anblick eines toten Körpers oder Körperteils.

Das Beschwerdebild

Hauptmerkmal der posttraumatischen Belastungsreaktion bzw. -störung ist die Entwicklung charakteristischer Symptome, nachdem man mit einem extremen traumatischen Ereignis konfrontiert wurde (vom griech.: Trauma = Verletzung, Wunde, d. h. im übertragenen Sinne starke seelische Erschütterung). Dies sind vor allem intensive Angst, Hilflosigkeit oder Entsetzen, bei Kindern auch verwirrtes oder unruhig-getriebenes Verhalten. Ein besonderes Problem ist das anhaltende Wiedererleben des dramatischen Ereignisses, die konsequente Vermeidung von Reizen, die damit assoziiert werden, eine „Verflachung des Gemütslebens" sowie eine erhöhte seelisch-körperliche Anspannung. Im einzelnen:

- Ständiges, fast zwanghaftes, überwältigendes, jedenfalls nicht abschüttelbares Wiedererinnern mit ängstlicher Erregung, Anspannung, mit Alpträumen (siehe unten), starker Furcht oder gar Panikanfällen
- Gelegentlich Gefühl, als ob sich das belastende Ereignis gerade wiederholt hätte – mit allen (früheren) Reaktionen. Manchmal

nur aufgrund eines belanglosen Auslöse-Reizes aus der Umgebung oder aufgrund reiner Vorstellung, bisweilen auch plötzlich und ohne nachvollziehbare Ursache

- Verlust an Lebensfreude, Interesse, Aktivität, Initiative, Kreativität, Schwung, Dynamik usw.
- Zunahme von Resignation, unbestimmter Angstbereitschaft, Unlust, Gleichgültigkeit bis zur Teilnahmslosigkeit (siehe unten)
- Nachlassende Schwingungsfähigkeit im Gemütsleben. Zunehmende Unfähigkeit, die früheren Gefühle zu empfinden und zu äußern („psychische Abgestumpftheit", „emotionale Ertaubung"). Dadurch Eindruck der Ablösung oder Entfremdung von den anderen. Zuletzt resigniert, hoffnungslos, ja wie betäubt, mit dem Ausdruck einer dauernden Gefühlsabstumpfung
- Meiden von Aktivitäten und Situationen, sogar Vermeidung aller Gedanken und Gefühle, die an das erlittene Ereignis erinnern könnten, selbst im weitesten Sinne. Sogar Furcht vor entsprechenden Stichworten. Trotzdem Unfähigkeit, sich von Ursache, Schrecknissen und Ängsten willentlich zu distanzieren oder gar zu befreien
- Schwindende Anteilnahme an aktuellen Ereignissen bzw. an der Umwelt schlechthin, damit Rückzugs- und Isolationsgefahr
- Durch die emotionale Ertaubung und damit reduzierte Fähigkeit, Gefühle zu empfinden, Einbußen im Intim- und Sexualbereich, beginnend mit der Unfähigkeit, Zärtlichkeit zu empfinden und endend mit Libido- und Potenzstörungen
- Vegetative Übererregbarkeit mit übersteigerter Wachsamkeit, Anspannung, dadurch zunehmend nervös, fahrig und vermehrt schreckhaft
- Ein- und Durchschlafstörungen sowie Früherwachen. Im Schlaf immer wieder aufdringliche, belastende Träume, in denen das Erlebnis nachgespielt wird
- Bisweilen dramatische Ausbrüche von Angst oder Aggressionen, ausgelöst durch entsprechende Erinnerungen (z.B. Jahrestagreaktionen) oder ähnliche Situationen. Verstärkung der Beschwerden, die dem Ereignis auch nur von Ferne gleichen oder es symbolisieren könnten: bestimmte Witterungslagen (Hitze, Schnee), Uniformen, Böllerschüsse, Umzüge, Stacheldraht-Einfriedungen, kasernenähnliche Gebäude, Baracken, Wald, enge und dunkle Ecken, Aufzüge, Fahrzeuge usw.

- Zwangsgedanken, ggf. Zwangshandlungen (siehe auch Seite 354)
- Merk- und Konzentrationsstörungen, die fast organisch anmuten (z.B. wie nach Kopfunfall oder wie bei Gehirngefäßverkalkung), dadurch zunehmende Leistungsminderung
- Versuch, die eigene prekäre Lage gegenüber den Mitmenschen zu verbergen. In bestimmten Situationen allerdings (z.B. Gedenktage, symbolische Geschehnisse – s.o.) kommt es manchmal zu heftigen, anklagenden, wütenden, aber auch resignierten Reaktionen, ggf. auch zu Selbsttötungsgedanken (z.B. wegen Schuldgefühlen als Überlebender)
- Bisweilen eigentümliche Phänomene, besonders nach plötzlicher Todeskonfrontation, die mit „Todesnähe-Erfahrungen" (Nahtod-Erlebnisse), Empfindung der „Außer-Körperlichkeit", „Rückblick- oder Panorama-Erlebnissen" usw. umschrieben werden.

Die Folgen

Menschen mit posttraumatischen Belastungsstörungen sind einem teilweise unfaßbaren Wechselbad der Gefühle ausgesetzt, bestehend aus Scham, Resignation, Wut, Verzweiflung, Aggressivität, Hoffnungslosigkeit, Deprimiertheit, Nervosität, gemütsmäßiger Erstarrung, zahlreichen psychosomatisch interpretierbaren Beschwerden, Schreckhaftigkeit, Feindseligkeit, mangelhafter Belastbarkeit, sozialem Rückzug, ungerecht wirkenden Anklagen, ständigem Gefühl des Bedrohtseins, beeinträchtigter Beziehung zu anderen, Zusammenbruch sozialer, religiöser und sonstiger Einstellungen und Überzeugungen, kurz: einer folgenschweren Wesensänderung, die zwangsläufig zu entsprechenden Konsequenzen führen muß. Dies sind u.a. Partnerkonflikte, familiäre Auseinandersetzungen, Trennung, Scheidung, Arbeitsplatzbedrohung oder gar Arbeitsplatzverlust, Leistungseinbruch, ggf. sozialer Abstieg mit oder ohne verhängnisvollen Selbstbehandlungsversuchen durch Alkohol, Nikotin, Rauschdrogen und Medikamenten.

So wundert es auch nicht, daß schließlich sogar ein erhöhtes Risiko für andere seelische Störungen droht, vor allem Angststörungen wie Agoraphobie, Panikattacken, soziale und spezifische Phobien, Zwangsstörungen, Depressionen sowie die bereits erwähnten psychosomatisch interpretierbaren Folgen (Fachbegriff: Somatisierungsstörungen). Von der schon erwähnten Abhängigkeit von Alkohol-, Nikotin, Rauschdrogen und Medikamenten ganz zu schweigen.

Spezielle Aspekte

Was die besondere Verwundbarkeit, aber auch den Verlauf und damit die speziellen Unterscheidungskriterien anbelangt, so gilt es noch folgendes zu bedenken:

Bei *kleinen Kindern* können sich grundsätzlich ähnliche Symptome äußern, vor allem aber quälende Träume, die sich ständig um das belastende Ereignis drehen. Nach und nach aber werden sie zu sogenannten *generalisierten Alpträumen*, d.h., der spezifische Schock verblaßt und macht allgemeinen Kinderängsten Platz: neue Bedrohungen der eigenen Person oder von Familienmitgliedern und Freunden, Monster, sonstige Traumattacken.

Oftmals werden auch die belastenden Ereignisse nachgespielt, ohne daß sich damit jeweils ein direkter Bezug herstellen ließe („Weshalb machst Du das eigentlich immer?" – „Weiß nicht!"). Das können „spielerische" Verkehrsunfälle, das können aber auch kriegerische Auseinandersetzungen sein, die einen geradezu befremdlich aggressiven Charakter im Kinderalltag annehmen. Auch wird immer wieder von sonderbaren Einstellungen berichtet, z.B. dem Gefühl, keine Zukunft mehr zu haben, daß das Leben zu kurz sei, um erwachsen zu werden, oder daß man gar die Fähigkeit habe, unangenehme Ereignisse vorauszusehen. Im Bereich der psychosomatischen Störungen sind bei traumatisierten Kindern vor allem Kopf- und Bauchweh zu beobachten.

Diese Resignation, daß das Leben eigentlich vorbei und die Zukunft verbaut sei, kann man auch bei *jungen Erwachsenen* finden: Was soll man sich noch anstrengen, lernen, ausbilden lassen; die Karriere ist zu Ende, bevor sie begonnen hat, es ist nichts mehr vom Leben zu erwarten, warum noch einen Partner suchen, weshalb Kinder haben, ein normales Lebensalter erreichen wollen usw.

Bezüglich des *Krankheitsverlaufs* gilt es also folgendes zu wissen: Eine posttraumatische Belastungsreaktion oder -störung kann in jedem Alter auftreten, auch in der Kindheit. Das Beschwerdebild beginnt nach wenigen Tagen bis Wochen, in der Regel innerhalb eines Vierteljahres. Es gibt aber auch Fälle, in denen sich die – zumindest ernsteren und damit allseits registrierbaren – Symptome um Monate oder sogar Jahre verzögern. In etwa der Hälfte der Fälle bildet sich das Krankheitsbild innerhalb von drei Monaten wieder zurück. Dann spricht man – wie erwähnt – von einer *posttraumatischen Belastungsreaktion* oder *akuten Belastungsstörung*. Dauert es länger, wird es zur chronischen Entwicklung, jetzt liegt eine *posttraumatische Belastungsstörung* vor.

Als *wichtigste Faktoren* gelten neben Schwere, Dauer und ggf. Nähe zum dramatischen Ereignis vor allem erbliche Vorbelastung, entsprechende Kindheitserfahrungen, bestimmte Persönlichkeitszüge, unter Umständen vorbestehende seelische Störungen und schließlich die Reaktion von Familie und weiterem Umfeld (kommt von ihr Unterstützung oder nicht). Grundsätzlich kann aber jeder Mensch zumindest in eine zeitlich begrenzte posttraumatische Belastungsreaktion geraten, wenn nicht gar in eine längerfristige posttraumatische Belastungsstörung, wenn nur das Ereignis schwer genug ausfällt.

Besonders folgenschwer und lang anhaltend sind solche Reaktionen übrigens weniger nach Natur- oder technischen Katastrophen, sondern wenn sie durch andere Menschen verursacht wurden: z. B. durch Raubüberfälle, Vergewaltigung, Geiselnahme, sonstige Terrorakte. Das führt zum Verlust des Vertrauens in den Mitmenschen schlechthin – mit allen Folgen.

Menschen, die erst kürzlich Gebieten mit entsprechenden Unruhen, Konflikten oder kriegerischen Auseinandersetzungen entkommen sind, reagieren naturgemäß anfälliger. Trotzdem kann es vorkommen, daß sie sich aufgrund ihres politisch gefährdeten Immigrantenstatus im Exilland damit zurückhalten und nicht oder nur andeutungsweise über ihre Erlebnisse und ihre Konsequenzen berichten. Ein solcher „Gewaltakt" kostet natürlich zusätzlich Kraft.

Die meisten Extrembelastungen werden aber wohl so verarbeitet, „daß man einigermaßen mit ihnen leben kann", ein günstiges Umfeld vorausgesetzt. Sie verursachen also keine ernsteren Folgestörungen, was eine gewisse Verwundbarkeit nicht ausschließt.

Das heißt, es darf nicht noch allzuviel dazukommen, sei es an partnerschaftlichen, familiären, beruflichen, gesundheitlichen Problemen. Im höheren Lebensalter pflegen im übrigen nicht nur alte körperliche Schwachpunkte wieder aufzureißen, sondern auch seelische Traumata erneut Probleme zu bereiten. Da nützt es bekanntlich auch nichts, an das heilsame „Vergessen und Vergeben" zu appellieren. Dieser Zustand gehört zum Altersprozeß und trifft so gut wie jeden.

Therapie

Die *Therapie* ist hier besonders schwierig. Zum einen schmerzt das Unverständnis der Umgebung, die über die Erfahrung des Traumatisierten einfach nicht verfügt. Hier gibt es oft keine Brücke der Verständigung, so z.B. bei Folter-Opfern. Zum anderen drohen die erwähnten unkontrollierbaren Selbstbehandlungsversuche mit Alkohol, Nikotin, Rauschdrogen und Medikamenten, oft mit mehreren zugleich. Das führt zu zusätzlichen zwischenmenschlichen, familiären, beruflichen und sonstigen Komplikationen. Wichtig ist die Erkenntnis, daß es sich offenbar um ein seelisch regelrecht „eingebranntes" Ereignis handelt, das also nicht mehr ohne weiteres aus den Gehirnstrukturen gelöscht werden kann.

Deshalb ist grundsätzlich zweierlei wichtig: 1. Viel sprechen und miteinander reden. 2. Viel körperliche Bewegung, konkret: gehen. Viele Betroffene sind erst einmal wie gelähmt. Das provoziert einen Teufelskreis. Also müssen sie behutsam, aber konsequent zu körperlicher Aktivität animiert werden: tägliches Marschieren, Fahrradfahren, Joggen usw. Am günstigsten scheinen jene Tätigkeiten zu sein, bei denen man Wegstrecken hinter sich lassen kann. Das hilft gleichsam auch die furchtbare Erinnerung hinter sich zu lassen. Auf jeden Fall ist körperliche Aktivität angst-, depressions- und spannungslösend. Das gilt es zu nutzen.

Hat man darüber hinaus noch eine Vertrauensperson, sollte man sie bitten, für entlastende Gespräche verfügbar zu sein. Das ist für keine Seite einfach. Zum einen ist der Inhalt unangenehm, zum anderen dreht sich nach und nach alles im Kreise, wiederholen sich die Ängste, die hilflosen oder wütenden Reaktionen, die

Vorwürfe, die Angstträume und die Neigung zu Rückzug und Isolation. Manchmal ist es deshalb besser, man kann sein Problem auf mehrere Vertrauenspersonen verteilen, weil eine einzige oft überfordert ist. Besonders wichtig sind solche entlastenden Gespräche, wenn das Opfer beginnt, sich ängstlich und resigniert zurückzuziehen oder wenn es Schuldgefühle entwickelt, z.B. Überlebens-Schuldgefühle („Warum gerade ich?").

Wichtig bei solchen Gesprächen ist auch, daß der „Hilfstherapeut" eine verständnisvolle, nicht wertende und dafür positive Gesprächsatmosphäre schaffen kann, so gut es eben geht. Wichtig ist auch: Verständnis aufbringen, Zuwendung signalisieren, den Patienten reden lassen, aber auch Schweigen und stumme Vorwürfe akzeptieren, gleichsam stellvertretend für das „grausame Schicksal".

Wenn es an Gesprächspartnern mangelt oder sie gerade dann nicht verfügbar sind, wenn man sie braucht, sind Selbstgespräche eine stets bereite Selbsthilfemaßnahme, die man zwar vorher trainieren muß, dann aber auch jederzeit nutzen kann.

Ist eine fachliche Therapie nötig – und das ist eigentlich immer der Fall, nur kommt sie selten zustande –, dann kann das zwar ein verständnisvoller Hausarzt mit Geduld und Erfahrung durchaus leisten, in der Regel wird aber wohl ein Nervenarzt/Psychiater oder Klinischer Psychologe, am besten allerdings ein entsprechend geschulter Therapeut mit dieser schweren Aufgabe fertig werden.

Werden Medikamente notwendig, sind es im Akutfall Beruhigungsmittel sowie Beta-Rezeptorenblocker, ggf. beruhigende Antidepressiva. Bei einer drohenden chronischen Entwicklung vor allem letztere, während sich die Beruhigungsmittel jetzt nur noch in kurzfristigen Krisenzeiten vertreten lassen. Kräftigende Maßnahmen wie Wechselduschen, Bürstenmassagen, Sauna usw. können zusätzlich hilfreich sein.

Das wichtigste aber ist – daß sei zum Schluß noch einmal wiederholt – Verständnis, Zuwendung, viel reden lassen, stumme Vorwürfe akzeptieren, Nachsicht, Geduld und nochmals Geduld.

Ausblick

Natürlich sind Extrembelastungen so alt wie die Menschheit. Die Zahl der Betroffenen ist über die Jahrtausende hinweg nicht einmal schätzbar. Und auch in unserer Zeit gibt es wahrhaftig Regionen, in denen traurige und schockierende Ereignisse furchtbarerweise an der Tagesordnung sind. Den dort lebenden Menschen wird wohl kaum adäquat geholfen, irgendwie scheinen sie dennoch zu überleben – glaubt man. Ist es deshalb angemessen, daraus eine Wissenschaft für Diagnose und Therapie zu machen, wo doch nur wenige in den Genuß einer professionellen Behandlung kommen können?

Wenn man Not lindern kann, soll man es auch bei wenigen tun, selbst wenn die überwiegende Mehrzahl davon nicht profitiert. Es sieht – gerade hinsichtlich der posttraumatischen Belastungsstörungen – ohnehin so aus, als ob die Zahl der darauf spezialisierten Institutionen und Fachleute in Klinik und Praxis wächst. Das ist ein Fortschritt, der aber nur dann möglich ist, wenn man klein beginnt – aber auf jeden Fall beginnt.

Noch wichtiger aber sind die Hinweise für die Allgemeinheit. Die meisten Betroffenen werden keine konkrete Hilfestellung beanspruchen, vielleicht auch nicht benötigen. Trotzdem ist es segensreich, wenn sie selbst und ihr Umfeld über Beschwerdebild, Folgen und vor allem Betreuungs- und Selbstbehandlungsmaßnahmen informiert sind. Und hier braucht es im Grunde wenig, um sich etwas Entlastung zu verschaffen und auf Dauer wieder Tritt zu fassen. Die Basis sind Verständnis und Geduld.

Funktionelle oder Befindlichkeitsstörungen

Funktionelle oder Befindlichkeitsstörungen sind überwiegend körperliche Beschwerdebilder ohne krankhaften Befund. Sie können sich in praktisch allen Organsystemen äußern. Im Grunde sind sie so alt wie die Menschheit, inzwischen vermutlich häufiger als alle anderen seelischen Erkrankungen zusammen. Beschwerdebild, Ursachen und Hintergründe gehören zu den schwierigsten Kapiteln seelischen, psychosozialen und psychosomatischen Leids. Das macht Diagnose und Therapie so schwierig und führt zu endlosen „Grenzbefunden", zu zahlreichen Durch- und Kontrolluntersuchungen und so in manchen Fällen zu einer unseligen „Patientenkarriere" mit hoher Belastung für den Betroffenen, seine Angehörigen, Freunde und Arbeitskollegen. Auch die wirtschaftlichen Folgekosten sind enorm. Was steht dahinter, und was kann man tun?

Es gibt kaum ein Beschwerdebild, das einerseits so häufig anzutreffen und andererseits so schwer zu fassen, d. h. zu beschreiben, zuzuordnen und letztlich zu behandeln ist wie *körperliche Störungen ohne objektivierbaren organischen Befund*. Deshalb ist die Zahl der bedeutungsgleichen bzw. -ähnlichen Fachbegriffe auch so groß (siehe Kasten). Am besten zu umschreiben und deshalb auch am ehesten zu merken sind die Fachbegriffe *funktionelle Störungen* bzw. *Befindlichkeitsstörungen*.

Die wichtigsten Fachbegriffe

Befindlichkeitsstörungen; funktionelle Störungen oder Erkrankungen; funktionelle Syndrome; Funktionsstörungen; Disstreß; Hypochondrie(?); larvierte Depression; multiples Beschwerdesyndrom; multiple psychosomatische Störungen; Nervenschwäche; nervöse Erschöpfung; nervöser Erschöpfungszustand; Neurasthenie; neurasthenische Erschöpfung; Organneurose (?); Psychasthenie; psychogenes Syndrom; psycho-physischer Erschöpfungszustand; psycho-vegetatives Erschöpfungssyndrom; psychovegetatives Syndrom; Somatisation; Somatisierungsstörung (moderner Fachbegriff); somatoforme autonome Funktionsstörungen; somatoforme Störung (moderner

---

Überbegriff); Streß-Syndrom; umschriebene differenzierte sensomotorische Konversionssymptome; undifferenziert-psychovegetative Beschwerden; undifferenzierte psychosomatische Störung; vegetative Dystonie; vegetative Labilität; vegetative Neurose; vegetative Stigmatisation; vegetativ-endokrines Syndrom usw.

Körperlich – seelisch – psychosomatisch

Bei diesen Störungen handelt es sich zum einen um ein nicht-faßbares körperliches Beschwerdebild, d. h., es ist meist „nur" die Funktion eines Organs betroffen, ansonsten liegt kein ursächlicher Schaden vor. Trotzdem – und das ist der zweite begriffliche Hinweis – hat dieses Beschwerdebild für den Betroffenen eine spezielle Funktion, d. h., es ist nicht sinnlos und stellt sogar einen Lösungsversuch dar, wenn auch einen unzureichenden.

Funktionelle Störungen werden vor allem durch seelische und psychosoziale Belastungen ausgelöst und unterhalten. Damit sind sie gleichsam der unzulängliche Bewältigungsversuch für ungelöste Konflikte.

Das Leiden ist von den Betroffenen manchmal schwer zu schildern und auf ärztlicher Seite deshalb auch schwer zu fassen, auf jeden Fall kaum abgrenzbar. Die Symptome reichen von exakt lokalisierbar (z. B. Herz-, Hals- oder Kopfschmerzen) bis hin zu vagen Empfindungen, die zudem noch ständig wechseln oder wandern können. Nicht selten findet man ein diffuses Ineinanderfließen von körperlichen Beschwerden und rein seelisch empfundenen Symptomen wie Angst, Unruhe, Unlust u. a. Die meisten leiden zudem nicht nur unter einer einzigen oder wenigen Störungen/Beschwerden, wie dies bei „echten" Körperfunktionsstörungen die Regel ist. Deshalb lassen sich organische Beschwerdebilder auch relativ gut eingrenzen und erscheinen halbwegs typisch. Bei körperlichen Störungen auf seelischer Grundlage hingegen sind es meist mehrere Krankheitszeichen, manchmal sogar viele und nicht selten der erwähnte Wechsel oder das sonderbare Wandern von Arzt zu Arzt. Das macht das ganze einerseits noch quälender, andererseits auch peinlicher, denn „man kann nichts Handfestes vorweisen".

Eine große Gefahr ist in diesem Zusammenhang die *Chronifizierung*, d.h., das Beschwerdebild droht nicht mehr zurückzugehen. Ein solcher quälender Dauerzustand mit möglicherweise auch noch wechselnden Beschwerden macht natürlich Angst, macht resigniert, niedergeschlagen, mutlos, ratlos und hoffnungslos. Daraus entsteht dann eine unselige Mischung, die die verbliebenen Selbstheilungskräfte langfristig blockiert.

Ein belastetes Arzt-Patienten-Verhältnis

Auch das Verhältnis zum Arzt bzw. zur Medizin schlechthin wird dadurch belastet. Die Ursachen hierfür sind bekannt:

– *Diagnose:* Bevor man einen rein seelischen Hintergrund diagnostiziert, muß man sich sicher sein, daß es tatsächlich keine organische Ursache gibt, selbst wenn man psychische Gründe vermutet. Zum definitiven Ausschluß körperlicher Leiden müssen also immer neue Untersuchungen durchgeführt werden, weil die alten Ergebnisse entweder gar nichts erbringen oder – wie so oft – grenzwertig sind, was zu dieser oder jener weiteren Kontrolluntersuchung zwingt. So kommt es gleichsam zu einer „Aufteilung der Verantwortung" unter den Ärzten mit Überweisungen an alle möglichen Fachrichtungen oder gar Kliniken. Besonders negativ sind die Konsequenzen dieses Teufelskreises für die
– *Therapie:* Wenn man nichts Konkretes findet, kann man auch nichts Konkretes tun. Damit ist der Patient aber nicht einverstanden. Schließlich leidet er nicht zum Spaß. Der Arzt gerät unter Druck und neigt entweder zu neuen Untersuchungen oder „unspezifischen Behandlungsvorschlägen", von denen auch der Patient merkt, daß sie eigentlich nur aus Verlegenheit, wenn nicht gar Resignation bestehen. Die Patienten fühlen sich nicht ernst genommen und vor allem ohne echte Hilfe. Auch ihr näheres und weiteres Umfeld fühlt sich nach und nach an der Nase herumgeführt und geht langsam auf Distanz.
– Jetzt gerät der Patient unter doppelten Druck: Er hat Beschwerden, aber keinen krankhaften organischen Befund. Vor allem kann er mit der häufigen Verlegenheitsdiagnose: „Das ist

nur psychisch", überhaupt nichts anfangen, wenn er diese Floskel nicht gar als Zumutung empfindet. Das gleiche gilt für alle anderen Fachbegriffe, von der „vegetativen Labiltität" über das „psychovegetative Syndrom" bis zu den heutigen „Somatisierungsstörungen". Denn wenn er sich hierüber kundig macht, erfährt er schnell, daß man eigentlich nichts Genaues weiß. Und damit gerät der Betroffene in die Nähe des „Hypochonders" oder gar „Hysterikers" im negativen Sinne dieser Bezeichnungen (die ja im Grunde konkrete Krankheitsbilder sind, die nichts mit einem „Simulanten" zu tun haben).

Das alles führt zu der sonderbaren Situation: Einerseits zu einem der häufigsten (wenn nicht gar dem häufigsten) Beschwerdebilder im Praxisalltag, das aber andererseits sogar in Ärztekreisen umstritten ist. Das wiederum hängt einerseits mit dem Charakter des Leidens („unspezifische Allgemeinsymptome") und seinen Betroffenen zusammen (s. unten), zum anderen mit den erwähnten diagnostischen und damit therapeutischen Problemen. Manche Klinikärzte (die aber damit auch weniger zu tun und gut reden haben) halten funktionelle Störungen deshalb sogar für eine Verlegenheitsdiagnose bis hin zu dem Vorwurf: „Sammeltopf ärztlicher Insuffizienz".

Doch die meisten Ärzte akzeptieren funktionelle Störungen als ein zwar schwer faßbares, jedoch häufiges Leiden, ausgelöst und unterhalten durch Konflikte im sozialen Umfeld mit entsprechenden Belastungen. Seine Intensität mag nicht so ausgeprägt sein, daß sie den Betroffenen ernsthaft behindert oder gar gefährdet, doch liegt das zermürbende dieser Entwicklung in der permanenten Belästigung, Beeinträchtigung und Behinderung im zwischenmenschlichen und beruflichen Bereich, bis hin zur Chronifizierungsgefahr. In diesen Fällen ist die Situation der Patienten besonders verfahren.

Wie häufig sind funktionelle Störungen?

Die *Häufigkeit funktioneller oder Befindlichkeitsstörungen* ist nicht exakt feststellbar. Man nimmt jedoch an, daß es sich hier um die größte aller Krankheitsgruppen handelt. In manchen Praxen geht das bis zu jedem dritten bis zweiten Patienten, in anderen sind es deutlich weniger, was erfahrungsgemäß auch mit der Einstellung des jeweiligen Arztes zu seelischen Ursachen generell zusammenhängt, was seine Patienteneinschätzung bzw. Diagnosestellung steuert. Denn gerade funktionelle Störungen können ja auf sehr unterschiedliche Meinungen und damit Reaktionen stoßen.

Doch selbst die Wissenschaft, und hier die neuesten Untersuchungen der Weltgesundheitsorganisation (WHO), bestätigten die alte Erfahrung: Somatoforme Beschwerden (ein neuer Fachbegriff für das „alte" Leiden) stehen an erster Stelle der psychogenen (= rein seelisch ausgelösten) Erkrankungen. In der Allgemeinpraxis betrifft es etwa jede vierte Frau und rund jeden zehnten Mann, die deshalb ihren Hausarzt aufsuchen mußten. In manchen Studien, vor allem in den USA, sind die Zahlen noch höher.

Der *Altersschwerpunkt* für eine solche Störung liegt in den ersten zwei Lebensdritteln, besonders zwischen dem 20. und 40. Lebensjahr, also den sogenannten „besten Jahren". Im höheren Lebensalter geht die Zahl der Betroffenen deutlich zurück. Die Gründe sind unbekannt.

Besonders betroffen sind anhand neuerer Untersuchungen vor allem die sozial und gesellschaftlich schlechter Gestellten sowie Ledige, getrennt Lebende und Geschiedene.

Das größte Problem aber ist vermutlich die Vermischung verschiedener Krankheitsebenen:

Etwa ein Drittel aller „funktionellen Störungen" sollen rein seelisch bzw. psychosozial bedingt sein. Etwa gleich groß schätzt man jene Gruppe, die teils funktionelle und teils echte organische Leiden haben, wobei sich das eine auf das andere aufpfropfen kann. Das macht auch die größten diagnostischen Schwierigkeiten und erklärt so viele endlose Durchuntersuchungen. Die dritte Gruppe ist noch problematischer: Sie mag zwar „funktionell" wirken, geht aber auf organische Ursachen zurück, die sich nur lange einem sicheren Nachweis entziehen.

Das Beschwerdebild

Wie bei vielen Krankheitsbildern kann man auch bei den funktionellen oder Befindlichkeitsstörungen bei genauem Nachfassen unterscheiden zwischen *rein seelischen Beschwerden* und *rein körperlichen Beeinträchtigungen* sowie einem *psychosomatischen (bzw. psychosozialen) Mittelfeld*, in das beides einfließt.

Auf überwiegend *seelischem Gebiet* finden sich vor allem:
- Gemütslabilität (bis hin zu ernsten depressiven Verstimmungen),
- unbegründete Ängstlichkeit (bis hin zu ausgeprägten Angst-Symptomen),
- Nervosität, innere Unruhe, Überempfindlichkeit, Reizbarkeit (früher treffend als „reizbare Schwäche" bezeichnet),
- Lustlosigkeit, Unentschlossenheit, schnelle Ermüdbarkeit, schließlich Schwunglosigkeit, mangelnde Belastbarkeit und Abgeschlagenheit,
- das Nachlassen von Merk- und Konzentrationsleistung bis hin zu störender Vergeßlichkeit u. a.

Bei den überwiegend *körperlichen Symptomen* belasten besonders die sogenannten unspezifischen Allgemeinsymptome:
- generelles Unbehagen und Unwohlsein,
- allgemeine, vor allem körperliche Müdigkeit, Mattigkeit und Abgeschlagenheit mit rascher Erschöpfbarkeit,
- Kopfdruck oder Kopfschmerzen, besonders vom Nacken zum Hinterhaupt ausstrahlend,
- Schwindel (bzw. meist als „so als ob schwindelig" bezeichnet),
- Benommenheit, und zwar weniger seelisch, mehr körperlich interpretierbar, gelegentlich bis zur „Ohnmachtsnähe",
- Ohrensausen, Ohrendruck,
- Augenflimmern, Sehstörungen, Schleier und Schwarzwerden vor den Augen,
- Druckgefühl oder Kloß im Hals,
- Herzklopfen, Herzrasen, unregelmäßiger Herzschlag, Druck- und Engegefühle bzw. „Krämpfe" im Herzbereich (bis hin zur Ausstrahlung in die Arme, besonders linksseitig),
- Atemenge, gelegentlich sogar Erstickungsgefühle, auf jeden Fall der Zwang, tief einatmen zu müssen (aber nicht zu können), gelegentlich auch hechelnde Atmung (Hyperventilation) oder ständiges Gähnen,
- Appetitmangel, Aufstoßen, Völlegefühl, Übelkeit, Brechreiz, „Krämpfe" im Magen-Darm-Bereich, Nahrungsverwertungs-

störungen mit Blähungen, ferner Durchfallneigung oder Verstopfung u. a.,
- vorübergehendes Aussetzen oder gar völliges Ausbleiben der Regel bzw. eine zu häufige oder unregelmäßige Monatsblutung,
- sexuelle Unlust bis zur sexuellen Leistungsschwäche (Libido- und Potenzstörungen), ggf. Vaginismus (Scheidenkrampf) und „Frigidität",
- Harndrang, häufiges Wasserlassen,
- abnorme Hautempfindungen, Jucken, Brennen, Prickeln, Taubheitsgefühle, Ausschläge, ständiges Wundsein,
- Hitzewallungen, Schweißausbrüche, Kältegefühle, „Mangeldurchblutung" (periphere Durchblutungsstörungen),
- Schlafstörungen, vor allem Ein- und Durchschlafstörungen, seltener Früherwachen,
- Muskelverspannungen, Muskelkrämpfe,
- Beschwerden im Bereich von Wirbelsäule und Gelenken,
- Stottern, Tics,
- Haarausfall, Nägelbrüchigkeit, trockene oder zu feuchte Haut.

Am *häufigsten* finden sich derzeit Kopfschmerzen, Oberbauchbeschwerden, Ermüdung/Erschöpfung, gefolgt von Schmerzen im Bereich von Muskeln, Wirbelsäule und Gelenken, dazu Herz- sowie Magen- und Darmbeschwerden, Appetit- und Eßstörungen. Danach kommen Schweißausbrüche, „Mangeldurchblutung", Schwindel oder gar „Ohnmachtsnähe" sowie Schluckstörungen, Erbrechen/Übelkeit, Hautsymptome, Libidostörungen, Stottern und Tics, Beschwerden im Blasenbereich sowie Atemenge. Am seltensten sind Vaginismus und die ohnehin umstrittene Frigidität sowie Potenzstörungen.

Zugenommen haben in den letzten Jahren offenbar die Phänomene Ermüdung/Erschöpfung, Muskel- und Gelenk- bzw. Wirbelsäulenbeschwerden, Appetit- und Eßstörungen, Schweißausbrüche, „Mangeldurchblutung" und Hautsymptome. Etwas zurückgegangen sind dafür Kopfschmerzen und Oberbauchbeschwerden, die früher eine größere Bedeutung hatten.

Dauer, Zahl, Wechsel, Auslöser und Prognose

Ein weiteres wichtiges Kennzeichen ist die *Leidensdauer.* Ein funktionelles Beschwerdebild reicht gewöhnlich bis weit in die Vergangenheit zurück. Oft können die Betroffenen gar nicht mehr angeben, wann und zu welchem Anlaß es begonnen hat. Dagegen spricht eine kurze Vorgeschichte ohne Hinweis auf eine akute seelische Belastung in letzter Zeit eher für eine organische Erkrankung.

Auch die *Zahl der Beschwerden* ist wichtig: je größer, desto unwahrscheinlicher, daß es sich um eine rein körperliche Ursache handelt. Denn die pflegt in der Regel mit einigen wenigen und dabei meist charakteristischen Symptomen auszukommen. Statistische Untersuchungen ergaben bei Männern mit funktionellen Störungen im Durchschnitt drei, bei Frauen vier Symptome gleichzeitig.

Ein weiteres Kennzeichen ist der eigenartige *Wechsel des Beschwerdebildes,* in Fachkreisen als „Symptomwandel" bezeichnet. So können es beispielsweise erst einmal Kopfschmerzen sein, die dann aber in Herzschmerzen übergehen, während der Kopf wieder frei ist. Dabei zeichnen sich im Laufe der Jahre offenbar bestimmte Schwerpunkte ab: So gibt es Symptome, die häufiger auftreten, und andere, die zurückgehen (Einzelheiten s. o.).

Interessant ist nebenbei nicht nur der Wechsel des Beschwerdebildes, sondern auch der ganzen seelischen Störung. So können funktionelle oder Befindlichkeitsstörungen auch in neurotische Entwicklungen (konkrete seelische Störungen mit Ängsten, Zwängen, Verstimmungen, psychosomatisch interpretierbare Beschwerden) oder in Persönlichkeitsstörungen übergehen (gemütsmäßig instabile, inpulsive, hysterische, zwanghafte, ängstlich-vermeidende, wahnhafte u. a. Persönlichkeitsstörungen).

Was die *Prognose* (also Heilungsaussichten) anbelangt, so scheint sich ein Rückgang oder gar eine vollständige Genesung nur in jedem vierten Fall abzuzeichnen. Allerdings sind dann solche, offenbar glücklicher gestellte Patienten auch nicht völlig symptom- oder beschwerdefrei. Meistens geht es nur darum, daß sie sich nicht mehr so beeinträchtigt fühlen wie zuvor. Überhaupt ist das Beschwerdebild zwar wechselnd, als Beeinträchtigung aber relativ konstant – oder kurz: Irgend etwas haben die derart Betroffenen immer.

Sehr häufig entwickelt sich auch das, was man in Fachkreisen eine *Co-Morbidität* nennt, d. h., eine Krankheit kommt zur anderen. Das ist dann nicht nur ein Krankheitswechsel, wie oben dargelegt, sondern die gleichzeitige Belastung durch funktionelle oder Befindlichkeitsstörungen mit beispielsweise depressiven oder Angstzuständen.

Wichtig ist auf jeden Fall der zeitlich halbwegs verknüpfbare *Zusammenhang mit einer einschneidenden Veränderung* in der jeweiligen Lebensgeschichte. „Einschneidend“ heißt dabei nicht das, was „man“ für belastend hält, sondern – wie erwähnt – das, was dem Patienten Angst macht oder in spezifische Nöte bringt. Das muß nicht einmal das eigene Leben betreffen, sondern kann sich auch auf Angehörige, Freunde und Bekannte erstrecken, die an ähnlichen Symptomen leiden, gelitten haben oder gar schon verstorben sind. Die (unbewußte?) Identifikation mit solchen Personen ist ein relativ häufiger Auslöser, muß aber gezielt erfragt werden. Vom Patienten selbst kommt kaum ein entsprechender Hinweis.

Ursachen und Verlauf

Ein großes Problem ist der Umstand, daß viele dieser Beschwerden den meisten Menschen aus eigener Erfahrung bekannt sind, ohne daß man ihnen einen Krankheitswert zugesteht. So bleibt es erst einmal unklar, weshalb manche Patienten mit funktionellen Störungen dieses Leiden mit einem solch hartnäckigen und meist heftigen Krankheitserleben koppeln, denn die reale Intensität der Symptome spielt offenbar keine entscheidende Rolle.

So machen die Ärzte immer wieder die Erfahrung, daß Krankheitszeichen mit nachweisbarem organischem Hintergrund oftmals weniger beklagt werden als psychosomatisch interpretierbare Symptome, je nach Wesensart und Vorgeschichte. Auch dies ist ein Punkt, der im Laufe der praktischen Erfahrung in Klinik und Praxis immer vorsichtiger werden läßt. Auf den äußeren Aspekt kann man sich offenbar nicht verlassen.

Deshalb empfiehlt sich gerade bei den funktionellen Störungen zwischen 1. genetischen (erblichen und konstitutionellen), 2. disponierenden (im Verlauf der Entwicklung erworbenen) und 3. auslösenden Faktoren zu unterscheiden:

Über *Erbfaktoren* gibt es noch wenig gesichertes Wissen. Offenbar wurde aber bisher dieser biologische Hintergrund zu wenig berücksichtigt. Was die *Disposition* (allgemeine Veranlagung) anbelangt, so spielen vor allem zwischenmenschliche Beziehungen in der Kindheit, insbesondere das familiäre Milieu eine Rolle. Es wird häufig als unflexibel, starr, sozial überangepaßt, durch belastende Ereignisse beschwert geschildert. Folgenschwer sind auch uneheliche Geburt, konfliktreiche Beziehungen der Eltern, gehäufte Abwesenheit oder körperliche, vor allem aber seelische Erkrankungen der Mutter sowie überzogene elterliche Erwartungen, bestimmte Erziehungsbilder und eine mangelhafte Angst-Verarbeitung.

Eine stets anzutreffende einheitliche *Persönlichkeitsstruktur* läßt sich bei diesem Krankheitsbild nicht erkennen. Wahrscheinlich können bei entsprechenden Belastungen viele Menschen ein funktionelles Syndrom entwickeln. Allerdings findet man bei den Betroffenen gehäuft Unsicherheit und Kontaktschwierigkeiten als Ausdruck eines gestörten Selbstwerterlebens. Viele bemühen sich geradezu extrem um eine kompensatorische Anpassung, um gleichsam durch Leistung Zuneigung und Anerkennung zu sichern. Das provoziert natürlich bei jeder unklaren Anforderung Angst, insbesondere Versagens- und Zukunftsängste. Auch ist für viele überangepaßte Menschen jegliche Änderung beunruhigend. Doch das einzig Konstante ist bekanntlich der Wechsel. Es gibt also ständig Gründe, „funktionell" zu reagieren.

So können schon geringfügige Gesundheitsstörungen, die bisher kaum beachtet wurden, unter entsprechenden zwischenmenschlichen Bedingungen plötzlich Krankheitswert erlangen, und zwar nicht durch echte organische Fehlfunktionen, sondern durch Überforderung, Belastung, Erschöpfung, verminderte Anpassungsstörung und Schicksalsschläge. Außerdem gibt es so viele Konfliktmuster wie Betroffene, denn jeder hat seinen individuellen Lebens-, Schicksals- und Leidensweg.

Allerdings fällt eines immer wieder auf, nämlich *ständige Enttäuschungen* (real oder so empfunden) im zwischenmenschlichen Bereich.

Und hier spielt – wie bereits erwähnt – die Mutter eine große und offenbar belastende Rolle, z.B. durch Gleichgültigkeit oder mangelnde Unterstützung, was die Selbständigkeitsentwicklung ihres Kindes anbelangt. Manche Mütter sind auch aufgrund eigener Erkrankungen – körperlich wie seelisch – kaum in der Lage, ihr Kind ausreichend zu fördern. Andere, mitunter auch dieselben, gleichsam kompensatorisch, dominieren sie und schränken ihre Entfaltungsmöglichkeiten ein, vor allem was natürliche aggressive Impulse anbelangt. Nicht wenige Mütter geben wenig, erwarten dafür aber ihrerseits von den Kindern frühe und intensive Zuwendung, Verständnis und Hilfe. Versuchen sich die Kinder „freizuschwimmen", werden solche Tendenzen zur Verselbständigung mit der Androhung von Liebesentzug oder des Vorwurfs blockiert, man wolle sie verlassen. Dies hat vor allem in jenen Phasen des Lebens schwere Konsequenzen, in denen Selbständigkeit und Unabhängigkeit langsam erprobt und erobert werden sollten.

Allerdings muß man sich auch vor allzu einseitigen Schuldzuweisungen hüten. Dies betrifft besonders die Stellung der Mutter. Sie hat natürlich einen ganz anderen Stellenwert als der Rest der Familie. An ihr bleiben so gut wie alle Aufgaben hängen. Kein Wunder, daß sie dann in negativer Hinsicht auch besonders belastet wird. So ist es zwar wichtig, diese familien-psychologischen Erkenntnisse zu berücksichtigen, aber auch immer wieder zu hinterfragen. Sonst schafft man sich nur bequeme Sündenböcke, die die mühselige Suche nach anderen Ursachen entbehrlich machen.

Die Folgen einer funktionellen Störung aus psychologischer Sicht

Die meisten Betroffenen mit einer funktionellen oder Befindlichkeitsstörung haben nie gelernt, ein gemütsmäßig gesundes Verhältnis zu nahen Bezugspersonen und damit auch zu allen anderen aufzubauen. Ja, sie sind in eine lähmende und angstmachende Abhängigkeit geraten. Dies wird genährt durch eine dauerhafte Ambivalenz zwischen Anklammerungswünschen einerseits und Furcht vor Abhängigkeit und Einschränkung andererseits. Nur selten wurden sie ermuntert, eigene Lösungen zu finden, da sie schon in früher Kindheit erfahren mußten, daß doch niemand hilft. So haben sie sich in ein gleichsam irreales Leidensbild hineintreiben lassen, das ihnen Ersatz bieten soll. Krankheit heißt Hilfe, auch wenn es sich nur um eine einseitige und vor allem nur durch ständige dramatische Demonstrationen gesicherte Zuwendung handelt.

Und das wissen die Betroffenen auch, weshalb sie sich einerseits schämen, andererseits aber Angst davor haben, diese Art der Zuwendungs-Sicherung in Frage zu stellen, mit der sie z.B. ihre Umgebung einigermaßen „im Griff halten".

Vieles bleibt auch lange verdeckt, d.h. unbewußt, bis eine „Krisensituation" die Fassade zum Einsturz bringt. Jetzt bricht auch der alte, ungelöste Grundkonflikt aus, und zwar zwischen Versorgungswünschen und Abhängigkeitsgefahr einerseits sowie dem Wunsch, endlich einmal selbständig zu werden. Solche Krisen oder „Schwellensituationen des Lebens" sind beispielsweise Examen, Heirat, Wohnortwechsel, ja beruflicher Aufstieg, Geburt oder Selbständigwerden der Kinder usw. Dabei kommt es weniger auf das Ereignis an sich an, mehr auf den individuellen Bedeutungsgehalt, der natürlich den meisten in der irritierten Umgebung auch nicht bekannt ist.

Vorbeugung und Therapie

„Die beste Therapie ist eine rechtzeitige Vorbeugung", lautet die bekannte Ermahnung. Dies gilt vor allem für die funktionellen Störungen. Eine komprimierte Übersicht über einige Vorbeugungsempfehlungen gibt der folgende Kasten.

Vorbeugende Maßnahmen

- Regelmäßige körperliche Aktivität: täglicher „Gesundmarsch", möglichst im Grünen, aber auch Fahrradfahren, Langlauf, Schwimmen, Gartenarbeit usw.,
- Vorsicht mit Genußmitteln, damit sie nicht zu Genußgiften werden: Nikotin meiden, Alkohol und koffeinhaltige Getränke in Maßen,
- physikalische Maßnahmen nicht unterschätzen: Trockenbürsten, Wechselduschen, Kneippsche Güsse, Sauna, viel Aufenthalt an Luft und Sonne,

---

- entsprechende Ernährungsempfehlungen beachten: Obst, Voll-wertkost usw.,
- reichlich Aussprachemöglichkeiten (nicht alles schlucken), falls Gesprächspartner vorhanden, sonst halblaute Gespräche zur psy-chischen Entlastung mit sich selbst (sog. Soliloqui),
- psychagogische Maßnahmen (ein Mischung aus Psychotherapie und pädagogischen Anleitungen) und soziotherapeutische Korrek-turen durch entsprechende Therapeuten im zwischenmenschli-chen Bereich: Partnerschaft, Familie, Nachbarschaft, Beruf usw.

- Eine *Psychotherapie* im eigentlichen Sinne (also z.B. Verhal-tenstherapie, tiefenpsychologische Verfahren, Gesprächspsy-chotherapie u.a.) wird wohl nur selten zustande kommen, ob-gleich sie oftmals heilsam wäre. Das hängt nicht zuletzt mit der mehrfach erwähnten psychologischen Situation zusammen, die die Entwicklung einer funktionellen Störung begünstigt.

Gleichwohl sind einige allgemeine Erkenntnisse günstig, die es zu kennen und zu nutzen gilt:

Zum einen muß man sich von dem zwar weit verbreiteten, aber verhängnisvollen Irrtum freimachen, daß die Diagnose „psy-chisch" eine Kränkung, ja Diskriminierung sei. Dies liegt einer-seits an der Gleichsetzung von „psychisch krank" mit „geistes-krank", der gerade unter Laien gefürchtetsten Bezeichnung, was den seelischen Bereich angeht. Unabhängig davon, daß diese ne-gative Wertung heute auch für Psychosekranke (also Geisteskran-ke) nicht mehr gilt, ist sie für funktionelle Störungen ohnehin nicht zutreffend. Hier würde man eher von psychosomatisch in-terpretierbaren Beschwerden sprechen, also von seelischen Stö-rungen, die sich körperlich äußern – und zwar nur, weil sie nicht konsequent psychisch verarbeitet wurden. Außerdem muß man sich einmal die Statistik vorstellen, die besagt: Jeder vierte bis dritte Bürger in unserer Gesellschaft war, ist und wird noch ein-mal seelisch krank sein. Bei einer solch gewaltigen (Millionen-) Zahl muß man sich wahrhaftig nicht als Außenseiter empfinden. Man kann fast sagen: „Seelische Störungen gehören inzwischen zum Alltag." Das ist zwar alles andere als ermutigend, aber auch kein Grund, sich ausgegrenzt oder allein zu fühlen.

Ein in der Tat großes Problem bei funktionellen Störungen ist die lange Unklarheit, um was es sich nun eigentlich wirklich handelt: Ist es organisch, und wenn ja, was? Ist es seelisch, und wenn ja, wie folgenschwer? Oder ist es gar – aus der Sicht der zermürbten Umgebung, ggf. auch mancher Ärzte – die erwähnte „hypochondrische" oder „hysterische" Reaktion, vielleicht sogar Simulation, auf jeden Fall ein „eingebildeter Kranker", der sich und andere unnötig belastet?

Hier ist die *Aufklärung* das wichtigste. Dabei muß klarwerden, daß funktionelle Störungen nicht nur ausgesprochen häufig sind, insgesamt gesehen ggf. so häufig wie alle anderen seelischen Störungen zusammen, und daß es sich um kein „sonderbares Leiden", sondern um den allgemein mangelnden Kenntnisstand über die krankhaften Zusammenhänge zwischen Seele und Körper handelt.

Bei Patienten, deren Beschwerden auf ein faßbares Ereignis zurückgehen, erreicht man mit entsprechender Betreuung am meisten. Dort, wo es sich um eine neurotische Grundkrankheit handelt, die sich in psychosomatischen Symptomen äußert, ist eine zumindest mittelfristige Psychotherapie am erfolgreichsten.

Am schwierigsten stellen sich jene Betroffenen, die den Zusammenhang zwischen ihrem Beschwerdebild und bestimmten emotionalen Problemen nicht sehen können oder wollen bzw. denen der Zugang zu ihrem Gemütsleben überhaupt verschlossen bleibt. Aber selbst hier gibt es erfolgversprechende Therapiemöglichkeiten.

Zuhören ist überhaupt eine der wirkungsvollsten Maßnahmen, und das kann (fast) jeder lernen. Freilich ist es auch eine Frage der Geduld, des echten Mitgefühls, der Selbstlosigkeit. Und das wird selten. Heute hört fast keiner mehr hin, setzt aber voraus, daß man sich für seine eigenen Sorgen ausgiebig interessiert. Wer sich hier aber bemüht, kann in der Tat eine große Hilfe sein, und zwar sowohl generell als auch in der speziellen Situation funktioneller Störungen.

Die Heilungsaussichten sind deshalb meist günstig, zumindest im Laufe des Rückbildungsalters (also im letzten Lebensdrittel). Dort beruhigt sich ohnehin einiges (und bezüglich funktioneller Störungen gilt der fast ironische Satz: Da braucht es keine Befindlichkeitsstörungen mehr, da gibt es dann genügend echte organische Leiden …). In der Regel lernen aber die meisten Betroffenen, sich mit ihrem Leiden einigermaßen zu arrangieren. Kernpunkt ist die Erkenntnis: Es sind nicht die Organe, die erkrankt sind, es ist die „Organ-Sprache" der Seele, die sich sonst nicht ausreichend Gehör zu verschaffen vermag.

• *Pharmakotherapie:* Das, was bei funktionellen Störungen letztlich am meisten gefordert und wohl auch eingesetzt wird, mit und ohne ärztliche Betreuung, ist eigentlich – ursächlich gesehen – am wenigsten sinnvoll: Beruhigungs-, Schlaf- und Schmerzmittel. Und als Selbstbehandlungsversuch Alkohol, Nikotin und Koffein. Medikamente sind zwar „die letzte Rettung" und meist – zumindest anfangs – auch erfolgreich. Aber wer nur dämpft, „abschottet", künstlich aktiviert usw., ändert nichts an den Ursachen und untergräbt sogar die Motivation, das Übel aus eigener Kraft an der Wurzel zu packen.

Deshalb ist nachfolgende Kombination günstiger:

1. vorangegangene Situationsanalyse (was – wann – wo – warum?)
2. körperliche Aktivität sowie sonstige Stabilisierungsbemühungen in eigener Regie
3. eine psycho- und soziotherapeutische Stützung
4. eventuell zeitlich befristet und grundsätzlich ärztlich betreut eine gezielte Pharmakotherapie.

Letzteres darf kein Dauerzustand werden, ganz abgesehen davon, daß z.B. die angst- und spannungslösenden Tranquilizer und ein Teil der damit verwandten Schlafmittel abhängig machen können (desgleichen auch viele Schmerzmittel). Nicht falsch ist der Versuch, erst einmal mit psychotropen Phytopharmaka zu beginnen, wenn sich eine medikamentöse Behandlung als unerläßlich erweist. Das sind das stimmungsaufhellende Johanniskraut, das angstlösende Kava-Kava bzw. Kavain sowie die beruhigenden und mild schlaffördernden Pflanzenheilmittel Baldrian, Melisse, Hopfen und Passionsblume, letztere in der Regel als Kombinationspräparate. Doch auch Phytopharmaka wie diese sollten nur unter ärztlicher Kontrolle eingesetzt werden, vor allem bei den neueren Präparaten mit entsprechend höherer Dosierungsmöglichkeit.

Ausblick

Insgesamt betrachtet sind die funktionellen oder Befindlichkeits-störungen zum einen häufig, zum anderen mehr lästig als gefähr-lich, und letztlich in einer Art Gesamtbehandlungsplan zu mil-dern, so daß sie erträglich bleiben oder werden. Das setzt allerdings voraus, daß man sie nicht nur als eine Art „versteckte Hypochondrie" abtut, sondern ernst nimmt und Verständnis si-gnalisiert.

Das läßt sich beispielsweise durch eine ganz einfache Maßnah-me erreichen, die allerdings in letzter Zeit an Bedeutung verliert: Man höre einfach einmal zu. Aber auch die Betroffenen müssen ihren Beitrag leisten. Dafür gibt es eine Reihe von Empfehlungen, wie sie weiter oben geschildert werden, die ebenfalls nicht hoch im Kurs stehen, und zwar vor allem deshalb, weil sie eine konti-nuierliche Eigenleistung erfordern. Funktionelle oder Befindlich-keitsstörungen wird es immer geben. Man kann sich sein Schick-sal nicht aussuchen. Man kann aber durchaus etwas dagegen tun.

Manie

Krankhafte Hochstimmung mit Folgen

Die Depression ist in aller Munde. Von der Manie, der krankhaften Hochstimmung, hört man dagegen kaum etwas. Und das, obgleich dieses Leiden subjektiv zwar weniger quälend, für Patient und Umgebung jedoch ungleich belastender ausfallen kann als die Mehrzahl anderer psychischer Störungen.

Was ist eine Manie? Wen trifft sie und wie? Warum kann man sie so schwer erkennen und – noch wichtiger: Warum wird sie so spät und meist unzureichend behandelt? Kann man denn überhaupt etwas tun? Gibt es vielleicht sogar einen psychologischen Zugang, den man bisher viel zu wenig beachtet und genutzt hat?

Auch die Ärzte können die immer wieder gestellte Frage der Betroffenen und ihrer Angehörigen nicht beantworten: Wie ist es möglich, daß ein solch persönlich, zwischenmenschlich, familiär, nachbarschaftlich, beruflich und gesellschaftlich so belastendes bis zerstörerisches Krankheitsbild ein so geringes wissenschaftliches, publizistisches und wohl auch diagnostisches und therapeutisches Interesse auslöst? Und das weltweit, auch wenn in den angelsächsischen Ländern (USA und Großbritannien) deutlich mehr darüber geforscht, geschrieben und damit möglicherweise auch therapeutisch getan wird als bei uns. Daß es die Manie kaum gibt, kann man schwerlich behaupten. In jenen Ländern, in denen man sich verstärkt wissenschaftlich und medizinisch um sie bemüht, ist dies auch unbestritten. Betroffen sind von ihr nicht nur der Patient selbst, sondern auch – und das in besonderem Maße – Partner, Kinder, Eltern, weitere Angehörige, Freunde, Nachbarn, Berufskollegen, Lehrer, Ärzte, Polizei, die Mitarbeiter der verschiedensten Behörden – und Unbeteiligte, Fremde, die überraschend mit hereingezogen werden können. Das gilt zwar letztlich für alle seelischen Störungen, für die Manie aber in besonderer Weise.

Zwei Aspekte sind dabei bedeutsam: Zum einen fällt ein manischer Zustand nur selten in extremer Form auf, jedenfalls was die rein krankhafte Hochstimmung anbelangt. Etwas anderes ist die offenbar zunehmende Vermischung mit schizophrenen Symptomen in Form einer schizoaffektiven Psychose (also einer Kombination aus schizophrenen und manischen oder depressiven Symptomen). Doch die „reine Manie", die in ihrer Extremform durchaus für Schlagzeilen sorgen könnte (es in Wirklichkeit aber sonderbarerweise kaum tut), stellt ein zwar spektakuläres, aber eher seltenes Phänomen dar. Selten heißt in diesem Fall jedoch nur: selten erkannt. Doch muß es zur Extremform der Manie gar nicht kommen, um Betroffenheit, Irritation, Ärgerlichkeiten, Kränkungen, Kummer, Peinlichkeiten oder gar finanzielle Not bzw. gesellschaftlichen Abstieg auszulösen. Schon mittelschwere manische Syndrome können einen ungeahnten Wirbel auslösen, und selbst leichtere führen zumindest zu Verwunderung, Befremden und unnötigen Kosten.

> Doch die Mehrzahl der Maniker erkennt man gar nicht als krank – vor allem in einer Zeit, die das permanente Stimmungs- und Leistungshoch zu ihrem Ideal und damit Lebensziel erklärt hat. Es gibt also mehr gleichsam larvierte bzw. maskierte manische Hochstimmungen, die nicht (rechtzeitig) als krank erkannt werden, mehr jedenfalls, als man sich bisher vorzustellen wagte.

Nun könnte man es in leichten Fällen darauf beruhen lassen. Ein Stimmungs- und Leistungshoch ist ja in der Tat nichts Verwerfliches, sondern ein Pluspunkt, der einem auch nicht allzu häufig beschert wird. Wenn es sich aber in Wirklichkeit um ein krankhaftes Hoch handelt, dann muß man dafür bezahlen, und zwar nicht nur in finanzieller, sondern auch in zwischenmenschlicher und sogar biologischer Hinsicht. Das heißt: Das Stimmungs- und Leistungspendel schwingt zurück, oft bis zum depressiven Tief. Denn die meisten manischen Episoden treten in Form einer manisch-depressiven Erkrankung auf. Hält sich beides in erträglichen Grenzen, kann es sich in eigener Regie bewältigen lassen. Wiederholt es sich immer wieder und beginnt ernste Ausmaße anzunehmen, wird eine Behandlung notwendig. Doch hier beginnt das zweite Problem.

Ein Maniker geht nicht zum Arzt

Schon die überwiegende Zahl depressiv Erkrankter geht nicht zum Arzt, nicht zum Hausarzt, geschweige denn zum Psychiater oder Nervenarzt. Ein folgenschweres Verhalten für den Patienten und seine Angehörigen, weil man heutzutage vieles tun kann: psycho- und soziotherapeutisch sowie medikamentös. Immerhin halten sich die psychosozialen Folgen – von unnötigem Leid abgesehen – in Grenzen und treffen meist nur einen kleineren Kreis.

Anders bei der Manie: Das Problem liegt darin, daß sich ein Mensch in einem krankhaften Stimmungs- und Leistungshoch mit allem beschäftigt, nur nicht mit selbstgrüblerischen Krankheitsvermutungen oder gar dem Gang zum Arzt. Warum auch, war er doch noch nie in so guter Verfassung und noch nie so erfolgreich wie im Augenblick. Denkt man in einem Geschwindigkeits-, Liebes- oder Drogenrausch an die Folgen? Kaum, und so ist es auch im „manischen Rausch", denn der kann in der Tat so manche Rauschformen imitieren. Und so kommt es – naturgegeben – nur selten zu einer (zumindest rechtzeitigen) ärztlichen Konsultation und damit zur Therapie, nicht psycho- und soziotherapeutisch und schon gar nicht medikamentös.

Kommt der Patient aber nicht zum Arzt, nicht in die Praxis und noch seltener in die Klinik, dann geht er auch nicht in die allgemeine ärztliche Erfahrung und damit auch nicht in die Statistik ein. Er wird zur Randfigur von Lehre und Forschung. Dies führt dann zu einem völlig verzerrten Bild der Realität. Dabei ist es schon tragisch, daß so viele Betroffene auf eine gezielte Therapie verzichten müssen. Noch folgenschwerer wirkt es sich aus, daß man so wenig in der (deutschsprachigen) Fachliteratur und damit in den Medien über dieses verhängnisvolle Krankheitsbild berichtet, weil man dadurch nicht rechtzeitig darauf aufmerksam wird. Es fehlt also an populärmedizinischem Wissen und damit an *Früh*erkennungsmöglichkeiten. Wären diese besser, könnte zumindest ein Teil der manisch Betroffenen von den Möglichkeiten einer ärztlichen Diagnose und Therapie profitieren, denn – das muß ausdrücklich betont werden – nicht alle Maniker sind völlig uneinsichtig und behandlungs*un*willig. Man muß sich im Umgang mit ihnen nur ein wenig geschickter anstellen, als dies in den meisten Fällen geschieht, nicht zuletzt natürlich wegen ihres distanzlosen, ärgerlichen und anmaßenden Verhaltens. Aber auch das ist wieder eine Frage der Aufklärung und Anleitung und unterstreicht den Teufelskreis, in dem wir uns befinden.

Nachfolgend deshalb eine ausführlichere Darstellung dieses im Grunde uralten Krankheitsbildes, das aber in unserer Zeit, in der man eine fast schon manische Lebensweise als erstrebenswert propagiert, nach wie vor selten erkannt wird. Und das, obgleich man die Folgen mit den heutigen therapeutischen Möglichkeiten in erträglichen Grenzen halten könnte.

Was ist eine Manie?

Der *Begriff „Manie"* war schon im Altertum bekannt (griech.: mania = Raserei, Wut, Wahnsinn, aber auch Begeisterung, Ekstase und Entrückung). Doch eine klare Definiton des Krankheitsbildes war lange Zeit nicht möglich. Erst Mitte vorigen Jahrhunderts ordnete man der Manie endgültig die eher heitere, der Melancholie die mehr depressive Verstimmung zu und faßte sie zu einer eigenen Krankheitsgruppe zusammen. Heute gilt die Manie als ein vielschichtiges Syndrom (also als eine Gruppe bestimmter Symptome), das man – im Gegensatz zur Depression mit ihrer „Herabgestimmtheit" – als krankhafte „Heraufgestimmtheit" bezeichnen könnte. Charakteristisch ist dabei nicht so sehr die Art, mehr das überbordende Ausmaß und der ständige Wechsel dieser Gemütsverfassung.

Als Ursache gilt eine affektive Psychose, auch Affektpsychose genannt, also eine Gemütskrankheit mit schweren Störungen im affektiven Bereich (Gemütsstörung, Gefühlsstörung): Dazu zählen entweder depressive Verstimmungen, Angst, seelisch-körperliche Hemmung bzw. innere Unruhe oder aber ihr Gegenteil, nämlich gehobene Stimmung, gesteigerter Antrieb usw.

Bei den affektiven Psychosen bzw. Gemütskrankheiten, die sich in manischen oder depressiven Zuständen äußern, gibt es unterschiedliche Verlaufsformen: Am häufigsten finden sich ausschließlich depressive Phasen, d.h., ohne je durch ein manisches Zustandsbild unterbrochen zu werden. Danach folgen einmalige depressive sowie variabel abwechselnde manische und depressive Phasen. Eine Rarität sind nur manische Phasen (wahrscheinlich mit milderen depressiven Zuständen, die man einfach übersehen oder nicht erkannt hat). Noch seltener sind einmalige manische Zustände, wobei man auch hier vermutet, daß die leichteren manischen Wiederholungen einfach nicht als krankhaft registriert wurden.

Wen treffen manische Phasen?

Die *Häufigkeit manischer Zustände* ist schwer zu fassen. Denn eine exakte statistische Erhebung ist in der Regel nur dann möglich, wenn sich der Patient in Behandlung begibt, am besten in eine Fachklinik. Das aber ist gerade bei leicht bis mittelschwer manisch Erkrankten kaum zu erwarten (und sogar beim Gegenstück, der Depression, erstaunlich selten). Vor allem werden die leicht manischen Zustände in jungen Jahren oft nicht als krankhaft eingestuft (siehe Seite 266). Insgesamt variieren deshalb die Häufigkeitsangaben zwischen 0,6 und 3 %, wobei letzteres der Realität am nächsten kommen dürfte.

Was das *Alter* anbelangt, so gibt es sowohl einmalige als auch wiederholte manische Zustände in jedem Lebensalter. Erstmalig brechen sie zumeist zwischen dem 15. und 35. Lebensjahr aus, also in einer gemütsmäßig instabilen Zeit (s. auch S. 267). In jungen Jahren äußern sie sich auch eher uncharakteristisch, weshalb man sie dort wohl auch am häufigsten verkennt („Pubertätskrise"), selbst wenn die Betroffenen plötzlich umtriebig, distanzlos oder gar aggressiv werden. In den mittleren Lebensjahrzehnten wächst dann der Anteil der mehr „klassischen" Verlaufsformen, so wie man sich eine Manie auch in der Allgemeinheit vorstellt. Im höheren Lebensalter wird es ruhiger, die Manie braucht einfach Kraft, über die man dort nicht mehr verfügt. Und wenn sie ausbricht, hat sie eine oftmals rastlos-ratlose, gelegentlich sogar verwirrte, mißtrauische oder gar wahnhafte Prägung. *Geschlechtsspezifisch* dominiert bei rein oder überwiegend depressiven Zuständen das weibliche Geschlecht im Verhältnis 2 : 1. Männer dürften allerdings auch hier häufiger sein, als die Statistik nahelegt. Sie gehen vor allem seltener zum Arzt, besonders bei seelischen Problemen, weil dies nicht zum männlichen Selbstbild paßt und deshalb schamhaft überspielt wird. Bei manisch-depressiven Verlaufsformen mit Hochs und Tiefs scheinen beide Geschlechter annähernd gleich betroffen, auch wenn man in klinischer Behandlung gelegentlich mehr Frauen als Männer sieht.

Ursachen – Auslöser – Verlauf

Die meisten manischen Zustände sind also affektive Psychosen, d. h. *endogener oder biologischer Ursache.* Dabei spielt auch die erbliche Belastung eine Rolle.

Wer allerdings nicht gezielt danach fragt, erhält in der Regel keine, zumindest keine befriedigende Antwort. Über Krankheiten im allgemeinen und seelische im speziellen redet man nicht – früher noch seltener als heute. Außerdem ist eine – zumindest leichte bis mittelschwere – Manie noch schwerer zu erkennen als tiefe Schwermut, schizophrener Wahn oder panische Angst. Und trotzdem ist diese Frage wichtig, und zwar nicht zur Befriedigung der Neugier oder zur nachträglichen Diskriminierung der Vorfahren, sondern um möglichst rasch zu erkennen, zu verstehen und zu handeln. Dabei ist es wichtig, nicht gleich bei den Geschwistern oder der Eltern-Generation aufzuhören, sondern auch die Großeltern und alle sonstigen Verwandten mit einzubeziehen, und zwar sowohl auf väterlicher wie auf mütterlicher Seite – so weit zurück wie möglich. Gerade seelische Krankheiten überspringen oft eine Generation oder „verlieren sich in entfernteren Verwandtenbereichen", an die man sonst nie mehr denken würde.

Auf jeden Fall ist eine endogene Manie das Resultat verschiedener genetischer, sozialer und biographischer Aspekte sowie Auslösesituationen. Denn dem *Ausbruch* vieler Gemütskrankheiten pflegen oft belastende Lebensereignisse vorauszugehen. Bei der Depression sollen es mindestens ein Fünftel, bei der manischen *Erst*erkrankung sogar die Hälfte bis zwei Drittel sein. Bei erneuten Episoden ist dies seltener festzustellen. Offenbar ist das *erstmalige* Ausklinken durch eine schwere Lebenskrise fast die Regel, während spätere Rückfälle eher biologisch bestimmt sind, d.h. nach einem „endogenen Muster" ablaufen, dessen Hintergründe wir noch nicht kennen. Doch auch hier können immer wieder psychosoziale Belastungen beteiligt sein.

Wenn man diese Auslöser untersucht, dann handelt es sich meist um bedrückende, auf jeden Fall unerfreuliche Ereignisse, z.B. Verlust entscheidender Bezugspersonen, Störung in der familiär-häuslichen Sphäre, oft auch Erkrankung, Trennung, Scheidung oder gar der Tod von Angehörigen.

Ferner häusliche Differenzen und Probleme, berufliche Nöte (Prüfungen, Verpflichtungen, Überforderung, Änderungen oder sonstige Schwierigkeiten am Arbeitsplatz, aber auch plötzliche Entlastung nach längerdauerndem seelisch-körperlichem Streß) sowie nachbarschaftliche (z.B. Konflikte mit Hausbewohnern) oder gesellschaftliche Auseinandersetzungen. Bisweilen wird auch von neuen, schwer zu integrierenden Rollenverpflichtungen, von erotischen und sexuellen Problemen, von Umzug, Wohnungswechsel oder Bedrohung des sozialen Prestiges (berufliche Position, Finanzen) berichtet.

Aber auch *körperliche Auslöser* sind möglich. So soll bei bis zu einem Drittel der Patientinnen die Ersterkrankung in das Wochenbett fallen, daß dann auch später einschließlich vergleichbarer Krisenzeiten (z. B. Wechseljahre) mit einem erhöhten Risiko belastet ist. Leichtere manische Zustände häufen sich ohnehin vor der Monatsblutung. Auch Schädel-Hirn-Unfälle sind beteiligt, manchmal sogar mit verzögertem Krankheitsausbruch Wochen oder gar Monate später. Schließlich ist auch an eine Überfunktion der Schilddrüse, an grippale Infekte, Operationen, Lungenentzündung, Frakturen und Verletzungen anderer Art, nicht zuletzt auch an Abmagerungskuren mit und ohne Appetitzügler zu denken. Selbst notwendige und ärztlich überwachte Krankenhausaufenthalte, eine Therapie mit (bestimmten?) Antidepressiva, therapeutischer Schlafentzug, Lichttherapie, Durchflutungsbehandlung („Elektroschock") usw. sind hier nicht ohne Risiko.

Psychologisch gesehen sind vor allem zwei Ursachen-Schwerpunkte auszumachen: Bedrohung und – doppelt so häufig – Verlust und Trennung. Manchmal ist es auch ein durchaus erfreuliches Ereignis, das bei genauem Hinsehen den Betreffenden aber doch mehr beunruhigt, verunsichert oder belastet, wenn auch nur aus seiner subjektiven Sicht.

Bei späteren Rückfällen ist es besonders ein Anlaß, der tragisch, weil vermeidbar ist: das eigenmächtige Absetzen vorbeugender Arzneimittel, also die vom Patienten selbstverschuldete Unterminierung des Langzeitschutzes. Solche rückfallvorbeugenden Arzneimittel sind die Lithiumsalze sowie die Antiepileptika Carbamazepin und die Valproinsäure. Die Gründe für einen solchen Abbruch sind unterschiedlich und sollen hier nicht weiter diskutiert werden. In der Regel werden bestimmte Nebenwirkungen beklagt (z. B. Gewichtszunahme, Einbuße von Kreativität, geistiger Aktivität und seelischer Schwingungsfähigkeit), doch die eigentlichen Gründe liegen tiefer: zum einen das bedrückende Gefühl, „sein halbes Leben an einer medikamentösen Leine verbringen zu müssen", zum anderen die sogenannte „innere Entwarnung", das heißt die (meist trügerische) Vorstellung, jetzt sei man gesund und ein Rückfall sei auch ohne medikamentösen Schutz nicht mehr zu erwarten. Das aber ist und bleibt eine Illusion.

Der *Beginn* einer manischen Episode kann sich langsam, d. h. über Wochen entwickeln, er kann aber auch überraschend schnell ausbrechen, manchmal innerhalb weniger Tage, ja Stunden. Auch die *Dauer* ist sehr variabel, zwischen mehreren Monaten und einigen Tagen, ja wiederum Stunden (s. später). Das *Ende* bietet sich ebenfalls in voller Breite an: von langsam, d. h. über Wochen ausschleichend bis abrupt endend („wie an- und ausgeknipst"). Eindrucksvoll ist dabei das *plötzliche Umschlagen* von einer depressiven in eine manische Phase oder umgekehrt. Dies bezeichnet man als *Syndrom-Umschwung* (engl.: switch). Ein solcher Krankheitsumschwung ist für den Patienten besonders belastend und für sein Umfeld oft schockierend.

Schier unfaßbar, vor allem aber peinigend für den Betroffenen und seine Angehörigen ist der sogenannte schnelle Phasenwechsel (engl.: *rapid cycling syndrome*). Von einem solchen raschen Phasenwechsel spricht man schon ab vier manischen oder depressiven Phasen innerhalb eines Jahres, und zwar in beliebiger Kombination und Reihenfolge. Es gibt aber ein noch häufigeres Auftreten, das sich bis zu dem (meist im Kindes- und Jugendalter vorkommenden) Extrem steigern kann: morgens depressiv, abends (hypo-) manisch, oder umgekehrt.

Weitere diagnostisch wichtige Aspekte sind die *Zahl manischer Phasen*, die zwischen einmalig und „fast nicht mehr zählbar" variieren können. Glücklicherweise nutzen heute die Betroffenen und ihre Angehörigen die antimanische Rückfall-Vorbeugung häufiger und konsequenter. Eine „endlose" Krankheitsabfolge ist deshalb die Ausnahme (und oft selbst verschuldet, in der Regel durch mangelnde Kenntnis bzw. Informationswilligkeit). Auch die *gesunden Intervalle zwischen den Phasen* sind unterschiedlich lang, sie liegen zwischen wenigen Tagen und mehreren Jahren. Nach einer erstmaligen Erkrankung scheint am längsten Ruhe einzukehren. *Jahreszeitlich* sind Herbst und vor allem Frühjahr öfter betroffen, doch ist eine Manie in jedem Monat möglich.

Die Suche nach *Risikofaktoren* hat noch keine zuverlässigen *Vorhersage-Kriterien* erbracht: am ehesten sind es erbliche Belastung (deshalb ist die Klärung dieser Frage so wichtig – s. o.), ferner der Schweregrad des Leidens (z. B. ausgedrückt durch Zahl und Dauer der Rückfälle bis hin zur notwendigen Krankenhausbehandlung), möglicherweise auch soziale Zugehörigkeit (günstiger in höheren Schichten, weil man dort die therapeutischen Möglichkeiten konsequenter nutzt?) sowie die Persönlichkeitsstruktur (ungünstiger bei neurotischen Zügen oder abnormen Persönlichkeiten?).

Gibt es eine für die Manie charakteristische Persönlichkeit?

Nichts interessiert viele Menschen brennender als die Frage nach Persönlichkeit, Wesensart, Charakterstruktur des anderen. Wenn man die durchschaut hat, meint man den Schlüssel zu besitzen, wie man den anderen am sichersten einzuschätzen, vielleicht sogar zu manipulieren vermag. Auf diesem ureigenen menschlichen Verlangen basiert das wachsende Interesse an entsprechenden populärmedizinischen Lebenshilfen.

Andererseits ist die Erforschung der *Persönlichkeitsstruktur* ein wichtiges Anliegen, das auch die Wissenschaft, insbesondere Psychologie und Psychiatrie nie ruhen ließ. Tatsächlich sind mit dem Wissen um Persönlichkeitsstrukturen auch vorbeugende, therapeutische und rehabilitative Möglichkeiten verbunden.

So gibt es für praktisch jedes psychische Krankheitsbild eine Persönlichkeitsforschung mit zahlreichen psychodynamischen Aspekten. Dies betrifft auch die beiden affektiven Störungen Depression und Manie. Doch obgleich man schon vor einem Vierteljahrhundert glaubte, charakterische Persönlichkeitseigenschaften für die endogene Depression und Manie bzw. für die manisch-depressive Erkrankung herausarbeiten zu können, hat sich letztlich nur gezeigt: Feste Zuordnungen lassen sich in der gewünschten Sicherheit nicht belegen.

Heute neigt man eher zu der Ansicht, daß bei der Mehrzahl der Patienten die manisch-depressive Erkrankung nicht an eine spezifische Persönlichkeitsstruktur gebunden ist, die schon vor Ausbruch der Erkrankung wesentliche Hinweise bereithält. Charakteristisch für diese Menschen sind jedoch soziale Angepaßtheit, Verantwortungsgefühl, aber auch Aggressionsunterdrückung, Konfliktverleugnung und ein labiles Selbstwertgefühl. Diese Erkenntnis von der „unauffälligen" Persönlichkeitsstruktur, die die meisten Untersuchungen durchzieht, irritiert zwar, wenn man an den „Aufstand" denkt, den der Maniker in der Regel auslöst. Sie zeigt aber auch die Not hinter der distanzlosen, gereizten oder gar aggressiven Fassade. Eine Not, der man gezielt psychotherapeutisch begegnen muß, auch wenn die äußeren Bedingungen zuerst nicht günstig erscheinen. Hier spielt vor allem die sogenannte „manische Aussage" eine Rolle, auf die später noch näher eingegangen werden soll (s. S. 281).

Das manische Krankheitsbild – eine Übersicht

Das *manische Krankheitsbild* (von einem Beschwerde- oder Leidensbild kann man ja nicht reden, denn Beschwerden oder Symptome hat der Maniker keine) ist von verwirrender Vielfalt. Es ist besonders anfangs schwer einzuordnen, aber auch später häufig täuschend und nicht selten nach Inhalt und Form rasch wechselnd. War man sich als diagnostizierender Arzt lange unsicher und von Zweifeln geplagt und glaubte schließlich die Diagnose gesichert, so kann am nächsten Tag schon wieder alles anders sein. Die Manie ist ein „Chamäleon". Sie täuscht verhängnisvoll lange sogar Angehörige und Arzt – wohl nicht zuletzt deshalb, weil nicht sein kann, was nicht sein darf. Denn wenn die Diagnose feststeht, muß auch eine Therapie begonnen werden, und dies wird zum Problem eigener Art. Auf was ist nun im Rahmen einer manischen Krankheit zu achten?

> Die am häufigsten angeführten Krankheitszeichen einer Manie sind gehobene Stimmung, Rededrang und krankhaft gesteigerte Aktivität.

Tatsächlich fällt am ehesten die *euphorische, d.h. inhalts- bzw. motivlos gehobene Stimmung* mit überströmender und vor allem mitreißender (!) Heiterkeit und sogar Glückseligkeit sowie unbegründetem, aber strahlendem Optimismus auf. Sie kann allerdings auch leicht in eine gereizte Mißstimmung bis hin zu aggressiven Durchbrüchen umschlagen, besonders wenn sich der Maniker in seiner Aktivität behindert fühlt. Mitunter droht sogar eine kurzfristige Weinerlichkeit oder Niedergeschlagenheit, die aber in der Regel nicht lange andauert.

Fast immer irritiert auch ein krankhaft *gesteigerter Tatendrang*. Auffallend ist auch eine ungewöhnliche Gesprächigkeit bis zum *Rededrang* mit erhöhtem Sprechtempo. Das *Schlafbedürfnis* ist deutlich vermindert. Die geistige und körperliche *Leistungsfähig-keit* scheinen verstärkt, allerdings mitunter inkonsequent, unge-bremst und unkritisch. Die Reaktionsfähigkeit ist auf jeden Fall erstaunlich erhöht.

Auffallend sind neben dem überbordenden Beschäftigungs-drang mit rastloser Vielgeschäftigkeit auch eine zwischenmensch-liche, sexuelle und materiell orientierte Überaktivität, die bis zur *Enthemmung* auf allen Ebenen gehen kann. Beispiele hierfür sind distanzloses öffentliches Auftreten, sexuelle Anspielungen und Kaufwut.

Häufig findet sich ein *gesteigertes seelisch-körperliches Wohlbe-finden* mit überzogenem Selbstwertgefühl und Kritikschwäche, manchmal mit geradezu grotesker Selbstüberschätzung, wenn nicht krankhaften Größenideen.

Ein weiteres Kennzeichen ist der vermehrte Zustrom locker aneinanderge-reihter Einfälle, was sich in einem ständigen Wechsel des Denkziels äußert. Dabei springt der Betreffende durch erhöhte Ablenkbarkeit von einem Thema zum anderen. Dies führt schließlich zu der – für die schwere Manie charakteristischen – Denkstörung der *Ideenflucht*.

Eine häufige Komplikation ist der Mißbrauch von Substanzen mit Wirkung auf das Zentrale Nervensystem: zumeist Nikotin und Alkohol (zusätzlicher Enthemmungsfaktor!), gelegentlich entsprechende Arzneimittel, z.B. Psy-chostimulanzien oder Rauschdrogen, seltener Beruhigungs- und Schlaf-mittel.

Auf welche manietypischen Symptome ist nun besonders zu ach-ten? Nachfolgend zuerst eine Art lehrbuchhafte Übersicht, da-nach dann das „lebensnähere" Kapitel „Manie im Alltag".

Manische Affektstörungen

Eine manische Affekt- oder Gefühlsstörung kann sich wie folgt äußern: Die *Stimmung* ist zumeist gehoben, unbeschwert, über-mütig, humorvoll, heiter, fröhlich, beschwingt, „sonnig", unverwüstlich, optimistisch, ausgelassen, enthusiastisch. Der Maniker ist voller Wohlbehagen und strahlender Laune, witzig, spritzig, schalkhaft, schlagfertig, siegesbewußt, „mit goldenem Humor" – kurz: „glücklich und froh". Manchmal entsteht eine regelrechte „ekstatische Seelenstimmung". Oft fällt auch ein ausgeprägt humoristischer Zug auf mit der Neigung, allen Dingen und Ereignissen die scherzhafte, positive Seite abzugewinnen. Daraus resultieren dann durchaus originelle Interpretationen, gutmütiger Spott, kleinere, letztlich durchaus treffende (!) Sarkasmen sowie allerlei Schabernack und Streiche.

Kennzeichnendes Merkmal: Die positive Stimmung ist ansteckend.

Manchmal kann die Stimmung aber auch rasch und offenbar unbegründet in eine *Mißstimmung* umschlagen, vor allem wenn sich der Maniker in seinem Tatendrang nicht ernstgenommen oder behindert fühlt. Dann irritiert ein entgegengesetztes Bild: Er ist unzufrieden, unduldsam, nörgelnd, unverfroren, rechthaberisch, rücksichtslos, mißmutig, mürrisch, patzig, gereizt, querulatorisch, aggressiv („gereizte Manie"), ja sogar erregt-tobsüchtig („zornige Manie", früher auch als „Zorntobsucht" bezeichnet).

Solche leicht erregbaren bis aufbrausenden Maniker sind – je nach zugrundeliegender Persönlichkeitsstruktur und/oder Intensität des manischen Zustandsbildes – nicht nur leicht zu verärgern, ungesteuert, impulsiv und rasch erregbar, sie können sich auch nicht mehr bremsen und werden dann rasch streitsüchtig, grob, angriffslustig oder gar gewalttätig (s. u.). Mitunter erscheinen sie fast paranoid, d. h., sie reagieren wahnhaft.

Zu einem solchen Umschlag kommt es oftmals dann, wenn die überbordende Unternehmungslust und Überaktivität des Kranken von seiner Umgebung oder vom Arzt eingedämmt werden muß. Deshalb treffen diese Reaktionen insbesondere Angehörige bis hin zu *Tätlichkeiten* gegenüber Partner, Kindern und Eltern. Es werden aber auch nicht Freunde, Kollegen, Untergebene, Vorgesetzte, ja sogar zu Hilfe eilende bzw. besänftigende Nachbarn oder einschreitende Fremde verschont. Glücklicherweise richten sich die heftigsten Wutausbrüche zumeist gegen das Mobiliar oder ähnliches – dann aber „gründlich".

Ernstere *Übergriffe* finden sich mehr bei Männern, während es Frauen im allgemeinen eher bei verbalen Aggressionen bewenden lassen. Überraschungen sind jedoch auch hier möglich, je nach Intensität des Leidens, Persönlichkeitsstruktur, alkoholischer Enthemmung, Auslösesituation usw.

Meist hat die Gereiztheit des Manikers den Charakter einer vorübergehenden Überreaktion, fixiert auf nahestehende Personen und entsprechende Situationen und in der Regel angeheizt durch Widerspruch oder Widerstand der empörten oder verzweifelten Umgebung. Deshalb fällt der ganze „Theaterdonner" in der Regel bald wieder in sich zusammen. Dann kann die verstörte Umgebung einen plötzlich ratlosen und verlegenen „Ex-Tobsüchtigen" erleben, der von der vorangegangenen „unschönen Szene" selbst überrascht, ja überrumpelt scheint und sogar versucht, alles herunterzuspielen oder wieder ungeschehen zu machen: „Mir ist halt die Hand ausgerutscht", lautet dann die verschämte oder forsche bis vorwurfsvolle Bemerkung, so als wundere sich der Patient, daß man noch immer nicht gelernt habe, mit seinem „Temperament" adäquat umzugehen.

Manchmal können aber selbst hoch-manische Patienten von einer geradezu *abrupten Stimmungslabilität* erfaßt werden, bei der die Hochstimmung von (kurzen) Perioden der Niedergeschlagenheit oder gar Weinerlichkeit abgelöst wird. Dann ist sogar mit einer zeitlich begrenzten Selbsttötungsgefahr zu rechnen, was ansonsten nicht typisch für den Maniker ist.

Auf jeden Fall sind ausgeprägte Stimmungsausschläge in beide Richtungen möglich, wenngleich meist nur kurzfristig, aber wiederholbar. In einzelnen Fällen kann es auch zu einer dauerhaften gereizt-aggressiven Grundstimmung mit aggressiven Durchbrüchen kommen. Auch ein *durchgehendes Stimmungshoch* ist möglich, wenngleich seltener.

Manische Störungen des Antriebs

Manische *Störungen des Antriebs* im Sinne eines Antriebsüberschusses fallen relativ rasch auf: anfangs nur vermehrtes Pläneschmieden und erhöhte, aber noch zielgerichtete Geschäftigkeit, oft gepaart mit unermüdlicher Betriebsamkeit, was verhängnisvoll lange nicht als krankhaft erkannt wird. Maniker können in der Tat fast übermenschliche Leistungen erbringen. Das stößt erst einmal auf allseitige Bewunderung und Neid, gelegentlich aber schon hier mit Bedenken vermischt („Jetzt hör' doch endlich mal wieder auf!"). Denn bei nüchternem Abwägen muß es jedem Beteiligten klar sein, daß ein solcher „Kahlschlag der Reserven" irgendwann einmal mit einem Erschöpfungszustand zu bezahlen ist, unter dem Strich also keinen Gewinn darstellt. Doch der Maniker vermag überzeugend, ja geradezu motivierend zu argumentieren, „daß der derzeitige Aufgabenberg anders nicht zu leisten ist". Die beeindruckte oder gar schuldbewußte Umgebung steckt zurück, und die Krankheit nimmt ihren Lauf.

Der Unterschied zum „normalen Arbeitssüchtigen" („workaholic") besteht in

– dem phasenhaften, d. h. zeitlich begrenzten, Auftreten der manischen Arbeitswut, die ggf. in der drohenden nachfolgenden Depression vom Gegenteil abgelöst wird (Leistungseinbruch bis zur totalen Arbeitsunfähigkeit),
– weiteren manietypischen Symptomen, die sich naturgemäß nur in einer Manie finden lassen – sofern man darauf achtet.

Nach und nach pflegt sich aber nicht nur ein überstarker, sondern sogar *ungebremster Bewegungsdrang* einzustellen, und zwar im direkten wie übertragenen Sinne: schnelle, laute und kaum zu unterbrechende Sprechweise, theatralisch wirkende Mimik, dramatische Gesten, Reden oder gar Gesänge. Mag dieses Gehabe vielleicht noch in akzeptablen Grenzen bleiben, fällt es dennoch auf, wenn man die frühere Wesensart des Betreffenden als Vergleich heranzieht („wie leicht angetrunken", „beschwipst, aber eben dauernd").

Maniker sind auch ständig in Bewegung. Bisweilen laufen sie sogar ruhelos große Strecken, was man auch therapeutisch nutzen kann. Die erweiterte Komponente dieses Bewegungsdrangs ist dagegen schon schwerer zu steuern: die manische *Reiselust*. In leichteren Fällen kann es tatsächlich bei einer Lust bleiben, die ja auch viele Gesunde umtreibt. In mittelschweren oder schweren Fällen hingegen kommt es zur manischen Getriebenheit und Weglauftendenz oder nüchterner ausgedrückt, einem „kopf- und ziellosem Abhauen", wohin auch immer. Dabei können erstaunliche Strecken zurückgelegt werden – Tag und Nacht. Manche Maniker werden dann in abgerissenem, durchnäßtem und erschöpftem Zustand wieder aufgegriffen. Andere nehmen Verkehrsmittel (die sie nicht immer bezahlen können) oder den eigenen Wagen, ohne mit dem – häufig weit entfernten – Fahrziel etwas anfangen zu können (s. Seite 262).

Doch zurück zur allgemeinen Antriebssteigerung: Tatsächlich wirken die meisten anfangs „dynamisch", später aber eher rastlos und getrieben. Sie scheinen voller Vielgeschäftigkeit und Wagemut, riskieren einiges und gewinnen (anfangs) erstaunlich oft, was ihre Umgebung wieder verunsichert.

Fast immer besteht ein unstillbarer Drang zur Geselligkeit mit der Neigung, alte *Bekanntschaften* zu erneuern und neue zu knüpfen – gleichgültig, ob dies gewünscht wird oder nicht. Dies gilt auch für den bereits erwähnten Rededrang (Logorrhoe) sowie *ständiges Telefonieren* – selbst zu den ungewöhnlichsten Zeiten, z.B. nachts.

Charakteristisch sind im Rahmen eines manischen Antriebsüberschusses folgende Phänomene:
- Unfähigkeit, Begonnenes zu vollenden,
- Vermehrte Ablenkbarkeit durch alles und jedes, allein schon durch Hintergrundgeräusche oder Bilder an der Wand,
- Unfähigkeit, die aufdringlich-fordernde Art und damit belästigende Natur dieser Aktivitäten selbst erkennen und steuern zu können.

Manische Denkstörungen

Kennzeichnend für die manische Denkstörung ist die schon erwähnte *Ideenflucht:* Das *beschleunigte oder ideenflüchtige Denken* ist charakterisiert durch den vermehrten Zustrom locker aneinandergereihter Einfälle und durch den ständigen Wechsel des Denkziels (vor allem durch erhöhte Ablenkbarkeit). Typisch ist auch das Springen von einem Thema zum anderen (vom Hundertsten ins Tausendste). Eindrucksvoll ist die stete Produktion (im wahrsten Sinne des Wortes) origineller, schlagfertiger oder gar witziger Einfälle, die zuletzt nur noch nach äußeren Gesichtspunkten aneinandergereiht werden (Doppelsinn der Worte, Klangähnlichkeit). Dadurch verliert der Maniker schließlich den Faden und gleitet immer öfter ins Unwesentliche ab. Das stört ihn aber nicht, weil er alles, was er hervorbringt, für bedeutungsvoll hält oder zumindest das gesteigerte Interesse seines Gegenüber voraussetzt. Auf jeden Fall merkt er kaum, daß er dessen Aufmerksamkeit ungebührlich beansprucht oder ihn gar langweilt.

> Allerdings kann sich der Maniker vorübergehend gut „zusammenreißen", um dann eine Weile tatsächlich beim Thema zu bleiben, wenn auch bald mit spürbarer Anstrengung.

Das Wesen der manischen Ideenflucht ist jedoch mehr in einem Rededrang als in einem Denkdrang oder gar in einem nutzbaren Zustrom fruchtbarer Ideen zu sehen. Maniker „produzieren" viel, aber wenig Fundiertes. Konkrete Denkaufgaben lösen Maniker zwar rascher als Depressive, jedoch nicht schneller als Gesunde. Es soll aber nicht verschwiegen werden, daß es nicht nur zahlreiche Persönlichkeiten aus Kultur, Politik und Wissenschaft gibt, denen durchaus fruchtbare manische (nach unserem Verständnis wohl eher leicht manische, d. h. hypomanische/maniforme Phasen nachgesagt werden), z.B. Händel, Rossini, Robert Schumann, Balzac, van Gogh, Hemingway, Teddy Roosevelt, Churchill u.a. Auch viele Betroffene mit weniger ausgeprägten Gaben halten zumindest mildere manische Phasen für die einzig konstruktive und damit lebenswerte Zeit ihres Daseins und lassen sich deshalb ungern medikamentös „ausbremsen", was sie nur unproduktiv, öd und fad mache.

Schließlich kann die Ideenflucht sogar als Gedankendrängen oder *Gedankenflucht* empfunden werden. Auch die Sprache wird dann noch lauter, beschleunigt und damit schwer verständlich, ggf. durch Wortspiele, Wortwitze und andere überbordende Äußerungen aufgelockert, die die Umgebung einige Zeit amüsieren. Bei fortschreitender Ideenflucht drohen jedoch in schweren Fällen sogar Wortneubildungen, wenn beispielsweise einzelne Denkglieder wegen der hohen Denkgeschwindigkeit nicht mehr ausgesprochen werden können, zuletzt ein regelrechter „Wortsalat". In hochgradiger manischer Erregung kann die Ideenflucht zu einem beziehungslosen Nebeneinander der Gedanken ausufern und sich bis zur Verworrenheit und *Denkzerfahrenheit* steigern. Die Sprache wird dann unzusammenhängend und läßt sich bei flüchtiger Betrachtung von derjenigen eines akuten schizophrenen (Erregungs-)Zustandes kaum mehr unterscheiden. Eine solche „verworrene Manie" wirkt dann auch eher mißgestimmt-gereizt oder gar zornig.

> Im allgemeinen bewahrt sich der Maniker jedoch trotz seiner Ideenflucht ein klares Bewußtsein und eine ungestörte Denkfähigkeit sowie ein ausreichend funktionierendes Gedächtnis. Fehlt die Ideenflucht ganz, was durchaus möglich ist, spricht man von „geordneter Manie". Sie ist besonders schwer rechtzeitig zu erkennen.

Manische Wahnzustände

Wahn ist die krankhaft entstandene Fehlbeurteilung der Realität. Die *Wahnbildungen manischer Patienten* sind – im Gegensatz zu schizophrenen Wahnformen – meist flüchtig und ständig im Wechsel. Sie werden überwiegend spielerisch-scherzhaft vorgebracht und oft als „schemenhaft" beschrieben. Geprägt wird der manische Wahn vor allem durch die gesteigerte Erlebnisfähigkeit und das überproportionale Selbstwertgefühl mit Neigung zur Selbstüberschätzung („grandios"). So dominieren z.B. *Größenideen*, die sich früher eher auf religiöse, heute überwiegend auf sexuelle, wirtschaftliche, künstlerische, finanzielle und politische Inhalte beziehen. Gar nicht so selten kann es auch zu einem *Liebeswahn* kommen, der nachfolgend etwas ausführlicher dargestellt werden soll, weil er die Gerüchte am schnellsten anzuheizen pflegt.

Der manische Liebeswahn

Zu einer Manie gehört nicht selten ein *spontanes Verliebtsein*. Frauen trifft es öfter als Männer. Vielleicht wird es aber beim weiblichen Geschlecht auch nur häufiger mißbilligend registriert.

Dabei wird die – schon beim normalen Verliebtsein mitunter zu beobachtende – unrealistische, fast traumhafte Verklärung von Partner und Situation geradezu peinlich übertrieben (s. u.). So etwas beschränkt sich nicht nur auf Jugendliche, denen man derlei als pubertäre Schwärmerei nachsehen könnte, sondern erfaßt auch „gestandene" Männer und reife Frauen mit großer Lebens- und Partnererfahrung. Deren „liebestolles Abheben" stößt dann natürlich auf besonderes Unverständnis, von gelegentlich tragischen Folgen ganz zu schweigen (z. B. Verleumdungen, Erpressungen, Schwängerung, verzweifelte Abtreibungsversuche usw.).

In einfacher Form kommt es nur zu einer unkorrigierbaren Verliebtheit, die alles verklärt (das „pure Glück"). Sie vermag geradezu ansteckend zu wirken. So etwas kann durchaus mehrere Wochen bis Monate dauern. Im fortgeschrittenen Stadium, in einem manischen Liebeswahn, wähnen sich die Betroffenen von zwar meist realen, oft aber unerreichbaren Bekanntschaften oder Personen des öffentlichen Lebens (z. B. aus Film oder Fernsehen) verehrt und geliebt (resignierter Vorwurf einer Mutter: „Hast du dir mal wieder einen Prinzen gebaut"). Oder sie sind davon überzeugt, kurz vor der Verehelichung zu stehen. Daraus können glühende Liebesbriefe oder Telefonate resultieren, in Einzelfällen sogar Besuche mit konkreten Wünschen, Angeboten oder Forderungen. Diese pflegen überwiegend erotischer, manchmal aber auch eindeutig sexueller Natur zu sein. Es gibt jedoch auch eine manische Verliebtheit bis hin zum Liebeswahn, die sich durchaus mit „platonischer Zuneigung" begnügen würde, dann aber bisweilen mißverstanden oder ausgenützt wird.

Gerade beim Liebeswahn führt das Mißverhältnis zwischen subjektiver Wahngewißheit („er ist mein") und objektiver Ernüchterung oft zu bezeichnenden Rechtfertigungsversuchen, die den heimlichen Zwiespalt zwischen fehlender Krankheitseinsicht und Realität beleuchten: „Vielleicht denkst du …, aber ich bin nicht krank. Du wirst sehen, daß wir ein wunderschönes Paar abgeben … Wir werden herrliche Söhne und schöne Töchter haben …" (aus einem manischen Liebesbrief).

Manische Störungen der Wahrnehmung

Manche Maniker berichten auf gezieltes Befragen über *Intensitätsveränderungen ihrer Wahrnehmung:* besonders eindrucksvolle Wahrnehmung von Farben, Hell-Dunkel-Unterschieden, Geräuschen, Sprache, Musik sowie von Gerüchen – und zwar sowohl angenehmer wie unangenehmer Art. Dabei können alle Sinnesgebiete betroffen sein, einschließlich der Tastwahrnehmung.

Beispiele aus einem manischen Tagebuch: Bei mir waren die Vorboten einer neuen manischen Phase das Schönste: Ich war nicht nur der Mittelpunkt der Welt und mußte nicht mehr schlafen, meine Wahrnehmungen waren auf allen Kanälen intensiver und schärfer. So empfand ich bestimmte Musik und Texte besonders eindringlich und aufrührend, ganz abgesehen davon, daß sie in wunderbarer Klangfülle mein Ohr erreichten. Auch optische Signale wurden verstärkt wahrgenommen, vor allem wurde alles in eine Art „goldenes Licht" getaucht. Die Farbfotos waren so plastisch, daß mir die abgebildeten Figuren fast dreidimensional vorkamen. Auch die Formen nahm ich verstärkt wahr, so daß alles so anziehend und appetitlich war. Auch empfand ich beispielsweise die Oberflächen bestimmter Produkte als besonders zart und weich. Alles schmeckte ausnehmend gut, wundervoll gewürzt oder cremig.

Manische Sinnestäuschungen

Mitunter können in einer manischen Phase auch *Halluzinationen* (Trugwahrnehmungen, Sinnestäuschungen) oder *illusionäre Verkennungen* (wahnhafte Umdeutungen realer Gegebenheiten) auftreten. Meist sind sie akustischer (Stimmen) oder optischer Natur, die Personen, Gegenstände und Bilder betreffen. Auch hier dominiert das Vage, Schemenhafte, Flüchtige, Unvollkommene der Sinnestäuschung. Vor allem fehlt die aufdringliche sinnliche Deutlichkeit, wie sie Halluzinationen bei der Schizophrenie oder im Alkoholdelir charakterisieren. Inhaltlich stehen sie meist in Beziehung zu den manischen Größenideen, wenn beispielsweise hochgestellte Persönlichkeiten oder Mächte dem Maniker seine „Mission" erläutern.

Wahn im Rahmen einer reinen Manie ist allerdings selten. Was sich jedoch zu häufen scheint, ist das gleichzeitige Auftreten einer schizophrenen sowie manischen Psychose in annähernd gleicher Intensität, zusammen oder kurz hintereinander. So etwas nennt man eine *schizoaffektive Psychose* (s. S. 274). Bei den quantitativ dominierenden leichteren manischen Zustandsbildern (hypomanisch, maniform, submanisch) finden sich jedoch so gut wie nie Wahnphänomene.

Äußere Aspekte

Im Gegensatz zu den meisten anderen seelischen Störungen, insbesondere zum manischen Gegenpol, der Depression, sind die körperlichen Folgen der krankhaften Hochstimmung überwiegend positiver Natur: blühendes Aussehen, aufrechte Haltung, temperamentvolle und dabei doch natürliche, geschmeidige Bewegung, lebhafte und leuchtende Augen, eindrucksvolle, ausdrucksstarke Mimik, gesunde, straffe Haut, glänzendes Haar, das sich gut legt usw. Der Appetit pflegt zwar gering zu sein, vielleicht kommt es sogar zu einem leichten Gewichtsverlust, doch das spielt keine Rolle („Idealgewicht"). Für den Schlaf gilt die alte Erkenntnis: Der Depressive kann nicht schlafen, der Maniker braucht nicht zu schlafen. Und die Sinneswahrnehmungen sind – wie erwähnt – eher in lustvoller Weise intensiviert: Geruch, Geschmack, Tastempfinden und Gehör.

Und was das äußere Erscheinungsbild anbelangt (Make up, Kleidung und Schmuck, Frisur, Parfum und Duftwässer usw.), so kann ein Maniker zum einen völlig unauffällig bleiben und z. B. seine gesamte Energie in geistige Aufgaben investieren. Oder der Aufzug wirkt leicht verstiegen, aber irgendwie noch tolerabel, vielleicht exaltiert oder gar „verrückt", aber eigentlich immer in jenem Rahmen, „den man in einer eben auch verrückten Zeit akzeptieren muß". Das unterscheidet den Maniker beispielsweise von manchen schizophrenen Patienten, die ggf. zu grellen Überzeichnungen greifen (müssen), während der Maniker einfach aus einer gleichsam explodierenden Lebenslust heraus „in die Vollen geht".

Manie im Alltag

Es ist unmöglich, alles aufzuzählen, was im Rahmen einer Manie passieren kann. Man muß sich einfach die Zahl aller Maniker vorstellen, multipliziert mit einem Dutzend enthemmter Reaktionsmöglichkeiten. Die *Enthemmung* ist überhaupt das Charakteristikum des manischen Krankheitsbildes, wahrscheinlich das folgenschwerste überhaupt. Am tragbarsten ist sie noch in Form anzüglicher Witze oder eines bisweilen peinlichen Dranges, ständig aktiv, dynamisch, originell und der Mittelpunkt sein zu müssen (was dennoch irgendwie etwas Frisches und Amüsantes an sich haben kann).

Auf jeden Fall hält der Maniker sein Verhalten für Frohsinn, gute Laune, Humor, Lebenslust, für bestenfalls ein wenig übermütig, ausgelassen und schalkhaft. Einwände jeglicher Art wischt er souverän vom Tisch und beklagt sogar noch, daß die Mitbürger heute so wenig ungezwungen, lustig, locker, zwanglos und gelöst seien. Dabei appelliert er geschickt an die Träume eines jeden Menschen, sich endlich einmal freizumachen von allen jenen Belastungen, die ihn täglich bedrücken: berufliche Zwänge, gesellschaftliche Konventionen, zwischenmenschliche Rücksichten, kurz: tun müssen, was *man* tut. Denn:

> Der Maniker tut, was sich andere nicht trauen.

Doch die Enthemmung kennt oft keine Grenzen und wird sogar reizbar-aggressiv, wenn man den Betroffenen in seiner Willens- und Entscheidungsfreiheit behindern will. Dann sind Charme, gute Laune und mitreißender Frohsinn plötzlich verschwunden, dann wird er keck, dreist, taktlos, unverfroren, schließlich frech, anmaßend, flegelhaft, ausfällig, beleidigend und vielleicht sogar handgreiflich.

Allerdings wirkt der Maniker dabei nur selten so richtig hämisch, gehässig, konsequent niederträchtig, falsch, intrigant, schikanös, bösartig oder gar hinterhältig-heimtückisch. Natürlich hängt dies weitgehend von der zugrundeliegenden Persönlichkeitsstruktur ab, doch im allgemeinen fehlt bei seinen Attacken letztlich das gezielt Boshafte. Ist er aber einmal zornentbrannt, dann läßt sich so manche manische Enthemmung nicht mehr aufhalten. Jetzt kann er, kurzfristig zwar, aber verheerend, „wüten wie ein Orkan", insbesondere was das Mobiliar anbelangt, leider aber auch oft genug gegen Verwandte. Doch das sind glücklicherweise seltene Extreme.

Meist bezieht sich die Enthemmung des Manikers auf zwischenmenschliche bzw. gesellschaftliche Kontakte, die er allerdings auch nicht meidet, sondern gezielt sucht. Und wo er sich ungeniert ausläßt und leicht an die „Grenze von Anstand und Sitte gerät". Dabei fällt er erst einmal durch die besagte Selbstsicherheit auf, die vom gezierten Getue mit permanenter Affekthascherei bis hin zum ausgeprägten Größenwahn reichen kann. Allerdings ist auch ein durchgehend souveränes Auftreten möglich, je nach zugrundeliegender Persönlichkeitsstruktur.

Am häufigsten irritiert aber ein ungewöhnlicher Initiativeschub, meist verbunden mit „lustigem" Übermut, mit einer „nervenden" Redeflut, ggf. losen bis schnodderigen Kommentaren, Anspielungen und unpassenden Vertraulichkeiten. Manchmal duzt der Maniker plötzlich jeden, schließt mit den erstbesten Freundschaft und Blutsbrüderschaft oder versucht mit Intimitäten, großen Taten oder Besitztümern zu prahlen. Sehr viel folgenschwerer aber ist jene Form der Enthemmung, „die aus ihrem Herzen keine Mördergrube macht", d. h. den anderen auf den Kopf zusagt, was er von ihnen hält – und zwar „ungeschminkt". Was hier den Betroffenen besonders weh tut, ist nicht nur die „Wahrheit", die kann sich jeder selbst zurechtlegen. Es ist die typische manische Prägnanz, mit der alles überspitzt zwar, aber eindrücklich bis geradezu peinlich auf den Punkt gebracht wird. Dabei bemüht er sich natürlich nicht um Objektivität, denn das ist zeitraubend und verlangt Überblick, Nachsicht und Toleranz – alles Eigenschaften, die in der Manie nicht zu erwarten sind.

Daneben häufen sich ggf. unnötige „Lausbubenstreiche" (wie später oft beschönigt wird), die sich allerdings auch zu handfesten Dummheiten oder rufschädigenden Albernheiten auswachsen können (s. später). Ferner kleine Bosheiten, Schwindeleien und Betrügereien, die aber nie ganz ernst gemeint sind, auch nicht konsequent, vor allem nicht mit „krimineller Zielstrebigkeit" durchgezogen werden.

Gerade bei der manischen Enthemmung soll noch einmal auf das Zusammenspiel von Persönlichkeitsstruktur und Krankheitsbild zurückgekommen werden: Es sind nicht nur die äußeren Umstände, insbesondere finanzielle und berufliche sowie partnerschaftliche Folgen und Reaktionen der betroffenen Umgebung, die Verlauf und Ausgang bestimmen. Es ist auch die zugrundeliegende Persönlichkeit. Denn die Manie pfropft sich gleichsam auf den bestehenden Charakter auf. Dabei werden nicht nur die bekannten, sondern auch (bisher) unbekannten, nicht nur die bewußten, sondern auch unbewußten Wesenszüge, Wünsche, Frustrationen, Fähigkeiten, Beeinträchtigungen usw. über die vertretbare Grenze gehoben.

Ein wenig vereinfachend läßt sich deshalb sagen: Die Manie demaskiert, sie stürzt die Fassade ein, die bisher den allgemeinen Eindruck nach außen beherrschte. Die Manie kann zwar dem bislang unentdeckten, zumindest ungenützten Potential der geistigen, seelischen, körperlichen, psychosozialen und sonstigen Eigenschaften und Fähigkeiten eines Menschen zum Durchbruch verhelfen (wofür es zahlreiche Beispiele gibt). Sie verstärkt aber auch seine negativen Eigenschaften, und zwar unkontrolliert. Im glücklichsten Falle halten sich die Folgen in Grenzen, das ist die Mehrzahl manischer, insbesondere leichterer (hypomanischer) Zustände. Sie fallen öffentlich gar nicht auf. Dann gibt es eine Reihe grenzwertiger Fälle. Und es gibt spektakuläre Ereignisse, und die finden natürlich ein großes Echo und prägen den Gesamteindruck. Deshalb sollte man sich immer vor Augen halten: Die Mehrzahl sind leichterer Natur, die weder beim Maniker selbst noch in seiner Umgebung allzu großen Schaden anrichten. Alle anderen könnte man meist rasch in ein ruhigeres Fahrwasser umleiten, wenn man die „Täter" nicht nur ausbremsen würde, sondern zu verstehen suchte.

Denken, Sprache und Schrift

Über die „neuen Dimensionen des Denkvermögens" im Rahmen einer Manie soll am besten in Form von zwei Selbstschilderungen berichtet werden. Zum einen:

> „Die Manie vermittelt besonders in der Anfangsphase viele eindrucksvolle und schöne Empfindungen und Erlebnisse: langsame Zunahme der körperlichen Leistungsfähigkeit, glückhaftes Lebensgefühl, ein von der Last der täglichen Unzulänglichkeiten befreites Denken, ja die Vorstellung, man denke in völlig neuen Dimensionen. Unvorstellbar die Leichtigkeit, sich scheinbar in jede Situation hineinzufühlen, ungeahnte Einsichten zu entwickeln, anschaulich und abstrakt zugleich denken zu können, deshalb zu

raschem Urteilen und fundierter Kritik befähigt zu sein – und das alles natürlich auch gleich äußern zu können. Die Leistung nimmt kontinuierlich zu – geistig und körperlich –, aber absolut korrekt, ohne Fehler (jedenfalls am Anfang), kurz: Es fehlt nichts zur Glückseligkeit."

Ein anderer Bericht: „Während einer Depression habe ich einen ‚Knoten im Gehirn', aber dann plötzlich ist die Befreiung da, man spürt es richtig. Ich kann nicht mehr schlafen, muß aber auch nicht mehr schlafen, brauche aber auch die Zeit, um die Fülle der Gedanken, der neuen Ideen, der herrlichen Vorstellungen fassen zu können, die mich regelrecht überfluten. Ich habe Einfälle, Einfälle, Einfälle. Ich habe neue Ideen für meine Arbeit im Büro, im Haushalt und für die Arbeit meines Mannes. Ich laufe überall hin, frage an und kehre zurück mit lauter neuen Ideen, die mich sofort wieder in Bewegung setzen.

Leider wird vieles begonnen und wenig fertig. Ich rede viel und gerne mit Freundinnen und Freunden, mit Nachbarn und Bekannten, die ich treffe und sofort anspreche. Nachts muß ich aufstehen und schreiben, schreiben, schreiben. Vom Telefonieren will ich gar nicht reden, das mache ich schon in gesunden Tagen zuviel, wie mein Mann behauptet. Aber ich bin auch intellektuell plötzlich so begierig, will alles wissen, alles lesen und erarbeiten. Mein Bücherstoß auf dem Nachttisch wird immer größer, weil ich viel anschleppe, aber immer weniger lese, d. h., alle Bücher sind angefangen, keines jedoch zu Ende gebracht. Gleichwohl: Ich begreife alles, erfasse alles, bin wie ein trockener Schwamm, der alles aufsaugt, kann mich einfühlen, hineindenken, in alles versetzen, kenne mich innerhalb kurzer Zeit völlig aus, übersehe und beherrsche alles, durchschaue die Zusammenhänge, werde zum Sachverständigen kraft innerer Befreiung, wachsender Leistungsfähigkeit und Größe.

Denkvermögen, Urteilskraft, Logik, Klarheit, Lernfähigkeit, geistiges Fassungsvermögen, Beobachtungsgabe, Kombinationsleistung, alles ist geschärft und drängt ins Gespräch, muß zu Papier gebracht werden. Und das Ganze ist nicht etwa abstrakt, nüchtern, blutleer, nein, es ist eingebettet in Gemüt, d. h. Mitgefühl, emotionale Wärme und Schwingungsfähigkeit, in Mutterwitz und Hilfsbereitschaft. Und alles will natürlich raus aus mir, will seine Erfüllung finden. – Manchmal habe ich zwar den Eindruck, ich gehe den Leuten auf die Nerven, aber das kann ich nicht stoppen ..."

Reden und Schreiben können sich also im Rahmen einer Manie schier pausenlos hinziehen, auch ohne Ideenflucht. So kann die *Ausdruckskraft* des Manikers – unabhängig vom Inhalt – ein oftmals faszinierendes Ereignis sein: lebhaft, bunt, glutvoll, plastisch, mitreißend, leidenschaftlich, prall, malerisch, sinnlich, ja poetisch. Auf jeden Fall für alle Beteiligten einprägsam, manchmal unvergeßlich, nie langweilig.

Die Patienten sprechen aber nicht nur viel, sondern häufig beschleunigt bis hastig, mitunter auch laut, phrasenhaft-weitschweifig, gelegentlich auch in gesuchten oder hochtrabenden Wendungen und mit besonderer Betonung.

Selbst ansonsten bescheidene und zurückhaltende Menschen sichern sich in der Manie den größeren Teil des Dialogs. Die eingestreuten Wortspiele, Gags, Witzeleien oder Fremdwörter können die Umgebung zunächst durchaus beeindrucken oder amüsieren. Nach und nach ermüden sie aber oder gleiten gar ins Vulgäre ab. Dies vor allem dann, wenn sie durch saftige Kraftausdrücke, Fluchen oder heftiges Schimpfen ergänzt werden. Solche evtl. bedrohlich wirkenden Verbalattacken pflegen aber meist keiner echten Wut zu entspringen, ja, sie können sogar in eine abrupte Rührseligkeit umschlagen.

Wie nicht anders zu erwarten, hat deshalb vor allem das *Telefon* dem Maniker eine neue Dimension eröffnet, von der er auch reichlich Gebrauch macht (was erfahrenen Angehörigen in der Regel signalisiert, wann es wieder losgeht). Einzelheiten würden hier zu weit führen, sind aber leicht nachvollziehbar und klingen in allen Schilderungen auch immer wieder an.

Selbst die *Schrift* kann auffallen. So können in krankhaften Extremzuständen die Schriftgröße und der beanspruchte Raum auf dem Papier bei depressiven Zuständen schrumpfen, bei der Manie hingegen „genialische" bis unproportionierte Formen annehmen.

Jedenfalls pflegen sich manische Schriftstücke plötzlich durch eindrucksvolle Ausmaße, zahlreiche Ausrufungs- und Fragezeichen, durch Unterstreichungen sowie Hervorhebungen durch Farbstifte u. a. anspruchsvoll und bedeutungsschwer auszunehmen. Bei Uneingeweihten erreichen sie manchmal schon allein dadurch ihren Zweck, besonders wenn sich der Kranke noch nach Inhalt (Titel – s. u.) und Form grandiose Briefköpfe drucken läßt.

Ein besonderes Problem ist der *Schriftverkehr* bzw. die sogenannten *Schreib-Exzesse.*

Das mündet häufig in eine Flut von Briefen, kurze, aber auch endlos lange, meist an einen bestimmten, manchmal beliebig wechselnden und vor allem wachsenden Empfängerkreis gerichtet, von dem eine ungeprüfte und umfassende Unterstützung oder zumindest Bestätigung „bahnbrechender" Vorschläge und Ideen erwartet wird. Manchmal kommt es auch zu Beschwerden, Protesten, Anklagen, Beschimpfungen oder Verleumdungen, je nach dem, was bereits an Auseinandersetzungen vorausgegangen ist. Dies betrifft auch Leserbriefe an Zeitungsredaktionen, Rundfunk- und Fernsehanstalten. Der Inhalt wirkt teils verworren oder zumindest verstiegen, kann aber auch „den Punkt treffen". Das wäre dann der Beginn einer Korrespondenz, die den arglosen Partner ggf. noch einiges an Zeit und Kraft kosten wird. Was viele dieser Briefinhalte charakterisiert, sind psychologisch geschickte Verweise auf weitere Korrespondenzpartner, mit denen man

„einer Meinung sei", so daß sich der Empfänger irgendwie in Zugzwang gebracht fühlt – und willig und detailliert reagiert. Damit hat der Maniker die erste Runde bereits gewonnen.

Glücklicherweise verlaufen die meisten Schreibexzesse wegen des ständig wechselnden Interessenspektrums des Manikers irgendwann im Sande. Allerdings kann sich der Kranke auch an Einzelthemen oder Einzelpersonen festbeißen, was dann einen fast querulatorischen Charakter annimmt.

Daneben verfaßt der Maniker auch Tagebücher oder betätigt sich als Verfasser größerer Werke (Sachbücher, Romane, Lyrik). Natürlich gibt es darunter auch völlig undiskutable Machwerke, die von den angeschriebenen Verlagen bisweilen nicht einmal mehr zurückgeschickt werden. Je nach Fähigkeiten kann es sich aber auch um durchaus lesenswerte Manuskripte handeln, denn Manie und Begabung schließen sich natürlich nicht aus. Im Gegenteil. Wenn das auch in einem ausgprägteren manischen Zustand kaum nützen dürfte, so ist doch bekannt, daß eine ganze Reihe von erfolgreichen oder zumindest anerkannten Schriftstellern und Dichtern wahrscheinlich leichtere manische Zustände hatten (Hypomanie), in denen ihnen die guten Ideen und eindrücklichen Formulierungen nur so aus der Feder flossen. Dies gibt es natürlich heute noch. Und diese Autoren lassen sich dann nur ungern durch eine medikamentöse Langzeitprophylaxe „herunterbremsen". Zwar leiden sie unter den drohenden depressiven Phasen mit völliger „Gedankenleere" und damit Unproduktivität aufs schwerste, doch stellen zumindest die leichteren Hochstimmungen dazwischen die Plusseite ihres Lebens und Schaffens und damit auch ihre wirtschaftliche Basis dar.

Das gleiche gilt für alle anderen kreativ arbeitenden Berufe, also z.B. Musizieren, Malerei und andere künstlerische, zumindest aber produktive Tätigkeiten. Da das Musizieren und die Malerei – im Gegensatz zum reinen Briefe-Schreiben – eine gewisse Begabung, Vorbildung und Übung voraussetzen, findet man hier ausufernde Hyperaktivitäten und Übertreibungen seltener.

Manische Fehlhandlungen

Dagegen ist vor allem das *passive Musikhören* ein häufiger Streitpunkt im Rahmen einer manischen Erkrankung. Denn Musik wird hier nicht mehr dezent genossen. In der Manie bemerkt der Betroffene entweder gar nicht, daß er andere belästigt oder ist der unrealistischen Meinung, „alle Welt soll an diesem Genuß teilhaben". Und das heißt Überlautstärke zu jeder Tages- und – im Rahmen des unphysiologischen Schlaf-Wach-Rhythmus dieser Kranken – auch Nachtzeit.

Ein weiteres, auch durch ständige Bitten und Proteste kaum lösbares Problem ist das *stundenlange Baden oder Duschen* nachts oder zu sensiblen Grenzzeiten. Zur Katastrophe wächst sich dies übrigens dann aus, wenn aufgrund der Ablenkbarkeit, Umtriebigkeit und damit Unzuverlässigkeit des Kranken die Badewanne überfließt, mit all den damit verbundenen Folgen. Und das kann öfter passieren.

Das gleiche gilt für *nächtliches Aufräumen* oder sonstige Tätigkeiten nach Mitternacht, die in der Stille plötzlich deutlich hörbar werden. Allein der Umstand, daß es den Maniker kaum im Bett hält, weshalb er es spät aufsucht und in aller Frühe wieder verläßt, führt oft zu einer unübersehbaren Unruhe im ganzen Haus – mit entsprechenden Verstimmungen. Dazu kommt, daß zumindest männliche Maniker mitunter lange Nacht- oder Morgenwanderungen (oder -fahrten) unternehmen, was sie in ihren getriebenen Zustand durchaus entlastet, die Mitbewohner aber bei jedem polternden Kommen und Gehen aufschreckt.

Besuche sind für den Maniker an der Tagesordnung, auch wenn die Besuchten hierfür gar keine Zeit haben, zumindest aber überrascht sind. Die meisten sind durchaus harmloser Natur, es muß einfach der drängende Wunsch nach Kontakt, Verbindung, Nähe, die Möglichkeit zum Gedankenaustausch, zur Information gestillt und – noch wichtiger – Informationen weitergegeben werden, d.h. neue Ideen, Einfälle, Pläne erläutert bzw. regelrecht doziert werden.

Manche Maniker nehmen aus einer plötzlichen Lust oder Eingebung heraus nicht unerhebliche Anreisen auf sich, tauchen plötzlich bei diesem oder jenem (vielleicht gar nicht so engem) Bekannten und Verwandten auf, bringen dort nach kurzer Zeit alles durcheinander, reisen aber in der Regel rasch wieder ab und hinterlassen Ratlosigkeit, Verstimmung, Empörung oder gar Chaos. Nicht wenige Maniker kümmern sich plötzlich um Dinge, die ihnen früher gänzlich fern lagen oder die sie nichts angehen. Das hindert sie aber nicht daran, sich „voll und ganz einzubringen", was manchmal durchaus bedenkenswerte Lösungen ergibt, in der Mehrzahl aber nur Verwirrung stiftet bzw. Unmut bis Zorn auslöst.

Eine besondere Dimension ergibt sich aus teils angekündigten, teils spontanen, vor allem unpassenden Besuchen bei hochgestellten Persönlichkeiten und Amtsträgern, wobei sich der Maniker in der Regel von keinem Vorzimmer aufhalten läßt. Die Kontakte mit weniger prominenten Leidtragenden (Lehrer, Ärzte, Richter, Verwaltungsbeamte, Betriebsleiter, Redakteure usw.) können ohnehin zur Regel werden. Dabei kommt es zu unterschiedlichen Szenen, je nach Krankheitszustand bzw. „Temperament" (mit letzterem ist die Distanzlosigkeit oder Aufsässigkeit gemeint). Für den Besuchten spielen natürlich Streitthema, Vorsicht, verfügbare Zeit und Verhandlungsgeschick sowie die gesellschaftliche Position des noch nicht als krank Erkannten eine wesentliche Rolle. Meist versucht man sich, – zwar unangenehm berührt, doch einigermaßen duldsam, vor allem mit Rücksicht auf die vielleicht bekannte Persönlichkeit, seine Funktion und seine Angehörigen usw. – irgendwie still aus der Affäre zu ziehen. Das ist keine schlechte Lösung, zumindest vorübergehend. Es wiegt aber den Patienten in der irrigen Überzeugung, er sei im Recht – was den Teufelskreis noch mehr anheizt.

„Gute Taten"

Natürlich gibt es auch „positive Aspekte", wenngleich letztlich kaum für den Patienten selbst: Maniker neigen nicht bloß zu großartigen Versprechen, sie sind auch in der Lage, neben zahlreichem und meist nutzlosem Kleinkram wertvolle, sinnvolle Geschenke zu machen, ohne dabei zu verarmen. „Nur in der Hochstimmung kann ich jene Großzügigkeit zeigen, die ich mir eigentlich immer wünsche", meinte einmal ein Betroffener. Oder sie stürzen sich mit spontaner und ungebremster Begeisterung in *gute Taten.* Dann engagieren sie sich mit Ideenreichtum, anstekkender Vitalität, ungeheurer Kraft und anfänglicher (!) Zielstrebigkeit für Hilfsgemeinschaften, Unterstützungsfonds, Sammlungen usw., wobei ihnen besonders die naheliegende Not, also das, was sie unmittelbar zu sehen oder hören bekommen, zu Herzen geht. Da sie sich nicht lange mit bürokratischen und sonstigen Zwängen aufhalten, die ansonsten Hilfswillige rasch blockieren, kann ihr Engagement durchaus nützlich sein, weil es sofort zur Sache kommt.

Das ist zwar lobenswert und effektiv und stößt häufig einen echten Hilfsschub an, pflegt aber nicht selten die Kräfte des Manikers und aller Aktivierten auf Dauer zu übersteigen. Die größte Hürde aber liegt im Patienten selbst bzw. in dem typisch manischen Symptom der Sprunghaftigkeit. Deshalb pflegen selbst anfangs engagierte Maniker ihr Interesse rasch zu verlieren, weil sie von *neuen* Plänen fasziniert sind – und alles fällt in sich zusammen. Selbst ihren guten Taten ist also oftmals kein lobenswerter Abschluß beschieden, es sei denn, das kurze manische Gastspiel hat mit dem zeitlich begrenzten Anstoß seinen karitativen Zweck erfüllt bzw. andere übernehmen die begonnenen Aufgaben und beenden das Projekt.

Feste

Öffentlicher Höhepunkt manischer Umtriebigkeit pflegen die *Feste* dieser Patienten zu sein, die auch gelegentlich zu regelrechten Orgien ausufern können. Solche Veranstaltungen sind meist nicht ohne Geschick und mit großem persönlichem Einsatz und vor allem finanziellem Aufwand organisiert und können dann tatsächlich ein gesellschaftliches Glanzlicht werden. Für viele Gäste aber drängen sich – allerdings erst rückwirkend betrachtet – schon früh einige Ungereimtheiten auf. Doch da die Adresse solcher festlichen Veranstaltungen oft sehr nobel gewählt ist – überwiegend bessere Hotels, da „zu Hause die Räumlichkeiten nicht ausreichen" –, pflegen selbst jene zu kommen, die sich sonst nicht dazu bereit gefunden hätten. Es können aber auch ausgefallene bis skurrile Örtlichkeiten angekündigt werden wie Abbruchgebäude, leerstehende Fabrik, Ruine, Floß, Alm, zumindest romantische Gartenhäuschen oder Waldhütten usw. Jedenfalls verspricht das Ganze irgendwie etwas Besonderes zu werden, weshalb Interesse und Neugier selbst Langweiler und Skeptiker zum Ort der Neugier treibt.

Das festliche Geschehen wird für den Maniker vor allem eine erhebliche finanzielle Belastung. Doch läßt sich dies zumeist irgendwie arrangieren. In der Regel wird das Fest ein voller Erfolg sein. Denn es treffen sich viele Menschen in anregender Atmosphäre, und der Gastgeber selbst amüsiert sich offenbar am meisten; auf jeden Fall ist er „in Form", wie man allseits registriert. Allerdings ist das vielleicht sonst gar nicht seine Wesensart, zumindest nicht in diesem Ausmaß. Deshalb beginnt sich eine Reihe von Gästen schon am Abend selbst ihre Gedanken zu machen: Die Schar der Geladenen ist nach Zahl und Zusammenstellung ungewöhnlich; der Aufwand sprengt den gewohnten Rahmen und übersteigt vor allem die bekannten finanziellen Verhältnisse des Gastgebers; der Grund des Festes steht in keinem vernünftigen, zumindest üblichen Verhältnis zum Einsatz; der oder die Gastgeber/in selbst zeigt trotz Charme und gesellschaftlicher Souveränität zumindest dezente Zeichen von rastloser Unruhe, Getriebenheit, Sprunghaftigkeit, überdrehter bis verstiegener Originalität, was – in Ruhe überdacht – nachdenklich stimmt.

Im unglücklichsten Falle aber hat sich der Patient während dieser kritischen Zeit nicht mehr in der Hand. Er kann distanzlos, zudringlich, unverfroren, ja sogar gereizt oder aggressiv werden; er kann sich in jeder Hinsicht „danebenbenehmen", unnötige, kontroverse Diskussionen auslösen oder anheizen, Gäste gegeneinander ausspielen oder aufhetzen, ein „unmögliches" oder gar „schamloses" Unterhaltungsprogramm erzwingen wollen usw. Vielleicht gerät er auch völlig außer Kontrolle – oder plötzlich in eine weinerliche Rührseligkeit, wirkt irgendwie „abgehoben" und melancholisch zugleich. Manchmal verläßt er vorzeitig sein eigenes Fest und hinterläßt ratlose oder gar betroffene Gäste, die sich dann nach und nach davonstehlen. Die „Gerüchteküche" ist angeheizt. Der noch nicht als psychisch krank erkannte Maniker hat seine eigene gesellschaftliche Diskreditierung inszeniert.

Unerwünschte Einmischungen

Ein besonderes Problem sind die bereits angedeuteten *unerwünschten Einmischungen* bei Bekannten oder Fremden an allen denkbaren Orten und zu jeder Gelegenheit.

> Natürlich gibt es auch hier eine breite Palette durchaus origineller Kontaktaufnahmen mit vielleicht sogar anregenden Vorschlägen bis zu wüsten Beleidigungen oder aggressiven Durchbrüchen. Manchmal muß man sich später allerdings auch fragen, wie es der Patient nur geschafft hat, sich in diese oder jene schwelende „Verwicklung" hineinziehen zu lassen. Maniker haben bisweilen ein regelrechtes Gespür dafür, „wo eine Ladung Sprengstoff auf ihren Zündfunken wartet". Dabei spielt neben den bereits erwähnten Faktoren (gesteigerter Tatendrang, überzogenes Selbstwertgefühl, Kritikschwäche, Selbstüberschätzung, ungewöhnliche Gesprächigkeit, manchmal Spottlust, Reizbarkeit, Aggressivität usw.) folgender Umstand eine Rolle, den man sich immer wieder vor Augen halten muß:

Maniker wirken in der Regel nicht krank, zumindest nicht auf den ersten Blick. Damit sind sie in den Augen der Allgemeinheit für alles verantwortlich, was sie tun und lassen. Nimmt man z.B. einen Alkoholisierten, der sich in einem offensichtlichen Rauschzustand ähnlich verhält, so wird dies zwar allgemein mißbilligt, aber jeder sieht, was der Grund hierfür ist und hält sich zumeist zurück.

Ein Maniker aber zeigt „lediglich" ein mehr oder weniger ausgeprägtes Fehlverhalten ohne registrierbare geistige oder körperliche Beeinträchtigung. Im Gegenteil, er scheint sogar „außerordentlich gut drauf zu sein" – nur eben in negativer Hinsicht. So kommt es dann zu entsprechenden Kommentaren und Beurteilungen, die nach außen hin völlig zutreffen, nach „innen" aber nicht, weil man nicht weiß, daß es sich hier um eine krankhafte Enthemmung handelt. Auf jeden Fall droht häufig das gleiche:

Was als alltägliche Meinungsverschiedenheit begonnen hat und unter Gesunden auch so enden würde, eskaliert beim Maniker rasch und unkorrigierbar und mündet nicht selten in unnötige Konsequenzen (Anzeigen, Abmahnungen, Gerichtsverfahren usw.) mit meist dauerhaften Folgen, weil man nicht weiß (oder akzeptieren will), daß es sich hier um eine Krankheit handelt, auch wenn sie nicht in die üblichen Vorstellungen von einer psychischen Störung paßt.

Weitere Auffälligkeiten

„Kleinere Entgleisungen", die zwar noch relativ tragbar sind, dafür aber regelmäßig für Furore sorgen, sind Taxifahrten, Führungen und Vorträge.

Taxifahrten, selten kürzere, manchmal endlose, und zwar bisweilen ohne ausreichendes Bargeld, gehören häufiger zum manischen Krankheitsbild. Dabei kommt es zu unterschiedlichen Reaktionen, je nach Kompromiß (so viel zahlen, wie Geld vorhanden; Pfand oder zumindest Adresse hinterlegen) bzw. Wesensart von Patient und Fahrer. Manche Taxifahrer wollen keinen Ärger und verzichten oder reduzieren den Fahrpreis; andere lassen sich auf keine Versprechungen ein – und dann geht es ggf. rasch hoch her. Besonders bei langen Strecken bleibt selbst einem unbedarften Taxifahrer nicht lange verborgen, wen er da im Wagen hat, besonders wenn es auch noch kein definitives Fahrziel zu geben scheint. Solche Fahrten pflegen dann nicht selten auf der nächsten Polizeiwache zu enden. Ein besonderes „Kontakt-Spektakel" sind im übrigen *„Führungen"* von Einzelpersonen oder Gruppen, erwünscht, organisiert, spontan oder erzwungen, gleichgültig auf welchem Gebiet und manchmal gleich mehrere Fachbereiche erfassend, für die sich Maniker geradezu berufen fühlen. Die Reaktionen pflegen sich überall zu ähneln: zuerst interessiert, dann skeptisch, ratlos, schließlich verärgert, empört usw. Dabei ist jeglicher Ausgang denkbar. Das reicht von „zufrieden", was auch möglich ist, besonders wenn der Maniker halbwegs auf dem Boden seines vertrauten Sachgebiets bleibt, bis zum „Skandal".

Hält sich hier die Zahl der verärgerten Beteiligten in Grenzen, ist dies bei *öffentlichen Vorträgen* über aktuelle oder skurrile Themen schon anders, die nicht nur großartig angekündigt, sondern manchmal tatsächlich auch gehalten werden – jedoch häufig ohne ausreichende Kenntnisse oder mit extremen Ansichten. Das ist schon eine Zumutung für sich.

Daneben aber gibt es noch einen anderen Aspekt, der recht typisch ist. Bei Vorträgen geschieht oftmals genau das, was der Maniker als unsensibler bis rücksichtsloser Diskussionsteilnehmer in fremden Vorträgen verzweifelten Referenten und Moderatoren vorwirft, die ihr Thema wieder selbst in den Griff bekommen wollen: Der Maniker als Redner erweist sich nämlich rasch als intolerant, stur, unhöflich, gereizt, aggressiv, vor allem dem Thema in seinen vielschichtigen Aspekten nicht gewachsen. Ein guter Vortrag bedarf eben fundierter Kenntnisse, Ruhe, Gelassenheit, Übersicht, sollte auch die Meinung anderer gelten lassen und ggf. einen Kompromiß akzeptieren. Doch das sind alles Eigenschaften, die der manischen Wesensart zuwiderlaufen. So enden solche Auftritte entsprechend unbefriedigend, und zurück bleibt ein Redner, der eigentlich ernüchtert und frustriert sein sollte, der aber als Maniker in Wirklichkeit rasch von neuen Ideen fortgerissen wird.

Nonsens, Albernheiten, Kinderstreiche

„In jedem Manne steckt ein Kind", lautet die alte Weisheit, die auch das weibliche Geschlecht nicht ausnimmt. Und in der Tat breitet sich im vertrauten, vielleicht ein wenig angeheiterten Freundeskreis bisweilen eine Neigung zu befreiender Albernheit aus, die auch vor Kinderstreichen nicht halt macht, die man diesem oder jenem im Alltag kaum zutrauen würde. Das ist gut so und häufig die letzte Bastion des Frohsinns und eine Quelle der Regeneration. Außerdem setzt es eine intellektuelle Minimalausstattung voraus, wie die poetische Definition von „Albernheit" treffend umreißt: „Man muß Geist besitzen, um ihn aufgeben zu können …"

So gesehen sind die bei leichteren bis mittelschweren manischen Zuständen bisweilen eruptiv ausbrechenden Blödeleien, Dummheiten, Bubenstreiche und albernen Verhaltensweisen manchmal ein regelrechter Befreiungsschlag aus dem Konventionspanzer des Alltags mit seinen vielleicht berechtigten, aber mitunter zermürbenden Zwängen. Und daher kommt es auch, daß man derlei beim ersten oder zweiten Mal eher amüsiert bis heiter-verwundert registriert und erst mit der Zeit nachdenklich wird. Im Rückblick ist man natürlich schlauer, und alles wird dann plötzlich als „krankhaft übertrieben" erkennbar – aber eben oft erst im Rückblick. Nachfolgend deshalb in Stichworten nur einige wenige Beispiele, um zu zeigen, daß nichts unmöglich ist und zwar weitgehend unabhängig von Geschlecht, Alter, sozialer Schicht, Beruf, Position usw.

Auf Bäume, Zäune und Mauern klettern und sich dabei die (teuren) Kleider zerreißen („mal wieder ein Junge sein dürfen"). Eine Melodie laut singend begleiten – unabhängig von Gelegenheit, Ort, Zeit usw. (Konzert, Festakt, Ausstellung, Kaufhaus, Verkehrsmittel). Autoladungen von Schnittblumen und Topfpflanzen kaufen, im Gang des (Mehrfamilien-)Hauses und in der eigenen Wohnung aufstellen, bis kein Platz mehr bleibt. Wasserpflanzen in der Badewanne züchten. Alle Bilder abhängen und durch entsprechend auffällige ersetzen und „originell aufhängen". Gleiches gilt für neue Tapeten und Vorhänge. Den neuen Wagen in Schockfarben umspritzen lassen („Rasch erkannt, Gefahr gebannt"). Jedermann seine Hilfe aufdrängend, ob er es nötig hat bzw. will oder nicht. Kauf oder Pflege von Tieren aus unterschiedlichen Gründen: Tierheim, Kettenhund von Bauernhöfen (Mitleidstour), riesengroß oder „putzig klein" (auffallen wollen). Mit Haustieren allerlei Unfug treiben (z.B. lustig anziehen oder Kunststücke lehren) bis an die Grenze der Tierquälerei. Tiere zur Nutzung oder Züchtung: Schafe, Ziegen, Chinchilla, Fische usw., die dann selbst in kleinen Vorgärten gehalten werden oder in Käfigen, Betten, Badewanne usw., auf dem Speicher, im Keller, in der Garage, vernachlässigt und von Fremden versorgt. Badewanne kritisch vollaufen lassen, sich nicht darum kümmern, bis die Überschwemmung zum Nachbarn durchtropft, oder entsprechende Eskapaden (z.B. Turnübungen, Tauchgang) in der Badewanne, bis die Wogen überschwappen. Den Clown spielen: Jux-Gedichte rezitieren, auch mal „schlüpfrige" bis beleidigende, umhertanzen, in Zimmern und Gängen Klimmzüge machen und turnen, bis alles herunterreißt oder zusammenstürzt (z.B. während stationärer Behandlung). Die verrücktesten Sachen sammeln, anderen voll Stolz präsentieren, gekränkt sein, wenn diese nicht die gleiche Begeisterung demonstrieren: Sperrmüll als „Antiquitäten", Gartenabfall, „um wertvollen Humus herzustellen", auf dem dann wiederum „seltene Blumen gezüchtet" werden sollen, sogar ohne eigenen Garten bzw. entsprechende Ablagemöglichkeiten. Teuer essen gehen, aber an allem herummäkeln, Auseinandersetzungen mit Kellner und Koch provozieren. Gartenarbeit von morgens bis abends, aber ohne Notwendigkeit, Nutzen oder auch nur meßbaren Effekt („alles voller Löcher und Erdhaufen, sieht aus wie ein Bombenfeld"). Unrealistische Pläne schmieden: Bauernhaus kaufen, Nutzvieh halten, nach Australien auswandern, Goldgräber werden, Segeltour um die Welt machen, mit dem Fahrrad nach Hinterindien, auf Schiff anheuern, Kinder adoptieren, Brunnen in der Sahara graben, sein Geld als Kutscher verdienen usw. Sportarten aus früheren Zeiten, aber in damals besserem Trainingszustand wiederbeleben: Rollschuh, Schlittschuh, Stelzen, Leichtathletik usw. – unbeeindruckt von Bänderzerrungen, Muskelrissen, blauen Flecken, Prellungen („Ihr hättet mich mal früher sehen sollen!"). Interessant übrigens die Reaktion auf solche Blessuren: Der Maniker wird selbst mit schmerzhaften Folgen ungleich besser fertig als der Gesunde oder gar Depressive.

Kaufrausch

Die *finanzielle Heimsuchung* scheint unlöslich mit einer Manie verbunden zu sein. Deshalb soll ihr ein eigenes Kapitel gewidmet werden.

Maniker leben fast immer über ihre finanziellen Möglichkeiten, auch wenn dies im ersten Moment nicht so auffällt. Man muß bei diesem Ermessensspielraum einfach die individuellen Grenzen berücksichtigen. So kann sich ein erfolgreicher Makler mit einem Millionenprojekt noch immer in seinem gewohnten Rahmen bewegen, während sich das bisher übersparsame „alte Mütterchen", das sich die längst fälligen beiden Mäntel auf einmal kauft, möglicherweise bereits in einem manischen Kaufrausch befindet.

Im einfachsten Falle „wird das Leben einfach teurer", der „Geldbeutel sitzt lockerer". Man hat mehr Freude am Einkaufen, alles bekommt eine ungeheure Anziehungskraft, ist plötzlich wichtig und unaufschiebbar für einen selbst oder Verwandte, Freunde und Bekannte. Dabei schlägt ein an sich sympathischer Wesenszug durch: Großzügigkeit, Spaß am Schenken, am Freude bereiten. Manchmal wird der Geschmack des anderen zielsicher getroffen, manchmal eben nicht, wenn die eigenen überbordenden Ideen einfach kritiklos auf den anderen übertragen werden. Außerdem trifft man beim Einkaufen die meisten Menschen, kann schnell und gezielt Kontakte knüpfen, neue Einkaufsideen, neue Geschäftsadressen erfahren. Kurz: Mit einer Einkaufstour verbinden sich mehrere Vorteile, die einer manischen Wesensart entgegenkommen.

So bleibt ein „materieller Rausch" beim Maniker so gut wie nie aus, wenngleich auf unterschiedlichen Ebenen. Die meisten Maniker machen überdimensionierte oder für ihre Verhältnisse unsinnige Geldausgaben. Im Extremfall zeigen sie sich spendierfreudig bis zur Verschwendungssucht (z.B. Pakete, natürlich mehr und größer als sonst, wobei nicht wenige halbgefüllt und nicht zu Ende gepackt liegen bleiben). Einige risikieren sogar gewagte Spekulationen. Manche erliegen ihrer – bis dahin verborgenen oder zumindest gezügelten – Spielleidenschaft: Kartenspiel, Spielautomaten, Spielbank. Andere gehen sonstige, im Regelfall unerfüllbare Verpflichtungen ein. Wieder andere geben gewaltige Bestellungen auf, kaufen groß und dabei unkritisch ein („günstig durch Massenabnahme"), machen Schulden, gründen Firmen, ernennen Freunde, Verwandte, Arzt oder Mitpatienten zu Teilhabern und Geschäftspartnern.

Die meisten Käufe und Bestellungen beziehen sich auf Blumen, Süßigkeiten, Kerzen („Kerzenkult"), Briefumschläge („explodierende Korrespondenz"), Feuerzeuge, Füller, Taschenrechner, Platten/CDs/ Kassetten, Haushaltswaren, Alkoholika, Oberbekleidung, Unterwäsche, Pelze, Schuhe, Schmuck, Teppiche, Möbel, Bilder, Bücher, Musikinstrumente (die selbst gar nicht beherrscht werden), Antiquitäten, Personalcomputer, Stereoanlagen, Kassettenrecorder, Schreibmaschinen und andere elektrische Geräte, schließlich Fahrräder, Motorräder, Autos und Immobilien (Eigentumswohnungen, Häuser). Es ist mit jeder Überraschung zu rechnen – je nach Wunschkatalog, Möglichkeiten, Angebot, Modetrends – kurz: Alles, was durch Werbung oder fremdes Eigentum in einem Menschen irgendwann einmal entsprechende Begehrlichkeiten geweckt haben mag, steht jetzt zur Realisierung an. Problematisch sind vor allem Langzeitverpflichtungen, d. h. der Abschluß von Verträgen jeglicher Art.

Sollen Firmen (Lebensmittelgroßhandel, Supermarkt) oder soziale Einrichtungen (Kindergarten, Altersheime, Tagesstätten für Notleidende) gegründet bzw. unterstützt werden, beziehen sich die Anmietungen/Kaufinteressen/Bestellungen auf Lagerhallen, Verkaufs- und Betriebsräume sowie (ggf. tonnenweise) Lebensmittel, Getränke, Textilien, aber auch bedarfsweise auf „Kleinigkeiten", dafür jedoch in großer Menge.

Es gibt Maniker, die sich ohne einen Pfennig Geld innerhalb kurzer Zeit die größten Wünsche erfüllen, und jeder fragt sich später, was sich die andere Seite dabei gedacht haben mag. In der Regel natürlich wenig. Andererseits kann die Manie aus einem selbst verschüchterten, ja völlig verklemmten Menschen einen versierten Verhandlungspartner zaubern, der sogar alte Verkaufsexperten überzeugt. Das ist zwar nicht grundsätzlich zu erwarten, kann aber in manchen Fällen selbst langjährige Freunde und enge Verwandte überraschen. Welche Krankheit macht schon als Symptom ihr Opfer so geschickt, versiert, ja vertrauenswürdig im Umgang mit selbst kritischem Verkaufspersonal?

Die manische Getriebenheit und Weglauftendenz

Der in der Manie typischerweise *gesteigerte Antrieb* kann sich in vielerlei Folgen ausdrücken. Eine direkte Konsequenz ist die seelisch-körperliche Unruhe, ja Getriebenheit, die sich in einer ständigen *Weglauftendenz* äußert. Dabei scheinen sich vor allem zwei Formen abzuzeichnen:

1. Die einen zeigen ein eher kopf- und zielloses „Abhauen" (ein von den Betroffenen sehr häufig gebrauchter Ausdruck), meist zu Fuß. Dabei können Tag und Nacht erstaunliche Strecken zurückgelegt werden, selbst dort, wo das früher nicht üblich war, ja nicht einmal leistungsmäßig zur Diskussion stand. Rein körperlich wird damit zuerst einmal die innere Unruhe auf natürlichem Wege abgeführt. Manche verausgaben sich regelrecht durch stundenlanges Fahrradfahren über große Strecken hinweg. Das ist an sich günstig. Während der stationären Therapie in der Klinik fällt dies in der Regel weg und muß dann durch medikamentöse Dämpfung erreicht werden.

2. „Neben den Beinen ist aber auch der Kopf ständig getrieben", d.h., der Patient sucht den stets wechselnden Kontakt, von Freunden bis zu Unbekannten. Im Extremfall irren die Kranken mehr oder weniger hilflos umher, suchen bei Bekannten oder sogar Fremden Unterschlupf oder nächtigen notfalls im Freien. Einige werden dann abgerissen, durchnäßt, hilflos, erschöpft und fast verwirrt, gelegentlich auch nach Diebstahl, Zechprellerei usw. aufgegriffen, wenngleich diese kleineren Delikte keiner kriminellen Neigung entspringen.

Andere reagieren scheinbar souveräner, aber letztlich nicht minder hilflos-rastlos bis gehetzt. Sie nehmen öffentliche Verkehrsmittel, die sie nicht immer bezahlen können, besonders wenn es sich um ungewöhnlich weite Strecken handelt. Dies geschieht ohne vorherige Planung, gleichsam „aus einer spontanen Eingebung heraus", was aber nichts anderes ist als ziellose, ja chaotisch getriebene Unruhe.

Am Fahrziel angekommen – bisweilen Hunderte Kilometer vom Heimatort entfernt –, ist es mit dem Genuß oder wenigstens Nutzen der mühsamen Reise nicht weit her. Meist geht es weiter oder – noch häufiger – gleich wieder zurück, und zwar in einer eigenartigen Mischung aus „aufgedrehter Erschöpfung" und „besorgter Unbekümmertheit". Denn der krankhafte Antriebsüberschuß ist nicht immer gleich ausgeprägt, und wenn er etwas nachläßt, können schon gelegentlich Bedenken oder gar Schuldgefühle durchschimmern, wenngleich nicht lange bzw. ohne vernunftgesteuerte Konsequenzen.

Nicht wenige fahren mit ihrem eigenen, vielleicht neuen, noch nicht bezahlten Wagen enorme Strecken. Dabei können sie sich als unduldsame Verkehrsteilnehmer erweisen. Dann übernachten sie bei überraschten Bekannten, Verwandten oder im Hotel. Der Schlaf ist kurz und erfrischend, und dann geht es weiter. Auch hier ist kein Ziel definitiv oder wird für irgendwelche Zwecke genutzt. Alles ist auf rastlose Durchreise geschaltet, bis das Benzin und Geld ausgeht. Dann kommt plötzlich aus dem fernen In- oder Ausland ein telefonischer Hilferuf: „Schickt Geld oder holt mich ab!" – teils kleinlaut, teils unbekümmert, teils überschwenglich die Schönheiten der Region preisend, aber auch mal in einem gereizt-anmaßenden Befehlston.

Hier scheinen Männer öfter beteiligt. Meist sind die Angehörigen bezüglich solcher Zwangslagen schon trainiert, schicken Geld oder kommen – verzweifelt oder verbittert darüber, daß sich solche Eskapaden immer wiederholen, ohne daß der Betreffende in solchen Phasen der Hochstimmung daraus etwas zu lernen vermag. Im Gegenteil: Auf der Heimreise plant er schon wieder neue Fahrten oder versucht gar seinem empörten Helfer interessante Zwischenziele abseits der Route aufzudrängen.

Der Maniker als Verkehrsteilnehmer

Maniker sind – im Gegensatz zu Depressiven – von ihrer geistig-körperlichen Aktivität her in der Regel nicht beeinträchtigt, im Gegenteil: Die Sinneswahrnehmungen können geschärft, die Reaktionszeit verkürzt und die Leistungsfähigkeit verstärkt sein. Erstaunlich, gelegentlich unfaßbar sind die riesigen Fahrstrecken, die ein Maniker z.B. im eigenen Wagen ohne sichtbare Ermüdung zurücklegt, manchmal nur, „um am anderen Ende der Welt einen Kaffee zu trinken", um dann auch gleich wieder zurückzufahren.

Das Problem im *Straßenverkehr* liegt vor allem in der Ungeduld und Kritiklosigkeit (Überholvorgänge), in der leichten Reizbarkeit („Dem zeig ich's") und Ablenkbarkeit. Maniker sind auch im Verkehr oft sorglos, risikofreudig, leichtfertig, bisweilen sogar rücksichtslos oder gewalttätig – und dies dann mit der durchaus gefährlichen „Waffe" eines vielleicht PS-starken Kraftfahrzeugs (also auch Motorrad usw.). Problematisch wird es vor allem dann, wenn der Maniker schon in gesunden Tagen zu Unflexibilität, leichter Erregbarkeit und zu einem forschen („sportlichen") Fahrstil neigt. Dazu kommt möglicherweise ein unkritischer Alkoholkonsum.

Maniker reagieren vor allem dann überzogen bis wütend, ja blind vor Zorn, wenn sie sich im Verkehrsablauf eingeengt oder gemaßregelt fühlen. Das sind natürlich sehr dehnbare Begriffe, deren Bedeutungsgehalt und damit Konfliktpotential nicht zuletzt von der ursprünglichen Wesensart des Betreffenden abhängen. Dazu kommen die krankheitstypische Ungeduld, ja Getriebenheit, das überzogene Selbstwertgefühl und die Unfähigkeit zur kritischen Selbstbeurteilung. Wenn dann noch ein vermeintlich langsamer Vordermann „auf seine Rechte pocht" oder der Besitzer von noch mehr Pferdestärken demonstrieren will, wo die Unterschiede liegen, dann können bei einem Maniker „alle Sicherungen durchknallen". Dann riskiert er in seinem „berechtigten Zorn" sogar das eigene Leben, von der Gefährdung der anderen ganz zu schweigen. Außerdem kann eine solche Auseinandersetzung, z. B. auf der Autobahn, in eine nicht endenwollende Hetzjagd münden, die auch die Reserven eines manischen Antriebs schließlich erschöpft – allerdings mit dem Unterschied, daß der Maniker – ähnlich wie beim Doping – seine Leistungsgrenzen oft nicht realisiert. Später, nach Abklingen ihrer Krankheit, können sich viele Maniker gar nicht mehr recht vorstellen, was sie eigentlich zu diesem unbeherrschten Fahrstil oder gar gefährlichen Wettkampf auf der Straße getrieben hat.

Im übrigen pflegen Maniker eher durch „unnötige Auseinandersetzungen" mit oder ohne „kleinere Frechheiten" (z. B. bewußtes Falschparken, unverfrorene Parkmanöver, „Kavaliersstart" mit Abdrängen usw.) gegenüber anderen Verkehrsteilnehmern aufzufallen als durch das sonst übliche „menschliche Versagen".

Leistungsschub und Arbeitsrausch

Ein ausgeprägtes manisches Krankheitsbild ist mit einer konsequenten und letztlich ergiebigen *Arbeitsleistung* kaum mehr und vor allem nicht lange in Einklang zu bringen. Das aber ist nur die halbe Wahrheit. Denn manchmal gelingt sogar dies, obgleich dann alle Bedingungen, insbesondere die beruflichen Voraussetzungen stimmen müssen. So ist bisweilen bei einer – allerdings noch steuerbaren – Hypomanie (leichteren manischen Phase) nicht nur quantitativ, sondern auch qualitativ eine gute, ja vorübergehend bessere Leistung als in gesunden Tagen möglich. Wenn man also den irgendwann fälligen biologischen Preis, z. B. den drohenden Erschöpfungszustand danach oder gar eine depressive Phase, nicht einberechnet, der für diese unphysiologische Hochstimmung zu zahlen sein wird, dann ist dieses Ergebnis nicht nur negativ zu werten. Auch soll noch einmal hervorgehoben werden, daß nicht nur eine Reihe von Künstlern einen Teil ihrer großen Werke solchen Hochstimmungsphasen verdankt, sondern auch der „einfache Sterbliche" in einer derartigen Phase erfreuliche „Leistungssprünge" registrieren kann, die ihm sonst versagt bleiben.

Allerdings äußern sich viele manische und nicht wenige der hypomanischen Zustände in einer zwar offenbar überdurchschnittlichen Leistungsfähigkeit, die aber bei genauem Hinsehen eher einer „ungerichteten Arbeitswut" entspricht. Maniker machen also nicht nur „Dummheiten", sie können auch in kurzer Zeit einen Berg von Aufgaben wegschaffen, so daß die Umwelt nur so staunt. Dies läßt sich am besten an den Kommentaren der Angehörigen, Freunde oder Kollegen ablesen, die da lauten: „Jetzt hör' doch auch wieder einmal auf." – „Das hat doch Zeit, das muß doch nicht alles auf einmal sein." – „Tagsüber, das mag ja noch angehen, aber jetzt auch nachts, das ist doch nicht mehr normal." – „Gehen Sie denn überhaupt nicht mehr nach Hause?" – „Wer erwartet denn von Ihnen, daß Sie plötzlich so viele Überstunden machen?" usw.

Ein ähnlich ambivalentes Gefühl schildern dann rückwirkend die Betroffenen selbst: „Kaum war die Schwermut verflogen, hatte ich fast über Nacht wieder Freude an meiner Arbeit und begann zu schaffen und zu schaffen ..., gleichsam aus Erleichterung und Dankbarkeit heraus" (hypomanische Nachschwankung nach depressiver Phase – Einzelheiten s. S. 272). „Und dann stand ich plötzlich morgens in aller Frühe auf, ging energiegeladen ins Geschäft, arbeitete für drei und kehrte erst spät abends nach Hause zurück – und zwar frohgestimmt, zufrieden mit mir und meiner Welt und eigentlich ohne wesentliche Ermüdungszeichen."

Es gibt also hypomanische und sogar mittelschwere manische Phasen, die nicht nur die Vielzahl charakteristischer negativ auffallender Symptome zeigen müssen, sondern sich auch durchaus in konstruktiver Aktivität äußern können. Bei genauem Hinsehen finden sich dann allerdings doch zusätzlich dezente Zeichen von Rastlosigkeit, Sprunghaftigkeit, Schlafdefizit ohne Ermüdungserscheinungen, ein etwas übersteigerter oder künstlich bzw. aufgesetzt wirkender Humor (wenngleich durchaus ansteckend), ein häufiger Themenwechsel mit gelegentlich unmotiviertem Springen von einem Thema zum anderen, der erwähnte „lockere Geldbeutel" usw.

Spezielle Aspekte

Die Manie ist ein vielschichtiges, ja spektakuläres Krankheitsbild, bei dem aber zusätzliche Faktoren eine Rolle spielen. Das sind vor allem das Alter, die Ursachen und bestimmte Verlaufseigentümlichkeiten. Nachfolgend dazu jeweils eine kurze Übersicht:

Manie im Kindes- und Jugendalter

Die *Manie im Kindes- und Jugendalter* ist in ausgeprägter Form wohl selten, vor allem aber schwer erkennbar. Dabei wurde sie schon zu Beginn dieses Jahrhunderts sehr treffend beschrieben: übermütig, ausgelassene Stimmung, Selbstüberschätzung, z. T. „perverse Begehrungen und Strebungen", im Extremfall „Zornmütigkeit". Daß sie dennoch bis heute so häufig verkannt wird, ist eine traurige Erfahrung (Verwahrlosungsgefahr!) und geht u. a. auf folgende *Ursachen* zurück:

1. Das Beschwerdebild ist alters- und entwicklungsabhängig. In jungen Jahren kann es sich vom erwachsenentypischen Erscheinungsbild deutlich unterscheiden und verhält sich vor allem nicht so „lehrbuchmäßig" wie im mittleren Lebensalter. Deshalb ist es so wichtig, daß man sich über das depressive oder manische Syndrom im Kindes- und Jugendalter ausreichend informiert.

2. Bei Jugendlichen mit manischen Phasen finden sich häufig bestimmte Auslöser (und nicht Ursachen), die zunächst als Erklärung für die Verhaltungsänderungen herangezogen werden: Schul- und Ausbildungsprobleme, Pubertäts- oder Reifungskrisen, Ablösungskonflikte, Beziehungsschwierigkeiten

mit Gleichaltrigen, sogenanntes Norm- bzw. Werte-Such-verhalten u. a.

Das alles sind zwar alterstypische Belastungen, die jedoch beson-ders bei einem phasenhaften Verlauf, d. h. einer plötzlichen Verhal-tensänderung bei zuvor eher angepaßter Persönlichkeitsentwicklung hinterfragt werden sollten.

---

3. Am häufigsten werden manische Phasen mit einer Hyperakti-vität verwechselt (früher als „Zappelphilipp", später als hyper-kinetisches Syndrom, heute als Aufmerksamkeits-Defizit-Syn-drom (ADS) bezeichnet). Manchmal hält man sie auch für eine Trotzreaktion oder gar dissoziale Störung (mit assozialem Ver-halten). Einzelheiten würden hier zu weit führen, machen aber deutlich, daß eine Lösung, d. h. eine rechtzeitige Diagnose und damit Therapie nur von einem Facharzt, am besten einem Kin-der- und Jugendpsychiater getroffen werden kann.

Bei Verdacht auf Drogen-Mißbrauch werden manische Zustands-bilder oft irrtümlich auf den Drogenkonsum zurückgeführt. Da-bei kann dieser jedoch bereits eine Folge der manischen Phase sein und nicht umgekehrt. An eine Manie, d. h. ein phasenhaftes, also zeitlich begrenztes Ereignis, ist vor allem dann zu denken, wenn die Persönlichkeitsstruktur des Betroffenen *vor* dem mani-schen Zustandsbild eher angepaßt war.

Der *Ausbruch* depressiver und manischer Gemütsstörungen vor dem 20. Lebensjahr ist selten. Oder besser: Er wird relativ selten rechtzeitig er-kannt, vor allem bei mittelschweren oder leichteren Verlaufsformen. Denn nur die schweren und damit stationär behandlungsbedürftigen Krankheits-fälle kommen in die Fachklinik und können deshalb auch konkret erfaßt werden. Man vermutet aber, daß etwa 15 %, nach anderen Untersuchungen bis zu einem Drittel der manisch-depressiven Erkrankungen erstmals zwi-schen 15 und 20 Jahren ausbrechen, aber auch schon um das 10. Lebensjahr auftreten können. Das männliche *Geschlecht* soll häufiger betroffen sein.
Eine *erbliche Belastung* läßt sich umso häufiger feststellen, je konsequenter nachgefragt wird. Besondere Vorsicht ist geboten, wenn eine manisch-depressive Erkrankung in der familiären Vorgeschichte in zwei oder drei Generationen erkennbar ist.

Die Manie im Kindes- und Jugendalter kann – wie die Erwachse-nen-Manie – in ganz unterschiedlicher Form ausbrechen: zum einen plötzlich, aber auch mit mehrtägigen, manchmal mehrwöchigen Vorposten-Symptomen. Die Dauer erstreckt sich von wenigen Tagen über einige Wochen, bisweilen auch Monate hinweg. Es kommen schnelle und langsame Genesungsverläufe mit und ohne Rückschläge vor, mitunter auch jähe Stimmungsumschläge.

> Eine Manie im Kindes- und Jugendalter äußert sich nicht selten in auffällig kurzen Phasen. Dabei können sich manische und depressive Zustände rasch abwechseln, manchmal sogar innerhalb von Tagen, bisweilen Stunden, z. B. vom Vormittag auf den Nachmittag.

Die Heilungsaussichten sind aber gut. Meist kommt es zur völligen Wiederherstellung ohne Schädigung der geistigen Fähigkeiten oder seelischen Verfassung. Eine *chronische* Manie im Jugendalter ist selten. Gehäufte manische Episoden können aber ein ernstes Hindernis für die intellektuelle und psychosoziale Entwicklung werden. Bei sehr frühem und unbehandeltem Krankheitsbeginn drohen verstärkt lebenslange geistige Einbußen.

Sichere Prädiktoren (Vorhersagekriterien) gibt es nicht. Immerhin zeichnen sich erfahrungsgemäß einige Hinweise auf einen *ungünstigen Heilungsverlauf* ab:

1. Früher Beginn, vor allem mit einer oder gar mehreren manischen Phasen schon in den ersten Erkrankungsjahren (manisch-depressive Psychosen mit Beginn im Jugendalter fangen öfter mit manischen Episoden an, nach einigen Untersuchungen drei Mal häufiger als depressive).
2. Wiederholte Suiziddrohungen oder gar suizidale Handlungen (Vorsicht: bei Kindern ist die Selbsttötung noch sehr selten, bei Jugendlichen und jungen Erwachsenen jedoch bereits nach Unfällen die häufigste Todesursache!).
3. Ausgeprägte hypomanische (leichtere manische) bis aggressive Stimmung trotz konsequenter medikamentöser Behandlung.
4. Gleichzeitig vorliegende Persönlichkeitsstörung.
5. Schneller Phasenwechsel (rapid cycling – s. S. 234).
6. Mangelhafte Therapietreue und geringe Einnahmezuverlässigkeit bei den verordneten Arzneimitteln.
7. Überkontrollierendes Erziehungsverhalten der Familienmitglieder.
8. Unbefriedigende geistige Entwicklung oder gar intellektueller Rückgang, ggf. durch gestörte Gehirnfunktionen.

Gerade weil es so schwer ist, eine Gemütsstörung im Kindes- und Jugendalter rechtzeitig zu erkennen und damit zu behandeln, sei auf den einfachen Merksatz hingewiesen:

Stimmungsschwankungen sind in der Pubertät an der Tagesordnung. Tritt aber bei einem jahrelang unauffälligen, ausgeglichen dahinlebenden Kind die Neigung zu unmotivierten Stimmungsausschlägen zu Tage, muß auch an eine krankhafte Gemütsveranlagung gedacht werden, also an eine Depression oder Manie. Das heißt, daß man vor allem die wichtigsten Symptome kennen muß. Im einzelnen:

Wichtige Symptome des manischen Krankheitsbildes im Kindes- und Jugendalter

Das manische Krankheitsbild im Kindes- und Jugendalter ist vor allem durch folgende Verhaltensauffälligkeiten charakterisiert:

- Allmählich oder plötzlich zunehmende uneinfühlbare Aktivität bzw. Rast- und Ruhelosigkeit mit überbordender Betriebsamkeit, zielloser Umtriebigkeit, gesteigerter Impulsivität, kräftezehrender Hektik („auf vollen Touren") und sprunghaften Handlungen bis hin zu sinnlosem Weglaufen („Abhauen").
- Grundlos oder übertrieben heiter und ausgelassen mit inhaltslosem Glücksgefühl, Fröhlichkeit, „Schweben" und Unfähigkeit, die anstehenden Probleme zu realisieren.
- Neigung zu ungewöhnlicher Albernheit und Blödelei, zu Schabernack und derben Späßen.
- Gelegentlich mißgestimmt, unkonzentriert-unruhig-gespannt, gereizt, aggressiv, „ungezogen", „aufsässig", „frech", sich in alles einmischend. Im Extremfall kann sich dieses Verhalten bis zur nackten Rücksichtslosigkeit oder gar Zerstörungswut aufschaukeln.
- Ideenflucht mit ausgeprägtem Rededrang und auffallender Sprunghaftigkeit (ohne festes Gedankenziel, sich in Nebensächlichkeiten verlierend) bis zu lockeren Verknüpfungen von Wort- und Klangassoziationen; im Extremfall völlig verworren („sinnloses Geplapper").
- Unverständlicher Schreib- und Bewegungsdrang: Denkschriften (in plötzlich großartigem Schriftbild) an Schulbehörden mit

Reformvorschlägen, distanzlose Kontaktversuche zu allen erdenklichen Persönlichkeiten – bekannt oder unbekannt usw.

– Schlaf scheint nicht nötig, und wenn, dann zu unüblichen Schlafzeiten.

– Gegebenenfalls unrealistische Größenideen bis hin zum Größenwahn (Fußball-, Pop- oder Filmstar).

Die Manie im höheren Lebensalter

Die sogenannte *Involutionsmanie im Rückbildungsalter* oder die *Altersmanie im höheren Lebesalter*, die also im letzten Lebensdrittel auftritt und nicht Ausdrucksform einer schon früher bestehenden manisch-depressiven Erkrankung ist, ist selten. Manische Syndrome im „dritten Lebensalter" sind oft Folge körperlicher Krankheiten. Man nennt sie dann *sekundäre* oder *symptomatische Manie* (s. auch S. 271). Dies betrifft insbesondere hirnorganische Psychosyndrome, vor allem (Stirn-)Hirntumoren und dementielle Entwicklungen (erworbene Geistesschwäche).

„Klassische" manische Bilder im Rückbildungs- oder gar Greisenalter kommen kaum vor, da eine voll ausgebildete Manie erhebliche seelisch-körperliche Reserven erfordert; und ein solches Kräftedepot muß man erst einmal haben, bevor man es (sinnlos) verbrauchen kann. Vor allem fehlt bei den älteren Manikern die sonst so oft imponierende, fast schon elegante Leichtigkeit, Großzügigkeit und nach außen bestechende Souveränität, trotz aller damit verbundenen ärgerlichen Folgen. Die Manie im höheren Lebensalter wird vor allem durch eine Vielzahl gleichzeitig belastender Krankheiten (Multimorbidität) und altersbedingter Persönlichkeitseigenheiten geprägt. Dabei kann es zu sonderbaren Mischzuständen kommen: matte Manie, verwirrte Manie, Manie mit altersparanoiden (wahnhaften) Zügen oder starren Wahnbildungen usw.

Im allgemeinen findet sich eher eine umtriebige, zumeist ängstlich getönte, reizbar-mißmutige Überaktivität (maniformer Zustand), besonders für die ungünstigsten Tages- oder Nachtzeiten. Viele Patienten wirken sprunghaft, distanz- und kritiklos, quengelig, gespannt-getrieben, furchtsam und zugleich euphorisch-enthemmt. Nicht selten müssen die Betroffenen in eine Fachklinik aufgenommen werden, was die psychosoziale Situation noch verschärft. Da die Dauer der manischen Phase in diesem Alter jedoch in der Regel kürzer ist als sonst, beruhigen sich die Patienten in der Klinik unter vorsichtiger medikamentöser Behandlung rasch wieder. Nach der Entlassung sollten sie jedoch ambulant nervenärztlich weiterbetreut werden.

In der Vorgeschichte einer solchen *erstmaligen* Altersmanie lassen sich typischerweise oft keine nennenswerten psychischen Auffälligkeiten finden, vor allem keine Hinweise auf eine manisch-depressive Erkrankung in früheren Jahren.

Sonstige Ursachen

Im Gegensatz zur endogenen, also biologisch begründbaren primären Manie gibt es noch die *sekundäre Manie* oder *symptomatische Manie.* Damit bezeichnet man Zustände, die wie eine Manie wirken, ggf. in abgeschwächter Form (hypomanisch). Sie haben jedoch keine endogene Ursache, sondern treten als Folge anderer seelischer bzw. organischer Störungen auf.

Krankheiten mit einem ggf. manieähnlichen Beschwerdebild sind auf psychischer Ebene beispielsweise die Schizophrenie, die schizoaffektive Psychose, gelegentlich eine neurotische Entwicklung oder bestimmte Persönlichkeitsstörungen. Im Kindesalter das bereits erwähnte hyperkinetische Syndrom.

Auf *organischer Grundlage,* vor allem bei hirnorganisch Kranken (z. B. Kinder), kann es mitunter zu chronischen, zumindest aber längerfristigen manischen/maniformen Zuständen kommen. Meist sind es jedoch kurzfristige maniforme Beeinträchtigungen. Dabei werden verschiedene körperliche Leiden diskutiert wie Hirntumoren, Epilepsie, Hirn- bzw. Hirnhautentzündung, Schlaganfall usw.

Manische, vor allem aber maniforme (hypomanische = leicht manische) Erscheinungsbilder können auch auf *Vergiftungszustände* verschiedener Ursachen zurückgehen. Dazu gehören z. B. die *medikamentöse oder pharmakogene (durch bestimmte Arzneimittel ausgelöste) Manie,* in Einzelfällen auch gewerbliche oder sonstige Gifte. Eine weitere Gefährdung, zumindest bei entsprechender Disposition, ist durch Alkohol- und Koffeinmißbrauch möglich. Das gleiche gilt für Rauschdrogen wie Haschisch/Marihuana, LSD, Meskalin, Kokain, Phencyclidin (PCP) sowie die sogenannten Designerdrogen.

Die meisten exogen (von außen) ausgelösten manieähnlichen Zustände pflegen jedoch das Vollbild einer Manie nicht zu erreichen. Bisweilen finden sich noch andere Krankheitszeichen, die ebenfalls für eine reine Manie nicht typisch sind. Auch die Dauer pflegt in der Regel kürzer auszufallen, der maniforme Zustand bildet sich rascher zurück. Dies gilt vor allem für die potentiell „überdrehende" Wirkung mancher Medikamente. Außerdem sollte man bei einem erstmals im höheren Lebensalter beginnenden manischen Zustand grundsätzlich an eine organische Ursache denken und diese abzuklären suchen.

Die Hypomanie

Auch die weniger ausgeprägten manischen Zustände sind seit alters her bekannt, heute als *Hypomanie* oder *Submanie* bzw. *maniformes Syndrom* bezeichnet. Zwar sind auch hier gehobene Stimmung und vermehrter Antrieb in charakteristischer Weise verändert, doch ist der Betroffene noch in der Lage, sein Verhalten in sozial angepaßten Grenzen zu kontrollieren.

Am häufigsten finden sich bei der *Hypomanie*

- eine länger anhaltende, leicht gehobene Stimmung, wenigstens einige Tage hintereinander
- ein gesteigerter Antrieb mit entsprechender Aktivität
- ein auffallendes Gefühl von Wohlbefinden
- eine vermehrte körperliche sowie geistige Leistungsfähigkeit.
- Typisch sind auch gesteigerte Geselligkeit, übermäßige Gesprächigkeit, ungewöhnliche Vertraulichkeiten, verstärktes sexuelles Verlangen und vermindertes Schlafbedürfnis.
- Kennzeichnend ist der positive Umstand, daß sich alles in noch vertretbarem Rahmen bewegt.

Die gehobene Stimmung einer Hypomanie wird in der Regel als „ungewöhnlich gut drauf", fröhlich oder „high" beschrieben. Manchmal findet sich auch eine Euphorie, also ein inhaltloses Wohlgefühl bis zur Grenze der Glückseligkeit. Die gute Stimmung ist – wie bei der Manie – regelrecht ansteckend. Dies betrifft vor allem Fremde bzw. unbeteiligte Beobachter. Für die Angehörigen, Freunde und Arbeitskollegen aber wird langsam deutlich, daß es sich hier nicht nur um eine nachvollziehbare Fröhlichkeit handelt. Tatsächlich ist sie eher charakterisiert durch eine übersteigerte Begeisterung für fast alles und jedes, also für zwischenmenschliche, soziale oder berufliche Aktivitäten bzw. Unternehmungen. Selbst ein etwas lockeres finanzielles Gebahren ist nicht auszuschließen („Dann muß man halt den Geldbeutel besser festhalten ..."). Törichte Geschäftsinvestitionen oder unüberlegte Großeinkäufe sind aber selten. Auch kommt es in der Hypomanie zu keiner ernsteren Verschuldung.

Obwohl die gehobene Stimmung dominiert, ist auch eine gewisse Reizbarkeit nicht auszuschließen. Oder die Stimmung wechselt mehr oder weniger abrupt zwischen Euphorie und Reizbarkeit. Das Selbstwertgefühl ist in der Regel übersteigert, aber ohne deutlichere Größenideen, eher auf dem Niveau überhöhten Selbstvertrauens bzw. einer unkritischen Selbstüberschätzung. Das zwischenmenschliche Verhalten reicht von „ein wenig aufdringlich" bis gelegentlich distanzlos oder gar unverfroren. Auch die sexuellen Wünsche sind häufig ausgeprägter. Das kann sich bei dem gesteigerten Bedürfnis nach Geselligkeit durchaus folgenschwer auswirken. Im Gegensatz zur voll ausgeprägten Manie sind alle diese Aktivitäten aber eher von Kreativität und Produktivität als von dem sonst üblichen manischen Leerlauf geprägt. Eine leichtsinnige Fahrweise aus „Übermut" ist möglich, aber ohne die „blinde Wut", die in der Manie drohen kann.

Auch die Sprache eines Hypomanikers ist etwas lauter und schneller als normal. Allerdings ist es nicht so schwierig wie bei der Manie, selbst einmal zu Wort zu kommen. Witze, Wortspiele und heitere Bedeutungslosigkeiten sind an der Tagesordnung. Eine Ideenflucht (s. S. 241) ist ungewöhnlich. Andeutungen davon können allerdings einmal kurz aufblitzen. Dafür ist der Hypomaniker durchaus ablenkbar und läßt sich durch die verschiedensten, meist unerheblichen äußeren Reize beeinflussen. Das äußert sich dann in einem schnellen Wechsel von Thema oder Zielrichtung.

Auffallend ist sein vermindertes Schlafbedürfnis. Dabei wacht der Betroffene vor der gewöhnlichen Zeit auf, ist aber nicht müde, sondern energiegeladen. Interessanterweise wird aber auch gelegentlich über Merk- und Konzentrationsstörungen mit leichteren bis mittelstarken Leistungseinbußen geklagt. Dies geht vor allem auf die Unfähigkeit zurück, sich aufgrund der ständigen Anspannung einmal konsequent zu erholen.

> Maniforme Episoden bei Jugendlichen oder Kindern gehen nicht selten mit auffälligem bis asozialem Verhalten einher, vor allem aber mit Schulschwänzen und damit Schulversagen. Ein möglicher Rauschdrogenkonsum potenziert gegebenenfalls das Problem.

So gesehen kann man eine leichtere Manie manchmal auch als leistungs- und stimmungsmäßigen Pluspunkt im Leben werten, aber nur manchmal. Denn in etwa jedem zehnten Fall kann sich aus einer Hypomanie auch das Vollbild einer manischen Phase entwickeln.

Die schizoaffektive Psychose

Wir kennen die manisch-depressive Erkankung oder Psychose, bei der sich manische und depressive Phasen (meist unregelmäßig) abwechseln. Daneben gibt es die seltene reine manische Psychose, bei der nur manische Episoden auftreten. Und schließlich gibt es noch ein weiteres Krankheitsbild auf psychotischer Basis: die *schizoaffektive Psychose.*

Eine *schizoaffektive Psychose* deutet das mehrschichtige Krankheitsbild bereits im Namen an: *schizo* vom griechischen: schizein = spalten, gemeint ist das früher so benannte „Spaltungsirresein", die Schizophrenie. Dazu kommt der bereits auf S. 230 erläuterte Begriff der *affektiven Psychose,* also der manischen oder depressiven Gemütskrankheit.

Eine schizoaffektive Psychose weist gleichzeitig (früher wurde auch eine rasche Folge nacheinander als entsprechendes Krankheitsbild akzeptiert) ein ausgesprochen depressives oder manisches sowie ausgeprägtes schizophrenes Krankheitsbild auf. Man spricht dann von einer schizoaffektiven Psychose mit einem
- *schizodepressiven Syndrom:* schizophrene und depressive Symptome oder
- *schizomanischen Syndrom:* schizophrene und manische Krankheitszeichen.

Das Leiden tritt häufig innerhalb weniger Tage oder gar Stunden auf. Anfangs liegt meist das erwähnte Gemisch aus depressiven oder manischen sowie schizophrenen Symptomen vor, wobei unter Therapie die schizophrenen Krankheitszeichen oft als erste zurückgehen. Schizoaffektive Psychosen äußern sich häufig dramatisch und bedürfen eines raschen psychiatrischen Eingreifens.

Therapie

Die Therapie einer Manie ist an sich kein Problem – sofern sie zustande kommt. Dabei braucht gerade die Manie eine rasche und konsequente Behandlung, und doch ist sie nirgends so wenig gewährleistet wie hier. Die Gründe sind inzwischen deutlich geworden: Der Maniker zeigt ein Übermaß an Leben bzw. Lebendigkeit, zu viel Antrieb, zu viel Einfälle, zu viel Kontaktgier, zu viel Aktivität, zu viel „gute" Stimmung und zu viel Selbstvertrauen. Aus alledem folgen natürlich weder Krankheitseinsicht noch Leidensdruck, aus dem ein Behandlungswunsch resultieren könnte. Dabei sollte man den Maniker möglichst bald einem Arzt seines Vertrauens zuführen, was sich zugegebenermaßen häufig als sehr schwierig herausstellt.

Der Widerstand des Kranken geht aber nicht nur auf die mangelnde Krankheitseinsicht zurück („Ich soll krank sein? Da kenne ich andere, die es nötiger hätten"), sondern auch auf die Furcht vor einer medikamentösen Behandlung. Und die wiederum basiert nicht nur auf den möglichen Nebenwirkungen, die gerade beim Maniker am wenigsten zum Problem werden. Es geht vor allem wieder um eine verhängnisvolle Schlußfolgerung, die dem Maniker förmlich verbietet, sich einem Medikament anzuvertrauen, denn: „Wer nimmt Medikamente? Doch nur ein Kranker, wer sonst. Bin ich krank? Keinesfalls, im Gegenteil, ich fühle mich so gut wie noch nie. Brauche ich deshalb Medikamente? Ich wüßte nicht warum." Oder noch einfacher: Wer Medikamente nimmt, gibt zu, daß er krank ist. Und das will niemand, schon gar nicht der Maniker im Vollbesitz seiner geistigen und körperlichen Kräfte , der sich derzeit ganz offensichtlich auf der „Erfolgsspur" sieht.

Antimanische Medikamente

Einzelheiten über antimanisch wirkende Medikamente würden hier zu weit führen, geht es in vorliegender Abhandlung doch vor allem um das Erkennen und Verstehen. Was jedoch die antimanischen Arzneimittel anbelangt, so gibt es hiervon jedenfalls eine ganze Reihe und zwar:

- *Neuroleptika:* Dazu gehören die eher dämpfenden niederpotenten Neuroleptika, die antipsychotisch wirkenden hochpotenten Neuroleptika (die auch am häufigsten eingesetzt werden) und eine Gruppe, die sowohl dämpft als auch antipsychotisch wirkt, die sogenannten mittelpotenten Neuroleptika (die ebenfalls oft genutzt werden). Diese Arzneimittel wirken sofort, aber – so die Klage der Betroffenen – überwiegend „blockierend" (als würde man „bei einem kochenden Topf nicht die Herdplatte abstellen, sondern einfach den Deckel draufpressen"). Die Wahrheit liegt in der Mitte und soll hier nicht weiter erörtert werden. Für eine akute Sedierung im Notfall stehen aber nun einmal keine anderen antimanischen Arzneimittel zur Verfügung, mit Ausnahme der deutlich milder beruhigenden Tranquilizer vom Benzodiazepin-Typ, die aber nur selten (Nebenwirkungen, insbesondere Suchtgefahr) und dann vor allem ersatzweise eingesetzt werden.
- *Phasen-Prophylaktika:* Dazu zählen die Lithiumsalze, die noch immer wichtigste antimanische Behandlungsmethode. Sie haben einen milden Soforteffekt, der aber in Wirklichkeit einige Tage braucht, bis er greift. Und sie entwickeln eine vorbeugende Wirkung gegen die ja in der Mehrzahl der Fälle drohende Rückfallgefahr, die aber ebenfalls mindestens ein halbes Jahr braucht, bis sie sich „aufgebaut" hat. Lithiumsalze sind zu einem Meilenstein dieser Behandlung geworden und konnten viel Unglück verhindern. Sie haben aber ebenfalls ihre Nebenwirkungen, die sich jedoch dosismäßig steuern lassen und im Laufe der Zeit auch zumeist verblassen.

Eines aber ist tatsächlich eine Belastung, die nicht einfach wegdiskutiert werden kann: eine jahrelange, wenn nicht gar lebensbegleitende Medikation, d.h. täglich Tabletten, und das „für den Rest des Lebens". Letzteres ist zwar nicht zwangsläufig der Fall, doch gilt als sicher: Wer die Behandlung (vor allem plötzlich) abbricht, muß mit einem Rückfall rechnen.

Inzwischen gibt es neben den Lithiumsalzen noch zwei weitere Substanzen, die sich in der Akutbehandlung der Manie, vor allem aber ihrer Rückfallprophylaxe, weltweit bewährt haben. Das sind die beiden, auch als Antiepileptika (Krampfschutz) erfolgreichen Stoffe Carbamazepin und Valproinsäure. Sie haben eine vergleichbare Wirkung wie die Lithiumsalze und oft in Einzelfällen weniger belastende Nebenwirkungen. Allerdings muß man auch sie genausolange einnehmen wie das Lithium.

Insgesamt stehen also inzwischen drei antimanische Substanzen zur Verfügung, so daß praktisch jedem geholfen werden kann – die notwendige Einnahmezuverlässigkeit vorausgesetzt.

Der psychotherapeutische Zugang

Wichtig, viel wichtiger als die medikamentöse Dämpfung, sagen nicht zuletzt die Betroffenen – in Wirklichkeit wohl aber gleichrangig –, seien die entsprechenden psychotherapeutischen und psychagogischen Bemühungen. Dieses Anliegen sieht auch jeder ein, doch kommt eine solche psychotherapeutische Behandlung nur selten zustande, vor allem nicht mit der notwendigen Konsequenz. Wer die Ausführungen über die Manie bis hierher gelesen hat, wird dies verstehen. Deshalb ergibt sich bestenfalls ein lauer Kompromiß, der unbefriedigend deshalb bleibt, weil ihn letztlich der Maniker diktiert oder treffender: das manische Krankheitsbild. Denn der Maniker ist nur der Ausführende, allzuviel Einflußnahme im Sinne der allseits geforderten Vernunft hat er tatsächlich kaum. Das betrifft zwar auch andere seelische Störungen, nur geht in der Manie alles viel stürmischer voran und vor allem: Der Maniker wirkt nicht wie ein seelisch Kranker, was das Verständnis der Umgebung natürlich erschwert.

Deshalb sollte man sich an etwas halten, das bisher kaum Beachtung fand, und das nennt sich die *manische Aussage*. Die Konsequenzen, die man daraus ziehen kann, bestehen allerdings nicht vorrangig in dem, was die entnervten Angehörigen fordern. Allerdings ebensowenig in dem, was in der Regel der Alltag in Klinik und Praxis diktiert. Deshalb sei nochmals ausführlicher an folgendes erinnert (nach H.-L. Kröber):

Hinter jeder endogenen Manie steht nicht nur ein eigenständiges, scheinbar rein biologisch vorgegebenes Krankheitsbild, sondern auch eine individuelle Not, die nicht unwesentlich an Ausbruch, ja Symptomatik und Verlauf beteiligt ist. Leider schaut jeder nur auf das offensichtliche Fehlverhalten und seine Folgen. Und in der Tat: Die Manie läßt einem dazu häufig gar keine andere Wahl.

Dennoch sollte man sich zwingen, hinter dieser „verrückten Fassade" ein persönliches Problem zu identifizieren. Das ist nicht nur hilfreich für den Patienten, es erleichtert auch der Umgebung den Zugang zu den psychologischen Hintergründen – und damit das Erkennen, Verstehen und Helfen. Was ist damit gemeint?

Die charakteristischen Symptome einer Manie sind laut Lehrbuch gehobene oder gereizte Stimmung, Überaktivität und Redefluß. Dem sollte man mit den klassischen Therapiemaßnahmen begegnen: Distanz halten, dämpfen und notfalls die Behandlung in einer Fachklinik. Wie aber soll man letzteres veranlassen? Man muß den Patienten zur Mitarbeit gewinnen, doch das gelingt selten genug. Oder notfalls überlisten, das klappt gerade bei einem Maniker kaum. Wenn gar nichts mehr hilft, kann man ihn nur noch überwältigen. Das ist – mehr oder weniger ausgeprägt – die Regel. Eine allseits befriedigende Zusammenarbeit scheint also unmöglich. Und ist die Gewalt groß und entschieden genug, gibt der Patient meist nach. Auf die Folgen dieser Überwältigung soll später noch einmal eingegangen werden. Läßt sich deshalb vielleicht noch eine bessere Lösung denken?

Ja, und zwar: Intensiven Gesprächskontakt herstellen sowie eine Medikation mit antimanischen Arzneimitteln mit eher geringer Dämpfung (also Lithiumsalze, Carbamazepin oder Valproinsäure). Soweit möglich sollte eine ambulante Betreuung erfolgen, d.h. durch den Haus- und Nervenarzt oder Psychiater. Der erzwungene Aufenthalt in einer Fachklinik, so sinnvoll er für eine rasche und weniger folgenschwere Überwindung dieses Leidens auch erscheinen mag, ist in den Augen des Betroffenen eine Vergewaltigung, und damit eine Verstärkung und Verlängerung seiner seelischen „Verwundung", weit über die Zeit der Krankheit hinaus, mitunter sogar eine lebenslange Traumatisierung, wie das in Fachkreisen genannt wird (griech.: trauma = Wunde; im übertragenen Sinne: seelische Verletzung). Manchmal kommt man aber an einem solchen Schritt nicht vorbei. Dann sollte man ihn auch konsequent gehen. Dies vor allem dann, wenn die krankheitsbedingte Erschütterung des partnerschaftlichen bzw. familiären Vertrauens und die gesellschaftlichen Folgen massiv voranschreiten. Wenn aber entschieden ist, die Manie unter nervenärztlicher Betreuung und mit entsprechenden Medikamenten ambulant zu behandeln, auf was muß man dann unbedingt achten?

Psychologische Aspekte

Der Patient mit einer manisch-depressiven Erkrankung lebt in seiner gesunden Zeit vor allem bezogen auf seine soziale Umgebung. Bedeutsam für ihn sind überkommene Normen und äußere Leistungsvorgaben. Zugleich erlebt er sich in kritisch zugespitzten Situationen als unfrei, kontrolliert, in seiner Autonomie und Entwicklungsmöglichkeit beschnitten. In der akuten manischen Erkrankung versucht er intensiv diese Situation zu verändern. Jetzt steht im Vordergrund die Realisierung seiner Autonomiewünsche und die Absage an die zuvor dominierende Selbstunterwerfung. Er ist zukunftsorientiert, voller Pläne, veränderungsbereit, aktiv.

Als krankheitsfördernder Umstand erweist sich oftmals noch eine spezifische Familienkonstellation. Hier spielt meist ein bestimmtes Familienmitglied die entscheidende Rolle, oft Partner oder Mutter. In gesunden Zeiten ist es jene Person, der die meiste Zuwendung und Fürsorge des Patienten gilt. In der akuten Manie aber bricht der Kranke aus dieser Partnerschaft aus. Jetzt realisiert er seine Autonomiebedürfnisse und delegiert die Kontrollaufgaben, Trennungsängste usw. an diesen Angehörigen. Dieser aber versucht die Kontrollfunktion an Arzt und Klinik abzutreten. Daraus resultiert eine komplizierte Situation:

Auf der einen Seite der Maniker, meist allein, allenfalls in der phantasierten Koalition mit jenen, die er gegenwärtig idealisiert, bis er enttäuscht wird. Auf der anderen Seite diejenigen, die ihn kontrollieren und tatsächlich oder scheinbar seine Autonomiewünsche blockieren. Die Angehörigen erwarten, daß sich der

Arzt (und alle anderen Personen, an die sie sich in ihrer Not wenden) auf ihre Seite stellen und „das Nötige veranlassen". Für den Maniker gibt es aber nur einen Grund, sich auf solche Kontakte einzulassen: die vage Hoffnung, daß er seinerseits Unterstützung findet. Die Angesprochenen sollten diese komplexe Situation erkennen. Sie können nicht unparteiisch in der Mitte stehen bleiben, sondern müssen – wollen sie Erfolg haben – vor allem dem Patienten zu Hilfe kommen, obgleich er doch der „Täter", auf jeden Fall Urheber eines unheilvollen Geschehens ist. Wie sieht das im einzelnen aus?

Als erstes gilt es vom Maniker zu erfahren, was dieser will und warum er dies jetzt will beziehungsweise ob er das alles auch anders als mit einem manischen Höhenflug erreichen kann. Danach muß man dem Kranken signalisieren, daß man ihn und sein Anliegen ernst nimmt. Das ist für ihn neu, denn bisher sah er sich und seine Wünsche schroff zurückgewiesen, so schroff, wie er sie übrigens meist selbst vorgetragen hat. Jetzt scheint er plötzlich einen echten Ansprechpartner gefunden zu haben. Leider vermag der manische Patient sich nicht klar genug zu äußern. Er kommt mit nebulösen Vorstellungen, unrealistischen Plänen und schweift immer wieder ab. Also muß man seine Fragen hartnäckig wiederholen und auf einer verständlichen Antwort bestehen. Das reizt zwar den Patienten, hilft aber auch, seine eigene Position zu klären und einen festen Standpunkt zu suchen. Dabei kann es sehr eindrucksvoll sein, wie der Maniker nach und nach ernsthaft und schließlich fruchtbar um das konstruktive Durchhalten eines solchen Gesprächs ringt.

Die Manie wird zwar dadurch nicht grundsätzlich beseitigt, doch das Bemühen um ein hilfreiches Verstehen fördert das Vertrauensverhältnis. Vielleicht kommt es sogar so weit, daß der dringliche Rat erstmals erkennbar reflektiert wird, durch Medikamenteneinnahme eine besonnene Verfassung zurückzuerlangen. Damit stärkt man auch die Position des Arztes, der ja spätestens durch die Notwendigkeit nicht zu umgehen ist, beruhigende Arzneimittel zu bekommen. So ist manchmal durch eine rechtzeitige und freiwillige Medikamenteneinnahme sogar eine Klinikaufnahme zu umgehen.

Allerdings ist dieser Weg für viele, inzwischen verzweifelte und hoffnungslose Angehörige keine Lösung. Sie haben Angst vor

Rückschlägen und weiterem Chaos. Deshalb muß z.B. der betreuende Arzt viel Verständnis für die enorme Belastung der Familie zeigen, die durch eine ambulante Behandlung vorerst nicht geringer wird. Wenn das nicht möglich ist, bleibt allerdings kein anderer Weg als der (erzwungene) Klinikaufenthalt.

Warum aber ist es so wichtig, dem Maniker zuzuhören? Ausgerechnet diesem Menschen, der ohnehin „jeden Zuhörer über den Haufen redet"? Die Antwort ist kompliziert und einfach zugleich.

Die Manie ist ein Fenster zur Seele

Während drei Wochen manischer Verfassung des Patienten lernt man mehr über seine Nöte, Wünsche, Widersprüchlichkeiten, Hoffnungen und sein Wertgefüge als nach seiner Genesung in einem Jahr Psychotherapie, heißt es. Viele wesentliche Wünsche, Ziele und Bedrängnisse erfährt man im Grunde nur in der manischen Episode. Die Manie ist ein Fenster, durch das man wertvolle Einblicke erhält in die Persönlichkeit des Betroffenen. Ist der Patient wieder gesund, fällt oft ein Vorhang, der die Einsicht in die eigentlichen Beweggründe verwehrt. Und dies nicht nur für den Arzt, die Angehörigen, Freunde, sondern auch für den Betroffenen selbst.

In der Manie hat der Maniker nämlich ein *Thema,* manchmal mehrere, aber stets einige und vor allem verwandte Themen. Über dieses Thema macht er Aussagen; man nennt dies deshalb die *manische Aussage.* Es mag bisweilen nicht leicht sein, diese Aussagen zu verstehen. Das Thema aber hat oft über mehrere manische Phasen hinweg eine erstaunliche Beständigkeit. Diese Aussagen verlieren allerdings durch ihre stete Wiederholung an Prägnanz. Bei der soundsovielten Phase hört dann keiner mehr hin. Damit erlahmen dann auch Engagement, Geduld und Toleranz der Umgebung, manchmal gar die des Arztes.

Doch der Begriff der *manischen Aussage* ist schon deshalb naheliegend und nutzbringend, weil die meisten Patienten fast unentwegt „etwa aussagen". Dadurch schleicht sich häufig ein diagnostischer Fehler ein: Viel zu häufig gibt man sich mit dem manietypischen Symptom „Ideenflucht" zufrieden, wo in Wirklichkeit nur ein nicht zu bremsender, also krankhafter Redefluß vorliegt. Und dem wird meist nicht zugehört, auf jeden Fall nicht lange genug. Auf die Inhalte wird nur geachtet, soweit sie Ausdruck unrealistischer Größenphantasien und sonstiger „Spinnereien" sind, die man für wert hält, festgehalten zu werden. Doch wenn man genau hinhört, läßt sich bald erkennen, daß diese Redeflut keineswegs uferlos ist, sondern im Gegenteil um eine oft kleine Zahl sich ständig wiederholender Probleme kreist.

Wer tagtäglich mit einem manischen Patienten zu tun hat, der weiß, wie entnervend stereotyp seine Aussagen sein können. Dennoch sollte man dieser „hektischen Monotonie" mehr Beachtung schenken, wie diese aufreibende Kombination aus äußerer Getriebenheit und innerseelischer Einförmigkeit bezeichnet wird. Sie ist oft der Kern seiner Nöte. Letztlich besteht nämlich die manische Redeflut aus zwei Anteilen:

1. *Die Projektionen in die Zukunft:* Was wäre ich eigentlich gerne geworden und was will ich jetzt, insbesondere in meinem manischen Höhenflug, verwirklichen?

2. *In einer Art „Vergangenheitsbewältigung":* An was bin ich bisher gehindert worden, warum und von wem – und wie will ich das jetzt ändern?

Um was handelt es sich dabei zumeist?

Die „unrealistischen" Zukunftsentwürfe des Manikers sind in der Regel geschäftliche Selbständigkeit, großer finanzieller Erfolg, künstlerischer Durchbruch, politische Führerschaft, religiöse Erwähltheit, ideale Liebe und romantische Verklärung bzw. Rettung.

Charakteristisch für die weitere manische Denk- und Handlungsweise ist jedoch eine fast zerstörerische, weil unflexible Eigenheit: Alles, was man jetzt endlich vorhat und durchziehen will, muß rein, unvermengt, kompromißlos realisiert werden. Manie ist die Aufkündigung des Kompromisses, der relativierenden, bindenden, demütigenden, kleinkarierten, in tausend Zwänge verstrickten Abschwächung des großen Ziels.

Die Vergangenheitsbewältigung ist auch häufig eine Beschwörung der eigenen Schuldlosigkeit. Sie bedarf aber angesichts der sonderbaren Schuldangst des Manikers einer wortreichen, alles begründenden, kein Restrisiko belassenden Rechtfertigung: Nicht aus eigener Willkür hat der Maniker diesen schockierenden Ausbruch aus den gesellschaftlichen Normen vollzogen, sondern zum Nutzen und Wohl bestimmter Personen oder der Allgemeinheit. Eigentlich hat er gar nichts Böses getan. Er hat sich nicht entfernt von den Regeln, die er bisher respektiert hat, im Gegenteil: Er verwirklicht sie nur konsequenter und intelligenter als bisher. So sehr Maniker bei anderen Menschen Schuldgefühle einzuklagen versuchen, so empfindlich reagieren sie auf die Unterstellung, sie selbst seien schuldig geworden oder könnten schuldig werden. Schuldig zu werden, Schmerz zuzufügen, Täter zu werden, auch aus begründetem Recht, ist mit dem Selbstbild der meisten Maniker aber nicht vereinbar.

Aus der Manie und ihren Folgen lernen helfen

Aus der Persönlichkeitsstruktur eines Patienten mit manisch-depressiver Erkrankung (s. S. 235) gingen bereits die wesentlichen Charakteristika hervor: Aggressionsunterdrückung, Konfliktverleugnung, Verantwortungsgefühl, soziale Angepaßtheit und labiles Selbstwertgefühl. Es mag schwerfallen, an diese Typologie zu glauben, insbesondere während des manischen Auftritts, doch die „manische Aussage" erleichtert den Einblick in die eigentlichen psychologischen Hintergründe. Dabei legt die hochentwickelte Fähigkeit manisch Erkrankter, nämlich tödlich zu beleidigen, lächerlich zu machen und Menschen gegeneinander auszuspielen, die Vermutung nahe, daß der Patient all dies zuvor schon am eigenen Leibe erfahren hat, in Partnerschaft, Familie, Beruf usw. Viele dieser Kranken getrauen sich jedoch nicht, jenen Normen die Gefolgschaft aufzukündigen, die von ihnen bereits leidvoll als hohl, scheinheilig und böse erfahren worden sind. Dieser Schritt, selbst wenn er als Verrat an den herrschenden gesellschaftlichen Bedingungen interpretiert würde, wäre zwar moralische Pflicht (Mißstände anprangern) und eine Entwicklungschance für den Betreffenden. Es wäre aber auch das Ausschlagen einer psychologischen Erbschaft und quasi der Bruch mit den Ahnen. Der Depressive erstarrt vor dieser Wahl. Der Maniker versucht diese Situation aktiv zu bewältigen, ohne aber letztlich eine Wahl zu treffen.

Die Redeflut eines Manikers geht deshalb oft mit der kaschierten Beteuerung einher, daß man sich noch immer im Hoheitsgebiet der Wohlanständigkeit befinde. Die Tragik aber erneuert sich, wenn aus dem zwangsläufigen Scheitern der Manie für den Alltag nichts oder nur das Falsche gelernt wird, was beim Maniker leider die Regel ist.

So ist das wichtigste Ziel einer konstruktiven Therapie durch den Arzt und der Betreuung durch Angehörige und Freunde, die manische Thematik verstehen zu lernen und für einen freieren Lebensabschnitt bezüglich Partnerschaft, Beruf, gesellschaftlichen Normen usw. nutzbar zu machen, sobald das manische Krankheitsbild abgeklungen ist. Patienten mit einer überwundenen Manie (und Depression häufig auch) sollten im Regelfall nicht gedemütigt und damit gebremst („Jetzt siehst du, was du angerichtet hast"), sondern ermutigt werden, aus dem Inhalt ihres Krankheitsbildes Konsequenzen für ihre Persönlichkeitsentwicklung und das gesamte Leben zu ziehen. Natürlich muß man die Folgen einer manischen Überaktivität in Grenzen halten, so gut es eben geht und notfalls mit allen Mitteln. Wenn Verständnis und Toleranz nur eine breite Schneise der Zerstörung hinterlassen, dann dient das niemandem, schon gar nicht dem Betroffenen. Nirgends ist der „goldene Mittelweg" so schwer durchzuhalten wie bei der Manie. Das sei zum Abschluß noch einmal betont, um auch die Verzweiflung der Angehörigen und ihre restriktiv erscheinenden Forderungen zu verstehen. Doch sollte man selbst im „dicksten manischen Chaos" nicht vergessen (Kröber):

> Der Maniker muß aus seiner Erkrankung auch lernen dürfen. Es gibt nicht nur negative Folgen einer Manie. Es kann auch zur Nachreifung kommen. Das sollte allen Beteiligten Mut machen, die psychologischen Hintergründe besser verstehen zu lernen und danach zu handeln.

Ausblick

Es gibt kein Krankheitsbild, das in so kurzer Zeit soviel Wirbel, Aufruhr, Chaos, soviel Skandale, Kummer, Sorgen, zwischenmenschliche, gesellschaftliche, berufliche und finanzielle Belastungen auslösen kann wie die Manie. Natürlich hängt dies von vielerlei Faktoren ab: Persönlichkeitsstruktur, partnerschaftliche, familiäre und gesellschaftliche Einbindung, berufliche Position, zusätzlich Genußgifte, insbesondere Alkohol, sowie Möglichkeiten und Grenzen durch gesellschaftlich-berufliche Position, finanziellen Zugriff, Hobbys (z. B. Neigung zu gefährlichen Sportarten) usw. Das Feld ist hier so weit wie das Leben selbst. Der Maniker kostet dies aus, manchmal bis an die Grenzen des Verstehbaren. Natürlich sind die meisten manischen Zustände eher milderer Natur und erschöpfen sich in Überaktivität, Distanzlosigkeit und Kaufrausch in gerade noch vertretbarem Rahmen. Aber manchmal sorgen sie eben für ungeahnten, nicht mehr hinnehmbaren Aufruhr.

Die Folgen sind bekannt. Die Betroffenen werden dafür bezahlen müssen, und zwar nicht nur finanziell. Auch die Angehörigen sind belastet, selbst die Freunde, Bekannten, Nachbarn, Arbeitskollegen, Vorgesetzten, Untergebenen usw. Doch die Manie vergeht wieder, und es bleibt, wie bei der Depression, nichts zurück. Doch hält sich der Schaden bei der Depression noch in Grenzen, kann sich eine selbst kurze manische Phase zur Hypothek auswachsen. Deshalb gilt es sie so rasch als möglich zu erkennen und einen Arzt des Vertrauens hinzuzuziehen, auch wenn dieser die Manie nicht sofort „abstellen" kann. Man muß beim Maniker sogar vorsichtig vorgehen, manchmal anbiedernd bis „kumpelhaft". Anders lassen sich die meisten Maniker nicht in ein Therapieschema einbinden, da sie ja nur aus ihrem grandiosen und vor allem erst einmal erfolgreichen Höhenflug in die Niederungen des Alltags abgebremst werden müssen.

Doch genau hier liegen auch Sinn und Zweck und sogar Wert einer Manie, so sonderbar sich das anhört. Die Manie ist ein Fenster, das uns Einblick gibt in die individuelle Not eines Menschen, die zuvor niemand interessiert hat. So wie manche unterdrückte Bevölkerungsgruppen erst durch einen Protestmarsch oder gar eine Revolution auf sich aufmerksam machen können, so ist auch der manische Exzeß oft nichts anderes als ein Hilferuf. Gerade hierin liegt die Chance für den Patienten und seine Umgebung. Je früher man erkennt, was sich hinter seinem manischen Verhalten verbirgt, desto eher kann man in Kombination mit stabilisierenden Arzneimitteln zum Kern des eigentlichen Problems vorstoßen und damit zu einer vertretbaren Lösung für alle.

Schizophrenie

Keine seelische Störung ist vor allem zu Beginn so schwer zu erkennen, so schwierig zu verstehen und vielfach so mühsam zu betreuen wie die Schizophrenien. Dabei wären gerade hier eine rechtzeitige Diagnose und damit gezielte und konsequente Therapie unerläßlich – und erfolgreich. Doch die Wirklichkeit sieht anders aus. Nicht einmal ein Drittel aller Betroffenen kommt in Behandlung, und das erst nach vielen Monaten oder gar Jahren, in denen sich so manch trauriges Schicksal schon erfüllt hat. Dazu noch das unverändert negative Bild dieser Krankheit in der öffentlichen Meinung, was das Los der Betroffenen alles andere als erleichtert.

Deshalb wird in diesem Kapitel vor allem auf den Krankheitsbeginn und damit auf die Warn- und Alarmsymptome eingegangen, einschließlich entsprechender Hinweise bei drohender Rückfallgefahr. Und es wird versucht, besonders jene Symptome zu beschreiben, von denen man in der Regel noch nie gehört hat, obgleich sie die Betroffenen gleichermaßen quälen, die Angehörigen in Resignation und Verzweiflung stürzen, Freunde vertreiben, Nachbarn befremden, Arbeitskollegen wütend machen und ahnungslose Fremde irritieren. Die Schizophrenien gehören zu jenen psychischen Krankheiten, die am ehesten verunsichern, mitunter sogar schockieren und abstoßen. Schizophrenie war jahrtausendelang tatsächlich ein unabänderliches Schicksal. Doch diese Zeit ist vorbei. Heute kann man etwas dagegen tun: antipsychotische Arzneimittel, psycho- und soziotherapeutische Maßnahmen usw. Nur: Die an sich guten Heilungsaussichten hängen von der rechtzeitigen Diagnose und einer gezielten Therapie ab. Das entsprechende Angebot seitens der Medizin besteht, es wird nur noch zu selten genutzt. Eine unnötige Tragik.

Die *Schizophrenie* oder besser: die Schizophrenie*n* – man nimmt die Mehrzahl, weil es mehrere Untergruppen dieses Krankheitsbildes gibt und weil man sich noch nicht einmal sicher ist, daß es sich um ein einheitliches Leiden handelt – gehören zu den am längsten bekannten und am intensivsten untersuchten seelischen Störungen. Doch die meisten Menschen können damit am wenigsten anfangen. Man hat zwar eine vage Vorstellung von bestimmten Krankheitszeichen, die befremden, vielleicht sogar Angst und Schrecken verbreiten, was manchmal durch bestimmte Medien verstärkt wird, aber Genaues weiß man letztlich nicht.

„Schizophrenie, das heißt doch Spaltungsirresein. Das sind Geisteskranke, die hören, sehen, schmecken und fühlen Dinge, die ihnen nur ihr krankes Gehirn aufzwingt, die es in Wirklichkeit aber nicht gibt."

Dies ist die am weitesten verbreitete Laienvorstellung, die nebenbei nicht falsch ist, nur einseitig. Und das ist das eigentliche Problem, und zwar nicht nur in gesellschaftlicher, sondern auch in diagnostischer Hinsicht. Wer nämlich nur auf so spektakuläre Krankheitszeichen wie Sinnestäuschungen, Wahnwahrnehmungen und groteske Äußerlichkeiten fixiert ist, muß zwangsläufig jene Symptome übersehen, die weniger Aufsehen erregen. Und das ist die Mehrzahl. Denn gerade in den letzten Jahrzehnten hat sich ein Wandel im Krankheitsbild der Schizophrenien abgezeichnet. Dabei sind die aufsehenerregenden Krankheitszeichen seltener, dezente Beeinträchtigungen häufiger geworden. Und auf die gilt es vermehrt zu achten.

Denn je früher die Schizophrenie erkannt wird, desto eher kann man sie behandeln und abmildern, abkürzen und den Betroffenen vor Rückfällen bewahren. Vor allem läßt sich auf diese Weise seine Stellung in Partnerschaft, Familie, Nachbarschaft und Beruf bewahren.

Leider haftet trotz Aufklärung und durchaus positivem Einstellungswandel in der Öffentlichkeit, verstärkt durch die Aufklärungsarbeit des verantwortungsbewußten Teils der Medien, auch heute noch den Schizophrenien etwas Fremdartiges, Sonderbares, ja Unheimliches und manchmal sogar Bedrohliches an. Man will diese Kranken nicht diskriminieren, ihnen ja durchaus helfen. Doch die Schizophrenien gehören nach wie vor zu jenen seelischen Störungen, mit denen man möglichst wenig zu tun haben möchte. Und das, obgleich die meisten Menschen noch nie einem solchen Patienten bewußt begegnet sind.

Was man kennt, sind in der Regel nur aufsehenerregende Extremsituationen, von denen man irgendwo gehört oder gelesen hat. Oder man war zu Besuch in einem psychiatrischen Krankenhaus und ist seither geprägt von den schweren oder chronischen Krankheitsbildern, die dort alles Interesse auf sich ziehen, ohne daß man genau weiß, welche Krankheit man nun eigentlich gesehen hat. Vor allem erfährt man dabei in der Regel nicht, welche „normal" wirkenden Personen nicht Besucher oder Personal, sondern z. B. auch schizophren Erkrankte sind, die erfolgreich behandelt und wieder unauffällig werden konnten, kurz vor der Entlassung stehen, zur ambulanten Nachbetreuung kommen usw. Man sieht und wertet eben immer nur das Negative, was natürlich nicht verwunderlich ist. Welcher ehemals Kranke trägt auch ein Schild auf der Brust: „Ich war geisteskrank, jetzt bin ich wieder wie alle anderen." Was bleibt, ist immer nur der falsche Eindruck.

Häufigkeit, geschlechts- und altersspezifische Unterschiede

Die Schizophrenien gehören zu den häufigsten Psychosen (Geisteskrankheiten). Man schätzt sie auf rund *1 % der Gesamtbevölkerung*, das sind mehr als eine Million im deutschsprachigen Bereich, rund 60 Millionen auf dieser Erde. Diese Zahl bleibt offenbar stabil. Schizophrenien nehmen also nicht zu, wie dies bei anderen seelischen Störungen (z. B. Depressionen, Angstzustände) registriert wird.

Allerdings muß man nach wie vor mit einer nicht geringen Dunkelziffer unerkannter Erkrankungen rechnen. Diese fallen zeit ihres Lebens nicht oder bestenfalls kurzfristig auf, weshalb sie nicht als Schizophrenie diagnostiziert, entsprechend behandelt und damit statistisch erfaßt werden. In ärztlicher Behandlung soll jedenfalls nur knapp ein Drittel aller Betroffenen stehen. Dabei könnte man den meisten Patienten mit nur leichter oder scheinbar nicht auffälliger Erkrankung durch eine gezielte Therapie die irritierenden bis lästigen Beeinträchtigungen mildern – und damit ihre Lebensqualität (und die ihrer Angehörigen!) verbessern.

Frauen und *Männer* sind annähernd gleich häufig betroffen. Trotzdem gibt es gewisse geschlechtsspezifische Unterschiede.

Doch dies ist kein statistisches, sondern ein psychosoziales Phänomen. Der Ausbruch des Leidens ist zwar theoretisch in fast jedem *Lebensalter* möglich, allerdings zeichnen sich bestimmte Eigentümlichkeiten ab. So fiel schon vor hundert Jahren auf, daß Frauen mehrere Jahre später erkranken als Männer.

Beim *männlichen Geschlecht* zeigt sich ein steiler Anstieg des Krankheitsausbruchs zwischen 15 und 24 Jahren. Danach kommt es zu einem gleichbleibenden Abfall. Rückblickend kann man bei nicht wenigen Patienten schon erste Symptome um das 10. Lebensjahr herum registrieren. Das heißt, daß junge Männer in einer sozial besonders empfindlichen Phase ihres Lebens getroffen und ggf. zurückgeworfen werden (seelische, geistige und körperliche Entwicklung, erste Kontakte mit dem anderen Geschlecht und schließlich Partnersuche, Schule, Lehre, Studium, erste Berufsjahre usw.). Bei *Frauen* findet sich ein erster flacher Anstieg zwischen 20 und 29, und ein zweiter, noch niedrigerer zwischen 45 und 50 Jahren, vor allem während der Wechseljahre. In diesem Zeitabschnitt besteht dann zwar ein dreifach höheres Erkrankungsrisiko, doch erkranken beide Geschlechter letztlich gleich häufig. Nur ist es ein großer Unterschied, ob vor Ausbruch der Erkrankung Persönlichkeit, Partnerwahl und Berufsausbildung weitgehend problemlos entwickelt werden konnten oder ob man in der verwundbarsten Phase seines Lebens aus der Bahn geworfen wurde.

Erkennt man eine Schizophrenie schon rein äußerlich?

Wenn man der Allgemeinheit vorwirft, sie habe ein falsches Bild von der Schizophrenie, dann muß man dieses eben auch gezielt erläutern, korrigieren oder ergänzen. Davon hört man allerdings wenig, nicht zuletzt aus Fachkreisen. Ja, bisweilen hat man sogar den Eindruck, daß die tatsächlich irritierenden oder schockierenden Symptome lieber unterschlagen oder zumindest beschönigt werden, als daß sie konstruktiv-objektiv erläutert werden. Deshalb sollte man sich über die beklagte negative Entwicklung eigentlich nicht wundern. Die erste Frage lautet also: Sieht ein Schizophrener denn so aus, wie man ihn sich als Laie vorstellt?

Es gibt Hunderttausende von schizophren Erkrankten, denen niemand ihre Erkrankung ansieht. Aber ein einziger auffälliger

Patient prägt die öffentliche Meinung mehr als Hunderttausende mit gleichem Leiden, die niemand erkennt und deshalb auch nicht als positiven Vergleich heranziehen kann. Das gleiche gilt nebenbei auch für die angeblich besondere Gefährlichkeit von schizophrenen Menschen, ein Vorurteil, das vor allem durch spektakuläre Einzelfälle verzerrt wird, die dann in den Boulevardblättern und bestimmten TV-Sendungen besonders ausgeschlachtet werden.

> Der schizophren Erkrankte leidet dank der heutigen Behandlungsmöglichkeiten nicht mehr so sehr an seinem Krankheitsbild, sondern an dem, was man in seiner Umgebung dafür hält.

Trotzdem kann auch heute noch gelegentlich eine sonderbare, eigenwillige, auffällige Kleidung, mangelhafte Körperpflege, wallendes Haupthaar, langer Bart, ja extremes Make-up bis hin zur „erschreckenden Kriegsbemalung" auf so manches Wahnsystem hinweisen, am ehesten in entsprechenden Fachkliniken mit Langzeitpatienten. Zum anderen aber fiel schon im ersten Drittel dieses Jahrhunderts ein sogenannter Symptom- oder Erscheinungswandel auf: Er ließ diese eindrucksvollen und natürlich negativ prägenden Äußerlichkeiten seltener werden. Das gilt auch für manche charakteristischen Merkmale in Mimik, Gestik, sprachlichem Ausdruck und allgemeinem Auftreten, vor allem im akuten psychotischen Zustand. Diese Symptomveränderung ist inzwischen so groß geworden, daß selbst junge Ärzte in der psychiatrischen Fachausbildung kaum mehr Gelegenheit haben, die gleichen Erfahrungen zu sammeln wie frühere Ärztegenerationen.

Dennoch kann auch heute noch der Gesichtsausdruck mancher Erkrankter scheinbar grundlos gespannt, geladen, argwöhnisch, mißtrauisch, verängstigt, versonnen, unbegründet beglückt, unfreundlich-ablehnend oder leer, unbewegt, steif, starr, hoheitsvoll oder gar bedrohlich wirken. Selbstverständlich können Grimassen jede Norm des Mienenspiels überschreiten oder der jeweilige Gefühlszustand durch einen entgegengesetzten Gesichtsausdruck verfremdet werden. Doch das ist selten und meist durch jene innerlichen krankhaften Erlebnisse ausgelöst und gesteuert, die später detailliert besprochen werden sollen.

Was aber nicht selten auffällt, ist der *Blick*. Ein eindrückliches Merkmal psychotischer Verstörtheit, Ratlosigkeit, Angst und vielleicht auch furchtbedingter Aggressivität können tatsächlich die *Augen* mancher schizophren Erkrankter werden, vor allem im Zustand akuter Störung. Schon vor dem allseits nachvollziehbaren Ausbruch der Krankheit scheinen diese Patienten irgendwie durch einen hindurchzuschauen. Mitunter vermag der Blick aber auch unstet, „flackernd", brennend, stechend, auf jeden Fall für die Umwelt irritierend, beängstigend oder gar bedrohlich wirken. Auch in viel weniger ausgeprägter Form sind die Augen im allgemeinen bzw. der Blick im besonderen oftmals eines der ersten Zeichen, das auf das beginnende innere Chaos hinweist, selbst wenn sich bis dahin kein auffälliges Verhalten gezeigt hat. Niemand weiß übrigens wie dieses Phänomen zustande kommt, doch ist der „schizophrene Blick" so alt wie die Krankheit und für aufmerksame Beobachter kein Grund zur Panik, sondern ein konkreter Hinweis für die innere Not, die sich hier gerade anbahnt.

Dagegen spielen die *Bewegung* im allgemeinen, vor allem aber *Gestik* und *Gang* keine so große Rolle mehr wie früher. Sie können zwar auch heute noch bisweilen als gebunden, steif, starr, hölzern, eckig, ruckartig, abgehackt, verzerrt, abrupt, fahrig, ausfahrend, zumindest schlacksig und ungraziös, mitunter auch albern-hoheitsvoll empfunden werden. Doch findet man derlei nur noch selten. Am ehesten vielleicht noch bei manchen chronischen Patienten, bei denen dann aber auch Krankheit und langjährige Medikamenten-Nebenwirkungen zusammenfallen (Fachbegriffe: *extrapyramidal-motorische Begleiterscheinungen, neuroleptika-bedingtes Parkinsonoid* usw.). Manchmal ist es tatsächlich schwer, beides auseinanderzuhalten. Allerdings gab es dieses mehr oder weniger charakteristische Bewegungsmuster auch schon, als noch keine antipsychotischen Neuroleptika zur Verfügung standen und durch ihre Nebenwirkungen den Patienten beeinträchtigten (was heute meist nur noch gilt, wenn die Dosis nicht individuell angepaßt wurde).

Auch die *Sprache* mancher Schizophrener kann sich vom Durchschnitt abheben: verschroben, verstiegen, geziert, mit ungewohnter, gesuchter, abstrakter, unnatürlicher und geschraubter Redeweise und mit hochtrabenden Formulierungen. Doch auch diese

„Stelzensprache", einschließlich eines damit verbundenen schwül-stigen *Schreibstils*, mit Wortneubildungen, eingeflickten Füllwör-tern, sprachlichen Wiederholungen, oder gar die Entwicklung ei-ner persönlichen Geheimsprache werden nur noch selten beob-achtet. Das gleiche gilt für die bisweilen auffallende *Schrift*, die früher häufiger, heute nur noch selten mit symbolträchtigen Ab-sonderlichkeiten befrachtet sein kann.

Selbst der *allgemeine Eindruck* unterscheidet sich inzwischen – zumindest von der Häufigkeit her – von früheren Erscheinungs-formen. Damals wurden diese Kranken in der Tat öfter als di-stanzlos, enthemmt, albern, frech, schnippisch, faxenhaft, geziert, pathetisch, altklug, ungeniert, theatralisch, bizarr, skurril, ver-schroben oder gar läppisch-albern empfunden. Gerade bei diesen Ausdrucksanomalien aber wird der positive Wandel des krankhaf-ten Äußeren am deutlichsten. Man findet sie kaum mehr, am ehe-sten noch bei einer bestimmten Unterform der Schizophrenie, nämlich der *Hebephrenie*.

Was die *geistige Leistungsfähigkeit* anbelangt, so bedeutet Schi-zophrenie keine geistige Minderwertigkeit, auch wenn der frühere Fachbegriff vor über hundert Jahren diesen Irrtum zu bekräftigen scheint (Dementia praecox = frühzeitiger Schwachsinn). Natür-lich haben auch heute schizophren Erkrankte gelegentlich und vor allem während ihrer psychotischen Leidenszeit mit geistigen Leistungseinbußen zu kämpfen. Heute weiß man jedoch, daß die-ser Leistungsabfall nicht auf einen Abbau der Intelligenz zurück-zuführen ist. Hier handelt es sich eher um eine Blockierung der geistigen Beweglichkeit und nicht um einen „Schwund von Ge-hirnzellen", wie manchmal in Analogie zur Demenz, also zum erworbenen Abbau intellektueller Funktionen, vermutet wird. Selbst im hohen Alter kommen bei Schizophrenen nicht häufiger intellektuelle Einbußen vor als im Durchschnitt der gesunden Be-völkerung.

Andererseits nimmt die Schizophrenie gleichsam den ganzen Menschen in Beschlag, und zwar derart, daß schon mal der Ver-dacht geistiger Schwäche aufkommen kann, vor allem in akuten und schließlich chronischen Zuständen (s. S. 322).

Im Vorfeld einer schizophrenen Psychose

Welches ist nun das *Leidensbild* einer schizophrenen Erkrankung, und noch wichtiger: Gibt es spezielle Symptome im Vorfeld, vielleicht sogar Warn- oder Alarmsignale? Die Antwort lautet: ja, allerdings mit Einschränkungen.

Zum einen sind *Warnsymptome* nicht in jedem Fall anzutreffen. Zweitens sind sie keinesfalls immer so eindeutig in ihrer Aussage und damit präzise nutzbar, im Gegenteil: Sie können zu Vielerlei passen, von der alltäglichen Befindensschwankung über die vorübergehende Überforderung bis hin zu ernsten Beeinträchtigungen anderer Ursache. Und drittens können sie, wenn sie während der Pubertät auftreten, mit den dort üblichen Schwierigkeiten verwechselt werden. Nicht jedes pubertäre Verhalten ist ein Warnsymptom für eine spätere Schizophrenie. Andererseits kann so manches sogenannte *Vorposten-Symptom* wie eine pubertäre Eigenheit oder ein entsprechendes Fehlverhalten aussehen. Darin liegt das diagnostische Problem. Gerade auf die Pubertät entfallen vor allem beim männlichen Geschlecht die meisten schizophrenen Ersthinweise, sofern man sie unter den erwähnten schwierigen Bedingungen erkennt und richtig einordnet.

Damit gerät man bei der an sich notwendigen und sinnvollen Aufklärung über schizophrene Erkrankungen in einen Zwiespalt: Einerseits will man rechtzeitig auf eine mögliche krankhafte Entwicklung aufmerksam machen. Andererseits kann es sich gerade in dieser Entwicklungsstufe (Pubertät) auch um eine durchaus normale Übergangsphase handeln. Soll man also trotzdem darauf hinweisen, ggf. unnötige Ängste provozieren? Oder soll man nichts sagen und darauf warten, bis sich ausgeprägtere Symptome abzeichnen, dies dann aber um den Preis, wertvolle Zeit verloren zu haben?

Der Kompromiß liegt in der Mitte: Wissen kann nie schaden, voreilige Reaktionen sehr wohl. Es ist ja auch nicht so, daß Patient und Angehörige sich völlig selbst überlassen und hilflos ihren Mutmaßungen ausgeliefert bleiben. Stets ist ein Arzt verfügbar, meist der Hausarzt, der ja einen Facharzt hinzuziehen dürfte, also einen Psychiater oder Nervenarzt oder – wenn in entsprechendem Alter –

einen Kinder- und Jugendpsychiater. Und dieser wird den Patienten sorgfältig untersuchen und seine fachliche Entscheidung treffen. Dabei spielt der Faktor *Zeit* eine große Rolle, allerdings jetzt nicht mehr im Sinne eines Risikos, sondern im Rahmen einer fachärztlichen Verlaufskontrolle über einen definierten Zeitraum.

Vorposten-Symptome, wie diese leider uncharakteristischen Warnsymptome genannt werden, finden sich bei mindestens einem Drittel der Patienten, vor Ausbruch der Psychose aber immer häufiger. Sie können sich auf nur wenige Monate, aber auch auf mehrere Jahre erstrecken.

Die meisten dieser späteren Patienten gelten jedoch bis zum allseits erkennbaren Durchbruch ihres Leidens als weitgehend unauffällig, was ihr Verhalten und Erleben betrifft. Manche erscheinen sogar mustergültig, ja fast zu beflissen und brav in Leistung und Betragen. So etwas nannte man früher „Rockzipfel-Kinder", die lieber bei der Mutter in der Küche blieben oder lange zufrieden mit sich selbst spielten, als rauszugehen und mit den anderen zu toben. Danach kommt es jedoch zu einem sogenannten *„Knick in der Lebenskurve"*, in der die Krankheitssymptome rasch eskalieren können. Oder es gehen längere Phasen langsamer seelischer Änderungen voraus, die schließlich in allseits registrierbare Verhaltensauffälligkeiten münden. In der Mehrzahl sind sie jedoch allgemeiner Natur und lassen erst einmal an nichts Ernstes denken, auch wenn man sich gelegentlich wundert oder ärgert. Oft normalisieren sie sich auch wieder. Manchmal finden sich die Angehörigen aber auch nur damit ab, teils aus Hilflosigkeit, teils aus der unbewußten Strategie, daß nicht sein kann, was nicht sein darf.

Wenn es auch immer wiederkehrende Hinweise gibt, die als Vorposten- oder gar Warnsymptome zu nutzen sind, so wird doch jede seelische Krankheit nicht zuletzt durch Wesensart, Umfeld, geistige, körperliche und psychosoziale Ausgangslage, kurz: durch diese Möglichkeiten und Grenzen mitbestimmt. D.h., es gibt so viele Beschwerdebilder wie Betroffene. Vor allem gibt es wenig Konkretes und viel Diffuses, dazu Wechselndes, also letztlich nicht Faßbares, besonders wenn man mit so etwas noch nie konfrontiert wurde.

Welches sind nun aber die häufigsten Vorposten- und damit Warnsymptome einer beginnenden Schizophrenie?

Die häufigsten Vorposten-Symptome einer beginnenden Schizophrenie*

Mehr oder weniger plötzlich zunehmende Nervosität und allgemeine seelische Labilität; rasche Ermüdbarkeit; auffällige Merk- und Konzentrationsschwäche, gelegentlich regelrechte Zerstreutheit; manchmal „wie völlig absorbiert" oder „total vereinnahmt"; allgemeine seelische, geistige und sogar körperliche Verlangsamung, bis hin zur unfaßbaren Entschlußunfähigkeit oder Antriebslosigkeit; gehäuft Mißstimmungen, Reizbarkeit, ja Aggressivität; gelegentlich unmotiviert feindseliges Verhalten; Schlafstörungen und „nächtliches Umhergeistern"; Leistungsabfall in Schule oder Lehre; grundlose Genußunfähigkeit, ja Freudlosigkeit; ängstlich-gedrückte bis schwermütige Stimmung; Gefühl der inneren Leere, manchmal wie „abgestorben"; wachsende Ungeselligkeit, bis zum befremdlichen, ja erschreckenden Erkalten der zwischenmenschlichen Beziehungen zu Eltern, Geschwistern, Partner, Freunden, sonstigen Angehörigen, Nachbarn, Schul- und Berufskollegen usw.; schließlich sozialer Rückzug und Isolationsgefahr.

Weitere Besonderheiten

Eigenartige Selbstversunkenheit, teils im Spielen, teils im Lesen oder auch nur Schauen; langsam sich entwickelndes oder plötzliches, auf jeden Fall überzogenes Interesse an wirklichkeitsfremden Fragen (religiös, mystisch, philosophisch, gesellschaftspolitisch u. a.), damit erhöhte Gefahr, durch die innere Orientierungslosigkeit, Ratlosigkeit und leichte Beeinflußbarkeit in falsche Hände zu geraten (z. B. Sekten).

Verhältnis zum anderen Geschlecht

Nicht selten unfrei, „verklemmt", scheu oder gar ablehnend; dabei hin- und hergerissen zwischen normalen Wünschen und Träumen und sonderbar brüsken, abweisenden, gelegentlich fast feindseligen Verhaltensweisen; bisweilen unerklärliche Extremausschläge: einerseits Zurückweisung und Rückzug, andererseits plötzlich distanz- oder taktlose Kontaktsuche.

* Auswahl (s. auch Hinweise zur Rückfallgefahr auf S. 342)

Mit am schmerzlichsten aber wird jene kaum beschreibbare Atmosphäre empfunden, die nach und nach von vielen dieser späteren Patienten ausgeht und die mit ihrer früheren Wesensart nicht in Einklang zu bringen ist („Was ist nur aus ihm/ihr geworden?"). Die besteht aus einer schwer einzuordnenden und vor allem unvereinbaren Mischung aus „Hilfe suchen – zurückweisen, verschüchtert-überheblich-arrogant, durchgeistigt-schwerbesinnlich, nervig-apathisch" usw. Nach und nach, d.h. im fortgeschrittenen (weil unbehandelten) Zustand, macht der Betroffene schließlich den Eindruck, als zähle er nicht mehr zu dieser Gesellschaft, teile nicht die Freuden und Sorgen dieser Welt, insbesondere nicht die seiner Altersstufe, „gehöre auf einen anderen Stern". Dabei befremdet er nicht nur andere, sondern kommt sich selbst fremd vor – ohne etwas dagegen tun zu können. Er wird ein ewig Suchender, und zwar mit wachsendem Scham- und schwindendem Selbstwertgefühl – und damit einem Gefühlsleben, das immer mehr ins Wanken gerät. Denn er kann tun und lassen, was er will, er findet keine Erklärung, keine Lösung, keinen Weg. Dabei gibt er sich große Mühe, bis hin zum Lesen von unverständlichen religiösen, philosophischen und sonstigen Büchern, in denen er bisweilen zu finden sucht, was ihn so rastlos und schließlich ratlos umtreibt.

Die Folgen sind Resignation, Angst, Schwermut und innere Panik sowie die erwähnten Minderwertigkeitsgefühle – ein kennzeichnendes, aber weitgehend unbekanntes Merkmal jeglicher schizophrenen Erkrankung. So kann es nicht ausbleiben, daß sich gerade in jungen Jahren Rauschdrogen, Alkohol und Nikotin als vermeintliche Lösung anbieten und eine erschreckend hohe Zahl von Betroffenen schon in dieser Altersstufe in eine entsprechende Abhängigkeit gerät – mit all ihren schlimmen Folgen (manche Rauschdrogen klinken auch eine „Psychose im Wartestand" erst richtig aus, z.B. Haschisch, LSD, Kokain, Designerdrogen u.a.). Für viele droht ein soziales Abgleiten bis hin zur Verwahrlosung, selbst wenn die Angehörigen alles tun, um dieses bittere Ende zu verhindern.

Einige merken schon recht früh und registrieren sehr wohl, daß sie einerseits unwiderruflich „abrutschen", andererseits aber nichts dagegen tun können. Damit geraten sie bereits in diesem frühen Stadium in Gefahr, Hand an sich zu legen. Oft häufen sich deshalb schon jetzt Todesphantasien, Suizidwünsche oder konkrete Selbsttötungspläne (s. auch Seite 341).

Welches sind die wichtigsten Symptome einer Schizophrenie?

Auch wenn sich das Krankheitsbild der Schizophrenie ins weniger Spektakuläre verschoben hat, sind und bleiben es doch bestimmte Symptome, die vor allem wegen ihrer Auffälligkeit ein größeres diagnostisches Gewicht aufweisen als andere (zu Einzelheiten dazu siehe den nachfolgenden Kasten, in dem sowohl eine frühere als auch aktuellere Einteilung aufgeführt wird). Dabei soll aber nicht verschwiegen werden, daß sowohl früher als auch bei den modernen Klassifikationen keines dieser Symptome für sich allein genommen als krankheitsspezifisch für eine schizophrene Psychose gilt.

Symptome 1. und 2. Ranges der Schizophrenie*

– *Erstrangig* sind akustische Sinnestäuschungen wie das Hören von Stimmen, die miteinander sprechen und das Tun und Lassen des Patienten kommentieren, ferner das sogenannte Gedankenlautwerden, dazu Störungen des Leibgefühls und Wahnwahrnehmungen sowie Gedankeneingebung, Gedankenentzug, Gedankenausbreitung und Willensbeeinflussung.

– *Zweitrangig* sind Gehör-Sinnestäuschungen, Trugwahrnehmungen beim Sehen, Riechen und Schmecken, Wahneinfälle u. a.

Charakteristische Schizophrenie-Symptome laut WHO**

– Gedanken, die eingegeben oder entzogen werden, die sich laut äußern oder sich gar auf andere Personen auszubreiten scheinen.

– Das Gefühl, auf widernatürliche Weise beeinflußt und kontrolliert zu werden (z. B. Gedanken, Bewegungen, Empfindungen als „von anderen gemacht" zu erleben).

– Wahn, vor allem wahnhafte Beeinflussung und Verfolgung, aber auch Größenwahn, Liebeswahn usw., evtl. komplizierte Wahnsysteme.

* Nach der psychiatrischen Schule von K. Schneider der Universität Heidelberg.
** Nach der Internationalen Klassifikation psychischer Störungen (ICD-10) der Weltgesundheitsorganisation (WHO).

- Halluzinationen, also Sinnestäuschungen bezüglich Geruch, Geschmack und Tastsinn, vor allem aber Gehör (der Betreffende glaubt, vergiftet, bestrahlt, elektrisiert zu werden und Stimmen zu hören).
- Einschiebungen in den Gedankenfluß, die zu Wortneubildungen und zu einer unverständlichen Sprache führen, bis hin zur „Zerfahrenheit".
- Erregung oder Erstarrung bis hin zur Bewegungslosigkeit, einschließlich Verstummen.

Welches sind nun die Symptome, die die Allgemeinheit am meisten bewegen, auch wenn sie nach Intensität oder Häufigkeit für die Betroffenen kaum denselben Stellenwert einnehmen?

Halluzinationen – die für Laien spektakulärsten Krankheitszeichen

Jene Symptome, die am ehesten mit einer Schizophrenie in Verbindung gebracht werden, sind die *Halluzinationen*. Das sind Sinnestäuschungen oder Trugwahrnehmungen ohne entsprechenden äußeren Sinnesreiz. Es wird also etwas gesehen, gehört, gerochen, geschmeckt oder gespürt, was objektiv nicht vorhanden ist. Halluzinationen sind einfach da, überwältigen gleichsam den Betroffenen, so daß er sich ihnen hilflos ausgeliefert fühlt.

Die akustischen Sinnestäuschungen beispielsweise, die Stimmen, drängen sich einfach in einen Gedankengang hinein. Das gleiche gilt für die anderen Trugwahrnehmungen: Sehen, Riechen, Schmecken, Fühlen. Der Patient kann ihnen nicht entkommen. Ob er nun daran glaubt, was er hört, sieht, schmeckt usw. ist eine andere Frage. Da gibt es unterschiedliche Gewißheitsgrade: von absolut sicher über relativ, d. h. möglich, bis zu völlig ratlos oder gar selbst eine Sinnestäuschung vermutend. Entsprechend unterschiedlich sind auch die Auswirkungen auf das Verhalten.

Mitunter handelt es sich auch um Sinnestäuschungen, von dessen Realität der Patient grundsätzlich nicht völlig überzeugt ist. Das nennt man dann *Pseudo-Halluzinationen*. Sie besitzen keinen Wirklichkeitscharakter, sondern werden als unecht erkannt. Manchmal sind allerdings fließende Übergänge möglich.

Akustische Halluzinationen

Bei den *akustischen Halluzinationen* oder *Trugwahrnehmungen des Gehörs* dominieren meist Stimmen: eine oder mehrere Personen, bekannt oder unbekannt, männlich oder weiblich, Erwachsenen- oder Kinderstimmen, laut oder leise, deutlich oder verwaschen, aus der Nähe oder Ferne, aus der Umgebung, d. h. aus der Wand, dem Nachbarhaus, von einer Antenne oder aus dem eigenen Leib, aus dem Magen, dem Blut, dem Kopf, aus Ohr oder Gehirn usw. Gewöhnlich sind es nur einzelne Worte oder kurze Sätze, manchmal für Sekunden oder Minuten, selten länger und kaum andauernd.

Meist handelt es sich um Stimmen, die den Kranken beim Namen rufen, kritisieren, beschimpfen, bedrohen, warnen, aber auch ermuntern, loben, ja sogar Witze erzählen, in der Regel sich einfach über den Betroffenen unterhalten, sein Tun oder Lassen kommentieren (und – naturgemäß – meist sehr gut über ihn, seine geheimen Wünsche und Befürchtungen Bescheid wissen). Manchmal werden Befehle erteilt („imperative Halluzinationen"), die bisweilen auch ausgeführt werden und dann Anlaß zu unverständlichen Handlungen geben. Gewalttaten kommen auf diese Weise jedoch seltener vor, als allgemein befürchtet. Auf jeden Fall sprechen die Stimmen gerne über gefühlsbetonte und damit meist unangenehme Angelegenheiten, aber auch völlig gleichgültige Dinge. Je nach Inhalt werden diese Halluzinationen des Gehörs einfach hingenommen oder als unterhaltender Zeitvertreib empfunden, wobei dann die Betroffenen auch einmal in sich hineinlachen. Oft aber sind sie lästig bis quälend, was dann zu Ratlosigkeit, Mißstimmung, Gereiztheit, ja zum Zurückschimpfen, Schreien oder Toben führen kann. Schizophrene, die „Selbstgespräche" führen, sind meist im Zwiegespräch mit ihren Stimmen. Das gilt auch für plötzliche Schimpftiraden. Manche führen auch längere „Unterhaltungen" mit Nicht-Anwesenden, Verstorbenen, mit politischen oder kulturellen Persönlichkeiten, mit Gott usw.

In vielen Fällen stumpfen die Patienten ab und werden gleichgültig, was ihre Stimmen anbelangt. Manchmal aber werden sie auch zum Ausgangspunkt wahnhafter Deutungen, also eines sogenannten „Erklärungswahns". Dann ziehen die Betroffenen ihre Rückschlüsse auf böse Nachbarn, Verfolger, Rundfunk, Fernsehen, den „6. Sinn", „Telepathie", magische oder okkulte Kräfte, göttliche Offenbarungen usw. Dann kann es für diejenigen, die hierbei ahnungslos in diese krankhaften Abläufe einbezogen wurden, durchaus Probleme geben. Auf jeden Fall ist ihnen völlig unklar,

weshalb sich der – vielleicht noch nicht als krank erkannte – Angehörige, Freund, Nachbar, Arbeitskollege plötzlich so sonderbar
verhält.

Weitere akustische Phänomene

Im weiteren gibt es das schon erwähnte *Gedankenlautwerden*
oder *Gedankenecho*. Dabei werden nur die eigenen Gedanken als
Stimmen hörbar. Zum anderen gibt es sogenannte *Akoasmen*, d. h.
Rauschen, Summen, Pfeifen, Klopfen, Knallen, Klirren, Schießen,
Trommeln, Sausen, Zischen, Bellen, Heulen, Wiehern, und zwar
entweder als undifferenzierte oder konkrete Geräusche. Daneben
aber auch Orgeltöne, Glockengeläut usw. (was jedoch auch im
Alkohol-Delirium und bei gewissen Epilepsie-Formen möglich
ist).

Gesichts-Sinnestäuschungen:
weniger spektakulär als angenommen

Optische Halluzinationen, also sogenannte *Gesichts-Sinnestäu-
schungen*, werden zwar gerne für spektakuläre Darstellungen genutzt, haben aber nicht den charakteristischen Stellenwert der
akustischen Trugwahrnehmungen. Vor allem sind sie nicht so sze-
nenhaft, wie man sich das meist vorstellt (und wie dies tatsächlich
im Alkoholdelir, in epileptischen Dämmerzuständen und während Vergiftungszuständen durch Rauschdrogen wie Haschisch,
LSD usw. möglich ist).

Natürlich irritieren auch den schizophren Erkrankten gelegentlich Szenen, Gestalten, bewegt oder unbewegt, meist dem
Zeitgeist entsprechend (früher vor allem mythologische oder alle-
gorische Darstellungen). Wenn sie – was immer seltener wird – in
Verbindung mit religiös-ekstatischen Zuständen auftreten, spricht
man auch von „Visionen". Häufiger sind dagegen sogenannte
Photeme: Blitze, Funken, Flecken, geometrische Figuren, ein
undifferenzierter Licht- oder Farbenschein usw.

Natürlich gibt es auch das, was meist in Filmen zur Erklärung
einer Schizophrenie herangezogen wird, doch sind dies keine optischen Halluzinationen, sondern Wahrnehmungsstörungen, die
auf Seite 305 geschildert werden.

Illusionäre Verkennungen – Umdeutungen der Realität

Dagegen sind sogenannte *illusionäre Verkennungen* oder einfach *Illusionen* nicht so selten. Dabei handelt es sich um Fehldeutungen von Sinneseindrücken, die jedoch – im Gegensatz zu den Halluzinationen – auf einem realen Objekt beruhen. Hier wird also etwas verkannt, was tatsächlich vorhanden ist: Die Wanduhr erscheint als Fratze, Tapetenmuster oder Schatten als Gestalten usw. Allerdings sind fließende Übergänge zu den echten Sinnestäuschungen möglich. Bei der Schizophrenie finden sich diese Verkennungen vor allem auf akustischem Gebiet: Gespräche, Straßenlärm, Vogelgesang, Hundegebell, Motorgeräusch usw. Sie alle haben plötzlich eine andere Bedeutung, was von der diffusen Gefahr bis zur konkreten Bedrohung gehen kann.

Illusionäre Verkennungen gibt es aber auch beim Gesunden, von der reinen Übermüdung oder bloßen Erwartungshaltung bis zur ängstlich gesteuerten Fehlwahrnehmung. Der „Erlkönig" von Goethe ist dafür ein beliebtes Beispiel.

Geruchs- und Geschmackshalluzinationen

Sogenannte *olfaktorische* oder *Geruchshalluzinationen* bzw. *gustatorische,* also *Geschmackssinnestäuschungen,* kommen bei der Schizophrenie relativ selten vor. Hier, wie bei den Trugwahrnehmungen des Sehens, ist es das gleiche Problem: Das, was man in der Allgemeinheit zu wissen glaubt, hält sich in Grenzen, und das, was besonders quält, ist weitgehend unbekannt.

In Grenzen halten sich Sinnestäuschungen des Geruchs aber auch nur zahlenmäßig, ansonsten sind sie überaus unangenehm: Die Betroffenen riechen Benzin, Schwefel, Teer, Rauch, Gas, Verbranntes oder einfach undefinierbar Gift, Aas, Fäulnis, Verwesung, Leichengeruch usw. Angenehme Geruchsempfindungen kommen zwar auch vor, sind aber die Ausnahme. Die Geruchstäuschung belästigt entweder unlokalisierbar und diffus oder kommt aus bestimmten Richtungen bzw. Objekten: Löcher, Ritzen, Töpfe, Geräte sowie Herd, Schreib- oder Waschmaschine u. a.

Ähnliches gilt für die *Geschmackshalluzinationen.* Auch sie sind meist unangenehmer Art, das heißt, es schmeckt ausgesprochen bitter, salzig, übersüßt, sauer, gallig, fäkalisch, schwefelig, nach

Seife oder Reinigungsmitteln, nach Petrolium, Kloake usw. Das ist auf Dauer eine gewaltige Belastung und kann nicht ohne Reaktion des Betroffenen bleiben – auch wenn es die anderen in keiner Weise nachvollziehen können.

Leibliche Halluzinationen

Leibliche Beeinflussungserlebnisse sind ebenfalls ausgesprochen quälende Symptome, die man zudem kaum adäquat zu schildern vermag. Außerdem stoßen sie weitgehend auf Unverständnis. Man kann sich einfach nicht vorstellen, berührt, angeblasen, elektrisiert, bestrahlt, magnetisiert, durch Ultraschall, Kathoden- oder Laserstrahlen angepeilt, durch Suggestion oder Hypnose beeinflußt, verändert, geschwächt, manipuliert oder gar zerstört zu werden. Im Extremfall werden die inneren Organe sogar angefressen oder zermalmt, sind hohl oder verkohlt usw.

Nicht selten sind die Leibhalluzinationen sogar *sexueller Art:* Männer glauben sexuell manipuliert und mißbraucht zu werden, ihr Samen würde durch „Fernwirkung abgezogen" usw. Weibliche Betroffene fühlen sich „sexuell mißbraucht", „vergewaltigt", „geschwängert" und „körperlich mißhandelt".

> Das Entscheidende solcher leiblicher Beeinflussungserlebnisse ist das schon mehrfach erwähnte Kriterium des „Gemachten": Die Patienten empfinden sich von außen gelenkt, meist von bestimmten Personen oder fremden Menschen, aber auch unbekannten Mächten und Kräften. Sie fühlen sich als willenloses Opfer ohne eigene Einfluß- und Widerstandsmöglichkeit, was ihre Situation noch mehr erschwert. Das Gefühl des „Gemachten" ist eine zusätzliche Pein.

Leibgefühlsstörungen – die unfaßbare Qual

Unter *Leibgefühlsstörungen* versteht man eigenartige Leibgefühle, die allerdings nicht als „von außen gemacht" wahrgenommen, sondern eher als körpereigene Störungen empfunden werden. Manchmal treten sie anfallsweise, manchmal in raschem Wechsel oder phasenhaft auf. Auf jeden Fall sind sie so schwer zu schildern, daß viele Betroffene gezwungen sind, fast schon groteske Vergleiche oder Bilder zu bemühen. Dazu paßt gut ihr Fachbegriff, den man auf Anhieb kaum richtig auszusprechen vermag (*Zoenästhesien*).

Geklagt wird beispielsweise über Taubheits-, Steifigkeits- und Fremdheitsempfindungen, aber auch über das völlige Fehlen von Organen wie Magen oder Blase, ja sogar der Hände und Füße. Dann wieder sind es umschriebene Schmerzempfindungen, anfallsweise oder langsam an- und abschwellend, von jeder Qualität wie Bohren, Reißen, Brennen, Stechen usw. Nicht selten sind sogenannte *Wandersensationen*, das heißt unbestimmt kreisende oder auf- und absteigende Leibgefühle. Schon etwas nachvollziehbarer sind Gefühle der Elektrisierung oder Hitzewallungen und Kälteschauer. Vielfältig, bis zum „Wahnsinn" treibend und damit eine Selbsttötungsgefahr auslösend, sind auch bizarre Bewegungs-, Zug- und Druckempfindungen im Körperinneren. Oder Reifen-, Band- und Ringgefühle bis hin zum panischen Empfinden, daß die entsprechenden Körperteile stranguliert werden.

Auch abnorme Schwere- oder Leichtigkeitsgefühle, das Empfinden von Leere, von Fall-, Sink-, Schwebe- und sonstigen Phänomenen macht natürlich Angst. Ganz zu schweigen von dem Gefühl der Verkleinerung oder Schrumpfung, des Sich-Zusammenziehens, der Einschnürung bis hin zu Atemnot- und Erstickungsgefühlen. Oder das Umgekehrte: Vergrößerung oder Ausdehnung.

Die Patienten klagen auch über Scheinbewegungserlebnisse der Gliedmaßen, über eine plötzliche Bewegungsschwäche bis zu sogenannten Bannungszuständen, in denen sie sich nicht mehr bewegen und sprechen können. Zermürbend sind auch eigenartige Gleichgewichtsstörungen mit Anfällen von Drehschwindel, Gangunsicherheit, dem Gefühl wie auf Watte, Wellen oder Kork zu laufen usw. (die zuletzt genannten Symptome können nebenbei auch im Rahmen einer Depression oder Angststörung irritieren, was dann allerdings nichts mit psychotischen Leibgefühlsstörungen zu tun hat, auf jeden Fall aber ärztlich geklärt werden sollte).

Die Folgen derartiger Empfindungen kann man sich ausmalen: Entweder man gerät in Angst und Panik, oder – nach einiger Zeit der Zermürbung – man wird schließlich gleichgültig, ja apathisch. Einige Betroffene zeigen auch ein fast paradoxes Glücksgefühl.

Die meisten geraten jedoch in eine andauernde Grundstimmung aus Mißbefindlichkeit, abnormer Erschöpfbarkeit und schließlich Kraftlosigkeit. Die Patienten sind einfach „fertig" und haben keine Kraft mehr, auf ihre innere Qual oder äußere Umgebung zu reagieren.

Wahrnehmungsveränderungen – unbekannt, aber spektakulär

Bei den *Wahrnehmungsveränderungen* wird die reale Umwelt zwar erkannt, jedoch entweder in ihrer Intensität oder in ihrem Erscheinungsbild verändert wahrgenommen. Die Dauer solcher meist spektakulären Phänomene schwankt zwischen Sekunden und mehreren Wochen und tritt meist phasisch, manchmal auch überfallartig auf.

– Bei den *quantitativen Wahrnehmungsveränderungen* handelt es sich in der Regel um eine Über- oder Unterempfindlichkeit gegenüber Sinneseindrücken: entweder eindrücklicher, intensiver, ja geradezu unangenehm, lästig oder quälend, oder weniger intensiv und deutlicher als im normalen Alltag. Dabei irritieren zumeist Geräusche, Gerüche und Berührung. Sie sind allerdings kein spezifisches Symptom der Schizophrenie und können auch bei Gesunden in seelisch-körperlichen Ausnahmezuständen oder bei hochgradiger Erschöpfung vorkommen.

– Ganz anders die sogenannten *qualitativen Wahrnehmungsveränderungen*. Das sind jene Phänomene, die man häufig den optischen Halluzinationen zuschreibt: befremdlich, schockierend, ja Entsetzen erregend, bis hin zu panischen Reaktionen, zu fremdgefährlichen Aggressionen oder selbstgefährlichen Suizidhandlungen. Sie werden am ehesten in Wort und Bild zur Schilderung der Schizophrenie herangezogen, weil sie sich so schrecklich aufregend darstellen lassen:
Da sind Gesichter entstellt, verzerrt, verschoben oder bekommen erschreckende Dimensionen bzw. verwirren durch befremdliche bis schockierende Veränderungen, was Augen, Nase, Ohren, Behaarung, Haarfarbe, Zähne usw. anbelangt. Das gleiche gilt für Hände, Arme, Beine, Füße, die ganze Gestalt. Auch das Sehen kann sich abnorm verändern: verschwommen,

trübe, ungewöhnliche Farben, grau in grau, sogar Sehausfälle. Oder die Umgebung: Menschen, Tiere und Gebäude, die ganze Landschaft kommen gefährlich nah oder rücken in weite Ferne, werden bedrohlich groß oder ungewöhnlich klein, verzerren sich in den Dimensionen, verdoppeln sich, werden schräg oder schief oder geraten in sonderbare Scheinbewegungen. Oder feste Konturen lösen sich auf, Größe und Entfernungen lassen sich nicht mehr abschätzen.

Erschreckend auch, wenn bestimmte optische Eindrücke abnorm lange haften bleiben, obwohl das Objekt schon längst verschwunden ist. Oder das nachträgliche Sehen von zuvor tatsächlich Registriertem, aber eben erst nachträglich. Oder die Stimmen der anderen klingen leise und entfernt oder laut, schrill und hohl, weit über die schon erwähnte Überempfindlichkeit hinaus. Oder die Wahrnehmung macht sich an bestimmten Details fest, von denen man nicht mehr loskommt, förmlich gefesselt ist. Oder die eigenen Handlungsabläufe sind nicht mehr optisch oder von der Bewegung her überwachbar, sondern laufen gleichsam unbeeinflußbar aus dem Ruder. Oder schockierende Entfremdungserlebnisse, z.B. die Derealisation: Alles ist so sonderbar, komisch, fremdartig, schwer beschreibbar, noch nie gesehen. Oder gar die Depersonalisation: „Ich bin gar nicht mehr ich selbst, aber was bin ich denn eigentlich?"

Dabei spielt sich das ganze in zahllosen Facetten ab, läßt sich jedenfalls in wenigen Worten nicht schildern. Eines sei wenigstens zur bildhaften Darstellung herausgegriffen: Das sogenannte „Spiegelphänomen". Hier sehen manche Patienten immer wieder fassungslos in den Spiegel und prüfen ihr Gesicht. Warum? Das Gesicht hat sich verändert: Augen, Haar, Gesichtszüge, oder – unfaßbar – das ganze Gesicht ist leer, nicht mehr vorhanden. Hier kann man dann auch verstehen, weshalb manche schizophren Erkrankte durch verzweifeltes Überschminken versuchen, ihrem Gesicht wieder Augenbrauen und Lippenrot zu geben – eben weil es in ihrem Spiegelbild nicht vorhanden ist.

Der Wahn: die krankhafte Fehlbeurteilung der Wirklichkeit

Der *Wahn* ist eine krankhaft entstandene Fehlbeurteilung der Wirklichkeit. Daran wird mit subjektiver Gewißheit festgehalten, er ist unkorrigierbar, selbst wenn er im Widerspruch zur objektiven Realität, zur eigenen Erfahrung und zum Urteil gesunder Mitmenschen steht. Häufig will der Wahnkranke seine wahnhafte Überzeugung auch gar nicht überprüfen, geschweige denn korrigieren oder verteidigen. Das Charakteristische des Wahns ist vor allem die unerschütterliche Überzeugung ohne ausreichende Begründung. Der Betroffene weiß einfach, daß es so und nicht anders ist, ohne daß es eines Beweises bedarf (so etwas nennt man deshalb auch eine Bedeutungsgewißheit: „Es ist so"). Und – ein wichtiger Aspekt für den Alltag des Kranken – so wird er sich auch verhalten. D. h., der Wahn zwingt ihm förmlich die entsprechende Reaktion auf. Die ahnungslose Umgebung ist entsprechend irritiert.

Die Wahnwirklichkeit ist also die einzige Wirklichkeit des Kranken geworden. Die allen Mitmenschen gemeinsame Realität, also z.B. „es schneit" oder „es scheint die Sonne", ist für den Wahnkranken ungültig, wenn es sein Wahn so will. Er ist in seiner Wahnwelt eingekerkert. Dazu kommt die sogenannte *Ichbezogenheit* zufälliger und gewöhnlicher Vorgänge. Das heißt, es werden gewöhnliche Vorkommnisse in der Umwelt, also gleichgültige Handlungen, harmlose Worte, Bemerkungen oder sonstige Beobachtungen fälschlich für besonders bedeutungsvoll gehalten und gewöhnlich auf die eigene Person bezogen.

Kann man Wahnkranke überzeugen?

Wahnkranke kann man nicht überzeugen, im Gegenteil: Wer diese wahnhafte Wahnrealität in Frage stellt, anzweifelt oder gar lächerlich macht, scheidet für den Betroffenen als Diskussionspartner aus. Das ist sehr wichtig für den Umgang mit schizophren Erkrankten und anderen Wahnstörungen. Und es ist bedeutsam für das Verständnis manch unfaßbarer Handlungsweisen, Bemerkungen und vor allem Rückzugstendenzen. Für den schizophren Erkrankten ist dieses Verhalten logisch: Was bringt auf Dauer der Kontakt mit Menschen, die offenbar in einer ganz anderen Welt und unter anderen Bedingungen leben als man selbst? Soll er sich damit ständig auseinandersetzen – oder besser zurückziehen, um sich unfruchtbare Dispute zu ersparen und seine Kräfte zu schonen?

Manchmal stehen Wahnwirklichkeit und objektive Realität auch einfach nebeneinander. Für die gesunde Umwelt ist das unfaßbar, den Betroffenen stört es aber nicht, weil beide Welten gleichsam kontaktlos nebeneinander existieren und nicht miteinander in Beziehung treten. Das eine schließt das andere eben nicht aus, so unlogisch es auch sein mag. Um es in einem schlichten Beispiel auszudrücken: Ein schizophren Erkrankter mag sich als Bundespräsident, Millionär oder Adeliger fühlen und trotzdem in der Arbeitstherapie der Klinik Schrauben sortieren, weil er mit dem damit verbundenen kleinen Gehalt zusätzlich Zigaretten kaufen kann.

Mitunter fließen Wahnwirklichkeit und Realität auch ineinander. Dann muß der Betreffende quälend um sein Realitätsbewußtsein ringen. Das führt einerseits zu Ratlosigkeit, Verwirrung und Angstzuständen, kann aber auch in seelisch-körperliche Erstarrung oder gar Erregungszustände mit Fremd- oder Selbstverletzungsgefahr münden.

Der Wahn muß aber nicht das gesamte Leben in Beschlag nehmen. Manche Wahnkranke können mit ihrem übrigen Denken durchaus nach gesunden Maßstäben urteilen, was ihre Umgebung aber nur noch mehr in Verwirrung stürzt und manchmal erheblichen Unmut auslöst.

Wahnphänomene gibt es aber nicht nur bei schizophrenen, sondern auch bei sogenannten exogenen Psychosen, also Geisteskrankheiten durch äußere Auslöser und Ursachen. Vor allem aber kann man verschiedene *Formen des Wahnerlebens* unterscheiden, nämlich Wahnstimmung, Wahneinfall, Wahngedanken, Wahnwahrnehmungen, Wahnerinnerungen und schließlich ein ganzes Wahnsystem. Im einzelnen:

– Die *Wahnstimmung* tritt häufig als erste auf. Es ist eine Art „Alarmstimmung": „Es liegt was in der Luft", „Es ist etwas los" – aber was?

Die Umgebung scheint so merkwürdig, so seltsam; irgend etwas geschieht, was den Betroffenen zwar „angeht", aber er durchschaut es nicht. Alles ist so eigentümlich, so komisch, so unheimlich, so bedrohlich. „Was wird hier gespielt?" Die Wahnstimmung ist meist noch diffus, die Dinge bedeuten zwar schon „etwas", aber Genaues weiß man nicht. Die Folgen kann man sich ausmalen: Ratlosigkeit, angstvolle Erwartung, Argwohn, Mißtrauen, Reizbarkeit, Verunsicherung, Irritierbarkeit, Schreckhaftigkeit, Bedrückung, vielleicht sogar Aggressivität. Da die Wahnstimmung meist zu Beginn auftritt, wo auch die anderen noch völlig ahnungslos sind, belastet sie die familiäre und berufliche Atmosphäre ganz besonders.

– *Wahnwahrnehmungen* sind reale Wahrnehmungen aus alltäglichen Vorkommnissen. So weit, so gut. Sie erhalten aber für den Patienten eine andere Bedeutung, die nur für ihn real erscheint und von keinem gesunden Beobachter bestätigt werden kann. Oder kurz: Die Wirklichkeit stimmt, ihre Interpretation aber ist falsch.

So werden z.B. alltägliche Erscheinungen wie einer Bemerkung, einem Gespräch, einer Geste, einer Handlung, einem Zeitungsartikel, einer Radio- oder Fernsehsendung usw. eine spezifische Bedeutung beigemessen, meist auf den Betroffenen bezogen: Rote und gelbe Autos warnen, man will ihn fertigmachen. Die Leute auf dem Markt stehen herum, als ob sie etwas im Schilde führen. Man steckt die Köpfe zusammen, tuschelt, redet offensichtlich hinter seinem Rücken. Dreht er sich um, fahren alle auseinander. Das Fernsehen berichtete kürzlich über ein peinliches Erlebnis, das ihm widerfahren ist; weiß der Himmel, wo die Journalisten das wieder her haben. Bei der Umdekoration im Laden gegenüber wird plötzlich klar: Das ist *das* Zeichen, jetzt ist es zu spät. Der Hausmeister faßt sich dauernd an den Kopf, wenn er den Patienten trifft. Das kann nur folgendes bedeuten ..., aber was läßt sich dagegen tun? Manchmal sind die wahnhaften Interpretationen auch viel direkter: Ein Tintenfleck als „Schandfleck", mit den Knöcheln auf die Tischplatte klopfen heißt, man sei ein „Bekloppter", eine Hupe signalisiert den Weltuntergang mit „Posaunenklang" usw. Die meisten Wahnwahrnehmungen sind belastend; nur selten resultiert daraus eine positive Wahnstimmung, eine Art Gehobenheit, Beseligung, ein Glücksgefühl usw.

– Ein *Wahneinfall* ist eine plötzlich auftauchende wahnhafte Überzeugung, ja Wahngewißheit, eine „Eingebung" oder „Erleuchtung", der man sich nicht entziehen kann, auch wenn man sie nicht zu begründen vermag. Das kann sowohl Verfolgung und Beeinträchtigung als auch Berufung und Erhöhung, das können Verschwörung und Mordkomplott, aber auch Millionenerbschaft, heilende Kräfte oder Erlösertum sein. Wahneinfälle beziehen sich entweder auf die eigene Person (Berufung, Abstammung), auf den eigenen Leib (hypochondrische Ängste) oder auf Benachteiligung bzw. Verfolgung durch fremde Mächte, Personen, undefinierbare Kräfte usw. Das hat natürlich entsprechende Konsequenzen für das Verhalten des Patienten.

Je mehr man über die Schizophrenien und ihre vielfältigen Beeinträchtigungen weiß, desto mehr wundert man sich, daß nicht so viel, sondern so erstaunlich wenig passiert, wenn man in Rechnung stellt, auf welch mannigfache Weise die Betroffenen verwirrt, beeinträchtigt, verängstigt, ja gequält werden.

- Bei den *Wahngedanken* ist das gesamte Erleben völlig vom Wahn absorbiert. Der Patient grübelt und sinniert nur noch dem Wahn nach und sucht ständig nach Erklärungen, Verknüpfungen, Schlußfolgerungen usw.
- Bei den *Wahnerinnerungen* wird ein Ereignis oder eine Situation in der Vergangenheit rückwirkend wahnhaft umgedeutet, gleichsam wahnhaft rückdatiert. Jetzt weiß man plötzlich, was dieses oder jenes bedeutet hat.
- Von einer *Wahnarbeit* spricht man dann, wenn der Wahn durch weitere Einfälle, durch Sinnestäuschungen, die das Ganze „bestätigen", durch die erwähnten Wahnwahrnehmungen und sonstigen Begründungen, Beweise, Ableitungen und Verknüpfungen regelrecht ausgebaut, am Schluß zu einem mehr oder weniger geschlossenen *Wahnsystem* ausgestaltet wird.

Welches sind die wichtigsten Erscheinungsformen des Wahnes?

Die häufigsten *Erscheinungsformen des Wahns* sind mannigfaltig (siehe Kasten).

Erscheinungsformen des Wahnes*

Beeinträchtigungswahn, Verfolgungswahn, Wahn bestohlen zu werden, Beziehungswahn, Untergangswahn, Fremdbeeinflussungswahn, Heilswahn, Weltverbesserungs- bzw. Welterneuerungswahn, Omnipotenzwahn (zu allem fähig sein), Abstammungswahn, hypochondrischer Wahn (mit krankhafter Selbstbeobachtung), nihilistischer Wahn (nichts zu sein), Krankheitswahn, Verarmungswahn, Schuldwahn, Verdammungswahn, Größenwahn, Liebeswahn, Schwangerschafts- bzw. Mutterschaftswahn, Reichtumswahn, wahnhafte Erhöhung der eigenen Person, Begnadigungswahn, Unschuldswahn, Querulantenwahn, Eifersuchtswahn, Bedrohungswahn u. a. m.

* Auswahl

Einige der wichtigsten Wahnformen sind beispielsweise

- Der *Beziehungswahn:* eine wahnhafte Eigenbeziehung. Dabei bezieht der Kranke Personen und Gegenstände auf sich selbst und ist der festen Überzeugung, daß bestimmte Ereignisse nur seinetwegen geschehen oder für ihn eine spezielle Bedeutung haben:
  Ein Gespräch handelt von ihm, ein Blick, ein Lächeln, ein Stirnrunzeln, eine Geste gilt ihm usw. Der Beziehungswahn kann isoliert vorkommen oder aber die Grundlage für andere Wahninhalte bilden, vor allem Verfolgungs- oder Liebeswahn (s. u.).
- Im *Beeinträchtigungswahn* ist alles, was um den Patienten herum geschieht, gegen ihn gerichtet:
  Er wird gekränkt, beleidigt, verhöhnt, verspottet, bedroht, man trachtet nach seinem Leben, seiner Gesundheit, seinem Besitz, seiner Familie usw.
- Der *Verfolgungswahn* ist eine Steigerung des erwähnten Beeinträchtigungswahns:
  Selbst harmlose Ereignisse werden als Bedrohung und Verfolgung erlebt, und alle in der näheren und weiteren Umgebung werden zu Verfolgern und Hintermännern, die sich u. a. technischer Hilfsmittel wie Videokameras, Fernsehen, Laserstrahlen, Funkgeräte, Satelliten usw. bedienen.

– Beim *Größenwahn* kann man verschiedene Unterformen abgrenzen, deren Häufigkeitsverteilung nach Region, Epoche oder aktuellen Ereignissen variiert, und natürlich je nach Schicksal des Erkrankten:
Erfinderwahn, politischer Wahn (führender Staatsmann, Mitglied eines Herrscherhauses), religiöser Wahn mit Heilsauftrag, überirdische Macht usw.

– Beim *Kleinheitswahn* oder *Nichtigkeitswahn* fühlt sich der Betreffende ohnmächtig, verloren, unbedeutend, bis hin zum nihilistischen Wahn (vom lateinischen *nihil = nichts*). Zum Schluß meint der Kranke, er existiere gar nicht mehr, lebe nur noch zum Schein.

Natürlich sind nicht alle Wahnformen an eine schizophrene Psychose gebunden. So kommt der *Liebeswahn* auch in anderen Zusammenhängen vor (z. B. Manie). Im Grunde ist es ein *erotischer Beziehungswahn* (s. o.) mit der wahnhaften Überzeugung, verehrt oder geliebt zu werden. Dabei wird Gesten, Blicken oder durchaus neutralen Verhaltensweisen eine besondere Bedeutung beigemessen.

Oder der *Eifersuchtswahn,* die wahnhafte Überzeugung, von seinem Partner betrogen und hintergangen zu werden, auch wenn keinerlei Beweise dafür vorliegen, findet sich eher bei organischen Psychosen (Geisteskrankheiten durch körperliche Leiden), Alkohol- und anderen Vergiftungspsychosen (z. B. Kokain-Mißbrauch), wahnhaften Störungen sonstiger Art sowie bei bestimmten Persönlichkeitsstörungen.

Im *Schuldwahn* glaubt der Betroffene gegen Gesetz und Moral zu verstoßen, das Vertrauen der Allgemeinheit, seines Arbeitgebers, Partners usw. mißbraucht zu haben, nicht krank, sondern schlecht, minderwertig, verdammungswürdig zu sein – und deshalb auch keine Behandlung, sondern Bestrafung zu verdienen. Ihn findet man vor allem bei der endogenen Depression, die auch bei den folgenden Wahnformen dominiert: Beim *Verarmungswahn* fühlt sich der Betreffende plötzlich ohne Arbeitsstelle, Besitz, Geld, ja Kleidung und Nahrung, d. h. ausgesetzt, mittellos, kurz vor dem Hungertod – und zwar ohne jeglichen Grund (bzw. mit vollem Bankkonto, das er aber nicht mehr anrührt). Auch seine Angehörigen kann er entsprechend bedroht sehen.

Im *hypochondrischen Wahn* fühlt er sich unheilbar krank, dem Siechtum oder nahen Tod ausgesetzt (z.B. durch Krebs, Multiple Sklerose, AIDS oder mehr diffus, also „Hirnschwund", „Schrumpfung innerer Organe" usw.).

Schizophrene Ich-Störungen: unbekannt, unverstanden, aber qualvoll

Die meisten Menschen können mit einer schizophrenen Erkrankung fast nichts in Verbindung bringen, außer der gängigen, aber irreführenden Floskel vom „Spaltungs-Irresein". Danach folgen Sinnestäuschungen, Wahn und – etwas verschämt – die befürchtete Gewalttätigkeit, die man aus seltenen, aber einprägsamen Einzelfällen kennt und die manchen Formen der Medien bisweilen recht gelegen kommen. Aber das, was die feineren, aber nicht minder beeinträchtigenden Symptome ausmacht, bleibt den meisten verborgen. Sie sind aber auch – das sei zugegeben – mit dem „gesunden Menschenverstand" kaum faßbar. Dazu gehören vor allem die *Störungen des Ich-Erlebens*, auch als *schizophrene Ich-Störungen* bezeichnet. Doch wer sich ein wenig mit ihnen beschäftigt, kommt dem Wesen der schizophrenen Erkrankung schon näher und versteht sowohl manche „Verrücktheiten" vom Außenstandpunkt als auch die innerseelische Qual der Betroffenen etwas besser. Im einzelnen:

Eines der für die Schizophrenien wohl charakteristischsten Phänome ist das Gefühl, im Denken, Handeln und Fühlen von Außenkräften beeinflußt und gesteuert zu werden. Das ist auch das Kennzeichnende dieser Ich-Störung. Die eigenen innerseelischen Abläufe werden als von außen und von anderen gemacht, gelenkt und beeinflußt erlebt. Alles, was sich in ihrer Seele abspielt, gehört nicht mehr ihnen selbst. Die Verbundenheit mit ihrem Ich ist verloren. Die jedem zugestandene Schranke zwischen Ich und Umwelt ist durchlässig geworden. Man kann „hinein- und hinausspazieren", man ist ein „öffentliches Freiwild" geworden, gleichsam ein „Mensch mit gläserner Seele". Und nicht nur dies: Die Umgebung kann nicht nur alles sehen, hören, spüren, man kann den Betroffenen auch manipulieren. Der Patient ist zum Spielball, zur Marionette anderer geworden.

In diesem Zusammenhang lassen sich auch weitere Symptome verstehen, die hier nur kurz angedeutet werden sollen:

– Bei der *Willensbeeinflussung* wird der Wille gelenkt, ein fremder Wille eingegeben, die eigenen Antriebe, Bewegungen und Handlungen, ja sogar die sprachlichen Äußerungen als von außen und von anderen gemacht erlebt – und damit natürlich die eigene Verantwortung und Entscheidungsfähigkeit untergraben. Mitunter werden sogar die seelischen Gefühle als von außen manipuliert empfunden.

– Die Symptome *Gedankenentzug, Gedankenenteignung, Gedankenausbreitung* und *Gedankeneingebung*, von den Betroffenen auch als *Gedankenübertragung* bezeichnet. Diese Begriffe sprechen alle für sich: Man entzieht oder enteignet dem schizophren Erkrankten seine eigenen Gedanken. Oder sie breiten sich auf alle anderen aus, verstreuen sich gleichsam in alle Winde. Oder man zwingt ihm fremde Gedanken auf, überträgt die Gedanken von anderen auf ihn selbst. Auf jeden Fall wird er „entmachtet" und von fremden Gedanken unterjocht.

Was versteht man unter „Ich"?

Hier soll erläuternd nachgeholt werden, was im Grunde jedermann klar und deshalb auch kein großes Thema ist: Nichts fällt dem *Gesunden* leichter als zu sagen: „Ich bin ich, was soll die dumme Frage." Denn kaum ein Wort benutzen wir so häufig wie dieses Ich, selbst wenn man kein Egoist ist. Jeder ist sich seiner eigenen personellen Identität gewiß. Und doch ist kaum ein Begriff so schwer zu definieren wie dieses „Ich". Es ist kein einheitlicher Begriff, keine konkrete Sache, sondern eine Konstruktion aus verschiedenen Theorien, die jede für sich ihren bestimmten Zweck oder ihre Funktion hat.

Für den alltäglichen Sprachgebrauch, für unser gesundes Empfinden und Selbstwertgefühl heißt dieses „ich bin", daß ich lebendig, einheitlich und zusammenhängend in meiner Beschaffenheit bin, mich von anderen Wesen und Dingen abzugrenzen und zu unterscheiden vermag, daß ich eigenständig bin und mein Registrieren der Dinge um mich herum sowie mein Handeln selbst bestimmen kann. Kurz: daß ich ich selbst sein darf – in jeder Lebenslage. Soweit dieser etwas philosophisch anmutende Vorspann, der für den schizophren Erkrankten aber so nicht mehr gilt.

Für ihn ist die Frage nach dem Ich keine theoretische oder philosophische Frage, für ihn wird dies zur Existenzfrage schlechthin. Unter einer Existenzfrage versteht man zumeist eine wirtschaftliche, vor allem finanzielle Gefährdung. Es kann sich aber auch um eine innerseelische Bedrohung handeln. Nur darum kümmert sich zumeist kein Mensch, obgleich dies eine noch viel existentiellere Gefahr ist. Wenn einer seine wirtschaftliche Grundlage verliert, ist jeder voller Mitleid. Büßt einer seine seelische Grundlage ein, kann er mit keiner Hilfe rechnen, ja er wird als „Verrückter" abgestempelt.

Welche Ich-Störungen den schizophren Erkrankten peinigen, ohne daß seine Umwelt die geringste Ahnung davon hat, was sich in ihm abspielt, wird kurz im folgenden Kasten geschildert.

Formen der Ich-Störungen

– *Störungen der Ich-Vitalität:* „Lebe ich noch?"; „Bin ich überhaupt noch?"; „Ich spüre mich gar nicht mehr als lebendig"; „Ich habe Angst, daß das Leben von mir geht, daß ich untergehe, sterbe oder gar verwese"; „Ich bin schon tot, zu Staub zerfallen" u.a.
– *Störungen der Ich-Aktivität:* In leichterer Form sind lediglich das Sprechen und die Bewegungsabläufe gehemmt, gebremst, zäh und stockend, alles ist erschwert und verzögert. Dadurch erscheint der Betroffene in Mimik und Gestik verlangsamt, ungraziös, betulich, manieriert, vielleicht sogar bizarr. Im Extremfall ist er seelisch, geistig und körperlich wie blockiert (Fachbegriff: *Stupor*) und spricht nicht mehr (*Mutismus*).
Aus Angst und Panik reagiert der Betroffene manchmal mit Überkompensation: stereotype Bewegungsmuster, Nachahmung der Bewegung anderer (*Echopraxie*). Oder er versucht, mit sonderbaren oder extremen Maßnahmen diese Blockierung zu durchbrechen: Grimassieren, Erregungszustand u.a. Auch Denken und Fühlen können betroffen sein: Merk- und Konzentrationsstörungen bis hin zur Zerstreutheit, schließlich sogar Gedankenabreißen bzw. -sperrung oder totale Denkverwirrung. Das Sprechen wirkt abgehackt, sprunghaft, wechselnd in Lautstärke, Tempo usw. Manchmal geht dies bis zur sinnlosen Silben- oder Wortwiederholung bzw. zum echoartigen Nachsprechen (*Echolalie*).

– *Störungen der Ich-Konsistenz:* Dies entspricht am ehesten dem, was man in der Allgemeinheit unter „Spaltungs-Irresein" versteht, d.h., der schizophren Erkrankte fühlt sich zerrissen, zersplittert, gespalten, zerfallen, zerstückelt, halbiert, durchlöchert, als zähflüssige Masse, in alle Winde verstreut usw. Wenn das Ich aber völlig zerrissen ist, passen Gemüt, Gefühl, Stimmung, Gedanken und andere Erlebnisinhalte nicht mehr zusammen. Es drohen aufgrund eines solchen „Chaos" die widersprüchlichsten Gemütsregungen und absurd erscheinenden Reaktionen.

– *Störungen der Ich-Demarkation:* „Ich kann mich nicht mehr abschirmen, abgrenzen (= demarkieren), weiß nicht, wo ich aufhöre, bin ungeschützt, kann nicht mehr das Außen vom Innen unterscheiden, alles dringt in mich ein, durch mich hindurch" oder: „Meine Gedanken verbreiten sich überall hin, können von anderen gelesen werden", „Alle wissen plötzlich von meinen intimsten Wünschen". D.h., die Ich-Grenzen (hier bin ich und dort bist du) sind durchlöchert, und der Betreffende ist seinem Umfeld schutzlos ausgeliefert. Aber nicht nur das. Der unkontrollierte Austausch ist wechselseitig, d.h., auch fremde Gedanken, Impulse, Stimmungen und sogar Handlungsanweisungen werden eingegeben (Fachbegriff: Fremdbeeinflussungswahn). Oder: „Was andere denken, überträgt sich auf mich." Wieder resultieren daraus notgedrungen die sonderbarsten Reaktionen, die die ahnungslose Umgebung nicht deuten kann.

– *Störungen der Ich-Identität:* „Bin ich noch ich selber?" Oder: „Ich bin nicht mehr ich selbst, bin nicht ich, darf nicht sein, der ich bin." Oder noch konkreter: „Ich habe – oder habe ich eine andere Nase, andere Augen, einen fremden Mund, andere Ohren, Haare?" „Habe ich mich gewandelt, bin Mann und Frau zugleich, bin ich rechts ein anderer als links?" Diese Ich-Identitätsunsicherheit führt natürlich ebenfalls zu skurrilen Reaktionen, stereotypen Selbst-Versicherungen oder gar Beschwörungen. Oder es drängt sich der Wahn als scheinbare Lösung auf (die alte Identität ist verloren und muß durch eine neue ersetzt werden: Vaterschafts-, Mutterschafts-, Abstammungswahn usw.).

Ich-Störungen zu erklären ist schon schwierig; Ich-Störungen zu ertragen ist ein Schicksal, das kaum zu beschreiben ist. Vor allem, weil sich der Betroffene mit niemandem austauschen kann, denn wer will schon so etwas hören, kann es verstehen, geschweige denn mildern. Und dann: Weiß man unter diesen Bedingungen überhaupt, wem man trauen kann? Auf jeden Fall wird damit deutlich, daß aus den Ich-Störungen weitere Beeinträchtigungen entstehen können: Erstaunen, Erregung, Selbst- und Fremdaggressivität, Wahnzustände in jeglicher Form, Verwirrtheit, Absonderlichkeiten im Denken, Sprechen, Handeln, die widersprüchlichsten Gemütsreaktionen, kurz: Wie soll man in dieser verrückten, subjektiven Welt anders reagieren als wie ein „Verrückter"?

Schizophrene Gemütsstörungen

So nimmt es nicht Wunder, daß zwei Gemütsstörungen, die ohnehin in unserer Region und Zeit geradezu bedrohlich zunehmen, auch den schizophren Erkrankten zusätzlich belasten, nämlich Depressionen und Angstzustände.

- *Depressionen:* Schon im Vorfeld einer Schizophrenie sind die Betroffenen oft bedrückt, freudlos, lustlos, niedergeschlagen, resigniert, trostlos, unglücklich oder gar quälend schwermütig. Dazu kommen Interessenschwund, Energielosigkeit, rasche Ermüdbarkeit, ein undefinierbares Elendsgefühl, ferner verminderte Aufmerksamkeit, innere Unruhe, Nervosität und Spannung, dazu mutlos, verzagt, ratlos, leicht irritierbar, pessimistisch, ja hilflos und voller Minderwertigkeitsgefühle.

Das zerstörte Selbstwertgefühl wird zwar in den Lehrbüchern nur selten erwähnt, stellt aber in der Realität einen der wichtigsten Belastungsfaktoren dar. Die Angehörigen bezeichnen es sogar als eines der charakteristischen Merkmale der Schizophrenie bzw. ihrer Folgen. Der Grund liegt vor allem in der quälenden Verunsicherung der Kranken, die sich nicht mehr auf die eigenen Sinne verlassen können. In diesem Dilemma muß der Patient überzeugt werden, daß er noch ein vollwertiger Mensch und nur ein Teil von ihm erkrankt ist, die gesunden Anteile auf jeden Fall erhalten geblieben sind. Auch muß man den Betroffenen mit Achtung begegnen und ihnen das Grundrecht auf Selbstbestimmung und Eigenverantwortung sowie einen möglichst hohen Grad an Unabhängigkeit einräumen, auch wenn sie es einem dabei manchmal recht schwermachen.

Je ausgeprägter aber das psychotische Beschwerdebild einer Schizophrenie (z.B. Wahn, Sinnestäuschungen, Leibgefühlsstörungen usw.) ist, desto eher überlagern diese Symptome die depressiven Krankheitszeichen – wenigstens aus der Sichtweite der ahnungslosen Umwelt. Bei einem chronischen Verlauf kann die gemütsmäßige Ansprechbarkeit schließlich so abgeflacht sein, daß sich Angst und Depression kaum mehr bemerkbar machen. Sie sind allerdings nur verschüttet oder in den Hintergrund gedrängt, nicht verschwunden.

Es gibt aber auch einen Zustand, bei dem sich schizophrene und depressive (oder ihr Gegenstück, also manische) Symptome gleichzeitig oder kurz hintereinander in annähernd gleicher Intensität bemerkbar machen. Das nennt man dann eine *schizoaffektive Psychose.*

Gemütsstörungen finden sich aber nicht nur als Vorboten einer beginnenden Schizophrenie, sondern auch als Warnhinweise bei einem drohenden Rückfall: zuerst in Form von Angst vor etwas unbestimmbar Drohendem sowie in Störungen der Merkfähigkeit, der Konzentration und des Gedächtnisses. Dann folgen depressive Verstimmungen, innere Unruhe, Anspannung, Schlafstörungen, Schuldgefühle, Mangel an Selbstvertrauen und schließlich sozialer Rückzug.

- *Angstzustände:* Die psychotische Angst im Rahmen einer schizophrenen Erkrankung gehört zu den zermürbendsten Angststörungen überhaupt. Das beginnt schon im Vorfeld, wenn noch niemand davon etwas ahnt. Dort finden sich oft unmotivierte Angstzustände, die im späteren Rückblick natürlich ahnungsvoll wohlbegründet waren. Noch häufiger aber ist die schon erwähnte Furcht vor etwas Unfaßbarem, Bedrohlichem, gegebenenfalls Grauenhaftem, was sich da anzukündigen scheint. Mitunter äußert sie sich schlichtweg in der Angst, „durchzudrehen", sich selbst nicht mehr unter Kontrolle halten zu können, verrückt werden zu müssen.

Später sind es insbesondere die Stimmen, die Tast-, Geruchs- und Geschmacks-Halluzinationen, die Wahrnehmungsstörungen usw., die nicht nur schockieren, sondern auf Dauer auch erschöpfen, ja innerlich aushöhlen. Daneben die aufreibende Mischung aus Angst und Schwermut, Scham, Verlorenheit, innerer Leere und Verzweiflung. Sie peinigen vor allem im Zusammenhang mit Grauen, Vernichtungsgefühl, Weltuntergangsstimmung u.a. Insbesondere die Wahnstimmung und die damit verbundene Ratlosigkeit, die alles so seltsam, rätselhaft, unge-

wohnt, fragwürdig und fremd macht, die jeder noch so harmlosen Situation eine nicht nachvollziehbare, eigentümliche und
beunruhigende Bedeutung gibt, machen Angst.

- *Manische Zustände:* Die Depression ist eine Herabgestimmtheit, die *Manie* eine krankhafte Hochstimmung (unbeschwert,
übermütig, humorvoll, optimistisch, heiter, fröhlich, beschwingt, voller Wohlbehagen und strahlender Laune, ja witzig,
schlagfertig, allerdings auch leicht reizbar bis aggressiv). Eine
rein manische Psychose ist allerdings etwas anderes als eine
manisch angetriebene Schizophrenie. Hier gilt vor allem eine
praktisch verwertbare Unterscheidungsmöglichkeit, die besagt:

> Reißt das Krankheitsbild gefühlsmäßig mit, wirkt also der Patient
> dynamisch, witzig, interessant und „sympathisch, trotz allem", han-
> delt es sich eher um eine Manie. Wirkt er dagegen irgendwie be-
> fremdlich, absonderlich, vielleicht sogar unheimlich, muß man an
> eine manisch angetriebene Schizophrenie denken. Kurz: Steckt die
> Heiterkeit an, sieht es mehr nach Manie aus. Ist das nicht der Fall
> oder gar das Gegenteil, liegt wahrscheinlich eine Schizophrenie vor,
> auch wenn die Überaktivität erst einmal an eine Manie denken läßt.
> Ist beides gleich stark ausgeprägt, handelt es sich um die bereits er-
> wähnte *schizoaffektive Psychose.*

Natürlich ist der Alltag komplexer, als diese im Grunde nachvollziehbare Unterscheidungsmöglichkeit suggeriert. Auch braucht es
dafür eine langjährige Erfahrung, die in der Regel wohl nur
Fachleuten vorbehalten bleibt. Es ist aber nicht falsch, sich auch
als Laie solche Hinweise zu merken, besonders wenn man sie
nicht in Verkennung seiner Möglichkeiten und Grenzen selbst-
herrlich nutzt, sondern detailliert dem zuständigen Arzt mitteilt,
der dies dann in seine Diagnose einfließen lassen kann.

Weitere Gemütsstörungen

Das Gemüts- oder Gefühlsleben ist aber noch viel breiter angelegt. Deshalb gilt es noch eine Reihe weiterer Gemütsstörungen
zu beachten:
Die *Gefühlsverarmung* traf man im Rahmen einer Schizophrenie früher häufiger und ausgeprägter an, nicht zuletzt bei chro-

nisch Erkrankten. Damals sprach man sogar von „Gemütsver-
ödung", ja „affektiver Verblödung". Gemeint war damit das Erkalten der zwischenmenschlichen Beziehungen, das Erlöschen
von Sympathiegefühlen, Mitleid, Freude, Nächstenliebe – und die
daraus erwachsende gemütsmäßige Verflachung, Gefühlsleere
oder Stumpfheit. Das charakterisiert übrigens nicht nur ein Endstadium, es kann sich auch zu Beginn einer schizophrenen Erkrankung äußern, wenngleich in „verdünnter" und damit schwer
durchschaubarer Form. Das wirkt auf die bis dahin ahnungslose
Umgebung natürlich noch befremdlicher und kann die zwischenmenschliche Atmosphäre erheblich belasten. Deshalb ist es
wichtig, hier rechtzeitig unterscheiden zu lernen.

Gleichgültig, ob man den anderen mag oder nicht, sei er bekannt oder unbekannt, sei er sympathisch oder unsympathisch, ja,
selbst wenn er einem gleichgültig ist: Auf jeden Fall bewegt sich
etwas zwischen seelisch gesunden Menschen. Man kann es nicht
sehen, doch wenn man darauf achtet, spürt man es sehr wohl: Es
gibt eine Art Fluidum, eine Kontaktsphäre, ein Gefühlsumfeld, es
schwingt etwas zwischen den Menschen mit, gleichsam wie unsichtbare „Gemütswellen". Eigentlich registriert man es nur,
wenn es irgendwo fehlt oder plötzlich „wie abgebrochen" ist. Um
im obigen Bild zu bleiben: Hier kann die zwischenmenschliche
Schwingungsfähigkeit erloschen sein. Die Betroffenen registrieren
das auch durchaus angstvoll und entsetzt, können sich aber nicht
dagegen wehren, fühlen sich vielleicht schon wie „unter einer
Glasglocke" oder durch eine „unsichtbare Glaswand" von ihrer
Umwelt getrennt.

Die Umgebung sieht das natürlich weniger differenziert. Was
man ratlos, befremdet oder vielleicht schon empört registriert, ist
vor allem eines: Ein – scheinbar – wachsendes und schließlich
völliges Desinteresse an Partner, Familie, Nachbarschaft, Freundeskreis, Beruf, Hobbys, an der eigenen Zukunft usw. Man spürt:
Es ist etwas anders geworden, es fehlt etwas, eine Art gemütsmäßiges Defizit. Nach und nach spricht man deshalb auch anklagend von „Unnahbarkeit", „Kälte", „Herzlosigkeit", vielleicht
sogar von „plötzlich anmaßendem Verhalten", „Hochmut",
„Arroganz" usw. Nur merkt keiner, daß es sich nicht um das
Fehlverhalten eines seelisch Gesunden handelt, vor allem aber,
daß der Betroffene nicht anders kann, daß er gleichsam gefesselt

wurde, nicht einmal mehr ein Zeichen zu geben vermag, daß man ihm als „stummen Gefangenen sein natürliches Menschsein genommen hat".

Die Folgen einer derartigen psychischen Entwicklung sind verheerend, weil sich schließlich alle resigniert damit abfinden oder erbost abwenden bzw. verbittert zurückziehen. Was bleibt, ist ein Kranker, der von seiner Umgebung isoliert wird – und daß in einer Phase, in der er mehr Zuwendung bräuchte als je zuvor.

Die *Gefühlsverkehrung* (Fachausdruck: *Parathymie*) ist eine inadäquate Gefühlsreaktion. Statt der normalen, zumindest aber erwarteten Gefühlsregung, kommt es zu einer unpassenden oder gar entgegengesetzten Reaktion. Die Gefühlslage entspricht jedenfalls nicht dem, was der Patient ausdrückt.

So lacht er bei traurigen Anlässen oder weint bei lustigen. Oder er amüsiert sich scheinbar köstlich über die grausigsten Ideen oder Quälereien, die ihm beispielsweise seine Psychose aufbürdet. Kleinigkeiten können maßlos aufregen, schwere aggressive Attacken können völlig unbewegt begangen werden, ohne nachher die geringste Regung zu zeigen. Die „Gefühlswertskala" des schizophren Erkrankten läßt sich also nicht mehr einschätzen, voraussehen, ja nicht einmal erraten. Die beim Gesunden mögliche Schlußfolgerung vom eigenen Innenleben auf das des anderen versagt also bei manchen Patienten (allerdings nicht bei allen!). Das ist es auch, was einige so schwer kalkulierbar, letztlich unheimlich macht, weshalb sie schließlich von der irritierten Umgebung ausgegrenzt werden. Wenn man nicht mehr abzuschätzen vermag, womit man im zwischenmenschlichen Alltag zu rechnen hat, ja, wenn man mit ständigen Überraschungen konfrontiert werden kann, dann meidet man diesen Kontakt. Die Gefühlsverkehrung trägt also wesentlich zur Isolation des schizophren Erkrankten bei.

Der *Autismus* ist eine krankhafte Selbstbezogenheit, ein Rückzug aus dem Leben der Gemeinschaft, eine Abkehr von der Umwelt, eine Lösung aller zwischenmenschlicher Bindungen. Am Ende droht auch hier die Vereinsamung.

Autisten gelten als schweigsam und still, sie leben wie unter einer Glasglocke. Die Außenwelt verliert ihren Aufforderungscharakter. Die Betroffenen leben in einer eigenen Gedanken- und Vorstellungswelt und sind in ihrer scheinbaren Gefühlsleere völlig unbeeinflußbar. Das „Innenleben" überwiegt bzw. unterdrückt alle sonst üblichen Außenkontakte. Deshalb drohen vor allem Kontaktstörungen, besser als „Beziehungsstörungen zur Umwelt" bezeichnet. Das Extrem ist die absolute autistische Abkapselung.

Der Autismus ist kein einheitliches Krankheitsbild, sondern kommt bei verschiedenen Störungen vor, in milder Form sogar als Charaktervariante im gesunden Alltag. Ansonsten findet er sich insbesondere bei bestimmten neurotischen Entwicklungen und Persönlichkeitsstörungen sowie bei der schizophrenen Psychose. Ein besonderes Krankheitsbild ist der frühkindliche Autismus.

Führt die Schizophrenie zum geistigen Verfall?

Wahrscheinlich nehmen die meisten Menschen zwar an, daß die „Schizophrenie nicht gerade dumm macht", aber sie können sich auch nicht vorstellen, daß ein schizophren Erkrankter völlig ohne geistiges Defizit davonkommt. Dazu vermitteln jene Patienten, die der eine oder andere kennt oder zumindest als schizophren erkannt zu haben glaubt, einen doch zu behinderten Eindruck.

Doch Störungen der *Intelligenz* im Sinne einer Geistesschwäche gehören nicht zur Schizophrenie. Allerdings gibt es sogenannte *schizophrene Defektzustände,* also in ihrem geistigen Leistungsvermögen schwer abgebaut wirkende Patienten im Rahmen einer chronischen schizophrenen Psychose (die einem dann auch am ehesten in den Parks und Langzeit-Stationen der psychiatrischen Kliniken begegnen). Aber nicht einmal dort ist die Intelligenz beeinträchtigt, sondern die Persönlichkeit verändert, vor allem was Gemüts-, Antriebs- und Kontaktverhalten anbelangt.

Andererseits sei auch nicht verschwiegen, daß es bei manchen Langzeitpatienten zu sogenannten *kognitiven Einbußen* (vom lat.: cognoscere = erkennen) kommen kann. Dasselbe ist gelegentlich auch im akuten Zustand oder während überschaubarer schizophrener Episoden festzustellen. Dabei handelt es sich meist um Merk- und Konzentrationsstörungen, vor allem um ein verlangsamtes, umständliches, gebundenes, mühsames, einfallsarmes Denken, das fast zwanghaft um nur wenige Themen kreist, von denen sich der Betroffene nur schwer lösen kann. Es ist dies nicht

nur eine Ideenarmut, sondern auch ein zähflüssiges Haftenblei-
ben.

Manche Patienten klagen auch über extreme Vergeßlichkeit bis
hin zu einer erschreckenden „Leere im Kopf", was besonders für
intellektuell Interessierte peinigend, demütigend und damit sogar
suizidgefährlich werden kann. Auch die Aufmerksamkeitsspanne
wird immer kürzer und die Entscheidungsfähigkeit läßt nach. Die
Patienten werden unschlüssig, wankelmütig, zwiespältig, sind
hin- und hergerissen, entschlußunfähig, wollen alles bis zum Ende
durchdenken, wirken dann ängstlich (oder reagieren auf Vorhaltungen gereizt), übertrieben abwägend (und damit im Eindruck
der anderen nur abwiegelnd), ja, sie verstricken sich in fruchtlose
Diskussionsansätze, die dann ihre Entscheidungsunfähigkeit ver-
decken sollen. Dazu kommt bei vielen noch eine unselige Grübelneigung mit immer gleichen Denkinhalten bei erschwertem Ge-
dankenwechsel (nebenbei ein kennzeichnendes Merkmal der Depression). Manchmal irritieren sie aber auch durch ungewöhnliche
Sprunghaftigkeit, können zumindest nicht am Problem bleiben,
nichts zu Ende denken.

Verstärkt wird das ganze durch die schon erwähnte rasche körperliche und seelisch-geistige Erschöpfbarkeit mit entsprechenden
Einbußen an Spannkraft, Energie, Ausdauer und Geduld. Dazu
kommt ein generell beeinträchtigtes Allgemeinbefinden, was
schon für sich allein den besagten Leistungseinbruch erklären
könnte (wie jeder von sich selbst kennt, wenn er z. B. eine schwere Grippe durchmachen mußte).

Das alles aber hat mit einer *Demenz*, also mit einer erworbenen
Geistesschwäche im eigentlichen Sinne nichts zu tun. Diese
Störungen können sich sogar – wie bei der Depression auch –
nach Auslaufen des schizophrenen Beschwerdebildes wieder zu-
rückbilden. Schwieriger wird es bei den erwähnten chronischen
Patienten, aber auch dort handelt es sich um eine Kombination
verschiedener Einbußen, die dann eine Geistesschwäche vortäuschen.

Manchmal wird auch ein Bild zur besseren Erläuterung herangezogen, das – wie die meisten Metaphern – zwar nicht genau
zutrifft, aber sehr einprägsam ist. Bei einer Demenz, der erworbenen Geistesschwäche im (meist) höheren Lebensalter, ist es wie
mit einer Stadt, von der immer mehr Bürger fortziehen, so daß

man vom Kirchturm aus fast keine Menschen mehr auf den Straßen sieht, weil auch die Häuser immer leerer werden. Bei einer Schizophrenie, vor allem aber bei einer Depression, sieht man innerhalb kurzer Zeit auch niemanden mehr auf Plätzen, Straßen und Gassen. Auch diese Stadt scheint ausgestorben (oder am Aussterben). Doch die Menschen sind noch da, sie halten sich – unsichtbar vom Beobachtungsturm aus – in ihren Häusern auf. Eine depressive oder schizophrene Episode wirkt wie eine Ausgangssperre. Ist sie aufgehoben, strömt wieder alles hinaus, vielleicht feiert man sogar auf den Straßen die wiedergefundene Freiheit (vergleichbar einer leichten manischen Nachschwankung nach Auslaufen der Depression).

Störungen des Denkens

Dieses tröstliche Bild von der belebten oder durch Ausgangssperre vorübergehend entvölkerten Stadt gilt vor allem für endogene Depressionen. Bei den Schizophrenien will es nicht so recht überzeugen. Das ist nachvollziehbar, denn hier beeinträchtigen noch andere Symptome, vor allem *Denkstörungen*.

Störungen des Denkens oder einfacher Denkstörungen wurden früher noch unterteilt, und zwar in inhaltliche und formale Denkstörungen. *Inhaltliche Denkstörungen* sind – wie der Name schon sagt – Störungen des Inhalts, also *was* krankhaft gedacht wird. Dazu zählt vor allem der Wahn, über den schon gesprochen wurde. Anders *formale Denkstörungen*. Das sind Störungen der Form, also *wie* etwas krankhaft gedacht wird. Sie lassen sich besonders aufgrund des Sprachverhaltens erkennen und beschreiben. Und sie gehören zu jenen Symptomen, die einen intellektuellen Abbau bis hin zur „geistigen Versandung" vortäuschen können, obgleich manche von ihnen auch bei anderen Krankheiten auftreten, zumindest in leichterer Form (z. B. bei Depressionen, manischen Zuständen, im Alkoholrausch, bei Vergiftungen durch Medikamente und Rauschdrogen, ja sogar unter Koffein in höherer Dosierung oder einfach in extrem aufregenden Situationen). Um was handelt es sich dabei?

Formale Denkstörungen

Zu den formalen Denkstörungen gehören beispielsweise

- das *Gedankenabreißen,* auch Gedankenabbrechen, Gedanken-sperre, Denksperre oder Denkblockierung genannt. Das ist – wie die Begriffe deutlich ausdrücken – ein plötzlicher Abbruch des Gedankengangs, und zwar trotz klaren Bewußtseins. Meist bricht dann auch das Sprechen ab, woran man dieses Phänomen zuerst erkennt.

Der Betroffene stockt mitten im Gespräch und schweigt. Nach dieser unfreiwilligen „Denklücke" kann er die alten, aber auch neue Themen oder Gedanken wieder aufnehmen und weiterfüh-ren. Die Patienten selbst empfinden das vor allem als „Gedan-kenabbrechen". In der Regel bleibt es im vertretbaren Rahmen, weshalb man es meist als „Fadenverlieren" interpretiert. Manch-mal kann eine solche Gedankenblockierung aber sehr peinlich sein oder gar zu einem Zustand führen, der wie eine Absence aussieht, d. h., der Patient wirkt kurzfristig wie weggetreten.

- Ein *Gedankenentzug,* auch als Gedankenenteignung bezeich-net, liegt dann vor, wenn dieses Gedankenabreißen als von au-ßen gemacht erlebt wird, ein ja schon mehrfach erwähntes klassisches Merkmal der Schizophrenie.

- Das Gegenteil davon wäre die *Gedankeneingebung.* Dies ist ein recht kompliziertes, aber auch sehr charakteristisches, vor allem aber ausgesprochen irritierendes Phänomen. Werden die Ge-danken beim Gedankenentzug entzogen, förmlich enteignet, so werden sie bei der Gedankeneingebung von anderen gemacht, aufgedrängt.

Hier drohen dann noch weitere schockierende Beeinträchtigun-gen: Bei der *Gedankenlenkung* werden die Gedanken von ande-ren gelenkt oder gesteuert. Bei der *Gedankenausbreitung,* auch als *Gedankenecho* oder *Gedankenhören* bezeichnet, hört der Patient laute Stimmen, die er als seine eigenen Gedanken erkennt, ja, er kann der wahnhaften Überzeugung sein, daß sie von anderen mit-gehört werden. Das ist eine ausgesprochen unangenehme bis peinliche Situation, wenn einem seine eigenen Gedanken nicht mehr alleine gehören, weil andere sie in irgendeiner Form mitbekommen, erkennen, hören oder lesen können.

- Die *Denkzerfahrenheit* oder das zerfahrene Denken ist der Verlust des logischen Zusammenhangs von Denkinhalten. Jetzt stehen die Gedanken beziehungslos nebeneinander, oder sie erscheinen zerrissen, zusammengewürfelt, als Gedankenbruchstücke.

So etwas nennt man ein *dissoziiertes Denken*. In leichter Ausprägung kommt es dadurch gelegentlich zu sprunghaftem Denken, in schweren Fällen zu regelrechter Denkzerfahrenheit, bis alles keinen Sinn mehr ergibt. So etwas bezeichnete man früher sehr treffend als „Wortsalat", bis hin zum vollständigen Sprachzerfall.

Weitere Störungen im Bereich des Denkens

Die meisten dieser Symptome aber pflegen nur (noch) selten aufzufallen und damit diagnostiziert zu werden. Könnte man sie deshalb nicht einfach übergehen? Keinesfalls, denn „selten auffallen" heißt nicht immer „selten sein", häufiger heißt oft nur: „nicht darauf aufmerksam werden"; beeinträchtigen oder gar peinigen können solche Symptome trotzdem. Wenn man also nur auf die einprägsamen oder schockierenden Krankheitszeichen achtet wie Sinnestäuschungen oder wahnhafte Reaktionen, dann bleiben alle jene Menschen auf sich allein gestellt, die nicht dieses eindrückliche Beschwerdebild zeigen. Ganz abgesehen davon, daß man am Schluß nur noch glaubt, Schizophrenie sei lediglich Wahn oder Sinnestäuschungen, was nicht nur falsch, sondern für das Image der Betroffenen („Spinner") auch verhängnisvoll ist. Kurz: Es ist wichtig, so viel wie möglich über ein Krankheitsbild und seine Symptome zu wissen, und seien sie noch so selten. Das ist keine wissenschaftliche Verstiegenheit, sondern der Alltag seelischen Krankseins, auch wenn er den meisten nicht bekannt und von vielen aus purem Unbehagen verdrängt wird.

Zum anderen aber läßt – wie erwähnt – ein Phänomen erstaunen, daß in der letzten Zeit immer deutlicher wird: der *Gestaltwandel in der Psychiatrie*. Das betrifft keineswegs nur die Schizophrenien, sondern praktisch alle seelischen Störungen, wird aber bei der schizophrenen Psychose besonders deutlich. Mit diesem „Gestaltwandel" ist gemeint, daß sich das Beschwerdebild im Laufe der Jahrzehnte ändert. Wahrscheinlich handelt es sich um eine Mischung aus zeit- und gesellschaftsbedingten, möglicherweise auch biologischen Faktoren, die sich ja alle irgendwie wechselseitig beeinflussen. Was auf jeden Fall eine Rolle spielt, ist der segensreiche Einfluß der antipsychotischen Medikamente, der Neuroleptika. Sie reduzieren – rechtzeitig eingesetzt, ausreichend hoch und lange genug dosiert – die Palette schizophrener Störungen ganz erheblich. Die Psychopathologie, die Lehre vom Beschwerdebild seelischer Störungen, verliert zwar damit ihre Vielfalt, für die Betroffenen aber ist es ein unschätzbarer Gewinn, denn sie müssen weniger und kürzer leiden.

In diesem Zusammenhang seien deshalb noch einige Symptome erwähnt, die früher häufiger beobachtet wurden, und heute nur noch gelegentlich erkennbar sind:

Bei der *Begriffsverschiebung* und dem *Begriffszerfall* verlieren die Begriffe ihre scharfe Abgrenzung und ihren festen Bedeutungsgehalt. Sie werden – wie im Traum – völlig unklar, diffus, nebelhaft, verworren. Oft können unterschiedliche Sachverhalte miteinander verschmelzen. Daraus ergeben sich dann eigenartige Widersprüche. Auf jeden Fall wirkt das ganze verschwommen. Der Kranke antwortet unsinnig, nicht nachvollziehbar, bis hin zum sogenannten *Danebenreden* oder *Vorbeireden*. Oder es kommt zum *Symboldenken*, einer Art *Privatsymbolik*. Dabei werden die Worte nicht mehr im geläufigen Sinne, sondern in einer privaten, nur für den Betreffenden nachvollziehbaren Deutung eingesetzt. Das kann sich dann in einem sogenannten „Scheintiefsinn" äußern, den manche Schizophrene entwickeln. Im Alltag fällt das eher auf. In einer „gehobenen Diskussion" könnte das aber zumindest eine Zeitlang täuschen, bis schließlich Irritation, Verwunderung und Skepsis die Oberhand gewinnen, am Schluß vielleicht sogar die richtige Diagnose.

Natürlich kann sich eine verschrobene Ausdrucksweise auch in komischen Wortneubildungen und eigenwilliger Schrift äußern. Auch das war früher sicher häufiger. Das sind auf der einen Seite ungewohnte, gesuchte, gelegentlich abstrakte Wendungen mit einem unnatürlichen, verstiegenen, gezierten und geschraubten Redestil. Dazu kommen komplizierte, gespreizte oder hochtrabende

Formulierungen bei selbst einfachen Sachverhalten. Eine solche „Stelzensprache" gibt es heute bestenfalls noch andeutungsweise, aber es gibt sie noch.

Das gleiche gilt für *Wortneubildungen*, sogenannte *Neologismen*. Sie sind teils sinnlos, teils der Versuch, das unfaßbar Neue des krankhaften Erlebens wenigstens durch entsprechende, wenngleich ungewohnte Wendungen auszudrücken. Das ganze geht bis zur unverständlichen Geheim- oder Privatsprache, die natürlich in die Isolation treibt. Solche Extremzustände nennt man deshalb *Glossolalie*, also „Zungenreden", was schon im Alten Testament geschildert wird. Etwas häufiger hört man auch heute noch die sogenannten *Verbigerationen*, also sprachliche Stereotypien mit einförmigen Wiederholungen und meist sinnlos aneinandergereihten Worten und Sätzen.

Auch der *Schreibstil* kann gelegentlich zu schwülstigen, ja „bombastischen" Sinnbildern und tönenden Phrasen ausufern. Selbst die Anordnung der Schriftstücke bietet gelegentlich Ungewohntes in Form sonderbar geformter oder stilisierter Buchstaben und entsprechender Eigenwilligkeiten in der Rechtschreibung. Angereichert wird er vielleicht noch durch symbolhafte Zeichen im Rahmen einer sogenannten Bilderschrift oder durch eine ungewöhnliche Anordnung des Textes, z.B. in Spiralform, durch versetzte Schriftblöcke usw. Das gleiche gilt für seltsame, bizarre, skurrile Verschnörkelungen. Heute, wo man ständig auf der Suche nach Neuem ist, um sich irgendwie abzuheben oder aufzufallen, muß das nicht mehr ausschließlich krankhaft sein, früher konnte man sich da schon seine zutreffenden Gedanken machen.

Wie sich das alles ändern kann, zeigt auch die „*Malerei der Geisteskranken*", was auch andere Formen der bildenden Kunst betrifft. Bevor man die verschiedenen modernen Kunstrichtungen akzeptiert hat, wurden diese, oft mit Symbolen überfrachteten und bizarren Bilder nur unter dem Blickwinkel des Krankhaften gesehen. Das war nicht immer falsch, aber auch nur die halbe Wahrheit. Schließlich legt auch ein gesunder Künstler in sein Bild allerlei Eigenes, was vielleicht nur ihn beschäftigt. Glücklicherweise gab es seit jeher Fachleute, die ein Gespür für beides hatten, nämlich künstlerische Leistung und Symbolik des Krankhaften. In Einzelfällen wurden und werden diese Bilder auch gesammelt, ja es gibt sogar erfolgreiche Künstlerkreise in bestimmten Kliniken und inzwischen eine Reihe von Personen und Einrichtungen, die das alles konsequent vermarkten.

Störungen von Antrieb und Psychomotorik

Der *Antrieb* ist die Grundaktivität eines Menschen. Störungen des Antriebs sind oft mit Störungen des Gefühlslebens verbunden. Deshalb nennt man dies auch Psychomotorik. Dabei unterscheidet man vor allem zwei Extreme, die Antriebsminderung oder gar -blockierung und die Antriebssteigerung.

Eine *Antriebsminderung,* auch Antriebsarmut, Antriebsmangel oder Antriebshemmung genannt, bedeutet soviel wie inaktiv, lahm, schwunglos, teilnahmslos, initiativelos, energielos, aber auch einsilbig, einfallsarm, unaufmerksam, nur mühsam anregbar, dazu verlangsamt usw. Und – gleichsam auf höherer Ebene – eine lähmende Willensschwäche bzw. gar Willenlosigkeit.

Zu einem ernsten Problem wird eine solche Antriebshemmung dann, wenn sie gleichsam das ganze Leben „einfärbt". Das nennt man eine *Minus-* oder *Negativ-Symptomatik.* Das ist eine breite Palette hinderlicher, lästiger, peinlicher bis beschämender Einbußen auf allen Ebenen: genußunfähig, lustlos, freudlos, schwunglos, gleichgültig bis hin zur „Wurstigkeit", die die gesamte Umgebung zuerst maßlos aufregt und dann in die Resignation treibt. Dazu kommt ein Mangel an mitmenschlicher Aktivität und vor allem Anteilnahme, zuletzt eine Gefühlsverarmung oder gar Gefühlsverflachung. Zermürbend ist auch eine vermehrte Erschöpfbarkeit bis hin zur Kraftlosigkeit und einem damit verbundenen übergroßen Schlafbedürfnis, das aber nur selten erquickt oder aktiviert. Überhaupt ist alles überschattet von einer entmutigenden Minderung an Spannkraft, Energie und Ausdauer, einem fortdauernden Nachlassen von Antrieb und Initiative. Dafür greifen Unschlüssigkeit und mangelnde seelische und körperliche Belastungsfähigkeit bei schon alltäglichen Streßfaktoren um sich.

Eine solche Minus- oder Negativ-Symptomatik, also gleichsam die unselige Mischung aus Antriebsminderung und erkalteter gemütsmäßiger Schwingungsfähigkeit irritiert natürlich vor allem die Angehörigen und das gesamte übrige Umfeld, die sich dadurch verunsichert, vernachlässigt, mißachtet, unverstanden, ungeliebt, emotional abgeschnitten, auf Distanz gehalten oder gar aus dem Leben des Betreffenden hinausgedrängt, vertrieben und vergessen sehen. Die Folgen kann man sich ausmalen.

Leiden tun darunter alle, aber der eigentliche Verlierer ist der Patient selbst – und der kann nichts dagegen tun. Dabei zeigt sich bisweilen eine sonderbare Diskrepanz: zum einen die erwähnte Gleichgültigkeit, zum anderen eine erhöhte Beeindruckbarkeit, ja Verwundbarkeit durch „fremdes Leid", mitunter sogar durch banale Ereignisse. Alles, was passiert, geht ihm ungewöhnlich nah, ob es ihn betrifft oder nicht. Dabei wirkt er nach außen ja ggf. wie ein „Eisblock" oder zumindest gleichgültig, lahm und teilnahmslos.

Neben diesen feineren Einbußen treten nach und nach auch äußerliche Defizite auf, die schließlich jedem auffallen: seine verlangsamte Sprache und Bewegung, der Mangel an Körperpflege und sonstigen hygienischen Mindestanforderungen, zuletzt Rückzugsneigung, Isolation und innerseelische Abkapselung.

Diese Minus-Symptomatik ist für die Angehörigen und überhaupt alle Beteiligten noch schwerer zu ertragen, als wenn Sinnestäuschungen oder groteske Wahnzustände schockieren. Die kann man nämlich als krankhaft und damit entschuldbar einstufen. Auch sind sie meist zeitlich begrenzt. Die wurstige „Indolenz" aber täuscht bewußte Gleichgültigkeit, Faulheit, Arroganz, ja Boshaftigkeit und versteckte Aggressivität vor, also ein selbstverschuldetes Fehlverhalten – obwohl das gar nicht stimmt. Die Minus-Symptomatik zerstört das Verhältnis des Patienten zu seinem Umfeld noch ausgeprägter und nachhaltiger als alle jene Symptome, die zwar als „Verrücktheiten" gelten, als solche aber auf eine gewisse Nachsicht zählen können.

Die *Antriebssteigerung* ist dann das Gegenteil: verstärkte Aktivität und Initiative, lebhafter als sonst, beweglicher, regsamer, rasches Sprechen, mit Schwung und Dynamik sowie Einfallsreichtum, überbordende Unternehmungslust, vermehrte Ansprechbarkeit generell und erhöhte Entscheidungsfreude. Das findet man am eindrucksvollsten im manischen Zustand. Dort wird dann aber auch bald die andere Seite deutlich: unruhig, gespannt, fahrig, leicht erregbar, ggf. reizbar und damit Neigung zu aggressiven

Durchbrüchen, wenn nicht gar Erregungszustände im Sinne der früheren „Tobsucht". Da dies etwas ist, das die Umgebung eines solchen Kranken besonders in Unruhe und Angst versetzt, soll später darüber noch ausführlicher berichtet werden (s. S. 337).

Weitere Antriebsstörungen

Neben den erwähnten Antriebsstörungen, von der seelisch-körperlichen Erstarrung bis zum Erregungszustand, gibt es noch weitere, die zumindest teilweise kaum nachzuvollziehbar sind. Im einzelnen:

Der *Mutismus* ist ein Verstummen trotz intakter Sprachorgane. Der Betroffene spricht nichts oder fast nichts mehr, meist verbunden mit dem schon erwähnten Stupor, also der geistig-seelisch-körperlichen Erstarrung.

Der Mutismus ist allerdings kein spezifisch schizophrenes Symptom. Ihn gibt es auch bei Depressionen oder gar psychogen, d.h. rein seelisch, z.B. nach einem psychischen Schock.

Unter einer *Katalepsie* versteht man ein sogenanntes *Haltungsverharren*. Dabei werden aktiv oder zufällig eingenommene, und zwar noch so unbequeme oder unnatürliche Stellungen eines Gliedes oder des ganzen Körpers über längere Zeit beibehalten, so als ob der Kranke darin erstarrt wäre.

In diesen Zusammenhang gehört übrigens auch die sogenannte *Flexibilitas cerea*, also eine wächserne Biegsamkeit. Heute können das viele Gliederpuppen, früher war das eben nur beim Modellieren einer Wachs- oder Drahtpuppe zu sehen. Dieses krankhafte Bewegungsmuster mutet wie eine wächserne Muskelverspannung bei passiver Änderung der Körperhaltung oder der Gliedmaßen an.

Der *Negativismus* ist ein krankhafter Zustand der Verneinung, des Widerstrebens oder der Sperrung gegen äußere Einwirkungen. Hier wird nur noch unwillig oder überhaupt nicht mehr getan, was man sollte oder müßte. Und das aufgrund entsprechender Anregungen von außen, aber auch gegen die eigenen Bedürfnisse. Oder noch irritierender: Es geschieht nur noch das Gegenteil des Notwendigen, Sinnvollen oder Erwünschten.

So werden die Augen zugekniffen oder die Zähne zusammengepreßt, wenn man die Pupillenweite prüfen oder in den Rachen schauen will. Dabei kann man auch unterscheiden in „passiven" oder „aktiven Negativismus": Das eine ist ein Verweigern und das andere das „bewußte" Gegenteil des Verlangten.

Automatismen sind das automatische Ausführen von Bewegungen oder Handlungen, die der Patient aber nicht von sich selbst gewollt empfindet. Dabei unterscheidet man die *Befehlsautomatie* sowie *Echo-Erscheinungen*.

Bei der *Befehlsautomatie* handelt es sich um eine übermäßige Nachgiebigkeit gegenüber äußeren Anregungen. Das können einerseits Befehle, aber auch zufällige Beobachtungen sein, die automatisch nachgeahmt werden. Meist handelt es sich um krankhafte Fremdbeeinflussungsgefühle, denen der Patient nachgeben, die er befolgen muß.

Bei den *Echo-Erscheinungen* basiert der Anreiz zu einer Handlung auf einem Beispiel, das der Kranke nachahmt. Dazu gehören die *Echolalie*, also das willenlose Nachreden vorgesagter oder zufällig wahrgenommener Wörter oder Sätze. Bei der *Echopraxie* werden allgemeine Bewegungen nachgeahmt, bei der *Echographie* Schreibbewegungen. Die Automatismen laufen zwar automatisch, also nicht vom Betroffenen gewollt ab. Sie werden aber nicht als von anderen gelenkt empfunden.

Ambivalent sind auch Gesunde, d. h. unschlüssig, hin- und hergerissen. Diese Ambivalenz kann aber auch krankhafte Formen annehmen. Das wäre dann nicht nur das gleichzeitige Bestehen von Ja und Nein, von Für und Wider, sondern auch das Nebeneinander von positiven und negativen Gefühlen, Stimmungen und Strebungen. Das bezeichnet man dann als *Gefühlsambivalenz*.

Tatsächlich fallen manche schizophren Erkrankte durch die Unfähigkeit auf, eindeutig Stellung zu nehmen, einen Entschluß zu fassen und ihn durchzusetzen. Das hat noch nichts mit dem erwähnten Negativismus (s. oben) zu tun, mit der Neigung, nur unwillig oder überhaupt nicht zu machen, was man soll oder muß – bzw. das Gegenteil davon. Bei der schizophrenen Ambivalenz kann sich der Betroffene zu keiner Entscheidung durchringen, selbst wenn es sich um elementare Dinge handelt, die keinen Aufschub dulden. Ja, er läßt sogar bewußt alles unentschieden und in der Schwebe.

Nach außen begründet er das vielleicht mit zum Teil lächerlichen Argumenten, nach innen ist er natürlich verzweifelt (von seiner Umgebung ganz zu schweigen). Denn am Schluß können sogar unvereinbare Dinge gleichwertig nebeneinander stehenbleiben, sich behindern, blockieren, aufheben, auf jeden Fall den Alltag erheblich beeinträchtigen. Selbst das Denken ist unschlüssig und hat im Extremfall seine logische Verbindlichkeit verloren. Alles bleibt ungewiß und wird durch keine tiefere Überzeugung mehr gelenkt. Diese Standpunktlosigkeit findet man vor allem bei gemüts- und antriebsgestörten schizophren Erkrankten.

Ein besonders qualvolles Symptom ist die sogenannte *intellektuelle Ambivalenz:* Sie äußert sich in dem zermürbenden Nebeneinander von Gedanken, Überlegungen und Sorgen, wie: „Ich bin ein Mensch, ich bin kein Mensch, ich bin ein Mensch, ich bin ...“

Am deutlichsten wird dies bei der sogenannten *Ambitendenz.* Das ist das Nebeneinander von Bestrebungen und Widerstrebungen. Ein solches Beispiel ist die Unterbrechung einer begonnenen Bewegung durch einen Gegenantrieb, d. h., Hand oder Fuß werden vorgestreckt und wieder zurückgezogen. Oder der Löffel wird eingetaucht und bleibt auf halbem Weg zum Munde stehen. Der Kugelschreiber beginnt das erste Wort und stockt. Der Patient ist regelrecht blockiert.

Absonderlichkeiten

Zu jenen schizophrenen Symptomen, die am häufigsten beispielhaft angeführt werden, gehören absonderliche, unverständliche, skurrile, einfach „verrückte“ Verhaltensweisen. Darunter versteht zwar jeder etwas anderes, aber letztlich ist schon klar, was damit gemeint ist: Der Betroffene macht sich lächerlich, was leider kein irriger Eindruck ist, denn es kann in Einzelfällen schon zum Krankheitsbild gehören. Allerdings sind solche verschroben anmutenden Verhaltensweisen inzwischen selten geworden. Sie waren im übrigen auch früher nicht die Regel. Sie bleiben nur am ehesten im Gedächtnis haften, wenn man sie einmal gesehen, selbst wenn man nur einmal davon gehört oder gelesen hat, in Film oder Fernsehen „dabei“ war.

Das gehört zur besonderen Tragik der schizophrenen Psychose: Ihr Bild und damit Ansehen wird von Störungen dominiert, die noch nie zahlenmäßig von herausragender Bedeutung waren und unter dem Einfluß der modernen Behandlungsmöglichkeiten immer seltener werden. Gleichwohl: So etwas bleibt haften und wird trotz aller Aufklärungsbemühungen wohl nie gänzlich auszumerzen sein. Ein einziges Negativbeispiel führt zur Wiederbelebung aller überwunden geglaubten Vorurteile.

Daher ist es wichtig, gerade über die vermeintlichen „Absonderlichkeiten" der Schizophrenie ein wenig Bescheid zu wissen:

Stereotypien im krankhaften Sinne sind immer wieder auftretende und gleich verlaufende Redensarten, Bewegungen und Körperhaltungen. Sie werden nicht durch äußere Reize veranlaßt und sind auch nicht Ausdruck innerseelischer Vorgänge (Wünsche, Nöte, Reaktionen usw.). Sie sind eine Art Bewegungsleerlauf, eben die schon erwähnten Automatismen. Was zählt dazu?

Bei den *Bewegungsstereotypien* handelt es sich um rhythmische Schaukel- und Wippbewegungen des Körpers, um Wischen, Kratzen, Reiben, Kopfschütteln, Taktschlagen, Klatschen mit den Händen, Öffnen und Schließen von Knöpfen, um bestimmte Bewegungsschablonen beim Essen, um sinnloses Aufstehen und Hinsetzen usw. Das gleiche gilt für die schon erwähnten *Haltungsstereotypien*. Dazu gehören Schnauzkrampf, Schnutenbildung mit dauerhafter Vorstülpung des Mundes, das Liegen mit abgehobenem Kopf (auch als „psychisches Kopfkissen" bezeichnet) u.a. Die *Sprachstereotypien*, in der Fachsprache als *Verbigerationen* bezeichnet, sind einförmige Wiederholungen von bestimmten, oft sinnlos aneinandergereihten Worten und Sätzen.

Manieriertheiten sind sonderbare, verschrobene Ausdrucksweisen und Gewohnheiten, z.B. unnatürliche, bizarre, gezierte, gekünstelte, posenhafte, hochtrabende, wichtigtuerische Bewegungen, Zeremonien und symbolhaft-rituelle Handlungen.

Beispiele: Auf- und Abschreiten, Gestikulieren, Anklopfen, Bücken, Seitwärtsbeugen, Hochstrecken usw. Das Ganze kann durch Gegenstände jeglicher Art angereichert werden. Auch die *Sprache* kann manieriert sein.

Grimassen schneiden kann jeder, insbesondere Kinder. Das ist normal. Das krankhafte Grimassieren dagegen ist eine groteske

Mimik bzw. Gesichtsverziehung ohne Ausdruckswert, ohne Beziehung zu entsprechenden Situationen, insbesondere ohne adäquaten innerseelischen Vorgang.

Das mag beim Kind ähnlich sein, doch will dieser den Clown, den Kasper spielen und auf diese Weise auf sich aufmerksam machen. Später hat jede Grimasse eine Aussage: Mißbilligung, Verhöhnung, Lächerlichmachen, Langeweile, Zorn, Resignation usw. Doch beim krankhaften Grimassieren ist die Mimik übertrieben und „leer" zugleich. Es handelt sich um sogenannte *Mimik-Schablonen*, die vor allem zu Beginn einer Psychose auftreten können. Das Extrem ist das sogenannte *Faxen-Syndrom*, ein betont albernes, kindliches oder clownhaftes Herumalbern.

Zu diesem letzten Abschnitt paßt dann auch die sogenannte *Paramimie*. Dabei fallen Gefühl und mimischer Ausdruck auseinander. Manchmal kann sich das sogar in unterschiedlichen Gesichtshälften ausdrücken. So kann das Obergesicht angst- oder schmerzverzerrt sein, die Mundpartie aber grinst. Oder innerseelisch kann der Patient lachend über schreckliche Schmerzen oder grauenhafte Körpermißempfindungen klagen. D.h., die Gemütslage des Kranken stimmt weder vom Inhalt noch Ausdruck mit dem jeweiligen Gefühlsleben überein.

Körperliche Beschwerden bei Schizophrenie

Gibt es außer den bereits geschilderten eigenartigen Störungen des Leibgefühls (s. S. 303) noch andere körperliche Beschwerden, aber auf rein organischer Grundlage? Ja leider, es gibt sie, was deutlich werden läßt, daß der schizophren Erkrankte von allen Seiten bedrängt wird: seelisch, psychosozial und körperlich.

Viele „Gesunde" leiden z.B. unter einer sogenannten *vegetativen Dysregulation*. Dazu zählen die oft geklagten Kopfschmerzen, am ehesten im Sinne eines dumpf-diffusen Kopfdrucks; ferner Herz- und Kreislauf- sowie Schlafstörungen. Letztere können sogar das Ausmaß völliger Schlaflosigkeit annehmen, ein Extremzustand, den nur peinigende Schmerzkrankheiten, Depressionen und die Schizophrenien auszulösen pflegen. Auch Gewichtsschwankungen und Störungen der Monatsblutung gehören dazu. Fast schon charakteristisch sind Extremausschläge körperlicher

Funktionen, und das häufig innerhalb kurzer Zeit: Anfälle von Herzrasen oder zu langsamer Herzschlag, zu schnelle oder verlangsamte Atmung, zu viel oder zu wenig Speichel-, Schweiß- und Talgdrüsensektretion (z.B. Neigung zu fettigem Salbengesicht), Harnflut oder zu wenig Wasserlassen, Appetitlosigkeit oder Heißhunger usw. Dazu vor allem Magen- und Darmstörungen wie Aufstoßen, Übelkeit, Brechreiz, Erbrechen, Verstopfung, Durchfall u.a.

Auch neigen manche schizophren Erkrankte dazu, auffällig dick zu werden, fast pastös aufzuquellen, und zwar schon ohne die entsprechende Nebenwirkung der antipsychotischen Neuroleptika. Nicht zu vergessen: Libido- und Potenzstörungen. Ferner ein labiles Gefäßsystem, also z.B. dauernd kalte Hände und Füße, Ödeme, d.h. Wasser im Gewebe, vor allem aber ein gestörtes zentrales Temperatur-Regulationszentrum mit ausgeprägter Wetterfühligkeit, ja extremer Vorfühligkeit Stunden bis Tage vor dem sichtbaren Wetterumschlag.

Schließlich wird noch gelegentlich von einer abnormen Steigerung oder Herabsetzung des Durstgefühls, einer unvermittelten Abneigung gegen bestimmte Speisen oder Geschmacksrichtungen sowie von einem plötzlich überbordenden Bewegungsbedürfnis berichtet, das aber auch rasch von einer unmotivierten Bewegungshemmung und ungewöhnlichen Tagesmüdigkeit abgelöst werden kann.

Vergiftungsgefahr

Und zu allem kommt eine fast suchtähnliche Anfälligkeit für Nikotin und Alkohol, in neuerer Zeit auch vermehrt für Rauschdrogen. Bei letzteren zeichnet sich eine besonders verheerende Entwicklung ab: Bereits psychisch gesunde Personen können durch einen Horrortrip oder eine Nachhall- oder Echopsychose in eine Intoxikations-Psychose, also einen „Vergiftungs-Wahnsinn" gestürzt werden. Das geht aber in der Regel wieder vorbei.

Noch schlimmer ist es aber, wenn eine schizophrene Psychose im „Wartestand" durch diese Drogen gewissermaßen aktiviert wird. Vielleicht wäre es ohne diese Vergiftung nie dazu gekommen. Aber unter dem Genuß der sogenannten Halluzinogene wie

LSD, aber auch Haschisch, Kokain sowie der neuen Designerdrogen brechen viele Menschen psychisch ein, die durch erbliche oder sonstige Belastung gleichsam schon immer auf dünnem Eis standen und durch das Rauschgift schließlich psychotisch werden – um es gar nicht so selten dann auch zu bleiben.

Gibt es den tobenden Geisteskranken?

Dieses Kapitel sollte man eigentlich mit einem neutraleren Titel überschreiben, beispielsweise „Aggressions- und Gewaltbereitschaft – Vorurteile und Realität". Das klingt ausgewogen und läßt trotzdem Raum, auf die Probleme einzugehen. Doch wenn man die wahren Ängste eines Großteils der Bevölkerung ungeschminkt wiedergeben will, dann kommt man an dieser fast schon rohen und damit provokativen Frage nicht vorbei: Gibt es den tobenden Geisteskranken?

Die Antwort lautet: selbstverständlich. Das ist zwar eher selten, aber nicht von der Hand zu weisen und entspricht im wesentlichen dem, was man sich in seinen Befürchtungen vorstellt: drohende Mimik und Körperhaltung, unbändiger Rededrang, ja Schreien, Heulen, Schimpfen, Gestikulieren usw. Ferner stürmische Bewegungsunruhe, Zerreißen der Kleidung und der Bettwäsche, wildes Um-sich-Schlagen, Zertrümmern aller erreichbarer Gegenstände, blindwütige Angriffe auf die Umgebung mit Anspucken, Kratzen, Beißen, Stoßen, Ausreißen der Haare usw. Gelegentlich kommt es auch zu Entblößungen, ggf. ungehemmter Onanie vor anderen, Stuhlgang und Urinieren mitten auf den Fußboden, Selbstbeschmutzung mit Stuhl und Urin, Beschmieren von Bett, Bettwäsche, Wänden, Fenstern u. a.

Wer das in Frage stellt, kennt sich entweder nicht aus oder will es nicht wahrhaben, will es beschönigen oder verbergen. Das aber ist nicht der Sinn der Aufklärung, die ja nicht durch Wegsehen, sondern durch Verständnis die notwendige Toleranz und Hilfe fördern soll. Das kann natürlich bei einem Erregungszustand ausgesprochen schwerfallen. So etwas ist aber in der Tat selten und betrifft dann meist nicht nur die schwersten Erkrankungsfälle, sondern zunächst (kurzfristig) die Angehörigen und später vor allem die Schwestern, Pfleger und Ärzte in der psychiatrischen

Klinik. Entsprechende Untersuchungen haben ergeben, daß rund drei Viertel aller männlichen und mehr als die Hälfte aller weiblichen schizophren Erkrankten zu aggressivem Verhalten neigen, Männer ausgeprägter und folgenschwerer, besonders bei langen Krankheitsverläufen mit ständiger Wiederaufnahme und vor allem durch Alkoholmißbrauch gefördert.

Solche spektakulären Ereignisse sind aber gar nicht das größte Problem, so sonderbar sich das anhört. Quantitativ viel häufiger und vor allem inhaltlich kaum weniger belastend ist jene Aggressivität, die sich in ständiger Bedrohung, Bedrängung oder in vielerlei Hinsicht nicht brachial, sondern „atmosphärisch" auswirkt. Das peinigt dann vor allem die Angehörigen, insbesondere die nächsten Verwandten wie Mutter, Vater, Geschwister, aber auch sonstige Bekannte, Freunde, Nachbarn usw. So etwas kann Familien, Wohngemeinschaften, ja ganze Wohnviertel belasten. Man glaubt nicht, wie zerstörerisch so etwas ist, ohne daß darüber groß gesprochen wird. In den Medien geht es immer nur um spektakuläre Taten, das eigentliche Problem aber sind die Aggressionen, die „unter der Decke gehalten werden". Hier wäre es aber sinnvoller, sich an einen Hausarzt zu wenden, der seinerseits Kontakt mit einem Psychiater oder Nervenarzt aufnimmt. Und man sollte sich beraten, was gegebenenfalls zu tun ist und welche juristischen Möglichkeiten zur Verfügung stehen – und zwar bevor man selbst seelisch Schaden zu nehmen droht.

Dabei drängt sich immer wieder die gleiche Frage auf, nämlich: *Hat der Schizophrene keinen Einfluß auf seine Aggressionen?*

Geschieht eine grauenhafte Tat von einem offensichtlich „Gesunden", ist man zwar allseits empört, resigniert aber bald: „So sind halt die Menschen." Geschieht dasselbe durch einen Geisteskranken, insbesondere Schizophrenen, ist es schon schwieriger, seine Gefühle zu ordnen. Einerseits ist er offensichtlich „nicht Herr seiner Sinne", andererseits können die Wogen noch höher schlagen als sonst. Auf jeden Fall „sollte man so etwas nicht frei herumlaufen lassen", wie das mehr oder weniger verhalten ausgedrückt wird.

Dabei sind die meisten Menschen durchaus bereit, das Problem differenzierter zu sehen. Die Primitivformel gegen die Psychiatrie und ihre Institutionen: „Gesunde sperren sie ein, gefährliche Irre lassen sie laufen", dürfte so zwar nur noch selten öffentlich formuliert werden, was aber nicht heißt, daß man im Innersten doch so seine Zweifel hat. Dabei sollte man aber den Unterschied zwischen einem „gesunden Gewalttäter" und einem Psychose-Kranken kennen: Der eine geht nüchtern kalkulierend vor, gezielt und vielleicht sogar skrupellos in der Auswahl seiner Methoden, er wägt zumindest bis zu einem gewissen Grad Einsatz und Folgen ab. Der andere ist nicht der Täter, sondern das Opfer seiner psychotischen Impulshandlungen, also das fast willenlose Werkzeug seiner Krankheit. Deshalb zeigen auch viele dieser schizophrenen Erregungszustände einen fast mechanischen Ablauf, der auf keine oder nur wenig innere Beteiligung hinweist, zumindest in der Mehrzahl der Fälle. Das ganze Drama ist nicht Ausdruck normaler innerseelischer Vorgänge und schon gar nicht bewußter bösartiger Neigung, sondern läuft mehr oder weniger automatisch ab. Man spricht deshalb auch von „Automatismen", selbst im höchsten Zustand der Erregung.

Die Betroffenen wirken wie unter fremdem Zwang, gegen den sie sich anfangs vergeblich zu wehren versuchen – bzw. am Schluß eben nicht mehr wehren können. So sind sie auch nicht routiniert in Wahl und Einsatz ihrer aggressiven Methoden und schon gar nicht raffiniert im Verwischen der Spuren nach der Tat. Später sind sie oftmals von sich selbst schockiert, bedauern den angerichteten Schaden und versprechen Besserung, ohne sich vielleicht daran halten zu können. Das alles beweist die krankhafte Grundlage solch automatischer Impulshandlungen mit Erregungszuständen und möglicherweise Gewalttaten.

Natürlich muß das nicht in jedem Fall so einfach angelegt sein. Dafür sind Zahl und Intensität möglicher Einflüsse zu groß: Persönlichkeitsstruktur und Erziehung, Einfluß der Umgebung, vor allem aber Schweregrad der Psychose und nicht zuletzt die Enthemmung durch Suchtmittel wie Alkohol, Rauschdrogen usw. Vor allem lassen sich zumindest beim Inhalt der aggressiven Impulse gewisse Berührungspunkte zum eigenen Lebensschicksal vermuten. Da kann man – sofern man sich später die Mühe macht, geduldig darauf einzugehen – auf so manche Kümmernisse, Sorgen, Benachteiligungen, Kränkungen, Frustrationen, Demütigungen, Überforderungen usw. stoßen. Nicht wenige, für den Außenstehenden unverständliche Handlungen haben also einen nachvollziehbaren Sinngehalt. Doch hat all dies nichts mit den kaltblütig abgewogenen und brutal vollzogenen Gewalttaten „gesunder" Krimineller zu tun.

Hierin liegt auch der Schlüssel für rechtzeitiges Verstehen und damit Korrektur. Aggressivität und Gewaltbereitschaft schizophren Erkrankter mögen besonders unverständlich, abrupt und vielleicht sogar brutal erscheinen, sie haben jedoch immer eine Ursache, meist einen zwischenmenschlichen Hintergrund, den es zu beachten, zu respektieren, zu korrigieren oder zu mildern gilt. Das ist nicht leicht, besonders für die Angehörigen. Es zahlt sich aber aus.

Was ist ein Stupor?

In diesem Zusammenhang soll noch kurz auf das Gegenstück eines Erregungszustandes, den *Stupor* oder seelisch-körperlichen Sperrungszustand eingegangen werden. Das ist eine Bewegungs-, ja Regungslosigkeit ohne Reaktion auf äußere Reize, bei jedoch klarem Bewußtsein. Früher waren solche Zustände häufiger und ausgeprägter und vor allem gefährlicher. Heute sieht man das nur noch selten, am ehesten im angedeuteten Zustand. Im Extrem spricht, ißt und trinkt der Patient nichts mehr, so daß er ggf. gefüttert oder durch die Sonde ernährt werden muß. Gelegentlich läßt er auch unter sich.

Dabei kann man noch einen sogenannten *schlaffen* oder *passiven* Stupor, also ein völliges Fehlen jeglichen Bewegungsantriebs und einen *gespannten* oder *gespannt-negativistischen* Stupor unterscheiden, also eine aktive Sperrung aller Bewegungsmuster, ggf. einschließlich des Denkens.

Vor allem der gespannte Stupor kann durch plötzliche selbst- und fremdgefährliche Impulshandlungen durchbrochen werden. Eine solche Bewegungssperre ist also keine pflegeleichte oder bequeme Reaktion und vor allem nicht ohne Risiko. Hier sollte man umgehend medikamentös eingreifen (meist als Kombination aus einem hochpotenten Neuroleptikum gegen den psychotischen Zustand sowie ein Beruhigungsmittel zur gezielten Angstlösung). Denn ein solcher Stupor macht natürlich nicht nur der Umgebung, sondern auch dem Patienten selbst Angst und leitet damit einen Teufelskreis ein.

Selbsttötungsgefahr und Schizophrenie

Viel ist über die mögliche Aggressivität Schizophrener geredet und geschrieben worden, wenig aber über ihre *Auto-Aggressivität*, also über die Gefahr, Hand an sich zu legen. Dabei ist gerade sie extrem hoch und eine der größten Gefahren dieses Leidens, und zwar nicht nur für die Betroffenen, auch belastend bis katastrophal für Angehörige, Freunde, Arbeitskollegen und nicht zuletzt alle Therapeuten, seien es Ärzte, Psychologen, Sozialarbeiter, Schwestern, Pfleger usw.

Etwa jeder zehnte schizophren Erkrankte stirbt von eigener Hand, sagt man. Die Zahl der Versuche soll doppelt bis dreimal so hoch sein, wobei die Dunkelziffer eine exakte Beurteilung nicht zuläßt (vor allem bei jenen Patienten, die nicht in klinischer Behandlung sind). Männer trifft es mehr als Frauen, d.h. konkret: Bei Männern häufen sich die vollendeten Selbsttötungshandlungen, bei Frauen die versuchten. Und was besonders erschüttert: Jüngere sind öfter betroffen als Ältere. Noch unfaßbarer: Am stärksten scheinen jene Patienten in Suizidgefahr zu geraten, die besonders gut angepaßt und halbwegs erfolgreich sind. Der Grund hierfür ist dennoch einfach: Sie erkennen die vielleicht für sie verheerenden Langzeit-Auswirkungen ihres Leidens auf ihre Lebenssituation, Lebensqualität und vor allem ihre Zukunft besonders klar – und treffen so ihre folgenschwere Entscheidung.

In der Tat haben viele eine schwere und lange Leidengeschichte hinter sich, selbst wenn sie noch nicht sehr alt sind, charakterisiert von Rückfällen, leidlicher Erholung, erneuten Einbrüchen, meist mit (mehreren) Klinikaufenthalten usw. Einige Betroffene gehen sogar recht bald nach Ausbruch ihres Leidens in den Tod, oftmals innerhalb der ersten zehn Krankheitsjahre.

Häufig erfolgt der Suizid in einer weniger ausgeprägten psychotischen Phase oder unmittelbar danach – und erscheint damit besonders unverständlich. Auch hierfür ist eine Erklärung relativ einfach: Erst wenn der mittlerweile chronisch krank werdende Schizophrene in einer weniger beeinträchtigenden oder nichtpsychotischen Phase die scheinbare Aussichtslosigkeit seiner Situation erkennt oder zumindest ahnt, sieht er nur noch im freiwilligen Tod eine Lösung oder Erlösung.

Was kann einen schizophrenen Rückfall auslösen?

Der Schwerpunkt dieser Ausführungen ist das Erkennen und damit Verstehen oder noch besser: das rechtzeitige Erkennen und damit gezielte Handeln. Das dürfte bei erstmaliger Erkrankung sehr schwierig sein, weshalb sich gerade eine schizophrene Psychose sehr lange hinzieht, bis man sich zu dieser Diagnose entschließt, einschließlich der Hemmungen, dann das Leiden auch beim Namen zu nennen. Hier gibt es also bedauerliche, aber einigermaßen nachvollziehbare Verzögerungen.

Bei einem Rückfall aber sollte das nicht mehr der Fall sein, gerade hier dürfte keine Zeit mehr verlorengehen. Denn bei entsprechendem Kenntnisstand und dem Willen, das Notwendige zu tun, können sowohl dem Betroffenen als auch seinen Angehörigen viel Leid erspart bleiben. Nachfolgend deshalb wieder eine etwas ausführlichere Darstellung:

Die *Auslöser für einen schizophrenen Rückfall* sind nicht so sehr schizophreniespezifisch, sondern richten sich nach dem jeweiligen Individuum bzw. seiner Persönlichkeitsstruktur, seinen Nöten, zwischenmenschlichen Problemen, psychosozialen Schwierigkeiten usw. Sie sind also subjektiv und können deshalb nur schwer von außen beurteilt werden.

In etwa jedem vierten Fall, wahrscheinlich aber häufiger, finden sich Verlusterlebnisse im zwischenmenschlichen Bereich, z.B. Tod, schwere Erkrankung, Trennung, Scheidung von wichtigen Bezugspersonen, ferner Wegzug, Verlassenwerden usw. Daneben berufliche Konflikte in jeglicher Form. Auch mehr oder weniger diskrete akute oder langwierig zermürbende Auseinandersetzungen auf familiärem, partnerschaftlichem, erotischem, aber auch religiösem und ethischem Gebiet. Zudem belasten auch körperliche Auslösefaktoren, z.B. Überforderung, Erschöpfung, Operationen, Erkrankungen, das Wochenbett, nicht zu vergessen Schlafmangel, Alkoholexzesse, Rauschdrogenkonsum usw.

Es können aber auch Belastungen sein, wie sie jeder von uns und zu jeder Stunde hinnehmen muß. Dazu gehören nicht nur ungewöhnliche, unerwartete oder vielleicht auch nur neue Anforderungen in Familie, Nachbarschaft, Beruf usw. Nein, es kann sogar problematisch werden bei alltäglichen – für den Gesunden völlig neutralen und unerheblichen – sozialen Situationen: bei der Unterhaltung mit dem Patienten oder von anderen untereinander in seiner Nähe; oder auch nur die Gegenwart zu vieler Menschen auf einmal, zu große Dichte oder Nähe, also „Trubel" oder „Rummel", vielleicht auch nur eine ganz harmlose gesellige Veranstaltung. Nicht zuletzt das Gedränge in Kaufhäusern, sonstigen öffentlichen oder privaten Gebäuden, in Verkehrsmitteln, auf Straßen und Plätzen. Ferner optische oder akustische Stimulationen wie Plakat- oder Leuchtreklame, durch elektronische Medien. Alles Dinge, die der Gesunde als gewohnt, bestenfalls als lästig empfindet. Ähnliches gilt für Arbeit unter Zeitdruck oder rasch wechselnde Anforderungen im Alltag.

Wie kündigt sich ein schizophrener Rückfall an?

Ein *psychotischer Rückfall* kann zwar plötzlich ausbrechen. Meist hat man dann aber die Vorzeichen übersehen. Die Regel ist jedoch kein Alles-oder-nichts-Ereignis, sondern mehrere Zwischenstufen. Drei Viertel aller Patienten geben vor ihrem Rückfall Veränderungen in ihren Gedanken, Gefühlen oder ihrem Verhalten an. Die Familienangehörigen registrieren dies sogar in fast jedem Fall. Aber die meisten dieser sogenannten *„Warnsymptome"* sind eben allgemeiner Art. Vor allem sind sie keine „klassischen" psychotischen Krankheitszeichen (s. S. 298), eher unspezifische Befindensschwankungen, meist „nur" Streßfolgen.

Dazu gehören z.B. „Angespanntsein", „Nervosität", „urlaubsreif", „die Nerven liegen blank", und neben diesen allgemeinen Hinweisen die etwas konkreteren Symptome: Merk- und Konzentrationsstörungen, innere Unruhe, vermehrte Schlaflosigkeit, aber auch Freudlosigkeit, Interesselosigkeit, depressive Verstimmungen, Elendigkeitsgefühl, Minderwertigkeitsgefühle, Appetitlosigkeit usw.

So etwas ist – wie gesagt – nicht ungewöhnlich und deshalb noch kein Grund, den Arzt aufzusuchen. Allerdings könnte es in dieser Phase leichter sein, einen Arztbesuch durchzusetzen. Denn die nächsten Stufen sind zwar eindeutiger, pflegen den Patienten aber auch ggf. in mehr Widerstand gegen alle notwendigen Maßnahmen hineinzudrängen. Solche *präpsychotischen Symptome* sind beispielsweise:

– *ängstliche Unruhe, Spannung und Nervosität:* Die Betroffenen werden immer empfindlicher, humorloser (!), legen jedes Wort auf die Goldwaage, und zwar mehr als in sonst üblichen Streß-situationen. Vielleicht verbreiten sie auch eine gewisse Nervosi-tät, Fahrigkeit und Hektik, kurz: eine ungesunde Überaktivität, die zwar alle anderen anstecken kann, aber auch unproduktiv, lästig bis belastend ausfällt. Oft ist damit auch ein weiteres Phänomen verbunden, nämlich

– *eine wachsende Reizbarkeit, ja Aggressivität:* Die Patienten können sich über Kleinigkeiten aufregen, fühlen sich ungerecht behandelt, provoziert, benachteiligt, lächerlich gemacht usw., auch wenn sie bei entsprechenden Nachfragen ihr Mißtrauen nicht überzeugend begründen können. Daneben wächst eine hintergründige, immer reizbarere Aggressivität, die bis zur re-gelrechten Feindseligkeit ausufern kann, offen oder nur man-gelhaft verdeckt. Dabei hat keiner etwas Böses getan.

Auch eine negativistische Einstellung ist möglich: nur unwillig oder überhaupt nicht tun, was man eigentlich soll oder muß – bzw. bewußt das Gegenteil. Dabei fallen bisweilen Bemerkun-gen seitens des Patienten, die als unangebracht oder böswillig interpretiert werden können, vor allem aber die anderen ver-drießen. Der Reizbarkeitspegel steigt, die Atmosphäre in Fami-lie, Nachbarschaft und am Arbeitsplatz wird immer gespannter.

– Es kann aber auch zu *Gemütsstörungen* kommen, und zwar in beide Richtungen: zum einen eine ungesteuerte Umtriebigkeit mit lästigem Rededrang bis hin zur Distanzlosigkeit, zum ande-ren niedergeschlagen, resigniert, traurig, freudlos, hoffnungslos, verlangsamt, ferner Schuld- und Minderwertigkeitsgefühle, ja Selbsttötungsideen.

– Von anderen kaum registriert, für den Betroffenen aber ausge-sprochen quälend sind die *kognitiven, d. h. geistigen Beein-trächtigungen:* Konzentration, Merkfähigkeit und Gedächtnis-leistung lassen spürbar nach oder werden durch ein ständiges Grübeln regelrecht aufgesogen. Alles wird mühsam, kann nur mit doppelter Kraftanstrengung geleistet werden. Bisweilen steht der entsetzte Patient vor seiner Routinearbeit und begreift nicht einmal mehr, was dort geschrieben steht, von einer fachlichen Bearbeitung ganz zu schweigen. Die daraus resultierenden Anfragen aus seiner Umwelt, vor allem die ungnädigen und gereizten, häufen sich. Es beginnt ein Teufelskreis.

– Selbst an *körperlichen Beeinträchtigungen* mangelt es nicht: Es kommt zu Schlafstörungen bis hin zur völligen Schlaflosigkeit, oder es quält ein zerhackter Schlaf mit belastenden Träumen. Ferner unklare Mißempfindungen, Appetitlosigkeit und ein undefinierbares Gefühl des Unwohlseins. Dazu Hitzewallungen, Kälteschauer, feuchte Hände, vermehrte Steifigkeit usw.

– Vielleicht beginnt auch schon ein irgendwie *auffälliges Verhalten* bis hin zu eindeutig psychotischen Störungen: Viele Patienten wandern rastlos-ratlos in Zimmer, Haus, Garten, Straßen, in Wald und Feld umher, gerade auch nachts. Sie wühlen in Papieren, Schubladen, Schränken. Sie versuchen in Büchern, Zeitungen, Radio und Fernsehen zu finden, was sie sich selbst nicht mehr erklären können. Dazu kommt die zunehmende Beschäftigung mit religiösen, mystischen oder psychologischen Fragen, die Verweigerung von Nahrung und die plötzliche Bevorzugung einseitiger Ernährungsweisen. Nicht selten werden Körperpflege und Kleidung vernachlässigt. Einige beginnen sich schon über Kleinigkeiten aufzuregen, werden schmerzempfindlicher, klagen über Zwangsgedanken oder Zwangshandlungen, verlieren die Lust an Dingen, die ihnen früher etwas bedeuteten, fühlen sich „einfach schlechter", und zwar ohne jeglichen Grund.

Schließlich besorgte, ängstliche und gereizt-aggressive Klagen bzw. Vorwürfe des Betroffenen, daß die Leute über einen zu reden beginnen, einen zu beeinflussen, zu kontrollieren, zu manipulieren oder zu schädigen versuchen. Jetzt sind auch erstmals Sinnestäuschungen möglich (z. B. Stimmen, Gerüche). Manche fangen deshalb an, Selbstgespräche zu führen, wobei sie in sich hineinhorchen, hineinlachen, schimpfen. Nicht wenige nehmen in dieser Zeit Zuflucht zu verzweifelten Selbstbehandlungsversuchen mit Alkohol, Nikotin, vielleicht sogar mit Rauschdrogen.

– Die psychosozialen Konsequenzen lassen dann nicht mehr lange auf sich warten: In der Regel bestehen sie aus Rückzug und Isolationsgefahr. Nirgends verläuft das Leben normal, nicht in Partnerschaft, Familie, Nachbarschaft, Freundeskreis, Arbeitsplatz. Es häufen sich irritierte Reaktionen, Auseinandersetzungen, Beschwerden, Vorwürfe, vielleicht sogar Abmahnungen oder ernstere Konsequenzen. Der Betroffene ist zwar offensichtlich selbst schuld, wirkt aber irgendwie hilflos, ausgeliefert. Schließlich zieht er sich zurück, läßt niemanden mehr an sich heran, verweigert jeglichen Arztkontakt. Spätestens jetzt ist allen klar: Nun ist er wieder krank, hätte man lieber vorher schon was getan.

Wie entsteht eine Schizophrenie?

Die Schizophrenien gehören seit jeher zu den am intensivsten erforschten seelischen Störungen. Das Resultat ist aber eher frustrierend, denn Genaues weiß man bis heute nicht.

Früher war man da etwas forscher. Jede Disziplin (sozialpsychiatrisch, familiendynamisch, tiefenpsychologisch, neuropsychologisch, neuroanatomisch usw.) stellte ihre Erkenntnisse, Hypothesen und Theorien gerne so dar, als sei man jetzt den Ursachen endlich auf der Spur. Und je nachdem, wer in welcher Weise und in welcher Zeit was favorisierte, ging dies auch als *die* Erkenntnis schlechthin in den Wissensstand der Medien und damit der Allgemeinheit ein. Heute ist man bescheidener geworden. Und wenn man das Ganze auf wenige Sätze reduzieren soll, dann lauten sie ebenso ernüchternd wie enttäuschend, aber der Realität am nächsten:

Über die Ursachen der schizophrenen Psychosen kann man beim derzeitigen Stand der Wissenschaft nichts Genaues sagen. Wahrscheinlich ist es eine Kombination aus erblichen, psychosozialen, insbesondere familiären und organischen Belastungen, deren Folgen schließlich das Endergebnis diktieren, das aber wiederum abhängig ist von rechtzeitiger Diagnose und gezielter Pharmako-, Sozio- und Psychotherapie.

Der folgende Kasten vermittelt einige Stichworte, die das breite Angebot von Erklärungsversuchen aus allen Wissenschaftsgebieten skizzieren sollen.

Hypothetische Ursachen der Schizophrenien

Psychogenese: psychodynamische Theorien wie frühe Störung in der Entwicklung der Objektbeziehungen, primäre Ich-Schwäche, „Double-bind-Kommunikation", „schizophrenogene Mutter", „schiefe" oder „gespaltene" Familie, „high expressed emotion" u. a.

Neuropsychologie: bestimmte Ergebnisse bezüglich testpsychologisch festzustellender Leistungsdefizite (selektive Aufmerksamkeit, Handlungsplanung, Reaktionszeitmessungen usw.), kognitiver Funktionsstörungen, besonders in der Sprachdominanz der (in der Regel) linken Gehirn-Hemisphäre, ferner Gedächtnisbeeinträchtigungen auf allen Ebenen u. a.

Soziogenese: Stadt-Land-Gefälle, gehäuft untere soziale Schichten usw.

Genetik: erhöhtes Erkrankungsrisiko bei Verwandten schizophren Erkrankter (Frauen mehr als Männer), bestätigt durch Zwillings-Untersuchungen (eineiige und zweieiige); dies besonders dann, wenn man noch das sogenannte „schizophrene Spektrum" hinzuzieht, also den erweiterten Kreis schizophrenienaher Erkrankungen wie schizoaffektive und atypische Psychosen sowie schizotypische Persönlichkeiten. Wahrscheinlich wird nicht die Schizophrenie selbst vererbt, sondern kognitive Besonderheiten, die unter Belastung zur schizophrenen Dekompensation disponieren (sogenanntes Vulnerabilitäts-Konzept = erhöhte Verwundbarkeit).

Neurochemische Aspekte: Auffälligkeiten im Gehirnstoffwechsel, besonders bei den Neurotransmittern (Botenstoffen) Dopamin, Monoaminooxidase (MAO), Noradrenalin, Serotonin, Acetylcholin, GABA u. a.

Psychoendokrinologie: Auswirkung auf die endokrine Regulation (der „inneren Drüsen") wie Glucokortikoide usw.

Morphologische Auffälligkeiten: frontotemporale „Atrophien" (Gehirnsubstanz-Einbußen an Stirn- und Schläfenlappen des Gehirns) und Erweiterung der Ventrikel (mit „Nervenwasser" gefüllte Hirnkammern), inzwischen wieder sehr intensiver Forschungsbereich, da neuartige neuroradiologische Untersuchungsmethoden zur Verfügung stehen: Computer-Tomographie (CT), Kernspintomographie (MRT), Kernspinspektroskopie, Positronen-Emissionstomographie (PET) der regionalen Hirndurchblutung, des Energiestoffwechsels und der Proteinsynthese, Single-Photon-Emission-Tomographie (SPECT) u. a.

Organische Aspekte: Geburtskomplikationen, Infektions- und Immunhypothesen u. a.

Psychophysiologische Auffälligkeiten: Blinkrate der Augenlider, Elektroenzephalogramm, akustisch evozierte Potentiale usw.

Therapie

Obwohl die Schizophrenien „nur" etwa bei 1 % der Bevölkerung vorkommen, ist ihr Kapitel das größte in diesem Buch geworden. Eigentlich müßten – entsprechend ihrer quantitativen Bedeutung – andere Krankheitsbilder weit umfangreicher ausgefallen sein.

Der Unterschied zwischen den Schizophrenien und anderen psychischen Erkrankungen liegt aber darin, daß die meisten seelischen Störungen zwar ebenfalls schwer zu erkennen sind und deshalb auch zu selten behandelt werden. Wenn man sich aber einmal mit ihnen beschäftigt hat, dann schlägt dieser diagnostische Erkenntiszuwachs auch spürbar auf die Allgemeinheit durch, und die Betroffenen suchen tatsächlich vermehrt ihren Arzt auf (wie man das derzeit vor allem bei Depressionen und Angststörungen registriert). Auch werden diese Leiden zwar als nicht gerade aufwertend, aber auch nicht als gesellschaftlich so diskriminierend empfunden, selbst in wachsendem Ausmaße beim männlichen Geschlecht, das hier empfindlicher ist.

Ganz anders bei den Schizophrenien: Sie sind und bleiben zumeist schwer durchschaubar, irritierend, befremdlich, für den Betroffenen eine erhebliche Belastung auf mehreren Ebenen, nicht zuletzt mit Diskriminierungs-, Rückzugs- und Isolationsgefahr. Deshalb wurde diese seit Jahrtausenden so extrem beeinträchtigende Krankheit hier ausführlicher besprochen, was ihre Symptome, Hintergründe und Folgen anbelangt. Glücklicherweise haben sich seit einem halben Jahrhundert die Behandlungsmöglichkeiten deutlich gebessert, in pharmakologischer Hinsicht sogar spektakulär gewandelt. Trotzdem sind und bleiben die Schizophrenien ein ungelöstes Problem, und zwar weniger therapeutisch als vielmehr individuell-krankheitsspezifisch. Denn:

Es gibt kein seelisches Krankheitsbild, das so intensiv erforscht und in den letzten Jahrzehnten durch so eindrucksvolle Behandlungserfolge auf verschiedenen Ebenen erleichtert wurde wie die Schizophrenien. Und doch kommt dies den Betroffenen nach wie vor kaum zugute. Das liegt aber nicht am Angebot, sondern an der Nachfrage. Schizophren Erkrankte nutzen – krankheitstypisch – viel zu selten die heutigen Diagnose-, Therapie- und Rehabilitationsmöglichkeiten. Darin liegt die inzwischen fast größte Tragik dieses Leidens.

Deshalb auch die detaillierten Hinweise zur Früherkennung und schließlich definitiven Diagnose. Danach beginnt die Überzeugungsarbeit, die vielfältigen Hilfsangebote auch anzunehmen. Und die sind inzwischen eindrucksvoll, sollen aber – wie in den anderen Kapiteln – nur kurz gestreift werden. Auch sie basieren im wesentlichen auf folgenden Therapie-Säulen:

1. *Psychotherapie*, d.h. die Behandlung mit seelischen Mitteln, die allerdings bei einem schizophren Erkrankten ganz anders eingesetzt werden müssen als beispielsweise bei Depressionen, Angststörungen, psychosomatischen Leiden u.a. Hier spielen vor allem die sogenannten *psycho-edukativen Gruppen* eine immer größere Rolle (siehe Kasten).

Was sind und wollen die psycho-edukativen Gruppen?

– *Ziele:* Therapietreue im allgemeinen und Einnahmezuverlässigkeit der verordneten Medikamente im speziellen; Mithilfe zur Verhinderung von Rückfällen und vor allem frühzeitige Intervention; den Verlust psychosozialer, insbesondere zwischenmenschlicher Fähigkeiten begrenzen; irritierende, wenn nicht gar schockierende Symptome rechtzeitig erkennen und vermeiden helfen; Minus- oder Negativ-Symptome (s. S. 329) in ihren Auswirkungen mildern; Konflikte eingrenzen und neutralisieren; Versuch, den Schwerpunkt von „Schizophrenie" auf die Krankheit schlechthin (wie es jeden treffen kann) zu verlagern und damit die drohende Diskriminierungsgefahr zu verringern; Vorurteile ausräumen; Ursachen entmystifizieren; ständiger Erfahrungsaustausch zwischen „erfahrenen Patienten" und Neu-Erkrankten; Trost spenden („Sie sind nicht allein mit ihrem Leid; sie haben das gleiche wie 60 Millionen Menschen auf dieser Erde"); damit soll insgesamt eine Verbesserung von Lebensmut, Lebensfreude, kurz: Lebensqualität erzielt werden.

– *Pädagogisches Vorgehen:* klar, leicht verständlich, Fachausdrücke erklären (nicht vermeiden, denn sie werden ja allerorten benutzt); langsam und deutlich sprechen (siehe kognitive Einbußen); gezielte Wiederholungen (aber den Eindruck vermeiden, man spreche zu „Schwachsinnigen"); leicht faßliche und merkbare Zusammenfassungen; positive Bestärkungen, wenn konstruktive Erkenntnisse, Erfahrungen, aber auch Fragen und Einwände kommen; immer wieder überprüfen, ob die Informationen auch verständlich waren (Fachleute bleiben Fachleute); die Gruppe so aktiv einbeziehen wie möglich, und zwar durchgehend und immer wieder; ständige Aufforderungen, eigene Erfahrungen einzubringen, zu beschreiben, zu beklagen, aber auch die Bewältigungsstrategien und -versuche vorzustellen; spontane Diskussionen gestatten, ja sogar anregen und darauf reagieren; Lehr-Hilfsmittel nutzen (Tafel, Flipchart, Projektor/Tageslichtprojektor usw.).

– *Konkrete Gruppenstunden-Gestaltung:* Angst reduzieren, Sicherheit vermitteln, Respekt als Grundlage, freundliche und entspannte Atmosphäre (wichtig: Kaffee, Kuchen, kurz: Kaffeehaus-Atmosphäre); antiautoritärer Umgang; individuelles Eingehen auf die Patienten, humorvolles Klima; flexible Zeiteinteilung, auf jeden Fall immer wieder Pausen, notfalls kurze Unterbrechungen; gezielte Intervention bei Anzeichen von Verzweiflung; in „schwierigen" Fällen Entscheidung treffen, inwieweit der einzelne im Augenblick „gruppenfähig" ist, notfalls in Einzelbetreuung und später wieder in die Gruppe nehmen.

– *Administrative Hinweise:* je nach Erfahrung und Klientel unterschiedlich. Sonstige Voraussetzungen: Information/Werbung, dadurch frühe Motivierung durch mündliche und schriftliche Hinweise (beste Werbung: Mundpropaganda); Beginn meist während des Krankenhausaufenthaltes, Fortführung nach der Entlassung ambulant (manchmal auch als offene Klinikgruppe, an der auch entlassene Patienten teilnehmen können); keine langen Wartezeiten, möglichst bald anfangen, kleine Gruppen, maximal sechs Patienten, etwa zwei Gruppenstunden pro Woche usw.

2. *Soziotherapeutische Korrektur- und Hilfsmaßnahmen,* die gerade bei den Schizophrenien eine große Rolle spielen, nicht zuletzt in der Rehabilitation (wofür sich vor allem die Sozialpsychiatrischen Beratungsstellen bzw. vergleichbare Institutionen anbieten).

3. *Bestimmte* Entspannungsverfahren, die allerdings zuvor genau fachärztlich abgeklärt werden müssen (hier gelten nicht die

gleichen Bedingungen wie bei den meisten übrigen seelisch Erkrankten).

4. *Körperliche Aktivität:* Ist sinnvoll, wenngleich nicht mit demselben therapeutischen Hintergrund wie für viele andere Leiden, auf jeden Fall aber auch für schizophren Erkrankte entlastend, stimmungsausgleichend und angstlösend. Das Gleiche gilt für andere stärkende Maßnahmen (Massage, Krankengymnastik u.a.).

5. *Pharmakotherapie:* Sie ist das am meisten gescholtene, bisweilen geradezu diskriminierte, weil unverstandene (und auch nicht immer sehr glücklich praktizierte) Behandlungsverfahren. Sie ist aber auch – das ist inzwischen von allen fachlich kompetenten Stellen durchaus anerkannt – die wichtigste (!) Behandlungssäule für alle schizophrenen Krankheitsformen (Einzelheiten siehe Kasten). Auf ihr bauen alle anderen Therapieformen auf. Dies gilt nicht nur für die „schweren Fälle" (Wahn, Erregungszustände, Fremd- und Selbstaggressivität), sondern auch für mittelschwer und sogar leichter Erkrankte. Die sind zwar oft empfindlicher gegenüber den Nebenwirkungen der Neuroleptika, aber das ist eine Frage der Dosierung.

Kurz: Wer die heilsame Wirkung der antipsychotischen Medikamente nicht nutzt, verzichtet in den meisten Fällen schizophrener Erkrankungen auf das Therapie-*Fundament.* Wer das nicht so sieht und im Bedarfsfalle die Neuroleptika übergeht (selbst in minimaler „Sockel-Dosierung", die im Notfall rasch erhöht werden kann), muß gute Argumente haben und ggf. das Risiko tragen. Und wer zu spät mit der Medikation beginnt, hat nicht selten auch einen Teil ihrer Wirksamkeit vergeben. Auch hier gilt: Am besten hilft, wer sofort hilft!

Neuroleptika – eine kurze Übersicht

– *Neuroleptika,* auch als Antipsychotika usw. bezeichnet, sind Arzneimittel, die – je nach Wirkstoff – mehr oder weniger antipsychotisch sowie dämpfend wirken. Es stehen mehrere Dutzend Präparate zur Verfügung. Man unterscheidet:

– *Niederpotente Neuroleptika:* eher dämpfend, weniger antipsychotisch. Vor allem bei seelisch-körperlichen Unruhe-, Angst- und Erregungszuständen verschiedener Ursache; als Zusatzbehandlung bei schizophrenen und organischen Psychosen, mani-

---

schen Zuständen, endogenen und körperlich begründbaren Depressionen, Konfliktreaktionen, Neurosen, Persönlichkeitsstörungen, psychosomatischen Erkrankungen, zur Entzugsbehandlung, bei chronischen Schmerzbildern, zur Schlafanbahnung u. a.

- *Hochpotente Neuroleptika:* wichtigste Medikamente gegen Psychosen jeglicher Ursache. Beispiele: organische, d. h. durch bestimmte Stoffwechsel- und andere Störungen, ferner durch äußerliche Einwirkungen (z. B. Kopfunfall), Vergiftungen (z. B. Rauschdrogen), im höheren Lebensalter (z. B. Durchblutungsstörungen, Abbau bestimmter Gehirnstrukturen), vor allem aber endogene (biologische) Psychosen: Schizophrenien, Manie, schizoaffektive Psychose u. a. Daneben aber auch Zwangskrankheiten, Alkoholdelir, chronische Schmerzbilder, in niedriger Dosis auch bei Befindensschwankungen, Unruhe-, Angst- und Erschöpfungszuständen u. a.

- *Mittelpotente Neuroleptika:* Zwischenstellung zwischen niederpotenten und hochpotenten Neuroleptika und damit entsprechend therapeutisch nutzbar (s. o.).

- *Nebenwirkungen:* je nach nieder-, mittel- und hochpotentem Neuroleptikum bzw. Substanz, vor allem aber Dosierung (individuelle Dosis zu ermitteln suchen, um damit ein sinnvolles Verhältnis zwischen erwarteter Wirkung und vermeidbaren Nebenwirkungen herauszufinden).

- *Suchtgefahr:* alle Neuroleptika machen *nicht* abhängig!

Ausblick

Ungewöhnlich viel ist ihm Rahmen dieses Buches über die Schizophrenien berichtet worden, weil sie nach wie vor nicht nur die spektakulärsten, sondern auch am wenigsten verstandenen und damit am ehesten diskriminierten seelischen Störungen sind. Ob sich das in Zukunft ändert, hängt weitgehend von den Betroffenen selbst ab, so sonderbar sich das anhört. Und von ihren Angehörigen, Freunden, Nachbarn und Arbeitskollegen. Denn die therapeutischen Möglichkeiten, insbesondere auf medikamentöser Ebene, sind inzwischen derart wirkungsvoll, daß man der Mehrzahl der Betroffenen ein weitgehend normales Leben versprechen kann, wenn sie sich nur behandeln lassen. Doch das ist die größte Hürde, und bleibt es wahrscheinlich auch. Eine Psychose, also eine Geisteskrankheit zu erkennen, ist schon schwer genug, vor allem zu Beginn und in jungen Jahren. Aber dieses Leiden auch als Krankheit anerkennen, das ist noch schwerer. Das kann ein Nicht-Betroffener wahrscheinlich gar nicht ermessen.

Deshalb gelten diese Zeilen vor allem der Umgebung schizophren Erkrankter. Sie muß – mit allem Fingerspitzengefühl, aber konsequent – darauf hinwirken, daß sich der Patient einem Kinder- und Jugendpsychiater in jungen Jahren und einem Psychiater oder Nervenarzt im ganzen übrigen Leben anvertraut – und auch tut, was dieser vorschlägt. Wenn das gelingt, wird seine Psychose an Schrecken verlieren, ein weitgehend normales Leben – partnerschaftlich, familiär, beruflich – ermöglichen und keine Rückfallgefahr mehr zulassen. Und damit wird auch das negative Image der Schizophrenien mehr und mehr verblassen, um eine Krankheit zu werden, wie andere auch, nämlich erfolgreich behandelbar.

Zwangsstörungen

Fast jeder kennt harmlose Zwänge aus dem Alltag. Manchmal sind sie sogar nützlich. Doch Zwangsstörungen, Zwangserkrankungen oder – wie man es früher nannte – eine Zwangsneurose können das Leben zur Hölle machen. Dabei sind die meisten Betroffenen gar nicht als Zwangskranke erkennbar, fallen lange nicht einmal im engeren Freundeskreis auf. Und das, obgleich diese Störung eine unheilvolle Konsequenz erzwingt: Zuerst wird die Lebensqualität beeinträchtigt, dann folgen Probleme in Partnerschaft, Familie, Beruf, zuletzt drohen Rückzug und Isolation.

Alltägliche Zwänge

„Alltagszwänge" können durchaus hilfreich sein, vor allem dort, wo es auf unbedingte Exaktheit ankommt. Auch kann man damit Kräfte sparen, weil alles „wie auf Schienen läuft". Schließlich besteht das halbe Berufsleben aus Zwängen, und zu Hause, in der Freizeit und sogar im Urlaub sieht das nicht viel anders aus. Zwänge, so scheint es, bestimmen unser Leben. Sie machen einen geordneten Ablauf oft erst möglich. Zwang ist also keineswegs etwas grundsätzlich Unvernünftiges, Behinderndes oder gar Krankhaftes.

Daneben gibt es harmlose Formen des Zwangs, die allerdings „grenzwertig" zu werden beginnen: Manche erledigen ihre Aufgaben immer nach der gleichen Reihenfolge. Wenn das nicht geht, geraten sie aus dem Tritt, sind verunsichert oder verärgert, zumindest leidet die Gelassenheit, wenn nicht gar Effektivität. Andere kontrollieren mehr als nötig, sei es Haustür, Herd, Licht usw. Einige „schätzen halt Ordnung und Sauberkeit", sei es im Haushalt, sei es am Arbeitsplatz. Ihrer Arbeit tut das eher gut, auch wenn sie mitunter belächelt oder als „pingelig" bezeichnet werden. Gelegentlich fallen auch schon hier Begriffe wie „krankhaft genau" oder „zwanghaft". Das muß aber noch nicht der Fall sein. Wieder andere hüten sich vor Unglückszahlen und bestimmten Konstellationen im Alltag, über die sie zwar nicht oder nur ungern reden und an die sie auch nicht zwanghaft gebunden sind, aber wohlfühlen tun sie sich nicht, wenn sie ihre kleinen „Vorsichtsmaßnahmen" nicht durchziehen können. Manche „denken zuviel", leider letztlich unkonstruktiv, weil immer dasselbe, und zwar ohne Sinn, Zweck und damit Lösung. Einige sorgen sich zuviel, nicht ganz abwegig zwar, aber letztlich ohne etwas ändern zu können. Wieder andere sind sogar „überängstlich" und müssen mehr als andere darüber nachsinnen, ob nicht etwas Schreckliches passiert sein könnte, wo doch die ganze Welt voller Gefahren und Katastrophen ist. Einige haben sogar aggressive Gedanken oder Wünsche, aber völlig vereinnahmt werden sie davon nicht.

Vor allem hat das alles keine ernsteren Auswirkungen auf Lebensqualität, zwischenmenschliche Beziehungen, Arbeitsleistung und auf ihr sogenanntes Zeitkontingent, einen Aspekt, auf den noch ausführlich eingegangen werden soll, denn Zwänge kosten Zeit. Auf jeden Fall ist dies aber der Punkt, bei dem sich die Grenze zum Krankhaften abzuzeichnen beginnt.

Was sind Zwangsstörungen?

Zwangsstörungen oder *Zwangskrankheiten* sind also kein „zwanghaftes Verhalten", wie man es häufig beobachten und auch noch tolerieren kann, ggf. sogar an sich selbst. Zwangsstörungen sind eine extreme Steigerung relativ harmloser Gedanken und Handlungen mit entsprechenden Folgen: Sie erzeugen wachsenden Leidensdruck, sie sind zeitraubend, zermürbend, beschämend, seelisch beeinträchtigend, schließlich sogar körperlich belastend – und sie können ein Leben vor allem zwischenmenschlich und beruflich ruinieren.

> Zwänge sind alles beherrschende Erlebnisse. Sie werden vom Betroffenen zwar als unsinnig oder zumindest unangemessen erkannt – aber man ist machtlos gegen sie.

Die Zwangsstörung tritt letztlich in der gleichen Form auf wie die harmlosen Alltagszwänge der Gesunden, nur eben das Leben absorbierend bis versklavend durch Ordnungs-, Wasch-, Kontroll- und andere Zwänge, durch zwanghafte Befürchtungen, rituelle Handlungen usw.

Zwangsstörungen entwickeln sich in der Regel schleichend, manchmal aufgrund eines bestimmten Auslösers, auf jeden Fall aber lange unerkannt, manchmal sogar für nahe Angehörige. Denn die Betroffenen neigen zur Verheimlichung ihres Problems, aus Scham, Resignation und Hoffnungslosigkeit. Selbst heute finden sich viele Menschen, die mit Zwangsstörungen zu kämpfen haben, erst nach jahrelangem Leidensweg bei ihrem Arzt ein. Dies nicht zuletzt deshalb, weil diese Krankheit als bisher nicht befriedigend behandelbar galt, ja über lange Zeit überhaupt nicht zur Kenntnis genommen wurde.

Dabei handelt es sich nach neueren Erkenntnissen nicht mehr um eine vernachlässigbare Zahl von Betroffenen, wie das früher die sogenannten „Zwangsneurosen" betraf. Heute spricht man von ein bis zwei, möglicherweise sogar drei Prozent solcher Zwangskranken in der Allgemeinbevölkerung. Das sind mehr als ein bis zwei Millionen Menschen allein im deutschsprachigen Bereich. Dabei kann man inzwischen durchaus erfolgreich etwas dagegen tun, sowohl medikamentös als auch psychotherapeutisch. Wie äußern sich nun die Symptome einer Zwangskrankheit?

Das Beschwerdebild der Zwangsstörung

Zwänge drängen sich auf beim Denken, Vorstellen, Fragen, Sprechen und Zählen, beim Handeln und Vermeiden, beim Planen und Ausführen. In der Mehrzahl der Fälle setzt sich das Beschwerdebild aus Zwangsgedanken oder Zwangshandlungen zusammen, meist sogar aus beidem. Zwänge müssen – wie erwähnt – nicht immer unsinnig sein, und leichte Formen (Licht, Bügeleisen, Haustür, Wasch- oder Putzzwang) sind auch beim psychisch Gesunden nicht selten. Die Grenze zum Behindernden und Quälenden, also letztlich Krankhaften, ist meist fließend.

Was macht dann aber das Krankhafte aus? Vor allem die hartnäckige Aufdringlichkeit und die Unfähigkeit, sie zu steuern oder zu unterdrücken. Im Extremfall können Zwänge so groteske Formen annehmen, daß sie das Leben des Betroffenen ruinieren.

Denn wenn er seinen Zwängen entrinnen will, drohen vielfältige körperliche Reaktionen, z.B. Schweißausbruch, Zittern, vor allem aber Angst. Deshalb hat man die Zwangsstörungen früher auch zu den Angststörungen gerechnet, kommt aber nach und nach zu der Erkenntnis, daß es sich um ein eigenständiges Leiden handelt. Im einzelnen:

Zwangsgedanken

Am häufigsten finden sich *Zwangsgedanken* und *Zwangsvorstellungen*, die sich um Umfälle, Erkrankungen, Katastrophen oder Gewalttaten drehen und die insbesondere nahestehende Personen bedrohen sollen. Dabei werden die zwanghaften Befürchtungen fast bildhaft-realistisch durchlitten. Gelegentlich drängen sich auch stereotype, also immer wieder auftretende Sätze, Verse, Melodien oder die Vorstellung auf: „Was wäre, wenn …?" Das fragen sich zwar auch viele Gesunde, aber nicht unter einem quälenden Wiederholungszwang.

Manchmal zeigen die Zwangsvorstellungen auch die erwähnten aggressiven Züge. Das äußert sich beispielsweise in dem „theoretischen Zwang", Unanständiges aussprechen oder gar ausführen zu müssen, jemanden zu beschimpfen, ja selbst geliebte Personen, z.B. das eigene Kind oder gar sich selbst zu verletzen oder zu töten. Allerdings kommt es – glücklicherweise – so gut wie nie zur Ausführung dieser Zwangsideen, nicht zur Beschimpfung und schon gar nicht zu aggressiven Handlungen. „Zwangskranke sind Täter ohne Tat." Dafür leiden sie jedoch furchtbar unter diesen, ihnen ja wesensfremden Zwängen, die natürlich auch zu Selbstzweifeln und Selbstanklagen, zu Scham, Schuldgefühlen, Angst und Niedergeschlagenheit führen.

Weitere, vielleicht nicht ganz so bedrohliche, aber trotzdem unangenehme Zwangsgedanken beziehen sich auf Verschmutzung (von Reinigungs- und Lösungsmitteln über Krankheitskeime bis zu giftigen Abfallstoffen, Strahlen, Urin und Kot), auf sexuelle Inhalte („Verbotenes", „Perverses"), auf religiöse und moralische Fragen (Sünde, Gotteslästerung) usw.

Schließlich besteht die zwanghafte Furcht, bestimmte Dinge zu wissen, zu sagen, zu verlieren, die extreme Besorgnis über körperliche Funktionen, Störungen oder äußerliche Veränderungen bzw. die Angst, auch „nur" irgend etwas könnte unordentlich, schief, schräg oder wie auch immer aussehen und zu entsprechenden Klagen Anlaß geben. Den zwanghaften Befürchtungen und Sorgen sind keine Grenzen gesetzt.

Im Kasten sind noch einmal die wichtigsten Zwangsgedanken und Zwangsvorstellungen zusammengefaßt, wie sie vor allem im Alltag zermürben.

Die häufigsten Zwangsgedanken und Zwangsvorstellungen*

– *Aggressive Zwangsgedanken:* Befürchtungen, obszöne Gedanken und Beleidigungen laut von sich zu geben, etwas anderes Peinliches zu tun, einen Diebstahl zu begehen, sich selbst oder andere zu verletzen, z. B. mit einem Messer, mit dem Auto anfahren (einschließlich Fahrerflucht), Diebstahl, Einbruch, Brandschatzung, andere gewalttätige oder schreckenerregende Vorstellungen.
– *Verschmutzungs-Zwangsgedanken:* Sorgen über Schmutz oder Keime, über Asbest, Strahlen, giftige Abfallstoffe, Reinigungs- und Lösungsmittel, Insektizide; Furcht, davon krank zu werden; Ekel in Bezug auf körperliche Ausscheidung wie Speichel, Urin, Kot usw.
– *Sexuelle Zwangsgedanken:* sexuelles Verhalten anderer gegenüber, z. B. sexuelle Handlungen mit Kindern, homosexuelle Kontakte; „verbotene" oder „perverse" Gedanken, Bilder oder Impulse u. a.
– *Religiöse oder moralische Zwangsgedanken:* übermäßige Beschäftigung mit Fragen über richtige oder falsche Handlungen, über Moral; ferner die Befürchtung, Gotteslästerungen zu begehen usw.
– *Zwangsgedanken bezüglich Symmetrie oder Genauigkeit:* etwas könnte schief stehen, schräg hängen, unkorrekt übereinanderliegen, unordentlich aussehen usw.
– *Körperbezogene Zwangsgedanken:* Besorgnis über Mißempfindungen, Beeinträchtigungen, Störungen, Krankheiten; exzessive Sorgen hinsichtlich bestimmter Körperteile oder Besonderheiten des Aussehens, z. B. Haare zu dünn, Nase zu lang, Ohren zu groß usw.
– *Sonstige Zwangsgedanken:* unbeeinflußbarer Drang, bestimmte Dinge wissen oder ändern zu müssen; abergläubische Befürchtungen; Furcht, bestimmte Dinge zu sagen, zu verlieren, zu tun, zu unterlassen usw.

* Modifiziert nach den Aufklärungs-Broschüren der Deutschen Gesellschaft für Zwangserkrankungen, Katharinenstr. 48, 49078 Osnabrück

---

Zwangshandlungen

Zwangshandlungen sollen häufig die Zwangsvorstellungen neutralisieren. Nach außen fallen sie durch ihren fast automatisierten Ablauf auf, und weil sie der jeweiligen Situation völlig unangemessen sind. Am bekanntesten sind die Kontrollzwänge: Schlösser, Herd, Elektrogeräte, Licht usw.

Nicht viel seltener sind die Reinigungs- bzw. Waschzwänge: Händewaschen, Duschen, Baden, Zähneputzen, sonstige Körperpflege, aber auch Haushalts- und andere Gegenstände. Schließlich die Wiederholungszwänge: mehrmaliges Lesen, Schreiben oder Handeln, die Zähl-, Ordnungs-, Sammel- oder Aufbewahrungszwänge sowie verschiedene, den Uneingeweihten reichlich grotesk erscheinenden Zwangshandlungen wie der Drang zu reden, zu fragen oder zu bekennen, zu blinzeln oder anzustarren, Dinge anzufassen oder anzutippen, ferner zu reiben, zu wischen usw.

Zwangshandlungen*

– *Reinigungs- und Waschzwänge:* unablässige Beschäftigung mit der Reinigung von Haushalts- oder anderen Gegenständen; exzessives und ritualisiertes Händewaschen, Duschen, Baden, Zähne putzen, sonstige Körperpflege; andere Maßnahmen, um Kontakt mit Verschmutzung zu vermeiden oder zu beseitigen u. a.

– *Technische Kontrollzwänge:* Kontrollieren von Schlössern, Herd, Elektrogeräten, Türen, Fenstern, Wasserhähnen, Steckdosen usw.

– *Psychosoziale Kontrollzwänge:* Kontrollieren, ob man keinen Fehler gemacht hat; ob nichts Schreckliches passiert ist oder passieren wird; ob man sich selbst verletzt hat; ob man andere Menschen verletzt hat (Vorsichtsmaßnahmen ergreifen, daß dies nicht passieren kann) usw.

– *Wiederholungszwänge:* mehrmaliges Lesen, Rechnen, Schreiben; mehrmaliges Handeln: durch die Tür hinein- und hinausgehen, sich auf den Stuhl setzen und aufstehen (möglichst noch nach bestimmten Ritualen ablaufend), Schuhe abputzen, Hände abtrocknen usw.

* Modifiziert nach den Broschüren der Deutschen Gesellschaft für Zwangserkrankungen.

- *Zählzwänge:* zuerst einfach, dann immer komplizierter und damit zeitaufwendiger, zermürbender, beängstigender, hoffnungsloser.
- *Ordnungszwänge:* alles und jedes, was sich irgendwie nach Zahl, Richtung, Anordnung usw. ordnen läßt: Kleider, Wäsche, Bücher, Werkzeug, Büromaterial, Geräte von Garage, Dachboden, Keller usw.
- *Sammel- und Aufbewahrungszwänge:* alles, was sich einigermaßen geordnet und überschaubar horten läßt.
- *Sonstige Zwangshandlungen:* gedankliche Rituale (außer Kontrollieren, Zählen usw.) wie Gebete, Gedichte, sonstige Texte im Kopf aufsagen, Melodien nachsummen usw.; exzessives Erstellen von Listen über Alltagsdinge; unbeeinflußbarer Drang zu reden, zu fragen oder zu bekennen; Rituale, die Blinzeln oder Anstarren beinhalten; Haare ausreißen; Drang, Dinge anzutippen, anzufassen, anzuklopfen, zu reiben, anzupusten, anzustoßen, draufzutreten, zu überspringen usw. (alles aber nicht spielerisch, wie das gelegentlich bei Gesunden vorkommt, sondern zwanghaft, peinlich und sich zeitaufwendig wiederholend).

Viele dieser Zwänge erschöpfen sich nicht nur in der reinen Zwangshandlung, sie bauen sich immer raffinierter und dadurch zeitaufwendiger, mühseliger, schließlich alle Kräfte erschöpfend auf, z. B.: Treppe rauf, Treppe runter, aber exakt rechts oder links bzw. genau durch die Mitte einer Tür laufen und wieder zurück; Dokumente haargenau (!) übereinanderlegen; Reinigungszwänge nicht nur realistisch, sondern nach einem bestimmten Ritual durchführen, also Schuhe dreimal längs, dreimal quer und einmal diagonal auf der Fußmatte abputzen. Solche, z. T. nicht nur umständlichen Entlastungsrituale („Nur so komme ich zur Ruhe") sind natürlich nicht nur lächerlich, sondern können den Betroffenen auch zwischenmenschlich und vor allem beruflich schaden. Ähnliches gilt für häufiges Händewaschen gegen AIDS, für „gute Gedanken denken" oder Gutes tun, damit den Kindern nichts passiert u. a.

Auch gibt es die sogenannte *zwanghafte Verlangsamung* mit zeitlupenhaftem Verhalten oder Ordnungs- und andere Zwänge, die nur unterbrochen werden können, in denen man bestimmte Zahlenabfolgen durchrechnet und sich dadurch kurzfristig befreit – bis der Zwang aufs neue versklavt (und im übrigen die geforder-

ten Entlastungsrechnungen immer komplizierter werden läßt).
Oder moderne Zwänge, z.B. die zwanghafte Befürchtung, im
Straßenverkehr durch unverzeihliche Unachtsamkeit andere behindert, gar angefahren und verletzt zu haben, vor allem beim
Einparken, Abbiegen, Rückwärtsfahren, Einfädeln usw. Dies verbunden mit zwanghafter Rückkehr an den „Tatort", mit ängst-
lich-zwanghafter Kontrolle, ob dort nicht ein verletzter Fußgän-
ger, Fahrradfahrer, Hund usw. liegt, und das Ganze gegebenenfalls
mehrmals hintereinander („Vielleicht sind die Verletzten schon in
einen Hausgang getragen worden ...").

Begleiterscheinungen und Folgen

Zwangsgedanken und Zwangshandlungen nehmen viel Zeit in
Anspruch, im Schnitt zwei Stunden pro Tag, meist mehr. Schon
der im Alltag landläufig als „Perfektionismus" bezeichnete Drang
nach Ordnung kann sehr aufwendig sein. Um wieviel mehr eine
Zwangsstörung, vor allem wenn sie in ein sogenanntes *Ord-
nungsritual* mit ganzen Programmabläufen eingebunden ist. Dabei gehört dieses ritualisierte Verhalten zu den häufigsten Verlaufsform von Zwangshandlungen.

Die Folgen lassen sich leicht vorstellen. Sie beginnen in Partnerschaft und Familie und gehen über in den Freundeskreis, in
Freizeit, Hobbys bis hin zum Berufsalltag. Man denke nur an entsprechende Situationen in Schlaf- und Badezimmer, in Toilette
und Küche, im Familienalltag bei Unterhaltungsspielen, Ausflü-
gen, bei Treffen und sonstigen Veranstaltungen, von beruflichen
Komplikationen ganz zu schweigen. Und man stelle sich die Konsequenzen vor: Verwunderung, Irritation, Ärger, Hohn und Spott,
entsprechende Kommentare, Aufforderungen, reizbare bis aggressive Reaktionen, Beschimpfungen, Verhöhnungen, Beschnei-
dungen, Verbote, Versetzungen, Herabstufung, Kündigung, Woh-
nungs-, Orts- und Arbeitsplatzwechsel, schließlich Rückzug,
Isolation, Arbeitsunfähigkeit, finanzielle Schwierigkeiten, ggf.
Trennung oder Scheidung, sozialer Abstieg usw. Natürlich muß es
nicht zu einem solch traurigen Ende kommen, aber völlig reakti-
onslos pflegt die Umgebung Zwangsverhalten nicht hinzunehmen, jedenfalls nicht auf Dauer.

Dabei hatten viele Zwangsgestörte schon vor Ausbruch ihrer Erkrankung ihre liebe Not mit sich und anderen: Sie sind eher unsicher, entscheidungsschwach, ambivalent („Was ist richtig, was soll ich tun?"), haben Angst vor Ablehnung durch andere, verfügen nur über ein geringes Selbstwertgefühl, sind furchtsam und unsicher (vor allem was Normen betrifft: was „man" tut), haben insbesondere Zukunfts- und Risikoängste, sind dabei von depressiven Stimmungen und sexuellen Störungen bedroht. Nach Ausbruch der Zwangskrankheit wird sich dies alles noch verstärken, ein Teufelskreis von Befürchtungen, „erahnten" schlimmen Ereignissen und damit gesteigerten Angstvorstellungen setzt ein.

Beginn und Verlauf

Zwanghaftes Verhalten findet sich häufig schon in der Kindheit. Im allgemeinen geht man davon aus, daß es um das 20. Lebensjahr herum beginnt. In Wirklichkeit aber dürfte es so sein, daß sich Zwangsverhalten während dieser Zeit einfach nicht mehr verheimlichen läßt. Die ersten Anzeichen liegen tatsächlich weit früher. Auf jeden Fall pflegt sich mit Mitte Dreißig die Zwangsstörung voll ausgebildet zu haben, also in den sogenannten besten Jahren.

Manchmal bricht sie auch erst unter bestimmten Situationen aus, die an und für sich normal, für den Betroffenen aber irgendwie belastend sind: Schulwechsel, Ausbildungsbeginn, die erste intimere Freundschaft, Heirat, Geburt eines Kindes, berufliche und sonstige Umstellung, Streß- und Überforderungsreaktionen usw.

Von der *geschlechtsspezifischen Verteilung* her scheinen Männer wie Frauen gleich häufig betroffen zu sein (nach anderen Untersuchungen Frauen etwas häufiger).

Wo sich Zwangsstörungen sonst noch finden

Es gibt Alltagszwänge, die gelten als gerade noch normal oder zumindest grenzwertig. Dann gibt es krankhafte Zwänge, sogenannte *Zwangsstörungen*, die man früher bei rein neurotischer

Ursache als Zwangsneurose bezeichnete. Darüber hinaus gibt es Zwangssymptome auch bei Depressionen, zum einen bei neurotischen Depressionen, zum anderen bei endogenen, also biologisch verankerten depressiven Zuständen. Auch bei schizophrenen und anderen Psychosen sowie bei bestimmten hirnorganischen Leiden (z.B. Gehirnentzündung oder Gehirnschwund in bestimmten Gehirnregionen) sind sie nicht selten. Entscheidend für die Diagnose ist das gesamte Beschwerdebild, seine jeweils charakteristischen Symptome und Ursachen, ferner Auslöser, Verlauf und besondere Belastungen.

So gibt es beispielsweise eine wichtige Unterscheidung zwischen den Zwangsgedanken von Patienten mit reiner Zwangsstörung und schizophren Erkrankten: Auch wenn sich bei ersteren Zwangsgedanken unwillkürlich aufdrängen und zumeist als sinnlos oder gar abstoßend empfunden werden, werden sie doch von rein Zwangsgestörten als ihre eigenen Gedanken erlebt. Dagegen empfinden Schizophrene solche zwanghaften Gedanken nicht selten als von „außen kommend" oder gar als „gemacht", „gelenkt" u.a.

Ein umstrittenes Phänomen ist die *zwanghafte Persönlichkeitsstörung*. Eine Persönlichkeitsstörung ist ein tief eingewurzeltes Fehlverhalten mit entsprechenden zwischenmenschlichen und gesellschaftlichen Konflikten oder genauer gesagt: wenn eine Persönlichkeitsstruktur durch (zu) starke Ausprägung bestimmter Merkmale so akzentuiert ist, daß sich hieraus ernsthafte Leidenszustände und/oder Konflikte für den Betroffenen, vor allem aber für sein Umfeld ergeben.

Mit dem Konzept der Persönlichkeitsstörung tut man sich seit jeher schwer. Das äußert sich nicht zuletzt in einer Reihe von bedeutungsgleichen bzw. bedeutungsähnlichen Fachbegriffen: abnorme, dissoziale, psychopathische Persönlichkeit, Charakterneurose, Soziopathie, früher vor allem Psychopathie u.a. Es gibt zahlreiche Formen der Persönlichkeitsstörung, z.B. wahnhafte, hysterische, depressive, asthenische, sensitive, ängstliche u.a. Persönlichkeitsstörungen. Eine davon ist die erwähnte *zwanghafte oder anankastische Persönlichkeitsstörung:* Unentschlossenheit, Zweifel, übermäßige Vorsicht als Ausdruck einer tiefen persönlichen Unsicherheit. Extremer Perfektionismus. Bedürfnis nach ständiger Kontrolle und peinlich genauer Sorgfalt, was zur Bedeutung der Aufgabe aber in keinem Verhältnis steht und bis zum Verlust des Überblicks führt. Übermäßige Gewissenhaftigkeit, Skrupelhaftigkeit und unverhältnismäßige Leistungsbezogenheit, dabei Vergnügen und zwischenmenschliche Beziehungen vernachlässigend. Unfähig oder nur mangelhaft befähigt, warmherzige Gefühle zu zeigen. Starrheit und Eigensinn, wobei sich die anderen den eigenen Gewohnheiten unterordnen sollen. Beharrliche und unerwünschte Gedanken und Impulse, die allerdings nicht den Schweregrad einer Zwangsstörung erreichen. Schließlich das Bedürfnis, alles frühzeitig, detailliert und dann auch unveränderbar vorauszuplanen.

Die zwanghafte oder anankastische Persönlichkeitsstörung ist weiter verbreitet als man denkt. Die Betroffenen leben in der Vorstellung, vollständig im Recht zu sein. Leidensdruck besteht relativ wenig (im Gegensatz zur eigentlichen Zwangskrankheit). Dafür leiden die Mitmenschen umso mehr, je nach dem, wie ausgeprägt man von einer solchen Persönlichkeitsstörung abhängt (Partnerschaft, Familie, Arbeitsplatz).

Zwangsstörungen im Kindes- und Jugendalter

Zwangsstörung sind auch im *Kindes- und Jugendalter* nicht selten. Die meisten vergehen wieder von allein, einige aber beschweren den Rest des Lebens. Deshalb nachfolgend eine komprimierte Übersicht:

Leichtere, nicht behandlungsbedürftige Zwangsphänomene gibt es auch im Kindes-, vor allem aber Jugendalter öfter (bis zu einem Fünftel?): sich vor „Unglückszahlen" hüten, bestimmte Steine und Treppenstufen betreten oder meiden, besondere Fragen ständig wiederholen, immer wiederauftretende Rituale des Zubettgehens, sich ständig wiederholende Spielabläufe, Musik- und Maler-Motive usw. Daneben findet sich aber auch schon während dieser Phase eine ungewöhnliche Neigung zu Ordnung (Arbeitsmaterialien, Schule) und Sauberkeit (besonders Händewaschen).

Die extreme Steigerung derartiger Handlungen oder Gedanken, charakterisiert durch Zeitaufwand, unnötige Mühsal, beeinträchtigte Lebensqualität und schließlich Leidensdruck, sind dann die folgenden *Zwangsgedanken und -vorstellungen:* sinnlose Ideen, Zahlenreihen oder Sätze, vielleicht sogar belastende Vorwürfe; ferner – wie bei den Erwachsenen – die quälende Frage, ob Türen, Lichtschalter oder Geräte ausreichend kontrolliert wurden sowie die bekannten Sauberkeitsbefürchtungen und Zwänge (Verschmutzung, Verseuchung, Vergiftung) sowie Katastrophenängste („daß Angehörigen Schlimmes passiert").

Bei den *kindlichen Zwangshandlungen* sind es vor allem die Reinigungs- (insbesondere exzessives Händewaschen) und Wiederholungszwänge (rein und raus, bestimmte Buchstaben im Schulheft durchstreichen), die Kontrollzwänge (Nachprüfen von Türen, Schlössern, Hausaufgaben), die Ordnungs-, Zahl- und Sammelzwänge sowie ständig wiederholte Fragen. Charakteristisch auch sogenannte kindertypische Zwänge im Sinne überflüssiger Symmetrieanordnungen wie z.B. gleich lange Schnürsenkel, parallel gebürstete Augenbrauen, exakter Scheitel usw.

Zwangskranke Erwachsene und auch zwangskranke Kinder quält das gleiche Phänomen: „Du kannst und darfst deinem gesunden Menschenverstand und fünf Sinnen nicht trauen, die dir sagen: Alles ist verschlossen und sauber. Du mußt nochmals kontrollieren und zur Beruhigung in Gedanken Zahlenreihen wiederholen. Du darfst dem Impuls nicht widerstehen, dich ständig zu waschen." Die Zweifel hören niemals auf und drängen alles andere im Leben zurück, besetzen es voll und ganz.

Wenn man versucht, mit Hilfe anderer Gedanken oder Handlungen etwas Luft zu bekommen („Mein Zahlensystem hält die Zwänge in Schach" oder „Ich muß aggressiv sein, sonst nehmen die Zwänge überhand") gibt es tatsächlich Entlastung, aber nur kurz. Dann geht alles von vorne los. Wer sich dagegen stemmt, muß mit Unruhe, Angst, Anspannung, eventuell sogar mit Zittern und Schweißausbrüchen bezahlen. Zuletzt kommt noch die Angst vor der Angst und schließlich eine alles verdüsternde Niedergeschlagenheit hinzu. Da kehrt man lieber wieder zu Zwanghandlungen zurück. Der Widerstand erlahmt, man scheint seine Ruhe zu haben, in Wirklichkeit ist man definitiv zum Opfer geworden. Auch droht durch die sinnlosen Zwangsrituale der kontinuierliche Kräfteverschleiß, der in Erschöpfung und Regenerations*un*fähigkeit endet. Dazu kommt der psychosoziale Teufelskreis in Familie und Schule, was zu zusätzlichen Beeinträchtigungen führt: Der zwanghaft Handelnde ist resigniert, deprimiert, unglücklich, besitzt ein nur geringes Selbstwertgefühl, ist unsicher, ständig in Angstbereitschaft, schließlich kommt es zu Rückzug und Isolation.

Wann es beginnt, wie es weitergeht

Zwanghaftes Verhalten findet sich schon in der Kindheit, hieß es zu Beginn dieses Kapitels. Viele Kinder- und Jugendpsychiater sind sogar der Meinung: Die *meisten* (!) Zwangsstörungen beginnen bereits im Jugend- oder frühen Erwachsenenalter, manchmal sogar schon im Kindergarten. Etwa die Hälfte der erwachsenen Zwangskranken soll sich rückblickend an bestimmte Zwangsmerkmale im Kindesalter erinnern. Doch in jungen Jahren läßt sich das noch besser verbergen als später. Es kann Monate, ja Jahre dauern, bis es die Eltern und Geschwister bemerken. Schulkameraden und Lehrern bleibt Zwangsverhalten meist verborgen, weil es vertuscht wird, so lange es geht. Viele Eltern sind deshalb verwirrt, daß ihr Kind die Zwänge in der Schule oder bei Freunden unterdrücken kann, zu Hause aber nicht mehr zu kontrollieren vermag. Doch die Kontrolle ist so anstrengend, daß dafür zu Hause keine Kraft mehr verfügbar ist, man läßt sich „gehen", um wenigstens in Schule und Freundeskreis nicht aufzufallen (wie übrigens später im Erwachsenenalter auch; dort kämpft man vor allem um eine möglichst lange Vertuschung am Arbeitsplatz). Doch nach und nach ist auch das nicht mehr möglich. Manchmal wechseln die Zwänge, manchmal weiten sie sich aus. Meist dominiert ein spezieller Zwang über Monate und Jahre hinweg. In jungen Jahren ist das in der Regel ein Waschzwang, der allerdings auf Dauer besonders schlecht verheimlicht werden kann.

Immerhin sollen über die Hälfte der Kinder und Jugendlichen mit Zwangsstörungen schon Jahre vor Ausbruch des eigentlichen Leidens bestimmte Verhaltensmerkmale aufweisen, die zumindest einen gewissen Hinweiswert haben: besondere Starrheit im Verhalten, charakteristische Wiederholungsrituale (z. B. immer den gleichen Weg nehmen zu wollen) usw.

Wie es weitergeht, ist schwer voraussagbar. Bei den einen kommt es zur spontanen Besserung (etwa ein Drittel?), bei den anderen bleibt es ein Leben lang (jeder fünfte?). Die Mehrzahl weist aber auch im späteren Leben wenigstens leichtere Zwangsmerkmale auf. Einfach haben es die Betroffenen deshalb auch in Zukunft nicht, vor allem im zwischenmenschlichen (Partnerschaft, Familie, Freundeskreis, Nachbarschaft) sowie im beruflichen Bereich.

So leben nicht wenige auch später noch bei ihren Eltern, zuletzt dann allein und haben kaum dauerhafte Beziehungen und vor allem wenig beruflichen Erfolg. Die Zwänge kosten zuviel Zeit und Kraft. Deshalb ist eine rechtzeitige Diagnose und konsequente Therapie auch so unerläßlich, die so früh wie möglich einsetzen sollte.

Wie erklärt sich eine Zwangsstörung?

Die Frage, wie man sich solche Zwänge erklärt, von der dezenten Beeinträchtigung bis zur ruiniösen Zwangskrankheit, ist (noch) nicht befriedigend zu beantworten. Man nimmt an, daß es sowohl biologische, auch erbliche, als auch lern- und lebensgeschichtliche Aspekte sind, die hier zusammenkommen.

Zunächst läßt sich das Phänomen der Zwangsstörung erst einmal ohne krankhaften Bezug sehen. So sind – wie mehrfach erwähnt – normale Zwänge im Sinne einer disziplinierten Leistung vor allem im Berufsleben nicht grundsätzlich falsch. In einigen Berufszweigen gehören sie zur Voraussetzung und entscheiden über Erfolg oder Mißerfolg, im Einzelfall sogar über verhängnisvolle Kontrollmängel im Sach- und Personenschutz. So hat z.B. niemand etwas dagegen einzuwenden, wenn ein Auto- oder Flugzeugmechaniker, ein Arzt oder Richter, ein Wissenschaftler oder technischer Kontrolleur genau, ja perfektionistisch oder gar zwanghaft vorgeht – besonders dann, wenn es sich um unsere eigenen Sicherheitsbelange handelt.

Selbst „krankhaft übersteigerte zwanghafte Verhaltensweisen" können für den Betroffenen noch positive Elemente enthalten, zumindest scheinbar bzw. zeitlich begrenzt. So können Zwänge dazu dienen, allgemeine und spezifische Ängste im Alltag, z.B. vor anderen Menschen, vor Überforderung, in partnerschaftlichen und familiären Konflikten, zu mildern. Wenn man seine ganze Kraft und Aufmerksamkeit auf das „korrekte Abwickeln" von Zwängen richtet, kann man solche Problembereiche ggf. besser auf Distanz halten oder überhaupt ausblenden. Das gleiche gilt für Gefühle von Resignation, Niedergeschlagenheit, Hoffnungslosigkeit u. a., die durch Zwangsrituale kurzfristig zu mildern sind; schließlich ist man beschäftigt, abgelenkt, absorbiert und muß sich nicht mehr mit Einsamkeit, Unsicherheit, Konflikten, Forderungen, Vorwürfen usw. auseinandersetzen.

Manchmal dienen Zwänge auch als Protestreaktion gegen (übermächtig empfundene) Eltern, Lehrer, Partner, Vorgesetzte, Arbeitskollegen u. a. Die eigenen Zwänge werden zu „Gegen-Zwängen", gegen den Zwang von außen, und dienen indirekt dem Ausdruck von Ärger, Wut, Enttäuschung, Hilflosigkeit. Kurz: Manche Zwänge scheinen für die Betroffenen wichtige „Hilfs-mittel" zu sein, um scheinbar nicht zu bewältigende Probleme zu lösen, zu verdrängen oder zumindest auf Distanz zu halten. Manchmal dienen sie sogar der Neutralisation von Aggressionen, wenn alle anderen Bewältigungsstrategien zu versagen drohen. Und mit dem Vollzug des zwanghaften Rituals, das viel Zeit kostet, beweist sich der Betroffene vielleicht sogar die Notwendigkeit seines Tuns: Wenn solche Anstrengungen zur Erlangung von Sauberkeit, Ordnung, Sicherheit und Kontrolle nötig sind, muß dies doch einen Grund haben.

Weitere Erklärungsversuche beziehen sich auf folgende Aspekte:

– *Lerntheoretisch* sind es vor allem elterlicher, schulischer und religiöser Erziehungsstil sowie frühere und aktuell belastende Lebensereignisse (Trennung, Tod, Scheidung, Partner- und Berufskonflikte), die bei der Entstehung von Zwängen eine wichtige Rolle spielen. Man hofft, keinen Fehler zu machen, nicht abgelehnt oder kritisiert zu werden, wenn man z. B. besonders genau, ordentlich, zuverlässig ist. Vielleicht hofft man auch drohende Katastrophen und die damit verbundenen Befürchtungen durch Rituale bannen zu können, erst eher spielerisch, später immer zwanghafter. Bald werden die ursprünglichen Gründe immer unwichtiger, schließlich völlig vergessen; was bleibt, sind Zwangsgedanken, Zwangsbefürchtungen und Zwangshandlungen, damit man sich besser fühlt. Hört man damit auf, wird man plötzlich ängstlich, unsicher, hilflos und einsam.

– *Psychoanalytische Erklärungsversuche* begreifen die Zwänge vor allem als Abwehrmaßnahmen gegen „verbotene Impulse aus dem Unbewußten", wobei sich auch hier die Rituale – vorerst – als Hilfe im Umgang mit negativen Gefühlen anbieten.

– Bezüglich der *biologischen* oder treffender *biochemischen Ursachen* scheint es sich am ehesten um eine neurobiologische Störung im Zusammenspiel bestimmter Botenstoffe des Gehirns (z. B. Impulsübertragung an den Nervenbahnen) zu handeln. Diese Hypothese wird auch durch die Wirksamkeit bestimmter Arzneimittel gestützt.

– Und schließlich scheint sogar eine *Vererbung*, zumindest aber die Weitergabe einer gewissen Disposition oder „Verwundbarkeit" nicht auszuschließen zu sein. Über die genauen genetischen Mechanismen weiß man aber noch wenig.

Therapie

Zwangskranke galten früher als „verloren". Die meisten bekamen überhaupt keine Behandlung; bei anderen wurden die Heilungsaussichten als so ungünstig eingestuft, daß sich die Therapeuten um diese Patienten nicht gerade rissen. Das hat sich geändert. Allerdings ist auch heute noch der Leidensweg vom Krankheits- bis zum Therapiebeginn ungewöhnlich lang. Man spricht von bis zu sieben Jahren!

Grundsätzlich gilt inzwischen auch hier: Mehrere Therapieansätze sind gemeinsam erfolgreicher als nur wenige oder gar nur ein einziger. Das heißt konkret:

- Die *Psychotherapie* ist unerläßlich, kommt aber immer noch am seltensten zustande. Es fehlt an entsprechend ausgebildeten Psychotherapeuten bzw. freien Behandlungsplätzen und auch an Geduld und Mitarbeit seitens vieler Betroffener. Am günstigsten scheint sich die *Verhaltenstherapie* mit einem strukturierten Behandlungskonzept zu stellen (Exposition in der Phantasie bzw. in der Wirklichkeit, Bewältigungsstrategien, realistische Neubewertung zuvor ängstigender Situationen, sogenannte kognitive Ansätze usw.). Aber auch *tiefenpsychologische* und andere therapeutische Verfahren kommen zum Einsatz.
- Wichtig ist auch die *Familienberatung* (siehe Kasten) und das sogenannte *„Selbstmanagement"*, das auch in Zukunft und vor allem alleine dazu beitragen soll, in konfliktreichen Situationen und bei den ersten Anzeichen von zwanghaften Reaktionen auf die erlernten Bewältigungsstrategien zurückzugreifen.
- Vor allem versucht man immer häufiger die *Selbsthilfe* zu stärken. Dabei wirken die entsprechenden Hinweise und Tips manchmal geradezu schlicht, was aber ihrer Wirksamkeit keinen Abbruch tut. Beispiel: Bei Zwangsgedanken wird in der Regel als erstes gewaltsam versucht, diesen oder jenen Gedanken nicht zu denken. Doch das ist zwangsläufig zum Scheitern verurteilt. Der aktive Versuch des „Nichtdenkens" enthält ja bereits den Gedanken an das, woran man nicht denken möchte. Hier ist das Loslassen wirkungsvoller.

Wichtig ist es auch, scheinbar unsinnigen, beschämenden oder aggressiven Gedanken ihren Krankheitswert zu nehmen, indem man sie einfach nicht als unsinnig, beschämend oder aggressiv einstuft, zumindest die Mehrzahl von ihnen. Viele Zwangspatienten gehen irrtümlich davon aus, daß „nur sie noch solche scheußlichen Gedanken haben", oder empfinden am Schluß alles beschämend oder aggressiv. Das stimmt natürlich nicht und mündet nur in Resignation und Hoffnungslosigkeit.

– Schließlich bleibt noch die *Pharmakotherapie*. Sie leuchtet zwar bei dem „rein seelischen Leiden der Zwangsstörungen" auf den ersten Blick am wenigsten ein, wird aber inzwischen mit am häufigsten praktiziert und weist vor allem auch ermutigende Erfolge auf. Krankhafte Zwänge sind durchaus medikamentös beeinflußbar, und zwar vor allem durch Antidepressiva, insbesondere durch bestimmte trizyklische Substanzen, Serotonin-Wiederaufnahme- und Mono-Amino-Oxidase-A-Hemmer. Allerdings darf man dabei nicht so schnell die Geduld verlieren. Diese Arzneimittel (die, nebenbei gesagt, entgegen dem häufigen und verhängnisvollen Trugschluß alle nicht süchtig machen) müssen lange Zeit eingenommen werden, d.h. viele Monate, bis sich ein erster Erfolg abzeichnet. Kurzfristig ist bei Zwangsstörungen ohnehin nichts zu machen. Bei allen seelischen Störungen ist Geduld gefragt, für Zwangsstörungen gilt dies ganz besonders.

Auf jeden Fall gilt es die Erkenntnisse der letzten Jahre zu berücksichtigen, die besagen:

Die besten Erfolge hat man bei einer Zwangsstörung durch die Kombination von Psychotherapie, Pharmakotherapie, Familienberatung und Selbstmanagement.

Hilfe durch die Deutsche Gesellschaft für Zwangserkrankungen

Die meisten seelischen Störungen sind eine schwere Bürde, schwerer und folgenreicher als die Mehrzahl körperlicher Erkrankungen. Glücklicherweise hat sich hier vieles gewandelt. Vor allem der Trend zum sogenannten Gesamt-Behandlungsplan, also einer Kombination aus allen verfügbaren Therapiemaßnahmen wie Psychotherapie, Pharmakotherapie, soziotherapeutischen Hilfen, Selbstbehandlungsmaßnahmen usw., hat zu großen Fortschritten in der Behandlung geführt. Einen erheblichen Anteil daran haben aber auch die Angehörigen- und Selbsthilfegruppen. Für die Zwangsstörungen sind es die Deutsche Gesellschaft für Zwangserkrankungen, die vor allem mit wichtigen Informationen auf verschiedenen Ebenen weiterhilft.

Hinweise für Angehörige*

- Leichtere Alltagszwänge sind häufig. Fast jeder kennt sie, amüsiert oder ärgert sich darüber, kann sie aber steuern, neutralisieren oder lernt, sie auf andere Weise zu beherrschen. Manche Zwänge haben auch eine durchaus sinnvolle Funktion, z. B. ein möglichst genaues Kontrollverhalten in Technik, Medizin, Wissenschaft.
- Zwangsstörungen oder Zwangskrankheiten hingegen, die an Zahl und Bedeutung zunehmen, sind alles beherrschende Erlebnisse, die vom Betroffenen selbst zwar als unsinnig oder zumindest unangemessen erkannt werden, aber dennoch ist er machtlos gegen sie. Meist äußern sie sich in Zwangsgedanken, Zwangsvorstellungen und schließlich auch in Zwangshandlungen.
- Welches sind die häufigsten Beeinträchtigungen, wie kann man sie rechtzeitig, z. B. schon im Kindes- und Jugendalter, erkennen, was steht in psychologischer Hinsicht dahinter? Und was kann man tun? Nachfolgend einige Fragen und Hinweise:
- Gibt es zwanghaftes Verhalten in der eigenen Familie, gerade auch bei Vater oder Mutter?
- Gibt es zu hohe Ansprüche und Anforderungen an den Betroffenen? Z. B. im Kindesalter: „perfekt, Leistung und Sauberkeit"?
- Gibt es irgendwelche Belastungen, Konflikte, Überforderungen, die vom Betroffenen als ernst interpretiert werden, während sie den Außenstehenden gar nicht so ernsthaft erscheinen?
- Wichtig: Appelle an den gesunden Menschenverstand oder die Willenskraft bringen selbst bei einer erst beginnenden Zwangsstörung nichts. Im Gegenteil: Sie belasten nur durch Schuldgefühle.

---

* Modifiziert nach entsprechenden Informationen der Deutschen Gesellschaft für Zwangserkrankungen. Adresse s. S. 358.

– Die betreffende Person bei den Zwängen nicht unterstützen, d. h. keine Zwangskontrollen etc. abnehmen, das stabilisiert nur die Zwänge. Dies auch dann unterlassen, wenn die Beteiligung an Kontrollzwängen verzweifelt, aggressiv oder wütend gefordert wird. Nicht den eigenen Alltag von den Zwängen des Patienten bestimmen lassen. Grenzen aufzeigen, ohne selbst aggressiv zu reagieren. Anerkennung und Zuwendung signalisieren, wenn Fortschritte gemacht werden. Bei Rückfällen nicht tadeln, denn Schwankungen im Zwangsverhalten sind üblich.

Ausblick

Zwangskranke leiden häufig unerkannt schon in jungen Jahren und später oft genug das ganze Leben unter ihren Zwangsgedanken, Zwangsvorstellungen und Zwangshandlungen. Der eine mehr, der andere weniger, aber die meisten doch wohl so, daß ihre Lebensqualität leidet. Nicht wenige sind auch zwischenmenschlich und beruflich benachteiligt, d. h. in Partnerschaft, Familie, im Freundeskreis, am Arbeitsplatz bzw. bei der Karriere. Die Mehrzahl aller Betroffenen dürfte sich noch nicht mit einem Arzt oder Psychologen in Verbindung gesetzt und deshalb auch nicht erfahren haben, daß es – im Gegensatz zu früher – heute sehr wohl Möglichkeiten gibt, dieses zugleich aufreibende und lähmende Krankheitsbild zu mildern, am besten im Rahmen eines Gesamtbehandlungsplanes durch Psycho- und Pharmakotherapie sowie gezielte Selbsthilfemaßnahmen. Dazu gibt es inzwischen auch erfolgversprechende Empfehlungen, wie sie beispielsweise die Deutsche Gesellschaft für Zwangserkrankungen weitervermittelt.

So gesehen kann man – wie bei den Depressionen und Angststörungen auch – inzwischen behaupten: Eine Zwangserkrankung ist kein unabänderliches Schicksal mehr. Man kann etwas dagegen tun. Nur: Man muß sich möglichst frühzeitig informieren, die jeweiligen Angebote nutzen und natürlich etwas Geduld entwickeln. Es lohnt sich immer.

Weiterführende Literatur

Amerikanische Psychiatrische Vereinigung (APA): Diagnostisches und Statistisches Manual Psychischer Störungen – DSM-IV. Hogrefe-Verlag, Göttingen-Bern-Toronto-Seattle 1998

Angstmanual. Hrsg. vom Expertenkreis zur Erarbeitung eines Stufenplans zur Diagnose und Therapie von Angsterkrankungen. Kybermed, Emsdetten 1994

Baer, L.: Alles unter Kontrolle – Zwangsgedanken und Zwangshandlungen überwinden. Huber-Verlag, Bern-Göttingen-Toronto-Seattle 1994*

Battegay, R. et al. (Hrsg.): Handwörterbuch der Psychiatrie. Enke-Verlag, Stuttgart 1992

Bleuler, E.: Lehrbuch der Psychiatrie. Springer-Verlag, Berlin-Heidelberg-New York 1997

Bräutigam, W.: Reaktionen, Neurosen, abnorme Persönlichkeiten. Thieme-Verlag, Stuttgart 1994

Bronsberg, B., N. Vestlund: Ausgebrannt. Die egoistische Aufopferung. Heyne-Verlag, München 1988

Burisch, M.: Das Burnout-Syndrom. Springer-Verlag, Berlin-Heidelberg-New York 1989

Conrad, K.: Die beginnende Schizophrenie. Thieme-Verlag, Stuttgart 1958

Depressions-Manual. Hrsg. vom Expertenkreis zur Erarbeitung eines Stufenplans zur Diagnose und Therapie von Depressionen. Kybermed, Emsdetten 1998

Deter, H. C.: Angewandte Psychosomatik. Thieme-Verlag, Stuttgart-New York 1997

Diergarten, E.: Mobbing. Wenn der Arbeitsalltag zum Alptraum wird … Bund-Verlag, Köln 1994*

Edelwich, J., A. Brodsky: Ausgebrannt: Das „Burnout-Syndrom" in den Sozialberufen. AVM-Verlag, Salzburg 1984

Eggers, C. et al.: Kinder- und Jugendpsychiatrie. Springer-Verlag, Berlin-Heidelberg-New York 1994

Enzmann, D., D. Kleiber: Helfer-Leiden: Streß und Burnout in psychosozialen Berufen. Asanger-Verlag, Heidelberg 1989

Esser, A., M. Wolmerath: Mobbing. Der Ratgeber für Betroffenen und ihre Interessenvertretung. Bund-Verlag, Köln 1997*

Faust, V. (Hrsg.): Angst – Furcht – Panik. Hippokrates-Verlag, Stuttgart 1986

Faust, V.: Depression – Erkennen, Verstehen, Betreuen in Stichworten. Arcis-Verlag, München 1995*

Faust, V. (Hrsg.): Psychiatrie. Ein Lehrbuch für Klinik, Praxis und Beratung. G. Fischer, Stuttgart-Jena-New York 1996

* Allgemeinverständliche Sachbücher

Faust, V.: Schizophrenie. Erkennen und Verstehen in Fragen und Antworten. Arcis-Verlag, München 1996*

Faust, V.: Depressionsfibel. G. Fischer-Verlag, Stuttgart-Jena-New York 1998*

Faust, V. (Hrsg.): Psychiatrie in Stichworten. Broschüren-Reihe 1–10. Enke-Verlag, Stuttgart 1998/99

Faust, V.: Manie. Eine allgemeinverständliche Einführung in Diagnose, Therapie und Prävention der krankhaften Hochstimmung. Enke-Verlag, Stuttgart 1997*

Faust, V.: Psychopharmaka. Arzneimittel mit Wirkung auf das Seelenleben. TRIAS, Stuttgart 1994*

Faust, V.: Schwermut. Depressionen erkennen und verstehen, betreuen, behandeln und verhindern. Wiss. Verlagsges., Stuttgart 1999*

Faust, V., E. Faust: Seelische Störungen. Kleines Psychiatrie-ABC für den Alltag. Teil I–IV. Wiss.Verlagsges., Stuttgart, 1994/1998/1999*

Faust, V. et al.: Pflanzenheilmittel und seelische Störungen. Wiss. Verlagsges., Stuttgart 1999*

Faust, V., H. Baumhauer: Medikament und Psyche. Eine allgemeinverständliche Einführung in Neuroleptika, Antidepressiva , Beruhigungsmittel, Lithiumsalze. Wiss. Verlagsges., Stuttgart 1995*

Faust, V., H. Baumhauer: Medikamentenabhängigkeit. In: V. Faust (Hrsg.): Psychiatrie. Ein Lehrbuch für Klinik, Praxis und Beratung. G. Fischer-Verlag, Stuttgart-Jena-New York 1996

Faust, V., G. Hole et al.: Der gestörte Schlaf und seine Behandlung. Universitäts-Verlag, Ulm 1992*

Feuerlein, W. et al.: Alkoholismus – Mißbrauch und Abhängigkeit. Thieme-Verlag, Stuttgart-New York 1998

Fiedler, P.: Persönlichkeitsstörungen. Beltz, Weinheim 1995

Fischer, G., P. Riedesser: Lehrbuch der Psychotraumatologie. Ernst Reinhardt-Verlag, München-Basel 1998

Foa, E., R. Wilson: Hör endlich auf damit – wie Sie sich von zwanghaften Verhalten und fixen Ideen befreien. Heyne-Verlag, München 1994*

Förstl, H. (Hrsg.): Lehrbuch der Gerontopsychiatrie. Enke-Verlag, Stuttgart 1997

Freudenberger, H., G. North: Burn-out bei Frauen. Fischer-Taschenbuch-Verlag, Frankfurt 1994*

Gosciniak, H.-Th. et al.: Angst – Zwang – Depression. Thieme-Verlag, Stuttgart-New York 1998

Hafner, M., A. Meier (Hrsg.): Geriatrische Krankheitslehre. Teil I: Psychiatrische und neurologische Syndrome. Verlag Hans Huber, Bern-Göttingen-Toronto-Seattle 1998

Hand, I. et und al: Zwangsstörungen. Springer-Verlag, Berlin-Heidelberg-New York 1992

Hansjakob, H.: Aus kranken Tagen – Erinnerungen. Verlag Moritz Schauenburg, Lahr 1993*

Henning, J.: Psychoneuroimmunologie. Hogrefe-Verlag, Göttingen-Bern-Toronto-Seattle 1998

Hoffmann, N.: Seele im Korsett – innere Zwänge verstehen und überwinden. Herder, Freiburg 1994*

Hoffmann, N.: Wenn Zwänge das Leben einengen. Zwangsgedanken und Zwangshandlungen. Ursachen, Behandlungsmethoden und Möglichkeiten der Selbsthilfe. Pal, Mannheim 1990*

Huber, G.: Psychiatrie. F.K. Schattauer-Verlag, Stuttgart-New York 1998

Jamison, K. R.: Meine ruhelose Seele. C. Bertelsmann-Verlag, München 1997*

Jaspers, K.: Allgemeine Psychopathologie. Springer-Verlag, Berlin-Heidelberg-New York 1973

Kasper, S., H.J. Möller (Hrsg): Angst- und Panik-Erkrankungen. G. Fischer-Verlag, Jena-Stuttgart 1995

Kass, F. I. et al (Hrsg.): Handbuch Psychische Störungen. Deutsche Bearb. H.-U. Wittchen. Beltz, PsychologieVerlagsUnion, Weinheim 1998*

Katzung, W.: Drogen in Stichworten. ecomed, Landsberg 1994

Keup, W.: Mißbrauchsmuster bei Abhängigkeit von Alkohol, Medikamenten und Drogen. Lambertus-Verlag, Freiburg 1993

Kielholz, P., C. Adams (Hrsg.): Die Vielfalt von Angstzuständen. Deutscher Ärzte-Verlag, Köln 1989

Kleiber, D., D. Enzmann: Burnout: eine internationale Bibliographie. Hogrefe-Verlag, Göttingen 1990

Kloos, G.: Psychiatrie und Neurologie. Verlag Rudolph Müller & Steinicke, München 1962

Klußmann, R.: Psychosomatische Medizin. Springer-Verlag, Berlin-Heidelberg-New York 1992

Krämer, G.: Alzheimerkrankheit. TRIAS, Stuttgart 1993*

Kraepelin, E.: Lehrbuch der Psychiatrie. Barth-Verlag, Leipzig 1896

Kröber, H.-L.: Krankheitserleben, Krankheitsverarbeitung und Persönlichkeit bipolar affektpsychotischer Patienten. Habilschrift, Heidelberg 1989

Leymann, H.: Mobbing – Psychoterror am Arbeitsplatz und wie man sich dagegen wehren kann. Rowohlt-Verlag, Reinbeck 1993*

Maercker, A. (Hrsg.): Therapie der posttraumatischen Belastungsstörungen. Springer-Verlag, Berlin-Heidelberg-New York 1997

Margraf, J. et al. (Hrsg.): Diagnostisches Interview bei psychischen Störungen (DIPS). Springer-Verlag, Berlin-Heidelberg-New York 1994

Margraf, J. (Hrsg.): Lehrbuch der Verhaltenstherapie. Band 1 und 2. Springer-Verlag, Berlin-Heidelberg-New York 1996

Margraf, J.: Mini-DIPS – Diagnostisches Kurz-Interview bei psychischen Störungen. Springer-Verlag, Berlin-Heidelberg-New York 1994

Marneros, A.: Negative Symptome der Schizophrenie. Thieme-Verlag, Stuttgart-New York 1997

Müller, C. (Hrsg.): Lexikon der Psychiatrie. Springer-Verlag, Berlin-Heidelberg-New York-London-Paris-Tokyo 1986

Neumann, J. et al.: Psychiatrischer Untersuchungskurs. Thieme-Verlag, Stuttgart-New York 1984

Peters, U. H.: Wörterbuch der Psychiatrie und Medizinischen Psychologie. Verlag Urban & Schwarzenberg, München-Wien-Baltimore 1999

Poser, W., S. Poser: Medikamente – Mißbrauch und Abhängigkeit. Thieme-Verlag, Stuttgart-New York 1996

Rapoport, J. L.: Der Junge, der sich immer waschen mußte. Wenn Zwänge den Tag beherrschen. Goldmann-Verlag, München 1990*

Reimer, C. et al. (Hrsg.): Psychotherapie. Springer-Verlag, Berlin-Heidelberg-New York 1996

Reinecker, H.: Zwänge: Diagnose, Theorien und Behandlung. Huber-Verlag, Bern-Heidelberg-New York 1991

Resch, M.: Wenn Arbeit krank macht. Ullstein-Verlag, Frankfurt 1994*

S., Ulrike, et al.: Der Weg aus der Zwangserkrankung. Verlag Vandenhoeck & Ruprecht, Göttingen 1997*

Saigh, Th. A. (Hrsg.): Posttraumatische Belastungsstörung. Huber-Verlag, Bern-Göttingen-Toronto-Seattle 1995

Scharfetter, C.: Allgemeine Psychopathologie. Thieme-Verlag, Stuttgart-New York 1996

Scharfetter, C.: Schizophrene Menschen. Beltz-Verlag, Weinheim-New York 1995

Schmidbauer, W.: Die hilflosen Helfer. Rowohlt-Verlag, Hamburg 1977

Schneider, K.: Klinische Psychopathologie. Thieme-Verlag, Stuttgart 1971

Senf, W., M. Broda (Hrsg.): Praxis der Psychotherapie. Thieme-Verlag, Stuttgart-New York 1996

Sigusch, V. (Hrsg.): Sexuelle Störungen und ihre Behandlung. Thieme-Verlag, Stuttgart-New York 1996

Steinert, T.: Aggressionen bei psychisch Kranken. Enke-Verlag, Stuttgart 1995

Steinhausen, H.-T.: Psychische Störungen bei Kindern und Jugendlichen. Urban & Schwarzenberg, München-Wien-Baltimore 1996

Strian, F.: Angst und Angstkrankheiten. C. H. Beck-Verlag, München 1995*

Strian, F. (Hrsg): Angst. Springer-Verlag, Berlin-Heidelberg-New York-Tokyo 1983

Tölle, R.: Psychiatrie. Springer-Verlag, Berlin 1991

Uexküll, Th.v. (Hrsg.): Psychosomatische Medizin. Verlag Urban & Schwarzenberg, München-Wien-Baltimore 1996

Wächtler, C.: et al. (Hrsg.): Demenzen. Thieme-Verlag, Stuttgart-New York 1997

Weltgesundheitsorganisation (WHO): Internationale Klassifikation psychischer Störungen – ICD-10. Huber-Verlag, Bern-Göttingen-Toronto-Seattle 1996

Wittchen, H.-U. et al. (Hrsg.): Wege aus der sozialen Phobie. Ein Ratgeber. Roche-Pharma, Grenzach-Wyhlen (ohne Jahreszahl)*

Wittchen, H.-U. et al.: Wie informiere ich meine Patienten über Angst? Karger-Verlag, Basel 1993

Wolfersdorf, M.: Hilfreicher Umgang mit Depressiven in Diagnostik und Therapie. Hogrefe-Verlag für Angewandte Psychologie. Göttingen 1991

Wolfersdorf, M.: Depressionen. Verstehen und bewältigen. Springer-Verlag, Berlin-Heidelberg-New York 1994*

Zuschlag, B.: Mobbing. Schikane am Arbeitsplatz. Verlag für Angewandte Psychologie, Göttingen 1994*

Adressen*

- *Deutsche Alzheimer-Gesellschaft e. V.,*
  Büchsenstr. 34–36
  D-70174 Stuttgart
  (dort die Adressen der regionalen Alzheimer-Gesellschaften,
  Beratungsstellen, Selbsthilfegruppen, Memory-Kliniken,
  Gedächtnissprechstunden sowie Gerontopsychiatrischen
  Abteilungen, Tageskliniken und Ambulanzen)

- *Bundesverband der Angehörigen psychisch Kranker*
  in Deutschland
  Thomas-Mann-Str. 49 a
  D-53127 Bonn

- *Deutsche Gesellschaft für Zwangserkrankungen e. V.*
  Katharinenstr. 48
  D-49078 Osnabrück

- *Mobbing-Telefon* der Deutschen Angestellten-Gewerkschaft,
  des Deutschen Gewerkschaftsbundes und der Katholischen
  Betriebsseelsorge: 0711-208360

- Krisenberatung Mobbing, Auxilium: Telefon 0211-771515

- Mobbing-Telefon der AOK Hamburg: 040-20230209

- Depressions-Stationen (dort weiterführende Informationen):*

  Zentrum für Psychiatrie Weissenau (Ravensburg-Weissenau),
  Zentrum für Psychiatrie Reichenau (Konstanz),
  Bezirkskrankenhaus Günzburg (Günzburg),
  Rhein. Landesklinik Bedburg-Hau (Kleve),
  Fachkrankenhaus für Psychiatrie Haldensleben (Haldensleben),

* Änderungen möglich

Psychiatrische Klinik am Klinikum Ingolstadt (Ingolstadt),
Psychiatrische Klinik am Christlichen Krankenhaus
    Quackenbrück (Quackenbrück),
Zentrum für Psychiatrie Zwiefalten (Zwiefalten),
Psychiatrische Klinik Stiftung Tannenhof (Remscheid),
Psychiatrische Universitätsklinik Heidelberg (Heidelberg),
Niedersächs. Landeskrankenhaus Wehnen (Oldenburg),
Krankenhaus Barmherzige Brüder (Saffig),
Landesfachkrankenhaus Hildburghausen (Hildburghausen),
Landesklinik Teupitz (Teupitz),
Bezirkskrankenhaus Gabersee (Wasserburg am Inn),
Niedersächs. Landeskrankenhaus Osnabrück (Osnabrück),
Bezirkskrankenhaus Haar (Haar bei München),
Bezirkskrankenhaus Landshut (Landshut),
Sächsisches Krankenhaus für Psychiatrie (Arnsdorf),
Bezirkskrankenhaus Mainkofen (Deggendorf),
Bezirkskrankenhaus Augsburg (Augsburg),
Westfälische Klinik für Psychiatrie (Längerich),
Psychiatrische Universitätsklinik der Ludwig-Maximilians-
    Universität München (München),
Furtbachkrankenhaus (Stuttgart),
Thüring. Landesfachkrankenhaus Mühlhausen (Mühlhausen),
Psychiatrisches Krankenhaus Gießen (Gießen),
Westfälische Klinik für Psychiatrie und Psychotherapie
    (Paderborn),
Abteilung Psychiatrie und Psychotherapie der Universität
    Freiburg (Freiburg),
Hans-Prinzhorn-Klinik, Westfälisches Fachkrankenhaus
    (Hemer),
Bezirkskrankenhaus Bayreuth (Bayreuth),
Westfälische Klinik für Psychiatrie und Psychotherapie
    Warstein (Warstein),
Landesnervenklinik Lübben (Lübben),
Psychiatrische Klinik am Klinikum Nürnberg (Nürnberg)

Register

Psychologie und Ratgeber

Walter Toman
Familienkonstellationen
Ihr Einfluß auf den Menschen
6., durchgesehene Auflage. 1996. 271 Seiten. Paperback
Beck'sche Reihe Band 112

Jutta Hartmann
Zappelphilipp, Störenfried
Hyperaktive Kinder und ihre Therapie
Mit einem Nachwort von Prof. Dr. Reinhard Lempp.
6., unveränderte Auflage. 1997. 124 Seiten. Paperback
Beck'sche Reihe Band 333

Walter Toman
Psychotherapie im Alltag
Vierzehn Episoden
1991. 181 Seiten. Paperback
Beck'sche Reihe Band 438

Beate Besten
Sexueller Mißbrauch und wie man Kinder davor schützt
3., neubearbeitete Auflage. 1995. 136 Seiten. Paperback
Beck'sche Reihe Band 445

Ursula Schneider-Wohlfart/Georg Otto Wack (Hrsg.)
Entspannt sein – Energie haben
Achtzehn Methoden der Körpererfahrung
1993. 234 Seiten. Paperback
Beck'sche Reihe Band 1029

Brigitta Bondy
Was ist Schizophrenie?
Ursachen, Verlauf, Behandlung
2., unveränderte Auflage. 1997. 113 Seiten. Paperback
Beck'sche Reihe Band 1077

Verlag C. H. Beck

Psychologie und Ratgeber

Walter Toman
Notrufe
Zehn Geschichten aus der psychotherapeutischen Praxis
1994. 222 Seiten mit 2 Abbildungen. Paperback
Beck'sche Reihe Band 1066

Rolf Wille
Sucht und Drogen und wie man Kinder davor schützt
2., neubearbeitete und erweiterte Auflage. 1997. 150 Seiten. Paperback
Beck'sche Reihe Band 1070

John H. Greist/James W. Jefferson
Depression
Was man darüber wissen sollte und was man dagegen tun kann
Aus dem Amerikanischen von Edith Wesel
1995. 155 Seiten. Paperback
Beck'sche Reihe Band 1093

Reinmar du Bois
Kinderängste
Erkennen – verstehen – helfen
3., durchgesehene Auflage. 1998. 228 Seiten. Paperback
Beck'sche Reihe Band 1137

Gunther Klosinski
Psychokulte – Was Sekten für Jugendliche so attraktiv macht
1996. 117 Seiten. Paperback
Beck'sche Reihe Band 1143

Gunther Klosinski
Wenn Kinder Hand an sich legen
Selbstzerstörerisches Verhalten bei Kindern und Jugendlichen
1999. Etwa 160 Seiten mit 2 Abbildungen. Paperback
Beck'sche Reihe Band 1283

Verlag C. H. Beck